普通高等院校经济管理类"十三五"应用型规划教材
【市场营销系列】

品牌管理
BRAND MANAGEMENT
第3版

主　编　刘常宝
副主编　陈小秀
参　编　包国华　苏　敏

机械工业出版社
China Machine Press

图书在版编目（CIP）数据

品牌管理 / 刘常宝主编 . —3 版 . —北京：机械工业出版社，2018.10（2021.11 重印）
（普通高等院校经济管理类"十三五"应用型规划教材·市场营销系列）

ISBN 978-7-111-61048-9

I. 品… II. 刘… III. 品牌 – 企业管理 – 高等学校 – 教材 IV. F273.2

中国版本图书馆 CIP 数据核字（2018）第 225893 号

本书是在借鉴现代国内外卓越企业品牌实践以及国内外最新的品牌管理理论体系的基础上谋划成章的，以知识性、趣味性、实战性、系统性、前瞻性为体系构建原则，系统地介绍了品牌管理的基本概念、论证模型和实用工具。

全书分 12 章，第 1 章为品牌概述，介绍了品牌及品牌管理的相关基础知识；第 2 ~ 10 章为全书主体部分，形成"品牌战略—品牌市场管理—品牌延伸—品牌价值评估"四大主要部分，是全书编写的脉络和主线；第 11 章为品牌特许经营、品牌生态管理、品牌整体塑造与盈利流模型，介绍了品牌管理的一些最新应用领域和创新成果。第 12 章为网络品牌管理，介绍了网络品牌的概念、特点以及管理方法。

本书不仅着力反映品牌管理理论与实践的最新研究成果和发展趋势，而且在结构安排上，还以如何打造民族强势品牌为主线，通过模块化的结构设计，使逻辑线索更加清晰，既便于读者宏观把握整个品牌管理全过程，也适合企业管理者个性化学习的需要。同时，通过科学整合品牌管理理论与现代企业实务，书中配有大量丰富的国际与国内、经典与最新、成功与失败的案例，为读者设计身临其境地体验品牌实战的过程。品牌分析模型帮助读者完成品牌诊断和品牌策划的思维训练，实现专业性与实战性整合的目标。

本书既可作为高等院校营销、管理专业本科生的教材，也可作为企业营销人员、管理者、经理人、研究人员、咨询培训师的培训教材和工具书。

出版发行：机械工业出版社（北京市西城区百万庄大街 22 号 邮政编码：100037）			
责任编辑：程 琨		责任校对：李秋荣	
印　　刷：北京文昌阁彩色印刷有限责任公司		版　　次：2021 年 11 月第 3 版第 7 次印刷	
开　　本：185mm×260mm　1/16		印　　张：19.75	
书　　号：ISBN 978-7-111-61048-9		定　　价：40.00 元	

凡购本书，如有缺页、倒页、脱页，由本社发行部调换
客服热线：（010）88379210　88361066　　　　　　投稿热线：（010）88379007
购书热线：（010）68326294　88379649　68995259　　读者信箱：hzjg@hzbook.com

版权所有·侵权必究
封底无防伪标均为盗版
本书法律顾问：北京大成律师事务所　韩光 / 邹晓东

PREFACE 前言

目前，在互联网与共享经济背景下，新一轮产业结构调整和商业模式构建正在推动品牌管理进一步创新。本书尊重当下网络营销与虚拟经济发展的客观实际，补充了网络品牌管理与线上品牌培育等内容，以适应互联网经济发展的现实需要。为适应商业模式创新以及网络品牌管理的需要，本书将网络经济思维渗透其中，更新了全部实战案例和部分参考模型，通过对品牌理论体系构建全要素的更新，将逻辑的方法与实证的方法相统一，线上品牌与线下品牌相统一，重新勾勒品牌理论的体系。本书新遴选的案例和创新理论，基本反映了目前国内外品牌管理研究的最新水平和最新成果。本书内容包括品牌基本理论、品牌战略管理、品牌关系管理、品牌市场管理、品牌特许经营、品牌文化管理、品牌整合管理、品牌危机管理、品牌延伸、网络品牌培育与管理等，着力全面揭示了品牌的概念、历史、战略、延伸、创新、资产、文化、模型等品牌创造、发展、革新的内在规律。本书增加了网络品牌管理一章，使得内容更新颖，体例更清晰，体系更趋科学，既注重品牌理论的创新性、拓展性、前瞻性，又关注品牌管理的操作性、务实性、场景性。本书既可作为高等院校营销、管理专业本科生的教材，也可作为企业营销人员、管理者、经理人、研究人员、咨询培训师的培训教材和工具书。

本书由商丘学院的刘常宝担任主编，各章编写人员如下：第1～8章、第12章由刘常宝编写，第9、10章由九江职业技术学院的陈小秀编写，第11章由包国华、苏敏编写。刘常宝负责全书统稿。本书大量借鉴和引用了网络、刊物等信息资源，在此对相关作者一并表示感谢。

教学建议 SUGGESTION

本书在教学中应立足于品牌战略管理思想在企业发展过程中的实际运用，把握从一般概念、基本原理到实战训练三个环节上的逻辑衔接，在建立总分总式的体系模式基础上，对品牌战略进行全面的分析。本书教学内容主要包括品牌管理概述、品牌战略管理的理论基础、品牌要素与文化特性、品牌市场管理、品牌创新战略、品牌延伸战略、品牌整合战略、品牌推广、品牌管理、品牌价值评估、品牌特许经营、品牌生态管理、网络品牌管理等。本书在教学中应力求案例解释角度新颖、板书体例条理清晰、分析模型具有很强的创新性和实用性，使学生通过学习，理解实施品牌战略的实际意义，并能够在借鉴优秀实战案例的基础上掌握企业品牌管理的基本流程和技法。

学时分配表（供参考）

章 号	内 容	建议课时
第1章	品牌概述	2
第2章	品牌战略	4
第3章	品牌市场管理	4
第4章	品牌文化	4
第5章	品牌创新	4
第6章	品牌延伸与扩张	4
第7章	品牌危机管理	2
第8章	品牌资产理论	4
第9章	品牌整合管理	2
第10章	品牌关系管理	4
第11章	当代品牌管理实战	2
第12章	网络品牌管理	2
合 计		38

CONTENTS 目 录

前言
教学建议

第 1 章 品牌概述 /1

教学目标 /1
学习任务 /1
案例导入 品牌为广东特色农业
　　　　　现代化装上"加速器" /1
1.1 品牌的概念 /2
1.2 品牌的分类及层次 /7
1.3 品牌管理 /10
1.4 品牌效应 /14
本章小结 /19
自测题 /20
案例分析 尚客优酒店 HFE 广州站
　　　　　现场签约十余单，再现强大品牌
　　　　　效应 /21
　　　　　律师事务所的品牌效应解析 /22
　　　　　南康区：家具产业迈向高质量
　　　　　发展新征程 /22

第 2 章 品牌战略 /24

教学目标 /24
学习任务 /24
案例导入 口腔健康市场快速升级，
　　　　　本土品牌如何破局 /24
2.1 品牌战略概述 /25
2.2 品牌战略管理 /26
2.3 品牌战略规划 /31

2.4 品牌建设 /35
2.5 服务业品牌建设 /43
本章小结 /45
自测题 /46
案例分析 银川的品牌战略 /46
　　　　　吉利步入新能源汽车时代，自主
　　　　　品牌技术战升级 /48

第 3 章 品牌市场管理 /49

教学目标 /49
学习任务 /49
案例导入 2018 年中国汽车市场细分成
　　　　　最大亮点，新品牌渐入佳境 /49
3.1 品牌市场管理的基本概念 /50
3.2 品牌的市场运作 /64
本章小结 /67
自测题 /67
案例分析 高质量发展呼唤更多
　　　　　"自主品牌" /67
　　　　　重塑品牌：传承工程师基因 /69

第 4 章 品牌文化 /70

教学目标 /70
学习任务 /70
案例导入 "三里屯文化周"开幕，
　　　　　打造"文化三里屯"品牌 /70
4.1 品牌文化概述 /71
4.2 品牌文化与企业文化 /78
4.3 品牌文化的内涵及功能 /82
4.4 品牌文化的表现 /87

4.5 品牌人才建设 /91
本章小结 /93
自测题 /94
案例分析 年轻化战略思路，熊猫电视与新势力跨界融合，欲将实现品牌振兴 /94
晋江市检察院"品牌文化"催生强检新动力 /95
以文化内涵铸就体育品牌 /96

第5章 品牌创新 /97
教学目标 /97
学习任务 /97
案例导入 变资源优势为品牌优势 /97
5.1 创新理论 /98
5.2 品牌创新 /102
5.3 自主品牌创新 /111
5.4 我国的品牌创新 /119
本章小结 /124
自测题 /124
案例分析 有一种情怀叫责任：中国金融品牌创新人物张瑜珊 /125
"2018 胡润·天进粤港澳大湾区创新品牌榜"出炉 /125

第6章 品牌延伸与扩张 /127
教学目标 /127
学习任务 /127
案例导入 啤酒和品牌延伸 /127
6.1 品牌延伸的概念 /128
6.2 品牌延伸的战略与策略 /130
6.3 品牌延伸的风险及防御 /135
6.4 品牌延伸的规律 /137
6.5 品牌的扩张 /142
本章小结 /151
自测题 /151
案例分析 从品牌延伸来看乐视生态链 /152
家居品牌延伸战开打 /153

第7章 品牌危机管理 /154
教学目标 /154
学习任务 /154
案例导入 "金拱门"背后还有故事！中信跟美方"置气"改名，品牌暗藏危机 /154
7.1 品牌危机的概念 /155
7.2 品牌危机的来源 /157
7.3 品牌危机管理 /162
本章小结 /173
自测题 /173
案例分析 玩性别歧视的淘宝除了道歉还该做点啥 /173
2018 年哪些汽车品牌正面临退市危机 /174

第8章 品牌资产理论 /176
教学目标 /176
学习任务 /176
案例导入 2017 年东易日盛品牌价值 203.19 亿元创新高 /176
8.1 品牌资产 /177
8.2 品牌价值理论 /183
8.3 品牌价值的评估 /188
本章小结 /202
自测题 /202
案例分析 上市企业品牌建设"短板"引热议 中国上市公司品牌价值榜成"导向" /202
四川省建立品牌价值评价体系助力川字号品牌快速发展 /204

第9章 品牌整合管理 /206
教学目标 /206
学习任务 /206
案例导入 从"提篮小卖"到"品牌整合"：多部门打组合拳力推"山西小米"成全国著名区域公共品牌 /206

9.1 资源整合概述 /207
9.2 品牌整合策略 /210
9.3 品牌整合形式 /214
9.4 品牌整合管理实务 /222
本章小结 /224
自测题 /224
案例分析　大米区域品牌整合跑出
　　　　　龙江"加速度" /224
　　　　　京东瞄上家电售后　电商塑造
　　　　　服务品牌考验整合能力 /225

第10章　品牌关系管理 /228

教学目标 /228
学习任务 /228
案例导入　二更张文广：重塑消费者
　　　　　与品牌关系 /228
10.1 品牌关系管理概述 /229
10.2 关系品牌 /236
10.3 品牌渠道营销 /242
10.4 品牌渠道管理策略 /248
本章小结 /251
自测题 /251
案例分析　品牌熟悉新的社会关系，
　　　　　利用社群进行营销 /251
　　　　　品牌影响力就是这么来的，联想与
　　　　　法拉利达成赞助合作关系 /252

第11章　当代品牌管理实战 /254

教学目标 /254
学习任务 /254
案例导入　国颐堂一举成特许经营
　　　　　品牌典范 /254
11.1 品牌特许经营概述 /256
11.2 战略性品牌管理 /261

11.3 品牌生态管理 /264
11.4 品牌整体塑造 /269
11.5 品牌盈利流模型 /276
本章小结 /280
自测题 /280
案例分析　专注特许经营领域，"商机
　　　　　盒子"用经纪人模式对接餐饮
　　　　　品牌和加盟者 /281
　　　　　物联网时代海尔又下了一步
　　　　　先手棋：生态品牌 /282

第12章　网络品牌管理 /284

教学目标 /284
学习任务 /284
案例导入　旅游业实施新媒体营销，
　　　　　推动旅游品牌推广 /284
12.1 网络品牌概述 /285
12.2 网络品牌价值的提升
　　　方法 /289
12.3 网络品牌实施策略 /294
12.4 网络品牌的发展趋势 /297
本章小结 /299
自测题 /299
案例分析　用互联网提升企业单品
　　　　　网络品牌，网库集团在乌镇
　　　　　发布"繁星计划" /299
　　　　　又被套路了？火爆网络的"最萌
　　　　　请假条"原系旅游品牌策划 /300

附录A　品牌自由联想技术模板 /302

**附录B　角色扮演与品牌和人体器官的
　　　　形象转换** /304

参考文献 /308

CHAPTER1　第 1 章

品 牌 概 述

教学目标

品牌代表着企业的形象和地位，是企业联系市场的桥梁和纽带。本章把品牌定位为市场中的多元化现象，其分析的目的是为探索中的企业提供品牌的理论框架和运作方法。通过本章的学习，学生能够掌握品牌的基本概念和理论，为今后实施品牌管理做好铺垫。

学习任务

通过本章的学习，学生主要掌握和理解：
1. 品牌和品牌管理的含义
2. 品牌内涵的构成因素及特征
3. 品牌管理的任务及意义
4. 品牌效应的来源及其发展
5. 品牌管理面临的挑战

案例导入

品牌为广东特色农业现代化装上"加速器"

茂名荔枝和龙眼、湛江菠萝、梅州金柚、廉江红江橙、德庆贡柑、英德红茶、潮州凤凰单丛茶、清远鸡、饶平狮头鹅、罗定稻米、珠海白蕉海鲈等这些带有广东省浓厚特色的知名农产品品牌享誉广东省内外，深受广大消费者青睐。

当下，品牌观念已经越来越深入农产品生产经营主体和消费者的内心，农业发展方式的转变、农业结构转型升级以及提升农产品市场竞争力都需要加强品牌建设。经国务院批复同意，从 2017 年起，将每年 5 月 10 日设立为"中国品牌日"，农业部也将 2017 年定为农业品牌推进年，品牌农产品迎来新的发展浪潮。

近年来，广东省农业厅认真贯彻落实省委、省政府的部署要求，将开展农业品牌培育及宣传推介工作这盘棋越下越大、越下越活、越下越稳，形成了"社会齐参与，政府、企业、民众、专家、媒体共同推动"的主要做法和经验，广东农业品牌建设也因此取得显著成效。

2017年，广东省共评选推介"十大名牌"系列农产品149个，有效期内的广东省名牌产品（农业类）1 197个，名特优新农产品入库1 416个，基本形成了广东省农业品牌建设的总体布局和架构，逐步走出了一条以"区域公用品牌""经营专用品牌"为类别，按"十大名牌""广东名牌""广东名特优新"农产品三级品牌划分的广东现代农业"两类三级"品牌发展新模式。

差异化是品牌建设的核心，一个地方的农业发展，关键在于找准路子。针对广东省独特的自然生态条件、种养方式和人文历史，广东省农业厅紧密围绕加快推进农产品品牌建设、增强农产品市场影响力和竞争力的核心目标，先后启动广东省"十大名牌"系列农产品、名特优新农产品评选推介活动。

经过多年的大力培育，广东省培育推介了一批承载岭南文化、体现广东特色、展现现代农业科技成果、受到广大百姓信赖赞誉的品牌农产品，打响了一批享誉省内外的知名农产品品牌，深受广大消费者青睐，实现了农产品优质优价，取得良好的经济效益和社会效益。在2007年首届中国国际茶叶博览会上，凤凰单丛茶和英德红茶获得"中国优秀茶叶区域公用品牌"荣誉；在第十五届中国国际农产品交易会上，德庆贡柑、斗门白蕉海鲈、清远鸡、罗定稻米获得"2017年百强农产品区域公用品牌"称号。这些获奖的区域公用品牌都有自己的"看家本领"。

资料来源：http：//news.xinhuanet.com/food/2017-11/17/c_1121969465.htm.

1.1　品牌的概念

品牌这一名词最初来源于牛屁股上用烙铁打上的标记性印记，起源于西班牙的游牧民族。当时，为了在交换时与他人的牲畜相区别，通过这一印记，人们可以很快认出自己的牛，所以，品牌原本就是标识、烙印的意思。

直到1960年，营销学词典中才给品牌一个比较确切的定义：用以识别另一个或另一群产品的名称、术语、记号或设计其组合，以与其他竞争者的产品和劳务相区别。

现代品牌是在工业革命以后出现的。因为品牌最初就是指产品品牌，所以，品牌首先代表着商品的质量，品牌能起到开辟市场、维护和提高商品的竞争能力的作用。与大众化、通俗化的"名牌"不同，品牌不仅局限于产品品牌，而且成为一个专业化、科学化的术语。

品牌是通过外在形象即标识来传递品牌内在信息的。品牌标识，也称为logo，是指抽象标识事物特征的记号，它以单纯、显著、易识别的物象、图形或文字符号为直观语言，起到标示、代替、表达意义和情感的作用。logo是品牌标识的英文说法，由希腊语logos

演化而来，设计和传播品牌的 logo 能够起到对品牌进行简化识别的作用，通过形象的品牌标识，可以让消费者更易于理解和记忆品牌符号。

1.1.1 品牌内涵

有关品牌的内涵有很多种说法，在《兰登书屋英语词典》（*Random House English Dictionary*）中是如此定义品牌的：一个词、名称或符号等，尤其指制造商或商人为了在同类产品中区别出自己产品的特色而合法注册的商标，通常十分明显地展示于商品或广告中；品牌名称，广为人知的一种产品或产品生产线；（非正式）在某一领域的名人或重要任务。这个定义强调品牌是一种有形物，即是一种产品、服务或商标。很明显，这个定义仅仅停留在对品牌的认知上，而实际上品牌的内涵不限于此。从现实意义上讲，品牌是具有一组能满足顾客理性和情感需要的价值，这些价值的实现主要是基于消费者需要。

在美国，品牌更多地运用在销售上。从 20 世纪 30 年代起，品牌开始被应用到学术界、营销界和传播界。尤其在 50 年代美国传播学者首先明确界定品牌的概念后，品牌一词就成了全世界营销界最热门的术语之一，也成为企业竞相追逐的目标之一。除此之外，关于品牌内涵的理论还有以下几种说法：

（1）最权威的品牌定义者是美国的传播学者大卫·奥格威（David Ogilvy），他认为：“品牌是一种错综复杂的象征，是品牌属性、名称、包装、价格、历史、声誉、广告方式的无形组合。品牌同时也因消费者对其使用的印象以及自身的经验而有所界定。”

（2）美国著名营销专家菲利普·科特勒（Philip Kotler）在其《营销管理——分析、计划与控制》一书中写道：“品牌是一种名称、名词、标记、符号、设计或是它们的组合运用，其目的是借以辨认某个销售者或某群销售者的产品或服务，并使之同竞争对手的产品和服务区别开来。”

（3）英国营销专家迈克·梅尔德伦（Mike Meldrum）和马尔科姆·麦克唐纳（Malcolm McDonald）称品牌是感官、理性和感性这三种诉求要素混杂而成的结果。感官诉求是产品和服务外在的展现方式，是可直接感觉到的方式；理性诉求是产品或服务的内在表现。

（4）美国市场营销协会（AMA）则将品牌定义为：用以识别一个或一群产品或劳务的名称。

从以上各种关于品牌定义的论述中我们可以看出，这些品牌概念从不同的角度和层面对品牌的内涵从深度和广度上进行了挖掘。但由于品牌含义的多面性和事物的发展变化性，任何简单的定义都难以概括其全部内涵。

其实，品牌是一个具有涵盖意义的总名词，它由品牌名称、品牌标志和商标组织而成。品牌不同于名称，品牌名称指品牌中可用语言表达，即有可读性的部分，如格力、牡丹、康佳、海尔等。品牌标志指品牌中可识别、辨认但不能用语言称谓的部分，包括符号、图案、色彩或字体，如可口可乐的英文图案和宝马的标志图案。因名称只具有使人将事物辨别开来的功能，不能体现事物的个性，所以，品牌本身应附有商品或服务的个性以及消费者的认同感，而不是纯物态的物品。因此，我们认为品牌是体现商品或服务个性和消费者认同感，象征生产经营者的信誉，被用来与其他商品或服务区别开来的名称、标志、包装符号的组合。

总之，品牌是企业的形象，拥有自己的品牌，一个企业才拥有进入世界市场的通行证。制定品牌战略必须从理论上认识品牌的含义，并且在实践中投入相应的资源，采用适当的策略精心培育品牌，不断提升品牌的影响力和知名度。

为了更好地理解品牌的内涵，我们可以从以下几个方面来分析。

第一，属性。一个品牌代表着特定的商品属性。比如沃尔沃告诉顾客它是世界上最安全的轿车。

第二，利益。一个品牌不仅仅局限于一组属性。顾客购买的不是产品的属性，而是产品的利益。比如同样是家用电器，为什么格力、TCL等名牌家用电器比一般品牌的家用电器价格高？因为当你购买格力、TCL时，你不仅仅是在购买一种家用电器设备，更重要的是购买一种身份和自豪的心境。

第三，价值。品牌还体现了企业的某些价值感。比如海尔代表着高质量、安全、人性化等。

第四，文化。品牌可能附加着企业特定的文化。比如格力长期以来积极致力于树立民族品牌形象，不断提高企业及其产品的知名度、美誉度、追随度，这同时也给自己的品牌赋予了民族文化的内涵，给产品增加了附加值。

第五，个性。品牌代表着一定的个性。比如华为手机可以使人想起一位事业有成、对民族品牌充满自信的人士；有时候，它可以表示一位实际名人的个性。

第六，使用者。品牌还体现了购买或使用这种产品的是哪一类消费者。事实上，产品所标示的价值、文化和个性，都可以通过使用者反映出来。

以上六个方面从不同角度分析了品牌内涵。每个品牌都有其内涵，不同的是有的品牌内涵是由企业主动去倡导且被公众接受的，有的则是完全由公众感受而得的；有的具有个性，有的则略显平庸、鲜为人知；等等。由此我们可以看出品牌内涵具有以下三个特点。

（1）品牌内涵的形式是由消费者决定的。很多企业在推出品牌时会提出要倡导某种理念，但不管理念有多好，最终能否占据公众的心智才是品牌成败的关键。如果汇源当初要推广一种年轻人喝的饮料，试想那要怎样说服消费者放弃品牌饮料？所幸汇源选择了带有中国民族色彩的茶饮料，但要怎样才被广大消费者认可，显然汇源还需努力。其实公司不仅可以主动地为它的品牌注入内涵，而且还可以通过其包装、说明、企业广告及消费者使用等产生一种理念或感觉，其效果将会更加明显。

（2）塑造或改变品牌内涵有一定难度。消费者会根据其有限的经验及知识对某一品牌形成自己的认知，尽管那可能会跟客观情况不一致，但"心智认知就是品牌"。中国吉利汽车为了抢占豪华车市场，收购了沃尔沃品牌豪华轿车。虽然沃尔沃车在品质上赢来良好口碑，而国内沃尔沃在品质问题上也有过负面报道，但在消费者心中，豪华车的地位可能难以撼动。

（3）品牌内涵代表品牌的核心价值。品牌的核心价值是品牌资产的主体部分，也是品牌保持持久竞争力的保证。品牌核心价值的表达，应该通过品牌的内涵去铸造品牌的核心价值，应该针对行业产品的不同特点，结合合适的市场定位，赋予品牌独特的内涵。

1.1.2 品牌的特征与属性

不同的品牌具有不同的固有属性，而这些属性会给顾客带来不同的利益。由于不同的产品或服务，其品牌表现的属性和提供给顾客的利益不同，所以品牌的属性及其所形成的对顾客的利益就构成了品牌表现的基础，也形成了品牌的基本特征。

1. 品牌是多种元素与信息的结合体

品牌以自身内涵的丰富性和元素的多样性向受众传达多种信息。企业把品牌作为区别于其他企业产品的标识，以引起消费者和潜在消费者对自己产品的注意。从消费者的角度看，品牌作为综合元素与信息的载体一同存储于大脑中，成为他们搜寻的线索和记忆的对象。

2. 品牌是无形的

品牌虽是客观存在的，但它本身并不是物质实体，而是通过一系列的物质载体表现自己。直接载体主要是图形、文字、声音等，间接载体主要是产品的价格、质量、服务、市场占有率、知名度、亲和度、美誉度等。

3. 品牌是一种无形资产

品牌的文化、个性、品质和特征产生品牌价值。这种价值看不见、摸不着，却能为品牌拥有者带来大量超额回报。例如，京东的品牌价值是其有形资产的若干倍。

4. 品牌具有专有性

不同的企业和产品有不同的品牌，不同的品牌代表不同的产品，属于不同的企业，因而，品牌具有专有性，不能互相通用。品牌属于知识产权范畴，企业可以通过法律、申请专利、在有关国家或有关部门登记注册等手段保护自己的品牌权益，并以良好的产品质量和在长期经营活动中形成的信誉取得社会的公认。这些都说明，品牌是企业独特劳动的结晶，具有一定的专属性。

5. 品牌具有心理影响力

品牌作为多种元素与信息的载体，作为产品质量与企业信誉的象征，从心理上时刻影响受众，引起受众注意，激发消费欲望，引导消费潮流，传播消费文化，因而它具有影响力。国外学者在研究中发现，使用止痛药治疗头痛时，止痛药的品牌本身影响患者头脑对治愈过程的反应，好的品牌能缓解患者痛苦的 1/4~1/3。患者认为，品牌是药物中除了化学物质之外的一种额外成分，有品牌的药品比没有品牌的药品更有疗效。

6. 品牌是企业参与市场竞争的武器

品牌代表企业的形象和地位，是企业联系市场的桥梁和纽带。强势品牌能够在竞争中占据有利位置，留住老顾客，吸引新顾客，为企业树立良好形象，提高市场的覆盖率和占有率，为企业赢得最大限度的利润。因此，从某种意义上说，品牌是企业参与市场竞争的资本、武器和法宝。在品牌对市场份额的切割中，帕累托定律（二八定律）也适用，即20%的强势品牌占有80%的市场份额，20%的品牌企业为社会提供80%的经济贡献。

7. 品牌是一种承诺和保证

品牌的承诺和保证是在品牌经营中建立起来的。对消费者来说，在购买或使用某种品牌产品的同时，品牌就已经向他们提供了质量承诺和信誉保证。消费者的选择显示了对品牌的信赖。品牌也必须提供足够的价值利益以满足消费者的需求与欲望，从而赢得他们的忠诚与好感。

8. 品牌价值具有波动性

品牌价值的波动性是指品牌的强弱、价值、竞争力、影响力等体现价值的因素，它不是一成不变的，在各种条件的作用和影响下可以发生变化。2017年，英国知名品牌评估机构 Brand Finance 公布了一份2017年全球最具价值品牌500强榜单，在这份榜单中，中国品牌表现出色，共有16个品牌排进了百强行列。

9. 品牌功能的多元化

品牌是具有一组能满足顾客理性和情感需要的价值。这些价值的实现主要是基于消费者需要，第一是功能性需要，即品牌设计师解决消费者机能性需要而设计的，这是与经济学意义的相互联系。第二是象征性需要，即满足人们心灵内部产生的自尊、角色的地位、个人归属感、自我实现等需要，这是带有社会意义的现实表象。第三是体验性需要，即消费者希望产品能够满足感官上的愉悦、体验的多样化、认知的新奇刺激等，这是人类心理意义上的实际反应。

1.1.3 企业角度的品牌表现

1. 品牌表现的特征

（1）产品的基本特征和附加的特色。产品的基本特征是满足顾客需要与欲望的基本前提，也是形成顾客对产品表现水平的期望基础，如宾馆应当有床可以睡觉、饭店应当有食物可吃、汽车应当可以驾驶等。同时，顾客也希望产品除了最基本的特征外还能够具备一些附加的特色。

（2）产品的可靠性、耐用性和方便性。可靠性是指产品的性能在一定时期内的一致性；耐用性是指产品的预期经济寿命；方便性是指产品维修的便利性。企业提供给顾客的产品要具有可靠性、耐用性和方便性。

（3）服务的效果、效率和人性化。服务是产品的延伸，是实现产品功能、满足顾客需要与欲望的重要组成部分，因而品牌产品与其服务密不可分，服务影响顾客对品牌的联想。

(4) 风格和样式。顾客对产品的联想，不只基于产品的功能，还有对产品审美角度的考虑，比如产品的大小、形状、使用材料和颜色等。不同的产品，针对不同的顾客群，满足顾客的不同需要，应有不同的风格和样式。品牌的风格和样式取决于顾客的感知，特别是购买过程中的感知，因而，企业可以通过观察法来了解与掌握顾客对产品的风格和样式的偏好，并通过相应的媒体进行沟通，以便能够激发顾客的联想。

(5) 价格。价格是顾客衡量其购买的产品或服务是否物有所值的一个比较标准，也是顾客在购买后是否能够形成顾客满意以及最后形成品牌忠诚的关键。同时，价格也能够创造顾客的品牌联想，如高价格便具有高价值，同时高价格也具有高品位、高等级等一些联想。

2. 品牌表现的形式

(1) 知名度。知名度是指某种品牌被社会公众认识和了解的程度，或者说是这个品牌在市场上有多少人知道及知道些什么，它是一个"量"的衡量指标。

(2) 美誉度。美誉度是指某种品牌被社会公众信任和赞许的程度，或者说是社会公众对这个品牌是如何评价的，它是一个"质"的衡量指标。高美誉度是赢得顾客的重要条件，好的品牌都有特定的方面让消费者津津乐道而乐于投资。

(3) 市场表现。一个品牌在市场上的表现通常有两个指标来衡量，一是市场覆盖率，二是市场占有率。前者是品牌所辐射市场范围的大小，后者是品牌在全部同类商品销量中所占的比重。

(4) 信誉价值。品牌的信誉价值是指某一品牌在某一时点（年度）上的市场竞争力。它反映该品牌所处的地位。品牌的信誉价值并不等同于交易价值，但它可以为交易价值的实现提供一个供社会认识和接受的基础，从而有助于交易价值的实现。

1.2 品牌的分类及层次

品牌是产品或服务品质优异的核心体现，其分类正是通过反映不同的类型来体现品牌内在价值的。

1.2.1 品牌种类

(1) 按品牌的所有者不同进行划分可分为：①制造商品牌；②经销商品牌；③零售商品牌；④服务业品牌。

(2) 按品牌提供价值的主要特点划分可分为：①功能性品牌；②象征性品牌；③体验性品牌；④道义性品牌。

(3) 按品牌传播的地域广度划分可分为：①国际性品牌；②国家品牌；③区域品牌。

（4）按品牌的市场地位划分可分为：①领导品牌；②挑战品牌；③跟随品牌；④填补空缺品牌。

1.2.2 品牌层次

品牌层次也称品牌序列，是指在公司总品牌之下的产品系列品牌。品牌层次是构成品牌的若干要素的有序组合。同一个企业的同一类产品，其品牌要素有共同性，也有差异性。品牌层次反映了企业对品牌包的管理。透过品牌层次，我们可以了解企业内不同品牌与产品、产品与产品之间的关系。

目前，因主流的品牌分类方式主要是针对实体性产品品牌，所以，产品品牌的层次成为品牌层次的典型代表。产品品牌是对产品而言的，包含两个层次的含义：一是指产品名称、术语、标记、符号、设计等方面的组合体；二是代表有关产品的一系列附加值，包含功能和心理两方面的利益点，如产品所能代表的效用、功能、品位、形式、价格、便利、服务等。

品牌层次说包括以下方面。

1. 卡菲勒品牌层次说

品牌层次往往自上而下进行命名：上面的名称外延宽，覆盖的产品类别广；下面的名称外延窄，往往只用于特定的一种产品。让－诺尔·卡菲勒将品牌分为6个层次。

（1）产品品牌：根据每个产品的独特市场定位赋予一个只用于该产品的品牌，如格力公司的电器品牌有格力空调、晶弘冰箱、大松家电等。

（2）产品线品牌：把产品线内的不同产品用同一个品牌来标识，但不用于其他产品线（如果还有的话），如法国的雷诺汽车。

（3）范围品牌：具有相同或组合功能的一组产品用同一名称标识，这些产品具有同一的顾客承诺，如欧莱雅化妆品。

（4）伞品牌：支持不同市场上的不同产品，这些产品在各自的市场上有不同的承诺和沟通方式，如娃哈哈果奶、AD钙奶、纯净水、八宝粥等。

（5）源品牌：和伞品牌相似，但直接命名产品，不借助其他中间品牌，如海尔洗衣机、冰箱、空调、热水器等。

（6）赞助品牌：作为各种不同类型的品牌（如产品品牌、线品牌或类品牌）的支持出现，不做主打品牌，如通用汽车的"GM"及宝洁公司的"P&G"。

这种分类方法的科学性有待进一步证实，因为品牌各层次相互之间有些可以兼容，如第3层和第4层；有些不能兼容，如第5层和第6层。

2. 凯文·莱茵·凯勒品牌层次说

凯文·莱茵·凯勒分析研究后提出了更为简单的划分方法，其将品牌要素分为公司品牌、家族品牌、单一品牌和子品牌4个层次，分别介绍如下。

（1）公司品牌。公司品牌是指以企业名称为品牌名称的品牌。企业品牌传达的是企业的经营理念、企业文化、企业价值观念及对消费者的态度等，能有效突破地域之间的壁垒，进行跨地区的经营活动。公司品牌的内涵至少应包含商品品牌和服务品牌，并在两者的基础上衍生出公司品牌。这个品牌层的权益主要来自企业形象，是消费者对企业认知、理解与联想的综合体。有时，企业品牌是企业权益的唯一来源。如果企业形象比较好，在新品牌推出时，以企业品牌为后盾就比较容易成功。因为，据权威调查分析，企业形象在影响消费者购物决策中的重要性正在增加。因此，每一个企业在构建企业品牌时，务必重视形象塑造，通过公关和社会公益活动，扩大企业的知名度和美誉度。

（2）家族品牌。家族品牌与公司品牌一样，均作为品牌应用于多类产品。两者的主要区别在于家族品牌不是公司名称，基本没有公司这一层的联想。一些家族品牌的产生是因为公司经过发展，开发出新品牌，之后又在该品牌名下进行延伸，这样就诞生了家族品牌。家族品牌的另一个重要来源是公司兼并和收购，例如通用汽车就是通过收购和重组获得了凯迪拉克、别克、雪佛兰等家族品牌。家族品牌在食品行业中最为常见，如康师傅、亨氏、乐百氏系列。此外，在服装、化妆品行业也被广泛应用，如李宁、玉兰油、雅倩、欧莱雅等。零售商自有品牌往往也采用家族品牌。

（3）单一品牌。单一品牌是指只限于用作某一特定产品的品牌，该产品可以有不同的种类和规格。珠海格力电器拥有格力、TOSOT、晶弘三大品牌。单一品牌的最大优势是可以针对特定的目标市场，制订一套独立的营销支持计划，品牌标识、产品构想、营销沟通、定价及分销等可以专门设计，不受其他品牌的影响和约束。而且一旦这个品牌遇到困难或失败，对其他品牌的影响不大。其实，很多知名品牌都是由单一品牌过渡到家族品牌的，由于品牌的巨大成功，单一品牌推出新产品，进而转化成家族品牌。因此，家族品牌几乎是单一品牌发展的必然归宿。

（4）子品牌。子品牌又叫副品牌。副品牌是指企业在生产多种产品的情况下，给其所有产品冠以统一品牌的同时，再根据每种产品的不同特征给其取上一个恰如其分的名称，这就是"副品牌"。比如"海尔——探路者""长虹——红太阳""康佳——七彩星""厦华——福满堂"等都是属于这种情况。

子品牌有时被称为品牌修饰。由于不同的公司选择不同的品牌层级及组合模式，因此品牌修饰可以附加在公司品牌后，也可以附加在家族品牌后，还可以附加在产品品牌后。品牌修饰可以标识产品质量水平，也可以标识产品特性，还可以标识产品功能，在一个品牌推出多种型号的产品时，品牌修饰起着组合和传播作用，可以使单一品牌覆盖更多的市场面，也能够帮助和指导顾客做出明智选择，不至于因产品种类过多而混淆。

1.2.3　产品品牌与个人品牌的区别

个人品牌的提出，脱胎于产品品牌的说法，因此两者之间有很多相似之处。但是由于个人品牌的最终指向是一个具有思想、性格、行动等鲜明特征的个人，因此又与产品品牌所指向的作为静止产品的物质实体有相当多的不同之处。

（1）从品牌的指向性来看：个人品牌的体现者是人；产品品牌的体现者是物。个人品牌是为打造更具魅力、知名度以及行业影响力的个人而出现的，因此毫无疑问，其背后的指向是某个具体的人，比如中央电视台的知名主持人朱军；产品品牌是为了推广某类商品而进行的包装结果，它要反映的是某一类商品，2018年名牌权威专家艾丰做客CCTV对话中国品牌《发现之旅》播出平台，CCTV《发现之旅》频道是国内唯一以人文探索、科学揭秘、旅游地理节目为主的专业频道，正被逐渐打造成央视靓丽品牌节目。

（2）从品牌个性的基础来看：个人品牌的个性是建立在天生、自然基础上的，如白岩松的主持风格就是从他自身的个性特点表现出来的，他的语言、他的手势都是属于"白岩松式"的；产品品牌的个性是根据目标市场的需要包装出来的，如邀请专家和知名歌星现场点评、观众投票，制造了最大程度的宣传效应，也形成了《梦想中国》的独特栏目风格。

（3）从品牌的发展来看：个人品牌的发展是依据人的具体条件而设计的，比如一个主持人，只能在电台和电视台之间跳跃和转换，但是很少能够去做具有市场前景但自己却无法胜任的工作，如地产、软件研发等方面的个人品牌塑造；产品品牌的发展是根据市场的变化做出的调整，如阿里巴巴这个品牌，最初是靠电子商务起家的，但是随着市场的需要，它又推出了支付宝、菜鸟驿站、芝麻信用、网商银行等品牌，这些品牌都有不俗的市场表现。

（4）从品牌的代言来看：个人品牌具有直接代言自身的特点，如周星驰的出现，他的做派、他的言谈举止、他的表达方式，就是在展示他自身的个人品牌；产品品牌则需要人或者其他事物来代言，用产品自身做宣传虽然也时有所见，但是不如以人来代言（尤其是演艺界人士）来得更有效果，如某铂金首饰请影星张曼玉代言，其出众、高贵的气质完美演绎了产品的内涵，广告效果非同凡响。

（5）从品牌的商业化来看：个人品牌的建立未必以盈利为目的。比如鲁迅的初衷不是为了要自己赚多少钱，而是希望救国，一开始是医学救国，后来因为观念的改变而进行文学救国，最终塑造了一个民族魂的伟大形象，但是严格来说他并未进行商业化运作，其在文坛的名声也是随之而来的。然而产品品牌的建立却一定是以盈利为目的的，通过扩大产品的知名度，让更多的目标群体来使用、消费它，所以商业化是必需的。

（6）从品牌的生命周期来看：个人品牌是为了彰显个人魅力、扩大知名度和行业威望，一旦形成，尤其是自然而然地在人们心中扎根的个人品牌影响力，其生命力可以说是永恒的。比如中国的孔子，虽然经历过历史的转折变换、起伏跌宕，最终所展现的文化品牌生命力是丝毫不减的，始终是中国传统文化血脉很重要的、具有代表性的一个分支。

1.3 品牌管理

1.3.1 品牌管理的基本概念

品牌管理是指企业对品牌设计、延伸、维护、推广等与某一个品牌发展过程相关的各种活动进行有效的计划、组织、协调、控制。品牌管理形式的演进是伴随着企业生产经营方式的变革而产生的。很多企业在做经营失误的总结时都将问题归结为竞争空前加剧、渠道环境恶化、经营成本上升、传统营销手法失灵等方面，但很少有企业从品牌管理层面上找问题。目前企业大多引进"品牌经理制"，但是，很多设置了品牌经理的企业，并不能很好地理解品牌经理这一职位的具体职能，更不用说开展真正意义上的品牌管理。可见，加强品牌管理对于企业的品牌发展是十分重要的。

1.3.2 品牌管理的具体内容

1. 品牌权利管理

这是品牌管理的起始工作也是最重要的工作，就是通过注册获得权利。品牌权利管理的内容包括：

（1）商标权和包装外观设计专利的注册申请；
（2）商标权证、专利权证的保管和使用；
（3）商标权与专利权异议和答辩；
（4）商标复审申请和答辩；
（5）商标专用权续展、专利费的缴纳；
（6）商标权、专利诉讼；
（7）其他影响品牌权利的事项。

2. 品牌使用管理

品牌使用管理就是科学合理地安排品牌与产品之间的关系，以及品牌如何对外传播涉及的管理事项，具体可包括：

（1）品牌与产品关系管理；
（2）品牌使用规范的制定与执行；
（3）授权许可；
（4）侵权索赔；
（5）其他涉及品牌使用的事项。

3. 品牌价值管理

品牌价值管理是涉及上述两方面的综合性管理工作，目的是通过一种动态的、日常的管理，提升品牌的价值，具体可包括：

（1）制定品牌培育和发展规划；
（2）建立品牌评价体系；
（3）建立品牌保护体系；
（4）品牌估价；
（5）其他涉及影响品牌价值的事项。

1.3.3 品牌管理的组织形式

品牌管理工作的首要任务是建立科学的管理组织形式或制度，从历史上看，曾经先后产生过三种主要的品牌管理的组织形式，即业主或公司经理负责制、职能经理制和品牌经理制。

（1）业主或公司经理负责制，是指品牌的决策活动乃至很多的组织实施活动，全由业主或公司经理以及公司的高层领导承担，而只有那些较低层次的具体活动，才授权下属去执行的一种高度集权的品牌管理体制。在这种体制下，有关产品促销、渠道管理、品牌开发等涉及产品或品牌发展的问题，均需经过公司高层参与和拍板才能执行，这一体制最大的优点是决策迅速、协调能力强、企业战略思路明确，同时，企业家个人的精神元素成为品牌竞争力的核心构成，可以为品牌发展提供强大的策动力。它一般适合产品和品牌种类比较少且规模不大的企业。

（2）职能经理制，是指在公司的统一领导和协调下，品牌管理职能主要由公司各职能部门分担，各职能部门在责权范围内行使权利、承担义务的商标管理制度。这一制度在20世纪20~50年代的西方比较流行，至今也有一些西方企业仍然使用。我国相当一部分企业也采用这种管理方式。

（3）品牌经理制，是在企业管理中增加一个层次，为每个品牌的产品或生产线配备一名具有高度组织能力的经理，使其对企业的品牌开发、推广产品、销售市场拓展、利润控制等全面负责，并由他来负责具体协调产品开发研制、生产控制、包装设计、市场研究、业务拓展、广告制作、促销支援以及与其他相关的品牌职能之间的协调关系，然而这些部门不是品牌经理的直接下级。品牌经理没有权利对它们提出任何强制性要求，但是他必须运用一切手段完成任务。因此，品牌经理制运作起来比较复杂，品牌经理为完成任务需要处理的关系相当复杂，有时可能产生角色冲突。由此，对品牌经理的能力素质提出更高要求，其中应具有的关键能力是沟通和决策，只有有效的沟通能力才能协调各部门及其相关人员，形成支持合力，在整个团队的共同努力下，顺利完成任务。

1.3.4 品牌管理面对的挑战及创新

当前，全球经济在金融危机的背景下，市场环境变得更加扑朔迷离，消费者需求变换也更加频繁。昨天消费者可能还在津津乐道可乐饮料，今天可能马上流行喝预防上火的王老吉饮料；一秒之前还想着支付宝，一秒之后可能就会出现微信支付。这就是真正的消费者需求时代，如果品牌管理者想去满足消费者需求的话，那么，品牌管理者就必须发现瓶颈，那就是必须知道下一刻消费者需求究竟是什么。

1. 传统的制造商品牌管理模式面临的巨大挑战

由于技术创新与新产品推出的速度加快，品牌技术竞争优势难以长期维持，技术创新会带动品牌创新。随着零售商规模与力量的扩大，零售商品牌已经崛起，制造商的品牌正在面临危机，"零供"关系会在双方强调品牌的自主性问题上产生微妙的变化。优秀制造商的品牌在扩大广告宣传的同时，也开始通过降价来促销，价格在优秀品牌方面的刚性产生松动。品牌管理机构的金字塔模式正在受到现实的挑战，由品牌类别经理组成的跨部门团队来负责品牌的管理成为一种现实选择。在宣传方面，企业从单一的注重产品宣传逐步过渡到公司名称及其形象的宣传，通过这种方式来增强公司拥有品牌的整体影响力。同时，在众多竞争对手的品牌中，如何选择竞争的标杆成为品牌战略管理者面对的新命题。在新进入品牌的数量急剧增加的前提下，企业需要重新考虑对对手的竞争策略。

2. 新的品牌管理模式特点

在新的竞争环境下，企业逐渐认识到只有不断提高产品的附加值，全方位满足顾客的需要，才能追求产品合理的溢价。制造商品牌需要考虑如何应对零售商的品牌，把自身的研究与开发能力和零售商的分销与品类管理能力结合起来，建立双方密切的合作伙伴关系。

（1）注意适当引进新的品牌，防止对现有品牌的过度延伸，增强顾客对品牌的速记功能。

（2）创新广告的诉求模式，注意利用信息技术开发网络互动式广告。

（3）增加消费者对产品的体验式购买活动，让消费者在体验中感受商品的价值。

（4）重新整合营销部门，拓展功能，明确责任。首席执行官应该在公司范围内为创建品牌承担责任。

（5）自创品牌（private brand，PB），可称为PB商品，也称为自有品牌商品或经销商品牌商品，即商业企业通过搜集、整理、分析消费者对某类商品的需求特性的信息，开发出新产品的功能、价格、造型等方面的设计要求，自设生产基地或选择合适的生产企业进行加工生产，最终由商业企业使用自己的商标对该新产品注册并在本企业销售的商品。

3. 战略性品牌管理

一些大型的集团控股公司，特别是多元化品牌企业，尽管有很多懂得做市场或广告的专家，但是缺乏在宏观上把握品牌优化组合及未来规划的战略性品牌管理人员。我国一些具有前瞻性的企业因永续经营的发展需要，寻求能完整规划、统一品牌发展的专业人士成为当务之急。为此，在西方国家应运而生了一个新的管理模式：战略品牌管理咨询。

在许多企业的组织架构中，品牌管理的职责主要由各职能部门分担，各职能部门在各自的职权范围内对品牌进行管理，其中通行的做法主要由市场部或广告部制定有关的品牌管理制度或规划。这种管理构架的突出问题是：各品牌管理的平行职能部门难以形成有效沟通及相互协调，各个品牌的资源无法整合。而另外一种品牌经理制的管理系统，主要侧重于各个品牌的战术性的计划和控制，往往容易忽略整体品牌文化构建、品牌体系的宏观考虑。国外许多企业，像惠普公司就成立了品牌管理委员会，其主要职责就是建立品牌战略体系管理，并确保各个事业部之间的沟通与整合。中国一些品牌意识较强的多元化企业集团也开始设立专门的品牌管理部门，这个部门具有相对独立性，它不再隶属于市场营销部门，而是直接归属于公司的最高决策层。

战略性品牌管理部门或人员主要解决企业品牌体系的规划、品牌视觉形象的设计、新品牌推出的原则等战略性问题，其主要职责是：

（1）制定品牌管理的战略性文件、规定品牌管理与识别运用的一致性策略方面的最高原则。

（2）建立母品牌的核心价值观，并使之适应公司的企业文化以及未来发展需要。

（3）定义品牌架构与沟通组织之间的整体合作关系，并规划整个品牌系统，使公司每个品牌都有明确的角色。

（4）研究决策品牌延伸、品牌提升等方面的战略性问题。

（5）品牌体验、品牌资产评估、品牌传播战略监控等。品牌战略问题并不是靠企业战略品牌管理人员能够解决的，应采取外包形式，借用外脑即专业的品牌咨询公司提供科学的解决方案。

4. 品牌战略咨询公司

目前，在市场竞争焦点由产品、技术发展到品牌的大背景下，企业特别是品牌多元化的企业感受到解决多品牌的品牌架构等复杂问题时，因自身品牌管理高端人才的匮乏，从社会寻求有一定品牌专业水准及丰富的品牌战略管理经验的专家来帮助解决高端问题是一个科学的方法，由此，从事品牌识别战略咨询的公司就应运而生。现在，进入中国的专业品牌顾问公司主要有美国朗涛策略设计顾问公司，它是全球最大的品牌设计顾问公司，附属于WPP集团。WPP集团拥有60多个子公司，包括智威汤逊、奥美广告、精信集团、传立、扬罗毕凯广告、扬雅、United、伟达公关、朗涛形象策划、美旺宝、奥美公关、博雅公关、明略行、国际市场研究集团、群邑媒介集团和扬特品牌咨询公司等。WPP集团可以提供广告、媒体投资管理、信息顾问、公共事务及公共关系、建立品牌及企业形象、医疗及制药专业传播等众多服务。全球最大的广告传播集团WPP集团公布的2016年年度财报显示，集团整体营业收入达到了143.89亿英镑，同比猛增17.6%，其中内生增长贡献了3%，收购资产贡献了4.2%。朗涛策略设计顾问公司于1941年由美籍德裔设计师华特先生（Walter Landor）在旧金山创建。华特先生是众所公认的将品牌设计与视觉识别发展为策略性商业利器的先驱。在品牌咨询与设计的领域中，朗涛的成就非凡，普获国际认同。包括中国内地的上海和北京，现今的朗涛拥有跨国公司的丰富资源，并且掌握当地合作伙伴的动态，在六大洲为数以百计的客户提供完整的品牌设计专业知识。

1.4 品牌效应

品牌效应，顾名思义是指由品牌为企业带来的效应，它是商业社会中企业价值的延续，在当前品牌先导的商业模式中，品牌意味着商品定位、经营模式、消费族群和利润回报。树立企业品牌需要企业拥有很强的资源整合能力，将企业本质的一面通过品牌展示给世人，广告、公关、日常营销、售前售后服务都对品牌效应有直接影响。

品牌效应是品牌在产品上的使用产生的结果，是为品牌的使用者带来的效益和影响，是品牌使用过程中产生的作用。品牌是商品经济发展到一定阶段的产物，品牌迅速发展起来，是在近代和现代商品经济高度发达的条件下产生的，其得以迅速发展得益于品牌使用给商品的生产者带来了巨大的经济效益和社会效益。品牌效应正是在这种背景下受到了世界各国企业重视的。

1.4.1 品牌效应解析

品牌效应是指由品牌为企业带来的效应，它是商业社会中企业价值的延续，在当前品牌先导商业模式中，意味着商品定位、经营模式、消费族群和利润回报。企业品牌需要企业有很强的资源统合能力，将企业本质的一面通过品牌展示给世人。凡是有竞争力的企业都有自己的知名品牌，知名品牌既是企业的无形资产，又是企业形象的代表。品牌就是要送给客户称心如意的产品，提供热情周到的服务，企业的名字就是信誉的代名词，这是成功企业的管理者多年来达成的共识。塑造企业理念要求全体员工"真心为用户着想，至臻至美，给用户以信赖"，这一思想集中体现了企业品牌战略管理的核心内容，而建立完善的企业管理制度是实现品牌战略的基本保证。品牌管理就是为适应市场要求而采取的一套行之有效的方法，品牌效应就是对品牌进行有效管理的结果。

（1）从品牌的物质效应上看，优秀品牌有助于产品的推销。品牌在产品宣传中能够使企业有重点地进行宣传，简单而集中，效果明显，令人印象深刻，有利于消费者熟悉产品，激发购买欲望。品牌效应是产品经营者因使用品牌而享有的利益。一个企业要取得良好的品牌效应既要加大品牌的宣传广度、深度，更要以提高产品质量、加强产品服务为其根本实现手段。

（2）从品牌的精神效应上看，品牌既是无形资产，也是巨大的精神财富。它包含知识产权、企业文化以及由此形成的商品品质和企业信誉。一般来说，有了品牌也就容易塑造企业的形象；反过来说，如果在品牌的基础上进一步推行企业的整体形象战略，也就更有利于品牌的扩展和延伸。品牌效应是企业形象树立的有效途径。品牌是对企业产品质量、特征、性能、用途等级的概括，凝聚企业的风格、精神和信誉。消费者一旦接触品牌，这些内容便可以迅速在头脑中反映出来。

现在，品牌优势在竞争中的有利地位正逐步得到业内人士认可，对中小企业而言，如果没有技术上的精益求精、工艺上的专业特色及服务水准上的国际标准，在未来竞争中就很难站稳脚跟。

1.4.2 品牌效应表现

经国家工商管理部门注册之后的品牌，将成为企业的一种特有资源，受到法律保护，其他企业不得仿冒和使用，若发现冒牌商品可依法追究并索赔。如果产品不注册，就不受法律保护，会给企业带来损失，这是品牌效应实现的前提。

品牌可以帮助消费者识别和选择商品，而品牌效应是在产品宣传中产生的。消费者购买商品不可能都经过尝试后再购买，主要依品牌效应而购买。一个品牌如果知名度高，即便消费者未经使用，也会因品牌效应而购买，所以，品牌效应的产生既可能是因为经营者自身的宣传，也可能是因为其他消费者对品牌的认可。

1. 工业品市场中的品牌效应

在工业品市场中，"品牌"这一术语拥有特定含义。现在，很多公司都发现了这种品牌蕴涵的商机，纷纷选取有代表性的不同标识使目标受众能立即识别出它们的产品，于是，徽标就诞生了。

对工业品牌而言，品牌的意义要远远大于徽标。当某一标识持久地代表一家公司形象的时候，就产生了品牌。品牌不仅仅是一个概念，还代表一种持久的价值体系，它是公司的价值观，也是公司发展业务的有效方式。在品牌阶梯上，难题在于如何才能超越品牌图形符号和象征的范畴，切实满足客户和潜在客户认可和重视的文化一致性。

工业公司经常会将品名和品牌混为一谈，它们为产品赋上品名之后，就想当然地认为这些就是市场认可的品牌。实际上，只有人们一提到某类产品就会联想到的产品，才可以称为品牌。大多数所谓的工业品牌都只是商品标签，可以简单地将其理解为普通的产品描述，或者为了便于订购而指定的数字或任何其他类似代码。

大多数工业公司面向的市场具有小型化和专业化的特点，使得它们无法承担大量子品牌的费用，也很难将精力集中在品牌的延伸拓展上，因为公司推广的每一品牌都需要强有力的促销支持和高额费用。众多品牌之所以在一段时间的强力推广后黯然退出，就是因为这些品牌没有效益，或者严重削弱了公司其他品牌的效益（此种情况较少见，因为这些品牌只是昙花一现，随后就销声匿迹了）。在大多数情况下，公司品牌是唯一有意义的因素。在大多数 B2B 市场中，有价值的品牌通常就是公司的名称，而打算当作品牌推向市场的产品标签则可能只是数字或代码。很多工业公司都有合作多年的老客户，这些忠诚的客户实际上是在花钱购买信任，他们与某些工业公司建立了良好的合作伙伴关系，这种关系受到多种其他具有价值的无形因素以及产品功能属性的影响。即使有人为工业产品购买者提供低于同类产品价格 10% 的产品，也很少有客户愿意更换他们的供应商。

2. 消费品市场中的品牌效应

品牌对于消费产品的购买决策产生的影响是相当明显的，毫无疑问，营销的本质是在适当的地点以适当的价格出售适当的产品。良好的营销策略能够保证客户和潜在客户对产品感兴趣，并最终购买你的产品而不是其他厂家的产品。但是，应该怎么做才能使他们购买你的产品或服务而不是其他公司的呢？如果你认为人们喝汇源是为了解渴，开比亚迪是为了快捷，那就太简单了。汇源是可以解渴，可是水也可以啊；比亚迪轿车确实快捷，但是二手福特车也许更快捷。

就消费品市场上反映的品牌效应而言，消费者在购买商品时的确会受品牌的影响。在一次典型的市场调查研究中，当顾客被问到为什么购买某一款商品时，消费者会理性地认为是通常的"硬性"或有形因素决定的。他们会说是商品的性能、价格、可用性、担保等因素促使他们决定购买。如果确实是这样，为什么大多数商品购买者会一如既往地忠诚于他们多年来使用的品牌呢？这可能是由于惯性，因为没有必要更换，也可能是出于对商品的信任，他们认为当前使用的产品很有效，而其他产品可能会差一些。如果与其他同类产品的价格相差不大，就没有必要进行更换。也就是说，如果我们透过现象深究本质就会发现，人们购买某个品牌商品的首要原因并非商品的价格、产品和可用性因素，这暗示着品牌的影响力要远远超出其最初得到认可时的效应。

1.4.3　公司的市场定位对品牌竞争优势的影响

市场定位是指公司设计出自己的产品和形象，在目标顾客心中确定与众不同的有价值的品牌地位。市场定位要求公司能确定向目标顾客推销的具体差别及差别数目。公司品牌的市场定位应该注意以下几点策略。

（1）先入为主。购买者容易记住领先产品的信息，尤其是在信息爆炸的社会。那么，哪些"第一位"的品牌属性值得宣传呢？主要有"最好的质量""最佳的服务""最低的价格"和"最先进的技术"等。如果公司能在其中一个品牌属性上击败其他对手，并能令人信服地宣传这一优势，公司就会非常出名。

（2）避实就虚。定位是以产品为出发点的，但定位的对象不仅仅是产品，而更重要的是潜在顾客的心理，也就是说，要为产品在潜在顾客的脑海中确定一个合适的位置。

（3）寻机出击。现有产品在顾客心目中都有一定位置。这些品牌拥有自己的地位，竞争对手很难取代它们，这时其他竞争参与者可以有几种策略选择：①强化产品在消费者心目中的现有地位。②寻找尚未被占据的并为消费者所重视的市场地位，争取抓住机会占领它。公司称之为"寻找枪眼"或"寻找漏洞"，即发现市场上的空隙，并填补上。③退出竞争或重新定位。

营销人员要找出自己品牌所拥有的令人信服的某种重要属性或利益点。通过这种途径，品牌就会在人们心目中留下深刻的印象，无论其他品牌如何向消费者发起连珠炮的广告进攻。品牌定位策略都会要求改变产品的品名、价格和包装，但这只是为了在潜在顾客心目中寻求有价值的定位而做的形式上的改变。还有一些营销人员则强调实际定位，即逐步发展新产品的每个有形特征，获得合适的市场地位。尤其是心理定位必须得到实际定位的支持，因为这不仅仅是一场智力游戏。

品牌效应不可能永恒存在，它不是企业永久的保护神。企业的成功与否并不由品牌效应主宰，品牌效应只是市场营销的一方面。但是，如果一家公司拥有适当的品牌效应，那么所有其他营销因素都会恰当地发挥作用。品牌效应是公司哲学体系的核心，从本质上说，一家公司的品牌就是该公司的整体形象。

1.4.4 品牌效应与集体商标的关系

集体商标是通过品牌资源整合形成区域品牌竞争合力，由此产生更大、更广泛的社会经济效应。如中国产品从产量规模来看名列世界前茅，但在国际市场上始终略逊一筹，尽管由世界品牌实验室（World Brand Lab）编制的2017年度《世界品牌500强》排行榜揭晓，中国入选的品牌有37个，其中表现亮眼的品牌有国家电网、腾讯、海尔、华为、中国华信、青岛啤酒、五粮液、中国国际航空、中国太平等。但是同等规格的同档次产品，其售价总是比世界强国要便宜许多。究其原因，就是缺乏在国际上有一定影响的区域品牌或企业。我国企业自主品牌意识及维护品牌的意识较差，企业间相互压价的恶性竞争严重。办理注册商标，从商标设计、查询、公告到正式使用，其程序复杂，专业水平要求高，大多数中小企业及个体户的文化素质还很难适应品牌战略竞争的需要。分散注册商标成本高，成功率低，且后续投入难以得到保证，评选驰名、著名及知名商标，往往都要参照使用该商标的产品近3年的主要经济指标，如年产量、销售额、利润、市场占有率、同行业中排名以及广告投入等，因此单个企业创名牌的难度相当大，中小企业尤其如此。

品牌及其包含的商标、质量标准、管理体系是一套完整的体系，它确保了使用这一品牌的商品必然是精品，为开拓市场带来好处。长期以来，国内许多行业虽然极其发达、企业众多，可是却鲜有在全国和全球的优势品牌。由于大多数企业规模较小，生产和营销的主体过于分散，导致其在市场上竞争力弱，有时内部还会出现恶性价格竞争。以集体形式申请注册集体商标，可以把中小企业力量集中起来，整合资源，形成拳头产品，统一管理、统一品牌、形成合力、壮大规模，共同创立名牌，提高商品和服务的竞争能力，形成集团优势，弥补企业规模较小的竞争劣势。

加入WTO后，中国经济发展正进入一个知识产权保护的高端时代。一个高端的、区域性的集体品牌，能够使区域内的企业处于公平起跑线上，促进团结、促进技术进步，为今后其在资源、环保、能源、人才培训、科研等基础问题上的交流合作提供了基本条件。山东的"青岛啤酒"、上海的"罗莱家纺"、安徽的"古井贡酒"、东莞市的"虎门服装"、广州的"新塘牛仔服装"等，都申请注册商标，旨在强化自主区域品牌创立意识，提升区域品牌核心竞争力，用法律手段保护这一产业区域品牌不受非法损害，打造出更多享誉全球的区域制造与流通业品牌。但是值得注意的是，《中华人民共和国商标法》对注册商标有明确规定，地级以上的城市名称不能作为集体商标的名称。

1. 集体商标的概念

集体商标是指由工商业团体、协会或其他集体组织的成员所使用的商品商标或服务商标，用以表明商品的经营者或者服务的提供者属于同一组织。

集体商标与普通商标的区别有：

（1）集体商标与普通商标均表明商品或服务的经营者，但集体商标表明商品或服务来自某组织，普通商标则表明其来自某一经营者。

（2）集体商标只能由某一组织申请注册，普通商标则可以由某一组织或某一个体经营者申请注册。

（3）申请集体商标注册必须提交使用管理规则，申请普通商标则不必提交。

（4）集体商标不能准许本组织以外的成员使用，普通商标可以准许本组织以外的成员使用。

（5）集体商标准许其组织成员使用时不必签订许可合同，普通商标准许他人使用时必须签订许可合同。

（6）集体商标不能转让，普通商标可以转让他人。

（7）集体商标失效后两年内商标局不得核准与之相同或近似的商标注册，普通商标的相应期限仅为一年。

2. 集体商标的作用

有了商标才有品牌，有了品牌才有名牌，有了名牌才能提高区域特色产业的竞争力。集体商标注册对于带动产业化经营、提高竞争力大有裨益，甚至是必由之路。因为集体商标是"由众多的自然人和企业组成一个行业协会或行业组织共同申请并共同使用的一件商标"，因其使用的特殊性能够达到为产品节约成本、保护产业、创出品牌和规模效益的目的。申请注册集体商标的最大好处是：在不改变单个成员身份的条件下，可以通过共同使用统一的商标把所有单个成员的生产经营能力有效地组合起来，形成数量优势，显示规模效应。

凡是享有这一品牌使用权的会员企业，就理应遵守相关法则法规，不得采取恶性压价的不良竞争手段，否则就要追究相应法律责任。注册了集体商标，就对那些只顾自己利益不顾集体利益的部分企业有了法律约束。今后还可以以集体展团的名义租展位，参加精彩的国内展、国际展，争取更好的生存和发展空间，甚至在反倾销应诉中，也可以以较低的成本争取最后的胜利。

1.4.5 品牌效应与名牌效应

品牌效应是商业社会中企业价值的延续，在当前品牌先导的商业模式中，品牌意味着商品定位、经营模式、消费族群和利润回报。名牌效应不仅可以带动商机，在显示出消费者自身身价的同时，也无形中提高了商家的品位，可以使更多的高层次消费者光临店面。

◉ 本章小结

1. 品牌是企业取得或保持持续竞争优势的利器，企业在变化的环境中不断丰富品牌的内涵、拓展品牌的外延。品牌内涵主要包括属性、利益、价值、文化、个性和使用者等。
2. 品牌管理是指企业确定其使命，根据组织外部环境和内部条件设定企业的品牌战略目标，依靠企业内部能力将这种谋划和决策付诸实施，以及在实施过程中对品牌进行控制的动态管理过程。品牌管理的组织形式包括业主或公司经理负责制、职能经理制和品牌经理制。
3. 品牌效应包含工业品市场的品牌效应、消费品市场的品牌效应、公司的市场定位对品牌竞争优势的影响。
4. 品牌效应与集体商标的关系涉及商标、质量标准和管理体系。

自测题

一、选择题

1. 品牌一词最权威的定义是由（　　）提出的。
   A. 安德鲁斯　　　B. 明茨伯格　　　C. 钱德勒　　　D. 奥格威
2. 下列不属于对品牌内涵的理解的是（　　）。
   A. 手段　　　B. 个性　　　C. 文化　　　D. 价值
3. 品牌管理的核心是（　　）。
   A. 提高企业竞争力　　　　　　B. 品牌资产
   C. 扩大市场占有率　　　　　　D. 企业利润
4. 以下哪个不是按品牌市场地位划分的（　　）。
   A. 领导品牌　　　B. 挑战品牌　　　C. 地区品牌　　　D. 填补空缺品牌
5. 一家公司成功地设计和实施了品牌管理并产生效益，我们称这是品牌的（　　）。
   A. 效应　　　　　　　　　　B. 可持续的竞争优势
   C. 丰厚的回报　　　　　　　D. 平均利润
6. 品牌管理组织的最高形式是（　　）。
   A. 职能制　　　B. 业主制　　　C. 经理制　　　D. 品牌经理制
7. 关于服务品牌，下列说法正确的是（　　）。
   A. 注重品牌信息传播　　　　　B. 前台员工重要
   C. 注重内部品牌营销　　　　　D. 以上都是
8. 以下哪个不是品牌的属性特征（　　）。
   A. 品牌的　　　B. 专有性　　　C. 影响力　　　D. 无形资产
9. 品牌内涵是由（　　）决定的。
   A. 企业　　　B. 国家　　　C. 协会　　　D. 消费者
10. 品牌的核心价值是品牌（　　）的主体部分。
    A. 构成　　　B. 商标　　　C. 名称　　　D. 资产

二、判断题

1. 英国营销专家迈克·梅尔德伦称品牌是感官、理性和感性这三种诉求要素混杂而成的结果。（　　）
2. 工业公司经常会将品名和品牌混为一谈，它们为产品赋上品名之后，就想当然地认为这些就是市场认可的品牌。（　　）

3. 品牌管理工作的首要任务是建立科学的管理组织形式或制度。（   ）
4. 主流的品牌分类方式主要是针对实体性服务品牌的，所以，服务品牌的层次成为品牌层次的典型代表。（   ）
5. 品牌内涵的维护与创新，同样来自客户的需求。（   ）
6. 因为战略管理的最终责任由最高管理层的人员承担，所以战略管理是最高管理层的管理者的事情。（   ）
7. 许多企业都认为广告能够塑造一个品牌。（   ）
8. 品牌是体现商品或服务个性和消费者认同感，象征生产经营者的信誉，被用来与其他商品或服务区别开来的名称、标志、包装符号的组合。（   ）
9. 不同的企业和产品可以有相同的品牌，不同的品牌代表不同的产品，属于不同的企业。（   ）
10. 个人品牌具有直接代言自身的特点。（   ）

三、简答题

1. 品牌的含义是什么？它包括哪些最基本的要素？
2. 什么是品牌？它具有哪些特征？
3. 品牌效应的构成要素及相互之间的关系是怎样的？
4. 品牌管理的组织形式是什么？
5. 产品品牌与企业品牌的关系是什么？为什么说品牌产品上的成功不等于品牌市场上的成功？

四、实训题

请针对某一知名品牌进行品牌自由联想分析，并列出属性表格。

案例分析

尚客优酒店 HFE 广州站现场签约十余单，再现强大品牌效应

2018 年 5 月 16 日，第五届中国国际酒店投资与特许经营展览会（以下简称 HFE 展）广州站在广州琶洲展馆如期开幕，作为高规格、高覆盖度的酒店行业盛会，本届 HFE 展一如既往地吸引了国内外众多酒店品牌与投资加盟商的热情参与，为双方打造了交流合作的大型专属平台。在百家争鸣中，位于展厅 B001 展位的尚客优酒店收获颇丰，参展第一天即现场签约十余单、意向签约近百家，再现其作为三四线城市经济型酒店规模第一品牌的强大号召力与吸引力。

本届 HFE 展会继续秉承推广优质、安全、放心酒店品牌的精神，力邀实力加盟商、投资商进行专业对接，打造酒店业专属的投资与加盟线下平台。现场近百家酒店品牌全力逐鹿这一酒店业繁荣绽放的华南要地，其竞争毋庸置疑是关于品牌实力与合作诚意的竞争，谁能获得更多投资加盟商的青睐，就意味着在未来市场中的地位将更上一层楼。

作为三四线城市规模第一的经济型酒店品牌，同时也是尚美生活集团的核心品牌，尚客优酒店此次亮相乃众望所归。其坐落于 B001 展位 500m^2 的超大展厅内，向外界传达了与时俱进、迭代创新以及与加盟商合作共赢的品牌精神。

尚客优酒店产品上的"美设计""美睡眠"基因近年来声达业界，也收获了上亿消费者的信赖；单间客房比其他同等品牌低1万~2万的优势以及对门店进行的一站式专家级运营管理支持，让旗下的1 700多家分店口碑与业绩双赢，在"经济型酒店触底"的整体市场环境中逆势上扬，也为投资加盟商带来实实在在的回报。

资料来源：http://www.hebeihr.cn/a/MIDIxinxi/xinwen/20180516/406576.html。

问题： 1. HFE展的主要功能是什么？它对推动地区特许品牌建设有何重要作用？
2. 尚美生活集团的核心品牌有哪些？尚美品牌的经济效益是如何体现的？

律师事务所的品牌效应解析

对于每一个律师事务所而言，如果想要抓住更多的发展机遇，为更多的客户提供优质的法律服务，就必须注重律师事务所的专业化和品牌化。这也是我国律师事务所在改革和发展的过程中必然选择的一条道路。那么律师事务所的专业化和品牌化发展道路具体的表现在哪里呢？应该如何走上这样一条专业化和品牌化的发展之路呢？

我国律师事务所的发展时间其实并不长，只有短短二三十年的时间，但是在最近这十年来，律师事务所乃至整个律师行业都取得了比较长足的发展，从目前的市场情况来看，已经形成了一批规模比较大，而且市场口碑比较好的知名律师事务所和大型的律师事务所。但是纵观整个律师事务所市场，超过80%的律师事务所，仍然是处在成长阶段的一些中小型的律师事务所，不管是在经营管理方面，还是在业务知识方面都亟待提升，这是我国律师事务所未来改革发展需要重点关注的内容，根据时代形势的不断发展，来制定出符合自身律师事务所特点的管理制度和未来的发展战略，才能在激烈的律师事务所竞争当中不断完善自己，发展壮大。

在这个过程当中，就必须注重专业化和品牌化的力量，当前的律师事务所竞争也是比较激烈的，如果想要立于不败之地，就必须创建符合自己律师事务所特色的品牌，品牌化建立的基础是拥有一支高素质的律师团队，通过较高的服务水平和服务效率来建立律师事务所的品牌。

资料来源：http://www.hxxkw.org/dujia/gd/39302.html。

问题： 1. 结合本案例谈谈你对律师事务所的专业化和品牌化社会意义的理解。
2. 本案例对走上一条专业化和品牌化的发展之路提出了哪些基本思路？
3. 律师服务的品牌化和专业化对其他行业有何引领作用？

南康区：家具产业迈向高质量发展新征程

2018年5月28日，捷报从国家工商总局传来，"南康家具"商标注册证书正式颁发，标志着"南康家具"集体商标成功注册，将推动南康家具产业由高速度增长向高质量发展转变，不断提高家具产业的市场竞争力。

20多年来，南康家具产业快速发展，企业数量由少到多，产业规模从小到大，逐渐形成了拥有 7 500 多家家具企业、产业集群产值达千亿元的规模。

近年来，南康家具围绕构建以"南康家具"区域品牌为主导，以重点家具企业品牌为骨干的"母子品牌"体系，深入开展"全国实木家具产业知名品牌示范区"的创建，并实施家具产业商标品牌发展战略，培育了一大批家具知名品牌。目前，一个以"南康家具"为母品牌，以众多驰名商标、省著名、省名牌、市知名为子品牌构成的"母子品牌"体系正在成型。

如今，南康家具行业拥有中国驰名商标 5 个、省著名商标 97 个、江西名牌 42 个，品牌占有量在全省名列前茅。

为进一步提升家具产业的品牌影响力，南康区瞄准全国家具行业知名企业，立足赣州（南康）家具区域特色和品牌化建设，通过品牌带动，推动家具产业由数量主导型向高端化、品牌化效益转变，加快形成"南康家具"区域品牌。同时，该区还以赣州港获评成为全国第八个内陆对外开放口岸和内陆首个国检监管试验区为契机，大力支持"南康家具"品牌走出去，积极融入"一带一路"，将南康家具推向国际化，已初步形成了多口岸直通、多品种运营，实现了"木材买全球、家具卖全球"，产业实现双向延伸。

资料来源：http://www.jiangxi.gov.cn/xzx/jxyw/sxyw/201806/t20180601_1449441.html.

问题："南康家具"集体商标创立的意义是什么？以"南康家具"区域品牌为主导的品牌管理体系是如何构建起来的？对区域性品牌建设有何借鉴意义？

第 2 章 CHAPTER2

品 牌 战 略

教学目标

在品牌管理中,战略性思维对企业品牌的健康发展意义重大。目前,在互联网经济时代,经济增长方式的变化迫使企业走内涵式生态型的发展道路,从产品技术竞争走向品牌竞争是竞争方式战略转移的必然选择。通过本章的学习,学生能够掌握品牌战略的基本概念和理论,为今后实施品牌战略管理提供理论前提。

学习任务

通过本章的学习,学生主要掌握和理解:
1. 企业战略与品牌战略的含义
2. 品牌战略的构成因素及特征
3. 品牌战略管理的任务及意义
4. 品牌战略的层次及其基本模式
5. 品牌战略性建设的主要内容

🌐 案例导入

口腔健康市场快速升级,本土品牌如何破局

随着口腔健康市场的快速升级,在与外资品牌展开角逐中,本土品牌在渠道上的发力愈发显得后劲不足。

2017 年,兰馨亚洲、联想控股旗下君联投资的薇美姿(舒客母公司)再度牵手国内最大的供应链企业怡亚通,进一步深化供应链金融合作,与其旗下金融服务平台宇商金融达成战略合作,从而提高营销效率,快速抢占市场。

起源于广州的薇美姿旗下有舒客、舒客宝贝两大口腔护理品牌。作为口腔护理行业的后起之秀,2017 年薇美姿的营收规模已达到 40 亿元,规模在向云南白药牙膏靠拢,这两

大公司均跻身国内中高端牙膏第一阵营。

此次薇美姿牵手的怡亚通是 A 股首家上市的供应链企业,后者目前已在全国 31 个省市区近 300 个城市建立分销网点,覆盖终端近 150 万家。2017 年前三季度,怡亚通的营收规模已达到 472.11 亿元。

据薇美姿方面介绍,2018 年公司将与怡亚通在物流、商流和资金流三方面展开深度战略合作:一是从仓储、物流及配送上着手,共同探索物流合作新模式;二是从终端渠道、母婴及新零售方向开展渠道的深度合作;三是借助怡亚通旗下的宇商金融平台为客户及其供应链上下游企业提供金融解决方案。

"终端经销商都有资金结算要求。尤其是在旺季,适逢新产品上市时,厂家希望产品可以快速到达终端,但终端经销商不一定有足够的资金进货。我们可以给厂家终端经销商提供融资去进货,这无疑加快了产品的周转速度。厂家可以根据用户市场的变化,迅速做出反应,从而调整产品生产。"怡亚通副董事长、宇商金控平台总裁陈伟民说,传统的品牌经营模式是先研发、后推销产品,如今是用户思维决定产品。

第一财经记者了解到,在日化领域的渠道扩展上,相对于本土品牌,外资更热衷于与大型分销商合作,合作的方式也从渠道层面进一步深化到金融层面。中国品牌研究院研究员朱丹蓬对第一财经记者表示:"外资品牌分销能力强于本土,跟它擅长叠加产品盈利思维、资本杠杆思维有很大关系,而本土品牌的盈利模式更多地停留在单一的产品思维上。"

实际上,早期舒客的成功,得益于借助人海战术布局终端大卖场。如今在消费升级的背景下,口腔健康市场的竞争早已不停留在基础护理牙膏、牙刷两大件,由点及面,已拓展至电动牙刷、漱口水、牙线等多元化、全品类口腔护理产品。上海博盖咨询董事总经理高剑锋对第一财经记者表示:消费升级带来产品迭代加速,市场创新加快,原有品牌的创新节奏跟不上消费者需求,这是所有快消品要面临的问题。

资料来源:http://finance.sina.com.cn/roll/2018-01-16/doc-ifyqqciz7916115.shtml。

2.1　品牌战略概述

2.1.1　企业战略的含义

"战略"一词原是军事术语,其含义是在广泛搜集整理敌我双方情报的基础上,通过分析研究,对整个战争全局的进展趋势做出准确的判断,从而达到"运筹于帷幄之中,决胜于千里之外"的效果。欧美企业明确引入战略概念始于 20 世纪中期,企业战略及战略管理的发展过程可以概括为:20 世纪 50 年代的战略概念、60 年代的战略规划、70 年代的战略热潮、80 年代定位学派的形成、90 年代资源学派的涌现,21 世纪的生态学派出现。

2.1.2　品牌战略的含义

品牌战略是企业战略的重要组成部分。所谓品牌战略,是指通过品牌形象的塑造,提高企业产品竞争力，扩大企业在市场上的份额，促使企业可持续发展的战略。也就是通过创立市场知名品牌，提高产品和企业的知名度，靠品牌来开拓市场，增大市场份额，提高产品的市场占有率。公司往往将品牌作为核心竞争力，以获取差别利润与价值的企业经营战略。

品牌战略是一个复杂的战略体系，包括品牌的统一与拆分战略、品牌的多元化经营战略、品牌的一般竞争战略、品牌扩张战略、品牌定位战略、品牌国际化战略，以及产品质量战略、技术开发战略、经营战略、品牌设计与广告策划战略、市场营销战略、产品服务战略、人才战略等诸多方面。所以，一个成功品牌战略的实施绝不是品牌自身的事情，实际涉及企业经营管理中所有重大战略决策，只是这些战略决策都要围绕着品牌展开，公司品牌战略如图2-1所示。

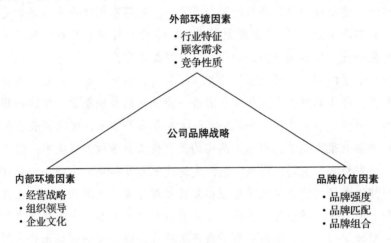

图 2-1 公司品牌战略

品牌战略是市场经济激烈竞争的产物，近年来，一些意识超前的企业纷纷运用品牌战略的利器，取得了竞争优势并逐渐发展壮大。战略的本质是塑造企业的核心能力，从而确保企业的长远发展。在科技高度发达、信息快速传播的今天，产品、技术及管理诀窍等容易遭到对手模仿，难以成为核心能力，而品牌一旦树立，则具有价值并且不可模仿，因为品牌是一种消费者认知，是一种心理感觉，这种认知和感觉不能轻易模仿。了解了品牌的内涵和特点，我们在塑造品牌时就应该从这些方面着手，实施品牌战略。

2.2 品牌战略管理

在明确公司行业地位的前提下积极推行品牌战略是企业的明智之举。充分利用互联网平台资源，推动平台扩张是企业品牌战略创新。企业品牌战略管理部门的职责首先是品牌战略的制定，然后是执行检查，即对品牌的营销策略、广告公关促销等传播活动的每一个环节进行检查，确保其有效地体现品牌宪法。

2.2.1 品牌战略管理实施过程

上海杰信咨询有限公司多年从事的品牌战略咨询和研究表明,要高效创建强势大品牌,关键是围绕以下六条主线做好企业的品牌战略规划与管理工作。

(1) 规划以核心价值为中心的品牌识别系统,并以品牌识别统帅企业的营销传播活动。

(2) 进行全面科学的品牌调研与诊断,充分研究市场环境、目标消费群与竞争者,为品牌战略决策提供翔实、准确的信息导向。

(3) 在品牌调研与诊断的基础上,提炼高度差异化、清晰明确、易感知、有包容性和能触动感染消费者内心世界的品牌核心价值。

(4) 规划以核心价值为中心的品牌识别系统,基本识别与扩展识别是核心价值的具体化、生动化,使品牌识别与企业营销传播活动的对接具有可操作性。

(5) 以品牌识别统帅企业的营销传播活动,使每一次营销传播活动都传达出品牌的核心价值、品牌的精神与追求,确保企业的每一份营销广告投入都为品牌做加法,都为提升品牌资产做累积。

(6) 制定品牌建设的目标,即品牌资产提升的目标体系。

2.2.2 品牌战略的基本模式

在掌握各种品牌战略模式的规律,并深入研究企业的财力、规模、发展阶段、产品的特点以及消费者心理、竞争格局与品牌推广能力等实际情况的基础上,按照成本低又有利于企业获得较好的销售业绩、利润与实现培育强势大品牌的战略目标,优选出科学高效的品牌战略模式。

企业可以选出下列品牌战略模式的一种或者几种:

(1) 综合品牌战略(一牌多品);
(2) 产品品牌战略(一品一牌或一品多牌战略);
(3) 产品线品牌战略;
(4) 分类品牌战略;
(5) 联合品牌战略;
(6) 担保品牌战略;
(7) 主副品牌战略;
(8) 网络品牌战略。

在选择品牌战略模式的同时,企业还要处理好企业品牌与各产品品牌的关系,以及各产品品牌之间的关系,从而建立科学的品牌架构。

这里所说的品牌战略,在其他场合有时称为品牌的形态和层次,有时也称为品牌名称决策等。无论如何称谓,从总体上看,有七种基本模式可供选择,它们具体是产品品牌战略、产品线品牌战略、分类品牌战略、伞状品牌战略、来源品牌战略、担保品牌战略以及品牌特许经营战略。一个公司往往使用多种品牌战略使公司拥有的众多品牌处于复杂的结构之中。从影响消费者购买决策的角度来看，由于这七种品牌战略各自扮演了不同的角色，因此它们适用于不同的情况和条件，并具有各自的优缺点，下面分别加以阐述。

1. 产品品牌战略

（1）基本内容。产品品牌战略有时也叫个别品牌名称决策。它的做法是给每种产品一个独有的名字，并给予它定位，占领特定的细分市场。也就是说，即使同属于一个产品种类，但由于定位不同，产品有各自的品牌。浙江吉利控股集团与马来西亚 DRB-HICOM 集团签署协议，吉利控股集团将收购该公司旗下宝腾（Proton）汽车的股份。完成收购后，届时吉利控股将拥有吉利、领克、沃尔沃、伦敦出租车、宝腾和路特斯六个汽车品牌。

（2）适用场合与优势。产品品牌战略适用于以下这些情况。

1）厂商对一个特定的市场具有战略上的需要。宝洁的洗发水有四个重要品牌，这样就保证它在洗发水市场上获得极高的份额。

2）这些细分市场差异不显著。每个产品选择不同的品牌名称，保证消费者看到的是不同的产品——产品外表看上去是相同时这是必需的。消费者很难看出洗发水有何不同（尽管它们在成分、功能等方面有所不同），而特别的名称强调了产品间物理性质的差异。

3）产品品牌战略能凸显产品个性，锁定目标消费者。如欧米茄代表成功人士或名人的尊贵豪华的选择，雷达是高科技的象征，而斯沃琪则是前卫、时髦和潮流人士的首选。

4）公司对创新具有强烈的欲望。产品品牌战略能够为公司抢先获得有利的定位，名称使其创新变成专利，有效地抵御同行的仿制。

5）产品品牌战略允许公司在新市场上冒险。如果一个细分市场的前景不明朗，那么采用产品品牌战略，即使失败也不会影响到原有成功产品的品牌形象。

6）产品品牌战略意味着公司的名称独立于公众，这样就给公司进入新的市场提供自由的空间。

7）产品品牌战略有助于获得有利的货架空间，因为零售商分配给公司货架空间的多少是与其品牌数量成正比的。

8）产品品牌战略适用于处于成长中的市场。虽然采用这种战略，在研究开发、设备和商业费用上投入很大（这也是这种战略的缺点），但因市场在成长，它取得投资回报的机会也是很大的。

9）产品品牌战略能给低品牌忠诚者提供更多的选择。

10）产品品牌战略相对于电器类行业，更多地适用于生活用品、食品、服饰等行业。

2. 产品线品牌战略

所谓产品线，是指同一产品种类中密切相关的一组产品，它们以类似的方式起作用，质量和价格水平定位相同，满足同类型顾客的需要，通过同类型的销售网点分销，或在一定的幅度内做价格变动。比如，在化妆品门类中，各条产品线有洗发水、香皂、沐浴露、定型摩丝等。产品线品牌战略就是给同一产品线上的产品赋予同样的品牌，这种战略一般得益于最初产品的成功，产品线扩展的成本不低于折扣和包装的边际成本。在一般情况下，产品线采取整体的战略推出，不需要额外的广告。产品线品牌战略有以下几项好处：首先，它提高了品牌的销售力，有利于创造鲜明持久的品牌形象；其次，它便于更进一步的产品线延伸；最后，它减少了推广的费用。这一战略的不利之处在于，产品线的扩展总是有限的，只能生产与现有产品密切相关的新产品，这一点常常被人忽视。其次的问题在于，如果产品线中有一个非常强势的创新产品，那将导致产品线的发展速度减慢。

3. 分类品牌战略

分类品牌战略是企业对生产经营的并类产品分别命名的一种品牌战略，这种战略考虑到对于不同用途的产品来说，不宜采取统一品牌战略，否则容易混淆，也难以区分其品牌所代表的产品特色。如果企业所经营的各类产品之间的差别非常大，那么企业就必须根据产品的不同分类归属来采取多品牌战略，即为各类产品分别命名、一类产品使用一个品牌。分类品牌战略采取对产品使用不同类别的家族品牌名称，给予一个具有相同能力水平的产品群以一个单独的名称和承诺。所以它被广泛地采用于食品部门、化妆品、服饰、厨房用具、零配件和工业品上。不同类别系指一个范围较宽的组别，包含数条产品线。这种战略也可理解为不同类别的家族品牌名称决策。如众泰汽车发布了全新品牌 VI 体系和全新设计理念，并携旗下概念车 i-across、新车 T800 和 T300EV 等 9 款主力车型。

4. 伞状品牌战略

伞状品牌战略是在不同产品门类上冠以一个相同的品牌名称。它也可以理解为统一家族品牌名称决策。国际上许多大公司都采用这种做法，例如：佳能用于照相机、复印机和办公设备上；雅马哈用于摩托车、钢琴和吉他上；京东用于电商、无人汽车和物流服务上。这种战略的最突出优势在于把资产集中在一个单独的名称上，它的产品、传播和其他所有行动都对品牌声望贡献良多。伞状品牌战略适用于新产品与原有产品有较高的关联度、新产品的市场竞争不太激烈、新产品的主要竞争品牌并非专业品牌等情况，另外，该战略尤其适合跨国公司进行世界性营销时采用。伞状品牌战略具有许多优点：节省广告费用，有利于解除顾客对新产品的不信任感，壮大企业的声势等。但企业要从伞状品牌战略中获益，需要具备如下条件：品牌在市场上已获得一定的信誉，各类产品应具有相同的质量水平，否则会影响整个品牌声誉。飞利浦公司对它所有的产品使用飞利浦一名，由于产品在质量上存在极大的差别，所以大多数消费者仅期望飞利浦产品有平均质量。飞利浦公司的做法损害了其优质产品的销路。

在伞状品牌战略的运用上还会产生如下负面影响：一个品牌下聚集了太多的产品，将会导致品牌定位的稀释，同时也不可避免地带来某些限制。

5. 来源品牌战略

来源品牌战略（有时被称为附属品牌战略）与伞状品牌战略相比，只存在一个关键的差别点：前者先对产品进行直接命名（子品牌），再拥有一个共同的母品牌，因而每个产品具有两个品牌，形成双重品牌结构，所以它也被称为双重品牌化战略。在来源品牌概念下，子品牌有它们自己的信仰，但它们仍牢牢地受到家族精神的支配。来源品牌战略的益处在于，它有能力把一种差别化感觉和深度强加于子品牌身上，同时，通过子品牌名称的修饰和丰富，母品牌可以加强其价值和识别。因此，我们可以发现，子品牌和母品牌相互影响、相互促进，最终吸引一个特定的细分市场，雀巢公司在全球采用的就是这种战略。来源品牌战略的一个危险是超越母品牌核心识别的限制。这意味着要保持对品牌延伸的严格界限，只有经过鉴别的、可靠的名称才可以在母品牌的活动范围内使用。

在来源品牌战略中，雷吉斯·麦肯纳提出了"银色子弹"的说法。所谓银色子弹，指的是子品牌被当作一种改变或支持母品牌形象的工具。在高科技领域，这种现象较多。比如，华为公司的三模4G上网卡移动随身听为华为提供了创新迷你化的核心识别。还有比亚迪思锐的标配ESP、福特的金牛座、苹果的麦金塔等，都为它们的母品牌扮演了银色子弹的角色。不过，如果一个品牌要寻找更大的自由，那么担保品牌战略可能更加适合。

6. 担保品牌战略

担保品牌战略与来源品牌战略比较相似，区别在于前者的母品牌和子品牌处于比较松散的关系，对市场来说，主要是子品牌（产品品牌）在起作用，母品牌并不突出，只是起到担保的作用（担保品牌往往是公司品牌）。在产品品牌、产品线品牌或分类品牌之外，担保品牌战略支持产品分类的广泛变化。例如，公司母品牌雀巢为全部产品提供信任、质量保证、信誉和竞争力，产品品牌则提供口味、感觉等特殊的价值和个体经验。每个产品可以自由地表现其创新性，因此在产品品牌的名称和符号使用上呈现出广泛的变化。

担保品牌战略的主要优点是能够获得很大的调遣自由。以娃哈哈为例，如果是来源品牌，则一些与婴儿食品和儿童饮料相关的特殊形象必然影响到产品品牌的发展，而担保品牌战略却为娃哈哈带来了无限的发展空间，使它的产品领域涵盖饼干市场、汤料市场等。在担保品牌下，产品品牌共享它承担的认可作用，包括标准化的质量、科学技术和对公众的责任，以及对生态环保的关注等。

以上六种品牌战略都是公司的典型形式。事实上，很多公司都采用了分类品牌、伞状品牌、来源品牌或担保品牌的混合结构。毋庸置疑，许多混合情形的产生是因为在新产品的不断开发过程中很少对品牌决策做出严格的选择。如果缺乏对一个品牌整体运作和与产品关系的预想计划，将导致品牌化政策的总体混乱，这无疑对品牌战略的有效实施造成混乱。

7. 品牌特许经营战略

品牌特许经营是以契约方式构筑的特许人与受许人共同借助同一品牌在同一管理制度的约束下实现品牌扩展的一种形式，它是促使品牌在市场上扩张进而实现双赢或多赢的营销模式，例如遍及我国各个城市车站机场的真功夫和李先生牛肉面，以其优质服务、整洁明快的用餐环境、可口的快餐口味而享有盛名，它们的成功有许多相似之处，其中最重要的一点就是它们都是特许专卖权的所有者，都很成功地运用了特许经营方式。可以说没有特许经营就没有真功夫和李先生的品牌扩张，也就不可能成就其驰名的强势品牌。

品牌战略的基本模式如图2-2所示。

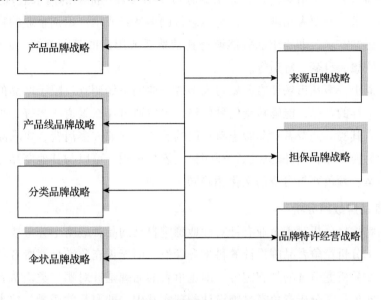

图2-2　品牌战略的基本模式

所以，品牌战略管理不单纯是营销策划、广告创意、广告发布、公关活动与终端促销，更不是仅做好日常的营销广告工作就能自然地打造出一个高价值的品牌。只有围绕上述主线进行战略规划与严格的日常管理，使企业的价值活动紧扣品牌建设的目标，才有可能创建强势大品牌。

2.3　品牌战略规划

品牌战略规划很重要的一项工作是规划科学合理的品牌化战略与品牌架构。在单一产品的格局下，营销传播活动都是围绕提升同一个品牌的资产而进行的，而产品种类增加后，就面临着很多难题，究竟是进行品牌延伸，即新产品沿用原有品牌，还是采用一个新品牌，企业会在其中做出抉择。品牌化战略与品牌架构优选战略就是要解决这些问题。

现在，国内不少企业就是因为没有科学地把握品牌化战略与品牌架构，在实施品牌发展规划时，在这一问题上决策失误而错失良机，不仅未能成功地开拓新产品市场，而且连累了传统产品的销售。

2.3.1　品牌战略分析

企业的品牌战略必须建立在一定的客观环境基础上，不能仅靠主观臆断，所以，准确地把握分析环境要求是成功进行品牌战略策划的前提。

1. 品牌市场需求分析

品牌市场需求分析是指对消费者需求的分析。消费者对品牌的需求表现为两种需求。其一是功能性需求，即要求品牌具有作为标志帮助消费者或用户识别企业的特定产品的功能；其二是情感性需求，即要求品牌能够寄托消费者或用户的某种感情，如愉悦、信任、崇拜、敬仰、联想、自豪、舒适等。

分析市场需求一般从市场调查开始。大多数企业的市场调查仅限于产品的调查，如了解用户喜欢什么样的产品，能够接受何种价格，可以通过什么渠道购买等，很少有品牌方面的调查研究。其实，消费者对品牌也有自己的看法，比如许多消费者要求品牌的名称朗朗上口、好读易懂；品牌的外部标志特征明显，容易识别，可以与其他商品相互区别；品牌的文字、图案、颜色要与自身的文化相趋同。

2. 竞争者品牌战略分析

竞争者品牌战略分析对于企业有针对性地确定自己的品牌战略十分重要。战略分析包括以下几点：①分析竞争者品牌设计的科学合理性，即能否充分满足消费者各方面的功能和情感需求；②分析竞争者的品牌定位，即竞争者的品牌是针对哪一类消费者的，要给消费者留下何种印象；③分析竞争者品牌设计的现实基础，即商品的质量、技术水平、服务能力等；④分析品牌竞争者的品牌延伸空间，即是否将该品牌应用到竞争者的其他商品当中去。

对竞争者品牌战略的分析，可以帮助企业找到竞争者在品牌管理方面的弱点，从而确定企业更有竞争力的品牌战略。

3. 品牌政策环境分析

品牌政策环境是指国家对企业品牌的法律保护和知名品牌的产业支持政策。品牌政策对企业品牌战略的制定和实施有着重要的指导意义。习总书记在《关于领导干部"配车问题"发表的内部讲话》时表示，我们逐渐要坐自主品牌的车，现在也有了这个设计和生产，老坐外国车观感也不好。很多外国领导人都坐自己国家生产的车，除非没有生产，并表示公务车改革规定绝不搞"试行"，而是要"言必行行必果"。相信这样的做法不仅能够树立新风，还能使得自主品牌车企在百姓心中拥有一个更高的地位。目前，人们熟悉的奥迪、奔驰等高档公务车型，由于属于外资或者合资企业生产而落选。可以预见，合资品牌已经无缘机关公务用车采购。政府采取自主品牌汽车的采购方案，对自主品牌的支持主要体现在鼓励企业自主研发、更新技术装备、投资实验室等方面，客观上会促进企业品牌的扩张、技术更新、市场的拓展。所以，就汽车行业来说，政府采购公务车按照一定的比例选择自主品牌，且在同等条件下，优先采购自主品牌，这对民族品牌的汽车工业来说是最大的支持。另外，政府还采取了打击假冒伪劣、外企垄断，采取有力措施保护消费者利益，提供质量担保、质量承诺等一系列政策性、法律性措施与手段。

4. 企业品牌资源条件分析

企业品牌资源条件分析是指企业所具有的可用于进行品牌战略规划、实施和控制的各种资源。大多数企业在其生产活动中已经形成和积累了一些品牌管理资源,但是很少有企业从战略高度意识这些品牌资源的实际作用,更没有充分开发利用已有的品牌资源。因此,企业应对现有的品牌资源进行品牌定位分析,从企业未来发展的战略目标角度考虑取舍,对于有发展前景的品牌进行有效保护和拓展,这样既节约人力、物力、财力,又可以使企业在较短时间内见到效果。对企业两个现有资源的分析可以使用表2-1进行比较。

表 2-1 品牌资源评价表

品牌资源 \ 品牌评价	企业战略目标	消费者需求	与竞争者比较	品牌政策	综合评价
品牌 A	一致	满足	有优势	支持	使用
品牌 B	不一致	不满足	没有优势	不支持	不使用

2.3.2 品牌战略规划的制定步骤

在品牌战略环境和企业资源条件分析的基础上,可以具体制定品牌战略规划。一般来说,品牌战略规划包括以下三个步骤。

1. 确定品牌战略目标

品牌战略目标也称为企业品牌的愿景,企业品牌战略目标应与企业总体战略目标一致,并且服务于企业的整体战略。例如,当企业把争取国内市场最大份额作为发展目标时,品牌战略也应当把争取提升国内客户的忠诚度作为自己的战略方向。

品牌战略目标包括以下几种:

(1) 品牌的竞争实力。它主要通过品牌的知名度、美誉度、认可度和顾客的忠诚度来实现,这些方面能够多侧面展示品牌的综合竞争实力。

(2) 品牌的拓展能力。它主要通过品牌的联想度和延伸空间实现品牌的扩张,从而形成品牌族群。

(3) 品牌资产的增值能力。品牌的增值对企业来说是战略的终极目标,主要通过品牌在市场上的不断推广获得企业销售收入、股东与企业利润。

2. 品牌战略类型的理性选择

企业要根据上述对于经营环境和资源条件的分析,确定选择何种类型的品牌战略。在选择品牌类型时必须实事求是、高瞻远瞩,为企业品牌的延伸和品牌资产扩张留下足够的发展空间。企业要结合企业现有资源状况,包括实施品牌战略的目标和品牌市场定位、企业自身条件(如企业规模与实力、企业信誉、产品种类)等因素,综合考虑各种品牌战略类型和品牌组合方式的优劣势、适用性,然后进行比较选择。

首先,要考虑企业实施品牌战略的目标,包括提高品牌竞争力和品牌市场占有率、提升企业形象、凸显经营特色、提高顾客的品牌忠诚度、增加销售额等。

其次,除了要考虑产品线本身的长短以外,特别要考虑到不同产品或者不同产品类别之间存在的相互影响。和单一品牌战略以及多品牌战略中的独立产品品牌方式不同,多品牌中的分类品牌方式把按照商品类别或者细分市场的产品置于统一的品牌之下，能够在营销当中充分考虑特定目标顾客群的诉求和愿望。

最后，考虑企业的规模、实力与信誉等优势因素。例如，在零售银行业务中，招商银行已经拥有了3 000多万零售客户，它们把这个庞大的客户群体划分为"一卡通"普卡客户、"一卡通"金卡客户和"金葵花理财"客户三大群体，根据自身的资源优势，针对不同类型的客户提供不同的金融服务，取得了良好的市场效果。

总之，无论企业选择何种品牌经营战略，其本质都是对企业经营理念的贯彻，都必须要以符合社会公众情感期盼的企业理念为指导，只有在正确的企业经营理念的统帅下，才能使企业的品牌经营战略形神合一。

企业还必须设计品牌战略的空间结构与安排时间结构。品牌战略的空间结构是指对于实施品牌战略的各职能部门的分解，这种分解可以将品牌战略转化成具体的战略任务，便于落实于每一个职能部门和每一个员工。

品牌战略的时间结构是指对于品牌战略的实施不同的阶段，并把品牌战略的各个阶段有机地联系起来，形成完整的时间周期变化结构图。

表2-2表示了品牌战略空间组织与时间的结合。

表2-2 品牌战略空间组织与时间的结合

阶段 \ 任务	品牌战略规划	品牌战略实施	品牌战略控制
第一阶段	战略选择与分解	BIS 计划	控制标准
第二阶段	制定品牌战略方针	BIS 组织实施	问题诊断
第三阶段	战略调整	BIS 强化	控制评价

3. 制定企业品牌战略方针

企业品牌战略方针是实施品牌时所要遵守的基本原则，违反这些原则可能会影响企业品牌战略的有效实施，阻碍品牌战略目标的实现。企业品牌战略方针可以通过制定相应的规章制度加以实施。

企业品牌战略方针主要有：

（1）围绕品牌战略任务整合资源。企业要在明确品牌战略任务的基础上把有限的人力、物力、财力资源进行有效整合及优化性配置，使企业全部经营活动的焦点都集中到品牌的战略目标上，切不可把有限的资源分散使用甚至错误配置。

（2）坚持品牌的核心价值观。品牌是一个企业、一个城市乃至一个国家竞争力的综合体现，代表着供给结构和需求结构的升级方向。品牌的核心价值是品牌的生命之魂，必须持之以恒，并且不断强化核心价值在消费者心目中的印象，不可随意变化。阿里巴巴创业19年，取得了惊人的发展速度。正是它长期奉行的企业核心价值观"让天下没有难做的生意"以及"客户第一、员工第二、股东第三"，最终让阿里获得了成功（见图2-3）。光明食品集团以党中央提出的乡村振兴战略为宗旨，为此做出企业的努力和贡献，成就了光明的企业使命。正因为有这样的核心价值观,光明品牌与中国广阔的农村,特别是贫困地区结合在了一起。随着乡村振兴,光明把集成的畜牧技术、农业高科技技术、种业技术、沃土技术带到这些地区,把农产品的价值进一步扩大,让农民得到真正的实惠。

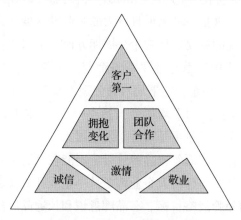

图 2-3　阿里核心价值构成

（3）用品牌价值的增减变化衡量企业业绩。企业各部门经营活动的绩效要用对品牌的贡献来衡量。凡是有利于增加品牌价值的行为应该给予精神或物质奖励,这样不仅可以形成人人关注企业品牌的良好氛围,还会使企业在更高的层面实现品牌价值。

总之,品牌战略规划的职责与内容就是制定以品牌核心价值为中心,不断整合企业的一切价值活动,同时优选高效的品牌化战略与品牌架构,不断地推进品牌资产的增值并且最大限度地合理利用品牌资产。品牌战略就好像宪法,企业的品牌营销传播活动就像组织或个人日常的政治、经济与社会活动,把营销策略、广告创意、终端陈列与促销当作品牌战略管理的工作。

2.4　品牌建设

2.4.1　品牌建设概述

品牌建设是实现品牌价值的关键所在,需要全员发力才能实现建设目标,所以应该注重内部员工和外部公众的持续不懈的努力,应该成为企业内部从上到下都关注和参与的问题。

1. 品牌建设概念

品牌建设是指品牌拥有者对品牌进行的设计、宣传、维护的努力和行为。品牌建设的利益表达者和主要组织者是品牌拥有者,但参与者包括品牌的所有接触方,如用户、渠道、合作伙伴、媒体甚至竞争品牌。品牌建设的内容包括品牌资产建设、信息化建设、渠道建设、客户拓展、市场活动管理、口碑管理等。

2. 品牌建设的必要性

（1）企业生存发展的需要。企业进行品牌建设，能够增强企业的凝聚力，使企业成员产生自豪感，增强员工对企业的认同感和归属感，使之愿意留在这个企业，进而能够提高企业知名度并强化竞争力，这是一种无形且巨大的企业发展推动力。品牌建设并非大企业的专利，它是企业自身发展的需要。品牌生命周期方面，中国的企业数量远远落后于发达国家。有抽样调查显示，中国民营企业平均寿命仅 3.7 年，中小企业平均寿命更是只有 2.5 年；而在美国与日本，中小企业的平均寿命分别为 8.2 年与 12.5 年。中国大公司的平均寿命是 7~9 年，欧美大企业的平均寿命长达 40 年，日本大企业的平均寿命有 58 年。在百年老店方面，中国的企业数量更是落后于发达国家。

因此，企业不能以生存为由而忽视品牌建设，不能在日后的发展道路上遇到品牌发展瓶颈时才考虑品牌问题。其实，任何大企业都是从小企业开始做起的，事实证明，在企业发展初期就制定了长期的品牌战略目标、有品牌意识和长远品牌经营理念的企业，会有更大、更快的成长机会。

（2）满足消费者需求。当今时代是品牌力时代，越来越多的具有一定经济承受能力的消费者开始深化品牌认识，选择自己相信的品牌作为消费时的首选。品牌之于消费者有许多意义，品牌能够降低消费者的消费风险，节省消费者的购物精力。当面对琳琅满目的商品时，消费者不可能逐一去了解，只有凭借自己的经验或是他人的经验加以选择，如此而言，品牌是一种经验的积淀。如果企业放弃品牌建设，尽管可以获得眼前的微利，但从长远来讲，无疑等于放弃满足消费者需求，会丧失许多潜在客户，对于企业的长远发展是致命打击。

3. 我国品牌建设存在的问题

（1）企业品牌建设现状不容乐观。我国企业品牌建设取得了长足进步，自主品牌经历了从无到有、从小到大、从少到多的历史发展阶段。"十三五"期间，在政府、企业和全社会的共同努力下，我国实施名牌战略取得了明显成效，推动了资本、技术、人才生产要素向名牌产品和优势企业集中，提高了企业的自主创新能力和产品质量水平，初步形成了一批知名自主品牌和优势企业，出现了具有较强竞争力的名牌群体，一些自主品牌逐步走向国际市场。但在经济全球化的世界经济体系中，我国还缺少具有国际竞争力的世界知名品牌，是典型的"制造大国，品牌小国"。近年来，虽然越来越多的企业拥有自主品牌产品，但由于缺乏核心技术的知识产权，自主品牌的附加值仍然偏低，有无品牌差距不大。因此，在世界经济体系中，我国仍处于品牌弱国的不利地位。

据统计：1）据检验检疫部门统计，2017 年深圳某辖区出口工业品被国外退运 432 批、货值 0.65 亿美元，批次同比分别下降了 32.08%。深圳出口工业品遭退运货主要为机电产品。

2）2016 年全球最具价值品牌百强榜单上，全球 100 个最具价值品牌的品牌价值仍远远领先于其他品牌，今年它们的总价值上升 3%，至 3.4 万亿美元。榜单上的前 10 强以科技企业为主，美国仍是最具价值品牌大国，中国有 15 个品牌上榜。

3）2017 年世界 500 强排行榜中共有 113 家中国企业上榜，其中排在 2017 年世界 500 强排行榜前 100 位的有 20 家企业。由于之前上榜的中国企业处于亏损状态，所以，在 2017 年世界 500 强排行榜上的排名有不同程度的下降，并且在 2017 年世界 500 强排行榜上，处于亏损状态的只有中国公司。

（2）品牌塑造存在概念性炒作与形式主义。我国政府尽管非常重视品牌建设与管理，但尚缺乏科学、系统的品牌战略意识与规划措施，还没有完全走出计划经济的思维方式与管理模式。如各地不同行业协会、消费者协会等组织的年度地方名牌产品评比活动，在形式上热闹，但实际作用和效果并不理想。目前而言，政府还没有形成全国一盘棋的自主品牌培育、评价和保护的联动机制和运作体制，各部委、各行业、各地政府所进行的品牌评价，从总体上看还没有呈现出协调、公平有序的良好局面。企业的品牌塑造往往过度依赖概念营销、事件营销等营销手段。很多企业无心也无力开展扎实有效的品牌经营活动，只是把品牌建设简化为品牌营销策划活动，只关注品牌策划活动带给企业的短期经济效益，致使许多品牌如昙花般快速凋零，辉煌之后很快成为市场上的明日黄花。

（3）缺乏系统化的、全局性的品牌意识。多年来，我们关注企业品牌建设有余，而重视其他社会主体组织（如各级政府、各职能部门、学校、医院、图书馆、博物馆以及各种社会中介组织）的品牌意识不足。虽然经过多年的市场培育与竞争，企业品牌建设取得了历史性突破。品牌观念深入人心，品牌建设的基础性工作不断加强；国家品牌扶持的政策和工作机制初步建立，知名品牌影响力逐步扩大，自主品牌创新能力不断提高，华为、海尔、联想等一批自主品牌启动了走向世界的品牌工程。然而，一些政府职能部门或其他事业型、服务型、公益型社会组织品牌意识缺乏。在这些组织或机构中，无论是管理者还是普通员工尚未形成强烈的市场意识、竞争意识，更谈不上品牌意识了。例如在一些垄断性的行业组织、国家行政、事业部门、社会公益性组织中，尽管在形式上提倡执政为民、服务顾客、服务社会，但其思想观念、思维方式、组织制度、内部运行模式、绩效考核与评价机制都难以适应新经济的规律，未能真正实现经济效益与社会效益的最大化。

2.4.2 品牌建设的对策与建议

品牌意识与品牌建设都具有关联性、社会性和时代象征性。关联性表现在品牌意识铸造品牌质量，引导品牌塑造，创造品牌价值；社会性表现为品牌意识已延伸到社会生活的各个层面和领域，建设品牌、塑造品牌已经成为社会生活的核心内容。因此在全社会范围内树立品牌意识，拓宽品牌建设的领域，是今后一段时期内品牌建设应该关注的问题。品牌建设涉及的领域与层面很宽泛，如果从政府、企业角度出发，品牌建设的具体内容如下。

1. 塑造企业品牌独特的核心价值，提升品牌文化内涵

在品牌管理实践中，人们常常把品牌核心价值归结为相互联结的三个组成部分，即品牌的理性价值（品牌利益）、感性价值（品牌关系）和象征性价值（品牌个性）。强势品牌常常兼具这三层价值主题，并在长期的品牌培育中实现了三者的完美融合。

（1）理性的品牌核心价值着眼于功能性利益或者相关的产品属性，如功效、性能、质量、便利等，品牌利益是绝大多数企业在品牌塑造初期的立身之本，是企业品牌核心价值的基础和载体。从这个意义上说，提升品牌的文化内涵就是要加强企业的质量文化建设，通过不断提高产品的质量水平和企业的服务水平，使消费者觉得选择该品牌是安全的、放心的、最大化效用的，从而不断强化消费者对品牌的信赖和忠诚度。

（2）感性的品牌核心价值则着眼于顾客在产品购买、使用和接受服务的过程中产生的某种感觉和体验，这种感觉为消费者拥有和使用品牌赋予了更丰富的情感体验和更密切的关系，因此，很多强势品牌的识别往往建立在理性价值之外。在此，理性的消费行为已经转换为"我喜欢我购买""我依恋我购买""我熟悉我购买"等情感消费心理与行为。为适应、满足这种消费心理与行为，强势品牌的营销秘籍就是牢牢抓住顾客的心，开展"情感营销""体验营销"与"口碑营销"等。

（3）象征性的品牌核心价值的主旨则是品牌成为顾客宣泄自我、延伸自我和表达自我的最佳方式。从心理学的角度，每一个个体都有多重的、丰富的、复杂的自我意识，既有私人的自我意识和社会的自我意识，也有实际的自我意识与理想的自我意识。

2. 增强品牌影响力，加强品牌扩张力

企业要根据市场的变化和企业自身发展，对品牌进行不断地自我维护和提升，使之达到新的高度，从而产生品牌影响力。在这个过程中企业应该对品牌实施知识管理，产权化的运作，直到能够进行品牌授权，真正形成一种资产。很显然，在这一过程中，需要企业做扎实细致的工作，并且始终将品牌层次的提升、品牌知识产权的保护作为工作重点，绝不可靠投机和侥幸来获得品牌影响力和扩张力。具体实施主要靠提升"三度"来实现。

（1）打造品牌知名度。一个产品要形成品牌效益需要时间的积累，当然也需要传播的元素和传播的平台，就好比很多明显常用的事件营销和众多产品请演艺界人士代言的名人营销。这其中也应多借助媒体的平台进行有效的传播。

（2）提升品牌美誉度。美誉度体现在消费者使用产品后的认知和印象，这与产品的质量及售后服务有最直接的关系，所以一个好的品牌知名度一定要有好的产品品质。如果产品投入市场后再对品质的成分进行调整，那样就很容易在顾客心中留下负面印象。因为顾客不会给企业第二次机会解释第一次的失误。

（3）培育品牌忠诚度。忠诚度指顾客使用产品满意的程度从而持续使用的过程，当消费者对某个品牌产生忠诚度的时候就很容易接受它后续的产品。数据显示，80%的利润来源于忠诚顾客，就好比美容院开发新顾客的成本是维护老顾客成本的5倍。

3. 强化品牌的个性塑造与品牌定位

个性这个词原本用于对人的描述，比如沉默、高傲、自卑等，总之每个人都有不同的个性。这里指的品牌个性也是要联想到高贵、自信、活泼等。比如奔驰，人们联想到的就

是高贵、沉稳、成熟，而对保时捷联想到的是时尚、热情、活力、富贵。对于任何商品都应该研究品牌的个性，看是否能吻合品牌理念及目标消费者的个性。

品牌定位决定了品牌的市场地位，定位越准确就越具有竞争力。品牌定位主要包括三方面：①产品功效定位，比如霸王洗发水定位防脱，海飞丝定位去屑。②核心卖点定位，就比如湘菜馆、同湘会等酒店突出的就是湖南的特色风味。③渠道定位，没有百分之百适合所有市场顾客的产品，定位越是不清晰，市场占有率就会越小。大多数企业都认为自己产品的顾客是百分之百，高中低档通吃，其实这是一个不清晰的概念。

有个性的品牌应该具有拟人化与文化的象征性，能够在某些方面极大地满足或延伸消费者的"多重自我"。近年来品牌个性在品牌核心识别中的地位越来越重要，以至于不少人认为品牌个性就是品牌的核心价值。因此，品牌个性的塑造应成为品牌建设的重要内容。

2.4.3 努力塑造服务型政府的品牌形象

政府要积极倡导品牌意识并身体力行地进行自身品牌建设。要大力加强政府自身建设，以建设服务型政府为目标。服务型政府是以全新的服务理念为支撑，不断追求发展和进步的政府。它突出以民为本，以提高政府工作的整体效能和服务水平为中心，以"三个文明"协调发展为目标，构建以市场为导向、以公共服务为特征的政府管理体系。创建服务型政府应做好以下几个方面的工作。

（1）转变管理理念，创新政务模式。一是政府要改革带有计划经济体制特点的行政管理弊端，由以往依靠权力管制转向以市场化为导向的服务型管理，切实履行加强公共管理、完善公共服务的职能；二是各级政府公务员要树立"管理就是服务""服务就是高效"的服务意识。

（2）依靠制度约束，提高行政管理效能。"勤政廉洁、务实高效"是建设服务型政府的准则，要实现这一要求，必须依靠一定的制度设计。从政府工作基本职能和具体事务出发，建立岗位责任制、一次性告知制、否定报告制、服务承诺制、绩效考评制、失职追究制，逐步形成比较完善的制度体系，做到以制度管人管事。

（3）建立评估体系，实行目标管理，强化督察评议，确保整体效果。对超越职权、滥用职权的；对办事敷衍搪塞、不负责任的；对不按规定程序或者办事不公的；对群众提出的正当要求和意见置之不理的；无正当理由擅自脱岗、离岗的；对部门利益至上，对行政审批改革不积极的；对不文明、影响政府形象的行为都要给予严肃追究。

2.4.4 品牌建设的作用

（1）增加企业的凝聚力。这种凝聚力，不仅能使团队成员产生自豪感，增强员工对企业的认同感和归属感，使之愿意留在企业里，还有利于提高员工素质，适应企业发展的需要，使全体员工以主人翁的态度工作，产生同舟共济、荣辱与共的思想，使员工关注企业发展，为提升企业竞争力而奋斗。

（2）增强企业的吸引力与辐射力，有利于企业美誉度与知名度的提高。好的企业品牌令外界人羡慕、向往，不仅使投资环境价值提升，还能吸引人才，从而使资源得到有效集聚和合理配置，企业品牌的吸引力是一种向心力，辐射力则是一种扩散力。

（3）提高企业知名度和强化竞争力的一种文化力。这种文化力是一种无形的、巨大的企业发展的推动力量。而企业的实力、活力、潜力以及可持续发展的能力，都集中体现在竞争力上，提高企业竞争力和提高企业知名度密不可分，一个好的企业品牌将大大有利于企业知名度和竞争力的提高。这种提高不是来自人力、物力、财力的投入，而是靠"品牌"这种无形的文化力。

（4）推动企业发展和社会进步。企业品牌不能仅仅停留在美化企业形象的层面，而成为吸引投资、促进企业发展的巨大动力，进而促进企业将自己像商品一样包装后拿到国内甚至国际市场上"推销"。在经济全球化的背景下，市场经济的全方位社会渗透，能够逐步清除企业的体制障碍，催化中国企业品牌的定位与形成。

2.4.5 品牌建设的阶段

为了实现在消费者心智中建立起个性鲜明的、清晰的品牌联想的战略目标，品牌建设的职责与工作内容主要为：制定以品牌核心价值为中心的品牌识别系统，然后以品牌识别系统统帅和整合企业的一切价值活动（展现在消费者面前的是营销传播活动），同时优选高效的品牌化战略与品牌架构，不断地推进品牌资产的增值并且最大限度地合理利用品牌资产。品牌建设是一个持续不断的过程，要建设一个成功的品牌，必须经过以下三个阶段。

1. 规划阶段

一个好的品牌规划，等于完成一半品牌建设，而品牌规划的失误，可能毁掉一个企业。做规划时要根据品牌的要素提出明确的目标，然后制定实现目标的措施。对于一个已经发展多年的企业，还要先对这个企业的品牌进行诊断，找出品牌建设中的问题，总结出优势和缺陷。这是品牌建设的前期阶段，也是品牌建设的第一个阶段。

2. 全面建设品牌阶段

这个阶段很重要。这一阶段中最重要的一点就是确立品牌的价值观。确立什么样的价值观决定企业的发展前途。有些企业根本没有明确、清晰而又积极的品牌价值观取向；更有一些企业，在品牌价值观取向上急功近利、唯利是图，抛弃企业对人类的关怀和对社会的责任。这些都是十分危险的。我们制定的品牌价值观取向应该非常明晰：首先是为消费者创造价值，其次才是为股东创造利益。

3. 形成品牌影响力阶段

企业要根据市场和企业自身发展的变化，对品牌进行不断地自我维护和提升，使之达到新的高度,从而产生品牌影响力,直到能够进行品牌授权,真正形成一种资产。这三个阶段,都遵循品牌发展的内在规律,具有很强的客观性,不能够一蹴而就。

2.4.6 品牌建设的步骤

在品牌建设的实施过程中,重要的环节是设计好流程和步骤,并灵活地实施和执行。

(1)明确产品和服务的理念以及准确的市场定位。明确产品的设计风格,要树立的企业形象,制定 CIS,着力生产或提供我们设定好的产品。

(2)制订详细可行的营销计划、阶段性的目标。在企业实行营销策略的同时,配合进行广告宣传策略,制订详细的企业形象和产品宣传计划,配合营销工作扩大企业的影响力。

(3)要时刻留意并考虑品牌的延伸,为品牌的未来发展铺好道路。可以考虑扩大品牌涉及的行业领域,延伸、扩展品牌的文化内涵。最重要的是产品一定要与时俱进,要不断地革新、创新、不断地推出新产品,如果一个企业不具备自主研发的能力,那么这个企业就不具备竞争力。

(4)注重品牌管理、品牌维度的工作。在产品不断推陈出新的过程中,一定要保持产品的理念和风格的一致性,不能偏离轨道。在售后服务、销售现场、服务态度、企业公关等企业运作的过程中,任何一个环节都要传递出一致性,保持和维护品牌的完整,这就是品牌管理工作的重要使命和意义所在。

(5)一个好的品牌既要为企业创造经济效益,同时还要为社会创造价值,具有一定公益性,进而成为振兴民族经济的栋梁。

总之,品牌建设是一个长期努力、不断发力和创新的过程,在每一个阶段和时期,品牌建设都会表现出不同的特点和内容,在此也需要精准建设,有针对性地解决问题,实现品牌建设的效能提升。

2.4.7 品牌建设的关键环节

在品牌建设过程中,伴随主客观条件的不断变化,品牌建设的实施者和作用对象也有相应的变化,只要抓住关键性环节,就会事半功倍,实现品牌建设的终极目标。

1. 品牌建设融汇于品牌战略之中

品牌建设与品牌战略应当相辅相成,在 3 年规划到 5 年展望中,既要有市场占有率到利润分析这些品牌战略内容,又要丰富品牌文化构建与品牌内涵,这样才能在战略规划构思的同时强化企业的品牌效应。品牌不是一个独立的部分,它与企业的利润、企业的市场环境、企业的内外资源紧密结合、不可分开。在做战略规划时,企业就应该将企业的品牌塑造与企业宗旨有效地结合起来。在企业达到何种阶段,应该让用户对品牌有何种的认知,品牌的宣传范围应该有多广;当企业达到下一阶段时,又应该如何树立品牌与企业的发展相结合的战略思想。

2. 让企业员工认同品牌

目前，企业一方面在大力向消费者宣传自己的品牌概念，另一方面是企业自身的员工都无法解释企业的品牌究竟是什么，对企业品牌的认同感也比较低。

对于企业外界的大众，他们对企业品牌的理解仅仅是一个标志或者一种感觉，更进一步的是他们能够说出品牌的理念和标志的含义。如吉利汽车品牌概念中的"让吉利轿车走遍全世界"，就会让人感觉吉利是民族自强自立的象征。但是能够说出吉利更深层的含义，以及它的来历和公司的发展计划与品牌概念的人则寥寥无几。假如企业的员工和同行的人在讨论时，在谈到自身品牌的时候，无法做到详尽地表达自己企业的品牌和宗旨时，企业就不可能期望它的品牌被大众接受。

3. 品牌建设需要循序渐进的过程

品牌不是短时间能够累积起来的，它是循序渐进的过程。但是目前国内一些企业家在做品牌建设时，盲目地认为通过事件的炒作，就可以创造出品牌效应。在搜索引擎里输入关键词"营销+事件"，我们可以查看到很多关于短时间内品牌从成功的创造到迅速衰退的案例，这些案例对企业进行品牌建设有一定启示意义。

4. 诚信是品牌建设的关键

品牌代表企业的信用和形象，是企业最重要的无形资产。在市场经济下，环境每天都在不断变化，谁拥有了诚信品牌，谁就掌握了竞争的主动权，就能处于市场的领导地位。某些企业管理者认为，让消费者满意，就能提升自身的品牌价值。的确，这是衡量企业品牌的一个重要因素，但是如何让消费者满意，让消费者能够做品牌的忠诚客户呢？答案只有两个字：诚信。有一些企业为了保护品牌，当危机发生时，缺乏站出来承担责任的勇气和担当。同时也有一些企业，由于技术原因，召回生产出来的产品，这种行为非但没有造成自身品牌知名度下降，反而提升了社会对该企业的认可。作为企业，要敢于坚持原则，讲诚信。妥协和沉默留给人们的印象可能是没有原则，而缺少原则的企业最终会缺乏诚信品牌。

5. 注重运用多品牌战略

每个企业都拥有擅长和不擅长的东西，在品牌营造方面，企业首先要认准自己的长处和短处，才可以依据自身的特点，打造出自己的核心竞争力。品牌是由厂家创造出来再灌输给市场，让市场接受的。但最终还是要消费者认可。消费者的口味在变、风格在变，因此，企业单纯地依靠一个品牌很难获得长期的发展。从腾讯到海尔，可以看出多品牌发展战略的重要性。企业要充分了解消费者的心理需要，把握他们的消费动机、购买需求、行为分析等，建立起多品牌的战略规划。

2.4.8 我国品牌战略实施现状

自改革开放以来，我国的经济建设取得巨大进展。中国企业从计划经济走向市场经济，品牌经营也从无到有。随着中国加入 WTO，国内市场的竞争更为激烈，多数企业越来越清醒地认识到，面对世界贸易的挑战，品牌战略将成为国内企业发展的必由之路，着力于品牌建设的品牌战略是应对的上上策。如何适应国际化潮流、建立强势品牌、提高竞争能力，成为国内企业面临的迫切问题。中国企业在不进则退的激烈竞争中创造了一批批在国内、国际上有一定影响力的产品品牌，联想、方正、海尔、长虹、腾讯等成为其中的佼佼者。

我们也应看到，面对市场上纷繁多样的产品，真正能让消费者熟知并产生忠诚度的国内品牌屈指可数。这就是中国企业品牌的令人扼腕之处：品牌总量不多，优秀品牌不多。

随着对外开放的深入，国际上一些大公司纷纷以其品牌产品为开路先锋抢占中国市场，有计划、有目标地围剿中国品牌。在短时间内，中国市场上充斥着索尼、可口可乐、飘柔、奔驰等种种品牌，这些名目众多的名牌产品猛烈冲击着中国的民族品牌。在家电行业，以海尔为首，康佳、长虹、TCL等国产名牌已崭露头角，但同A. O.史密斯、松下、博世（BOSCH）等名牌相比，仍然存在竞争劣势；在IT行业，联想、方正、四通、长城等品牌的竞争力都有明显的提高，但和欧美、日本的产品相比，品牌的市场认可度仍有不足；在饮料行业中，娃哈哈、健力宝始终不敌百事可乐、可口可乐；在日用消费品市场中，宝洁、联合利华、汉高等国际公司已形成三足鼎立之势。

与此同时，我们也感慨地看到：一方面，中外企业在中国市场上的品牌大战，使刚刚成长起来的民族品牌受到极大的冲击。很多稍有知名度的品牌，不是遭到抢注商标，就是遭到收购、挤垮，即使残留下来的也是惨淡经营，真正发展起来的极为有限，造成"进来一个，倒下一片，死去一批"的多米诺骨牌效应。另一方面，巨人、秦池、三株、爱多这些我们一度耳熟能详的品牌，曾几何时，因管理失误或经营不善而不同程度地面临企业品牌危机，企业形象受损，经营举步维艰，甚至面临倒闭、破产，造成市场上一度出现"辉煌的败局"，其由盛到衰的过程引人深思。这些企业、品牌是否能走出困境进行"二次创业"，关键在于革新及有力的品牌管理，企业必须用先进的品牌营销策略与品牌管理技术夺取市场的制高点。

2.5　服务业品牌建设

现代服务业是指依托先进技术和现代管理方式发展起来的、以生产性服务业为核心的信息与知识相对密集的服务行业，主要包括金融业、物流、服务外包、信息、商务会展、文化创意、科技服务业、总部经济等。"十三五"规划建议提出，将开展加快发展现代服务业行动，释放出我国加快以服务业为主导的经济转型升级、提升经济增长质量的积极信号；在2018年政府工作报告中，李克强总理指出：要"加快新旧发展动能接续转换。深入开展'互联网+'行动，实行包容审慎监管，推动大数据、云计算、物联网广泛应用，新兴产业蓬勃发展，传统产业深刻重塑"，并特别强调："出台现代服务业改革发展举措，服务新业态新模式异军突起，促进了各行业融合升级。"

毫无疑问品牌是国家、地区、企业最重要的竞争砝码,由于服务本身具有无形性和异质性,因此,品牌对于服务而言十分重要。世界百强品牌中近半数为服务品牌。世界500强中国上榜企业也存在严重的结构失衡问题,中国上榜企业来自第三产业服务业的较少,主体是国有企业,民营企业较少,中国服务企业与国际一流服务企业相比,在很多方面都存在很大差距。

2.5.1 现代服务业中的品牌建设

现代服务业构成服务业的核心部分,发挥本产业的引领作用,对于整个国家的产业结构升级和经济可持续发展都有重要意义。

从现代服务业的发展趋势可以看出,品牌化已成为现代服务业发展的重要趋势,而服务业标准化、全球化的趋势,也要求在现代服务业发展过程中加强品牌建设,提升现代服务业的国际竞争优势。加强现代服务业中的品牌建设,将对于塑造全新服务业形象,提升国家服务业影响力产生重要推动作用。

品牌化建设是现代服务业的发展重点,有研究指出塑造品牌对服务的重要性远远大于对产品。现代服务业的品牌化建设既要遵从服务业品牌化建设的一般规律,同时也要考虑现代服务业自身趋势,结合中国发展进行。

服务行业品牌化建设一般通过以下三个阶段:

(1) 培育服务品牌化意识。这是品牌培育的前提。一是要建立名牌价值的基本意识。名牌是一种无形资产,具有重要的经济价值,需要权利人长期精心的培育。二是建立名牌商标保护意识,服务企业要重视商标的及时注册和延展。现代服务业服务过程的管理应该成为品牌建设的核心,服务企业应主动向员工解释和促销品牌,与员工分享品牌的理念与主张,培训和强化与品牌承诺一致的意识与行为。

(2) 形成服务品牌特色。强势服务品牌都是有特色的品牌。要实现顾客满意和获得差异化竞争优势,必须注意顾客体验的开发和设计,通过为顾客提供与众不同的、有价值的服务内容和服务方式,在顾客心中树立独特的品牌形象。服务是由员工提供的,员工是向顾客传递品牌价值的媒介,员工是品牌的一部分,员工的行为对于能否形成良好的顾客体验以及优质品牌形象具有决定性的作用。

(3) 服务品牌互动关系构建。由于服务业有着明显不同于制造业的特点,尤其是服务的过程性和不可分离性使得顾客、服务企业、一线员工发生密切而直接的互动行为,各品牌主体通过互动交换各自所解读的品牌信息,以影响对方对品牌的内部态度和外部行为的反应,导致品牌关系不断变化,这一过程具有复杂、渐进和可逆的特征。互动行为对品牌关系特别是服务品牌关系尤为重要。

2.5.2 现代服务业品牌现状及建设前景

根据中国消费者协会统计,2017年服务业万人投诉量达3.03,呈现上升趋势,高于工业万人投诉量（2.20）。监测结果显示，我国新兴服务业万人投诉量大幅攀升，服务业质量问题日益成为品牌管理与建设的重要内容。

（1）现代服务业品牌现状。中国消费者协会统计表明，过去一年，涉及合同、售后服务、虚假宣传、人格尊严的投诉比重有所上升，反映出由于新的商业模式、新的营销方法不断涌现，少数新兴高科技企业在合同、售后服务、宣传等领域存在短板。其中，互联网服务、销售服务、生活社会服务类、电信服务和文化、娱乐、体育服务居于服务类投诉量前五位，与2016年相比，互联网服务投诉量上升明显，增幅达到330.86%。以网络购物为主体的远程购物投诉量在服务投诉中依然遥遥领先，部分共享单车新兴企业出现押金退还困难，电商平台、以微商为代表的个人网络商家和电视购物中，商品服务、质量不合格问题严重。

与此形成对比的是，近年来一直在提质量、严监管的保险服务、卫生保健服务、金融服务、邮政业服务、旅游服务等领域，2017年相关投诉降幅较大。

目前，互联网等新兴行业在快速发展的同时，也暴露出缺乏质量标准规范体系的问题，突显出市场监管同步创新与质量提升跟进的必要性，以及服务业质量法律法规制度体系进一步完善的必要性。新兴服务业质量如果不能有效改善和提高，将对互联网＋、电商等新经济、新动能的持续发展产生制约影响。

从品牌建设来看，旅游、教育、零售等服务领域品牌价值保持增长，且增幅位于前列，分别为31.77%、31.65%和17.75%，但保险、银行等传统经济品牌价值下降。这表明随着人们生活水平的提高，服务品牌逐渐向满足和提高人民美好生活的需求转变。国家市场监管总局也将进一步推动服务业质量监督管理立法研究，加强服务业质量社会监督和风险监测，聚焦新兴服务业领域，加大市场监管力度，消除服务安全隐患，引导行业提高服务质量。现代服务业的品牌建设在参照服务业品牌建设的基础上，还应根据中国实际进行品牌建设。

（2）现代服务业品牌建设前景。现代服务业是衡量一个国家综合竞争力和现代化水平的重要标志，已成为发展中新的经济增长极和新的发展动力。在国际上，现代服务业成为21世纪以来发展最快的产业，在全球GDP中的比重迅速上升，一些发展中国家如印度等依靠现代服务业的快速发展，竞争力迅速增强；我国应抓住国际服务业转移和国内产业结构升级的有利时机，加快发展现代服务业，不断扩大产业规模，改善产业结构和提升产业层次，注重品牌建设在现代服务业发展过程中的作用，塑造全新服务业形象，提升国家服务业影响力。

本章小结

1. 企业战略是企业为取得或保持持续的竞争优势，通过在不断变化的环境中对经营范围、核心资源与经营网络等方面的界定，通过配置、构造、调整与协调其在市场上的活动来确立创造价值的方式。

2. 品牌战略是指通过品牌形象的塑造，提高企业产品竞争力的战略，通过创立市场品牌，提高产品和企业的知名度，靠品牌开拓市场，增大市场份额，提高产品的市场占有率，而公司往往将品牌作为核心竞争力获取差别利润与价值的企业经营战略。
3. 品牌战略的七个基本模式是产品品牌战略、产品线品牌战略、分类品牌战略、伞状品牌战略、来源品牌战略、担保品牌战略、品牌特许经营战略。
4. 品牌战略目标包括品牌的竞争实力、品牌的拓展能力、品牌资产的增值能力。

自测题

1. 品牌战略的含义是什么？它包括哪些最基本的概念？
2. 什么是品牌战略规划？它有哪些步骤？
3. 品牌战略的基本类型及相互之间的关系是怎样的？
4. 品牌建设的阶段和步骤是什么？
5. 服务品牌建设的基本举措有哪些？

案例分析

银川的品牌战略

品牌是企业的无形资产，它背后加载的是一个地区的经济发展、文化内涵等社会综合实力。2018年5月10日是中国品牌日，在中国品牌日到来之际，记者走访银川人耳熟能详的那些品牌企业，透过强大的品牌竞争力，我们看到了薪火相传、朴实立世的坚守。

银川市被国家工商总局商标局认定的中国驰名商标有20多件，"贺兰山东麓葡萄酒""灵武长枣"等多个产品获得国家地理标志保护产品，在银川人熟悉的那些品牌企业中，既有"中华老字号"协力厚药店，也有国际上3D铸造打印技术的"领跑者"——共享集团等。

1. 协力厚，"中华老字号"的百年坚守：立世箴言——诚信经营

薪火相传，对于有着175年历史的宁夏医药行业唯一的"中华老字号"宁夏协力厚医药有限公司（以下简称协力厚）来说，是一场苦战。面对商海沉浮，协力厚第四代传人李逢春倔强地将"同心山成玉协力土变金"的字号挂在药店门前，向往来的过客展示着这一方古香古色。

在市场竞争激烈的今天，单体药店、连锁药店激增，价格战拷问诚信经营的同时，也考验着这家百年老店。诚信经营成了这个"中华老字号"的立世箴言。

位于解放街的协力厚直营店，是目前协力厚各个直营店中开办最早的一家药店。这里留着绝大多数老银川人最深的记忆。协力厚副总经理张松珍告诉记者："保证中药取材品质、诚信经营，不打价格战，胜在药品品质。"这让协力厚药店在解放街上长盛不衰。

第二代掌门人李秀芝为人忠厚、谦和，协力厚遇垂危病人，只要有人捎信带话，均及时上门送医送药。时至今日，类似于这样的义诊仍然经常出现在银川街头、老旧小区、繁华商圈。

"中华老字号"是诚信，也是医者良知。李逢春在接受记者采访时，道出了协力厚历经百年风霜沉淀下的品牌理念。医者良知被更多地用于服务百姓，也正因为此，协力厚在价格战的博弈中，沿袭着百年老店的诚信前行。

2. 共享集团，"银川制造"的匠心之路，品牌经营：几代人精益求精的工匠精神

品牌存在银川人的记忆里，也潜藏在时代更迭的印记里。1983 年 8 月 23 日，年轻的张俊勇服从分配，背井离乡扎根银川，成为宁夏共享集团股份有限公司（以下简称共享集团）的一名产品材料检测员。

什么是品牌？对于领跑国际 3D 铸造打印技术的共享集团而言，品牌就是几代人精益求精的工匠精神。

在共享集团的车间内抽烟一次罚款 1 250 元，这一制度已沿袭了 20 年。清一色的深蓝色工装是共享集团人钟爱的色彩，焰火一样的 logo 象征着共享集团的力量从一个圆点辐射蔓延到世界各地。在标准化车间里，3D 铸造打印技术的应用让人们再也看不到烟尘弥漫、粗放笨拙的生产，取而代之的是数字化的集成管理。偌大的生产车间，为数不多的几个工人简单操作计算机就能开始标准化生产。一天干了多少活、赚了多少钱，都实行数字化管理。这些镜头，张俊勇称作文化层面的品牌。这些文化品牌的积淀，已经走过了近半个世纪，也引领着一代又一代的建设者始终不忘坚守精益求精。

质量考验匠心。瞄准国际高端市场，对接国际质量标准，共享集团的铸造产品远销亚洲、欧洲、美洲的多个国家，美国 GE 公司、德国西门子公司、法国阿尔斯通公司、日本三菱重工等世界 500 强企业，都是共享集团积累的高端客户。

3. 品牌效应，彰显城市竞争力：留住银川记忆，也留住了城市历史

那些年的百年老字号留下了珍贵的银川记忆。品牌效应，曾让鼎盛时期的协力厚药材走出国门、走进东南亚。除了协力厚这样为数不多的本土"中华老字号"，经营百年的老毛手抓等，依然守在银川人最熟悉的地方，不变的口味、不变的服务、不变的风格。传承，让这些老字号释放出的品牌效应留住银川记忆，也留住了城市历史。

这些年的"银川制造"则书写着银川经济实力的突飞猛进。除了共享集团的 3D 铸造打印技术，宝塔石化集团旗下企业——西北轴承有限公司生产的轴承成功地用于北京地铁，打破国际垄断，替代进口。被誉为中国第一座智能网络化机床工厂的宁夏小巨人机床有限公司，其智能机床已远销德国、英国、意大利等多个欧洲国家，"银川制造"揽获无数国际市场好评。

近年来，"贺兰山东麓葡萄酒""灵武长枣"等多个国家地理标志保护产品，其品牌竞争力无一例外地成为带动经济发展的硬件。

长期从事企业注册登记审批的银川市行政审批服务局相关负责人说："品牌是人们对一个企业及其产品、售后服务、文化价值的一种评价和认知，是一种信任。企业不断做大做强，产品不断向开发、质量、技术、创新层面转变，品牌效应就会被市场认可，就能激发出更强大的价值。"

资料来源：http://szb.ycen.com.cn/epaper/ycrb/html/2018-05/10/content_16531.htm.

问题： 1. "银川制造"中精益求精的工匠精神是如何体现的？

2. 为什么说品牌效应可以彰显城市竞争力？
3. 银川记忆的品牌效应产生了何种国内与国际影响？
4. 银川城市管理是怎样进行品牌内涵深层挖掘的？

吉利步入新能源汽车时代，自主品牌技术战升级

2018 年前两个月，我国自主品牌的新能源汽车积分比例达到 10.8%，大幅领先合资品牌的 1.1%。梳理国内自主品牌汽车可以发现，长城汽车、北汽新能源早已吹响进军新能源市场的号角。这是自主品牌自主掌握产品规划和政策支持的共同结果，未来，我国自主品牌在新能源汽车领域仍存在巨大的潜力，但随着政策的推动，合资品牌将会加速推动新能源汽车的产销提升，给自主品牌带来不小的挑战和压力。

吉利汽车新能源战略发布地选择在宁波市北部的杭州湾新区，是吉利汽车全球四大研发中心之一的所在地。2011 年 4 月 11 日，第一辆吉利帝豪就诞生于此，2017 年第一个"中国品牌日"吉利 iNTEC 技术品牌也在此发布。

第二个"中国品牌日"刚过不久，吉利汽车就发布新能源动力系统"智擎"，该系统以吉利和沃尔沃联合研发的 1.5TD+7DCT 黄金动力为基础，提供了分别搭载轻度混合动力的 MHEV 和搭载插电混合动力的 PHEV 两个版本车型。新推出的 8 款车型中，博瑞 GE MHEV 车型市场指导价为 13.68 万~17.98 万元，博瑞 GE PHEV 车型综合补贴后市场指导价为 16.68 万~19.98 万元。博瑞 GE 不仅拉开了吉利全面迈入新能源时代的序幕，更凭借豪华、科技和节能的核心价值，树立全球混动 B 级车新标杆。

资料来源：http://www.sohu.com/a/234476873_354817.

问题： 为什么要发展自主品牌？汽车自主品牌构建的关键是什么？吉利汽车在自主品牌构建中如何抓住核心点？请谈谈你的看法。

CHAPTER3　第 3 章

品牌市场管理

教学目标

在网络经济时代，许多品牌正面临着越来越激烈的市场竞争，传统的品牌市场运作方式受到极大的挑战。品牌如同无形的商品，在不同的生命周期里都在接受市场的考验，互联网的普及又在一定程度上压缩品牌的生命周期。通过本章的学习，学生能够掌握品牌市场管理的理念和方法，进而有效地实施品牌市场管理。

学习任务

通过本章的学习，学生主要掌握和理解：
1. 品牌市场管理的含义
2. 品牌市场管理的要素及特征
3. 品牌市场管理的主要任务及意义
4. 品牌市场管理的形式及内容

案例导入

2018 年中国汽车市场细分成最大亮点，新品牌渐入佳境

回望 2017 年，中国汽车产业重磅新闻层出不穷，国企改革全面启动、新能源汽车利好政策不断、车企与互联网企业牵手、自主高端产品落地、新造车企业开始分化……放眼 2018 年，汽车行业又将出现哪些新变化？

1. BBA "上新" 依旧勇猛　自主三强略 "保守"

奔驰、宝马、奥迪不改以往作风，依旧勇猛"上新"。据不完全统计，三家车企在 2018 年均将推出 10 款以上新车（包括改款、换代车型），宝马、奥迪的新车数量更是高达 16 款。可以想见，在众多新产品的加持下，BBA 在 2018 年的争夺战必将更加激烈。而相对来说，自主品牌三强则显得保守许多，新车数量基本在 10 款以下。不过，吉利、长

城旗下新品牌车型的加入以及长安新车改款力度的加大还是很值得期待的。

2. 汽车新品牌"渐入佳境"推新节奏加快

过去两年,跨界造车以及新品牌"婴儿潮"在汽车圈掀起了极其多的讨论,其中不乏质疑声。从过去的 2017 年来看,多数品牌已推出首车甚至第二、三款车,并且表现还不错。举例来说,领克、WEY 所推车型的表现就可圈可点,WEY 旗下两款产品 11 月更是取得了月销双双过万的成绩。此外,汉腾、蔚来等也迎来比较高的市场关注度。从以上新车规划来看,这些新品牌在 2018 年将进一步扩充产品线,领克 2018 年将推出 3 款新车,WEY 推出 4 款,汉腾、比速也将分别推出 3 款新车。此外,蔚来 ES6 于 2018 年 4 月首发亮相。

由此也能看出,经过 2017 年的发展,自主品牌除了整体市场占有率提升、技术水平提高外,吉利、上汽、广汽和长城的领先局面也同时形成。2018 年自主品牌肯定要继续发展,将成为汽车市场的一大亮点。

3. 新能源车型成必备新品市场细分化

中汽协的数据显示,2017 年 1~11 月新能源汽车累计销售 60.9 万辆。根据预计,2018 年我国新能源汽车销量将达到 100 万辆。在迅速壮大的新能源市场下,车企开始更多地布局新能源车型。目前上汽大众——大众品牌旗下拥有近 20 款在售车型,但均搭载传统动力,而据了解,其有 3 款插电/纯电新车在 2018 年上市。

随着新能源市场的进一步火热和自主品牌的发展,一些小众市场产品可能会有亮点出现,就像 SUV 的发展一样,因为中国品牌在这一领域产品、技术上的突破从而推动行业的发展。同时,如果限迁政策解除,二手车的发展会成为中国汽车市场的一大亮点。二手车市场和新车市场具有很强的联动性,而且随着资本的进入,二手车市场的发展速度也将不断加快。二手车市场一旦开始活跃,也将会为中国车市注入强大活力因子。

资料来源:http://news.bitauto.com/hao/wenzhang/509600.

3.1 品牌市场管理的基本概念

品牌经营是以利润和价值为导向的经营方式,而非单纯地以数据和规模增长为目标,快速的扩张可能影响品牌产品开发的深度和质量;但另外,市场规模的影响力以及规模带来的成本下降在一定程度上能更好地为品牌提供利润和价值,两者矛盾而统一。处理好目标市场、市场细分、市场定位之间的关系,平衡深度个性化服务和品牌水平规模扩张,是品牌市场管理的重要内容。

3.1.1 品牌市场细分

市场细分的概念是美国市场学家温德尔·史密斯(Wendell R. Smith)于 20 世纪 50 年

代中期提出来的。市场细分就是企业根据消费者需求的不同，把整个市场划分成不同的消费者群的过程。其客观基础是消费者需求的异质性。进行市场细分的主要依据是异质市场中需求一致的顾客群，实质就是在异质市场中求同质。品牌市场细分与产品市场细分相比具有超前性、无形性、精神性和文化内涵，从心理、文化、精神层面的品牌市场细分更具有复杂性。

因此，品牌市场细分的目标不是为了分解，而是为了聚合，如同数学的"因式分解""合并同类项"，即在消费者认可、需求不同的市场中把需求相同的消费者聚合到一起，形成同类品牌族群。

1. 品牌市场细分的类型

相关专家认为市场细分有两种极端的方式：品牌完全市场细分与品牌无市场细分，在两个极端之间存在一系列的过渡细分模式。

（1）品牌完全市场细分。品牌完全市场细分就是企业根据每位消费者的不同需求为其提供不同品牌的产品或服务。从理论上说，只有一些小规模的、消费者数量极少的市场才能进行完全细分，这种做法对企业而言是不经济的。尽管如此，品牌完全细分在某些行业，如互联网等行业还是大有市场的，如腾讯公司、百度公司等。而且近几年开始流行的企业"定制营销"就是企业对市场进行完全细分的结果。从产品的大规模定制开始，精准化销售导致细分后的产品或服务其个性化色彩越加浓厚。完全品牌市场细分也在逐渐从产品市场向服务市场转进。

（2）品牌无市场细分。品牌无市场细分是指市场中每一位消费者的需求都是完全相同的，或者是企业有意忽略消费者彼此之间需求的差异性而不对市场进行细分。

2. 品牌市场细分的过程

（1）品牌市场细分的形成阶段及基础，包括调查阶段、分析阶段和细分阶段。

（2）细分消费者市场的基础。

1）地理细分：国家、地区、城市、农村、气候、地形。

2）人口细分：年龄、性别、职业、收入、教育、家庭人口、家庭类型、家庭生命周期、国籍、民族、宗教、社会阶层。

3）心理细分：社会阶层、生活方式、个性。

4）行为细分：时机、追求利益、使用者地位、产品使用率、忠诚程度、购买准备阶段、态度。

5）文化细分：主流文化、亚文化、区域文化。

市场细分如图 3-1 所示。

3. 品牌市场细分的作用

品牌市场细分将有利于企业发掘、开拓或延伸新品牌的机会；有利于企业将各种资源合理利用支持品牌作用于目标市场，便于企业调整市场的品牌营销策略。如上海东珍贸易的葡萄酒种类繁多，销量节节增高，已经成为葡萄酒销售行业的实力企业，这与东锦集团专注市场细分，结合线上和线下多元化渠道经营战略的布局是分不开的。

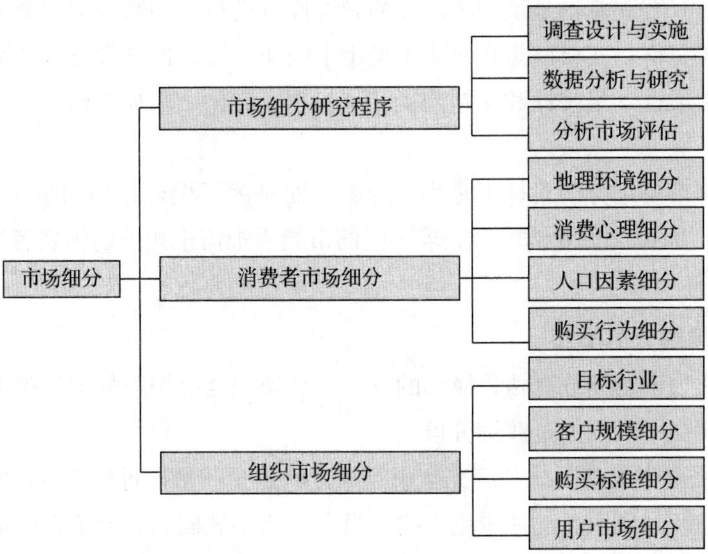

```
                              ┌── 调查设计与实施
                ┌─ 市场细分研究程序 ─┼── 数据分析与研究
                │                └── 分析市场评估
                │                ┌── 地理环境细分
                │                ├── 消费心理细分
    市场细分 ────┼── 消费者市场细分 ─┤
                │                ├── 人口因素细分
                │                └── 购买行为细分
                │                ┌── 目标行业
                │                ├── 客户规模细分
                └── 组织市场细分 ──┤
                                 ├── 购买标准细分
                                 └── 用户市场细分
```

图 3-1　市场细分图

品牌市场细分的实际意义主要表现在以下几点。

（1）有利于选择品牌目标市场和制定市场品牌推广策略。品牌市场细分后的子市场比较具体，比较容易了解消费者的心理需求，企业可以根据经营思想、方针及生产技术和营销力量确定自己的服务对象，即目标市场。针对较小的目标市场，企业便于制定特殊的品牌营销策略。同时，在细分市场上，信息容易了解和反馈，一旦消费者的需求发生变化，企业可迅速改变推广策略，制定相应的对策，以适应市场需求的变化，提高企业的应变能力和竞争力。

（2）有利于发掘市场机会，开拓新市场。通过市场细分，企业可以对每一个细分市场的购买潜力、满足程度、竞争情况等进行分析对比，探索出有利于本企业的市场机会，使企业及时做出投产、异地销售决策或根据本企业的生产技术条件编制新产品开拓计划，进行必要的产品技术储备，掌握产品更新换代的主动权，开拓新市场以更好适应市场的需要。

（3）有利于集中人力、物力投入目标市场。任何一个企业的资源、人力、物力、资金都是有限的。通过细分市场选择适合自己的目标市场，企业可以集中各种资源争取局部市场上的优势，然后再占领目标市场。

（4）有利于企业提高经济效益。以上三个方面的作用都能使企业提高经济效益。除此之外，企业通过品牌市场细分后，可以面对自己的目标市场生产或提供适销对路的产品或服务，满足消费者需要的多样化，既能满足市场需要，又可增加企业的收入。产品适销对路可以加速商品流转，降低企业的生产销售成本，提高品牌的知名度和忠诚度，全面提高企业的经济效益。特别是品牌对服务企业来说是生存的根本，在优质品牌下，服务企业人员的自豪感和荣誉感也会大大提升，为企业的发展注入精神活力。

4. 品牌市场细分的步骤

比如，高铁公司在对乘客进行市场细分时，其目标是对从未乘过高铁的人很感兴趣（细分标准是顾客的体验）。从未乘过高铁的人可以细分为害怕乘高铁的人、对乘高铁无所谓的人以及对乘高铁持肯定态度的人（细分标准是态度）。对乘高铁持肯定态度的人又包括高收入、有能力乘高铁的人（细分标准是收入能力）。于是高铁公司就会把品牌推广资源集中在开拓那些对乘高铁持肯定态度，只是还没有乘过高铁的高收入群体。在服务品牌塑造方面，着力打造适合这类市场细分人群的服务品牌。

所以，品牌市场细分包括以下步骤：

（1）选定品牌产品市场范围。企业应明确自己在某行业中的产品市场范围，并以此作为制定市场开拓战略的依据。

（2）列举潜在顾客的需求。企业可从地理、人口、心理等方面列出影响产品市场需求和顾客购买行为的各项变数。

（3）分析潜在顾客的不同需求。企业应对不同的潜在顾客进行抽样调查，并对列出的需求变数进行评价，了解顾客的共同需求，尤其是具有文化元素的需求特点。

（4）制定相应的品牌推广策略。企业调查、分析、评估各细分市场，最终确定可进入的细分市场，并制定相应的营销策略。

5. 品牌市场细分的条件

企业进行品牌市场细分的目的是通过对顾客需求差异予以定位，取得较大的经济效益。众所周知，产品的差异化必然导致生产成本和推销费用的相应增长，所以，企业必须在市场细分所得收益与市场细分所增成本之间做出平衡。由此，我们得出有效的细分市场必须具备以下特征：

（1）可衡量性，指各个品牌细分市场的购买力和规模得到衡量的程度。如果品牌细分变数很难衡量的话，就无法界定市场。

（2）可盈利性，指企业新选定的品牌细分市场容量足以使企业获利。

（3）可进入性，指所选定的品牌细分市场必须与企业自身状况相匹配，企业有优势占领这一市场。可进入性具体表现在信息进入、产品进入和竞争进入。考虑市场的可进入性，实际上是研究其营销活动的可行性。

（4）差异性，指细分市场在观念上能区别彼此并对不同的营销组合因素和方案有不同的反应。

（5）战略性，指企业在品牌细分前，应该形成清晰的品牌战略，使品牌细分能够为品牌战略服务。

6. 品牌市场细分的方法与策略

（1）品牌市场细分的基本方法。品牌市场细分的基本方法是：①单一标准法；②主导因素排列法；③综合标准法；④系列因素法。

（2）品牌市场细分的基本策略。根据各个细分市场的独特性和公司自身的目标，共有三种基本的品牌市场细分策略可供选择。

1）无差异市场细分。这是指公司只推出一种产品，或只用一套市场营销办法来招徕顾客。当公司断定各个细分市场之间很少差异时可考虑采用这种大量市场营销策略。它的做法是给每一个产品一个独有的名字，并给予它们各自的定位，占领特定的细分市场。也就是说，即使同属于一个产品种类，但由于定位不同，产品有各自的品牌。

2）密集性市场细分。这是指公司将一切市场营销努力集中于一个或少数几个有利的细分市场。就是一个企业只采用一个品牌，旗下多种产品均采用此种品牌。中国农行就是很好的例证，中国农行发行的所有卡种都是以金穗为名字的。

3）差异性市场细分。这是指公司根据各个细分市场的特点，相应扩大某些产品的花色、式样和品种，或制订不同的服务性计划和办法，以充分适应不同消费者的不同需求，吸引各种不同的购买者，从而扩大各种品牌的市场占有率。现代科技的进步和信息流动的便利使原本可以支撑产品与服务的区别的差距在缩小。产品同质化往往使消费者无所适从，科技含量的提高又使消费者对其质量和特性更加难以识别。

只有品牌不仅代表着产品的质量、特性、功能、服务和技术等，还蕴涵着特定的文化和情感因素；它既为消费者提供了有关产品的综合信息，又传递着鲜明的个性特点并指向明确的目标顾客，使消费者很容易从众多产品中识别出来，并对它形成特定的评价；不同的评价反过来影响消费者的选择。

7. 品牌细分的途径

品牌推广人员的目标是将一个市场的成员按照某种共同的特性划分成不同的群体。品牌市场细分的方法经历过几个阶段。最初，因为数据是历史形成的，调研人员采用了基于人口统计学信息的市场细分方法。他们认为不同的人员，由于其年龄、职位、收入和教育的不同，消费模式也会有所不同。后来，调研人员增加了消费者的居住地、房屋拥有类型和家庭人口数等因素，形成了基于地理人口统计学信息的市场细分方法。

后来，人们又发现基于人口统计学的方法做出的同一个市场细分下，还是存在不同的消费模式。于是调研人员根据消费者的购买意愿、动机和态度采用了基于行为科学的方法来进行分类。这种方法的一种形式是基于惠益的市场细分方法，划分的依据是消费者从产品中寻求的主要惠益；另一种形式是基于心理描述图的市场细分方法，划分依据是消费者生活方式的特征。

有一种更新的成果是基于忠诚度的市场细分，把注意力更多地放在那些能够更长时间使企业获得更大利润的客户身上。对服务业而言，企业的品牌正在形成或已形成。它们的优势在于亲和力高、人员专业水平高、管理规范、服务人员态度好，和传统的服务业相比形成一种品牌细分的竞争优势。

总之，品牌市场细分分析既是一种对消费者思维的研究，又是对品牌深层开掘的契机。对于品牌管理者来说，谁能够首先发现新的划分客户的依据，进一步扩张品牌外延，谁就能获得丰厚的回报。

市场细分描述图如图 3-2 所示。

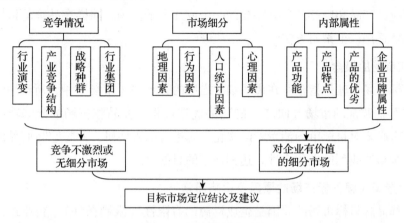

图 3-2　市场细分描述图

8. 企业品牌市场的利基

利基问题存在于所有市场。品牌管理者需要研究市场上不同消费者对于产品属性、价格、渠道、物流服务、文化品位、社会寓意等方面的各种要求。由此，购买者将被分成不同的群体，每一个群体会对某一方面的产品、服务、关系、符号有特定的要求，每一个群体都可以成为一个利基，企业可以根据其特殊性提供服务。

比方说，一家建筑公司可以以提供设计任何类型的大厦作为企业服务品牌外显，或者选择专门设计某特定类型的大厦，如疗养院、医院、监狱或是大学生宿舍。即使选择养老院，公司还可以进一步选择高造价养老院而不是低造价养老院，甚至它还可以只针对某个区域开展业务，这样，这家公司确定如下的市场利基：为某个地区设计高造价养老院，假定营销调研显示这个利基充分大和具有增长潜力。

9. 利用互联网帮助企业进行品牌市场细分

在互联网时代供需关系的不断调整之下，市场经济条件也在不断发生着变化，如今顾客可以有众多选择的买方市场正在不断深化。消费者不仅需要优质的产品，更需要针对自己的需求，以更精准地定位服务理念，来更好地满足这些需求。互联网能够帮助企业更好地进行品牌市场细分，对那些针对特定品牌市场细分的网站尤其令人印象深刻，如东锦集团旗下国内能量饮料领军企业日加满饮品（上海）有限公司以"自然、愉悦、健康、功效"为理念，投入大量的研发精力，借助互联网进行大范围的市场全面调查，打造出一系列符合现代人生活需求的功能性饮品。这些饮品不仅在配方上能够为人体提供能量，更在口感上超越同品牌饮品，多个系列不同口味也满足不同人群的需求。

3.1.2　品牌的目标市场

著名的市场营销学者麦肯锡提出，应当把消费者看作一个特定的群体，称为目标市场。品牌是商品的价值符号，通过品牌市场细分，有利于明确商品的目标市场，通过市场营销策略的应用，有利于满足目标市场的需要，即目标市场就是通过品牌市场细分后，企业准备以相应的产品和服务满足其需要的一个或几个子市场。同样在品牌的目标市场确定过程中，仍然适用以上策略方法。

1. 目标市场的概念

所谓目标市场，就是指企业在市场细分之后的若干"子市场"中，所运用的企业营销活动之"矢"而瞄准的市场方向之"的"的优选过程。在品牌市场细分基础上确立目标市场之后，有必要对目标市场消费者的文化心态进行深入调研，并将它与商品的效用联系起来，为品牌塑造典型的文化个性，达到促销的目的。

2. 企业选择品牌目标市场的原因及影响因素

企业选择品牌目标市场的原因是企业资源的有限性（限制条件）、企业经营的择优性（追求目标）、以及市场需求的差异性（可行条件）。影响目标市场策略选择的因素是竞争者战略、公司资源、产品特征、生命周期阶段和市场特征。

3. 目标市场分析与选择

候选品牌目标市场的基本要求如下。

（1）差异性：顾客购买行为、成本、资金需求等方面有足够的差异使差异化战略具有合理性。

（2）可衡量性：市场规模、购买力等特征可测量。

（3）可达到性：通过相应营销组合，产品流通环节少，物流成本低。

（4）实用性：规模足够大，有较大的盈利潜力，品牌背后能够体现实用性。

（5）可行性：针对性的营销努力能有效抵达特定群体，对营销组合的反应基本一致。

4. 选择品牌目标市场的标准及选择方式

（1）市场规模与增长率：量化企业占有的市场。

（2）市场竞争状态与特性：寻找有利发展的机会。

（3）与企业目标和资源的相容性：把握自身优势与潜力。

（4）品牌文化的认同性和趋同性：文化层次和理念差异。

5. 目标市场选择策略

目标市场选择策略，即关于企业设计的品牌产品由哪个或哪几个细分市场服务所决定。选择品牌目标市场一般运用下列三种策略。

（1）无差别性品牌市场推广策略。无差别性品牌市场推广策略，就是企业把整个市场作为自己的目标市场，只考虑市场需求的共性而不考虑其消费者个性与差异，运用一种产品、一种价格、一种推销方法、一种文化理念，吸引尽可能多的消费者。

这种策略的优点是产品（服务）单一，容易保证质量，能大批量生产，降低生产和销售成本。但如果同类企业也采用这种策略，必然会形成激烈竞争。闻名世界的肯德基，在全世界有 800 多家分公司，都是同样的烹饪方法、制作程序、质量指标、服务水平，采取无差别性品牌推广策略，取得了骄人业绩。

（2）差别性品牌市场推广策略。差别性品牌市场推广策略就是把整个市场细分为若干子市场，针对不同的子市场，设计不同的产品，制定不同的品牌营销策略，满足不同的消费需求。如美国有的服装企业，按生活方式把妇女分成三种类型：时髦型、男子气型、朴素型。时髦型妇女喜欢把自己打扮得华贵艳丽、引人注目；男子气型妇女喜欢打扮的超凡脱俗、卓尔不群；朴素型妇女购买服装讲求经济实惠、价格适中。公司根据不同类妇女的不同偏好，有针对性地设计出不同风格的服装，使产品对各类消费者更具有吸引力。

（3）集中性品牌市场推广策略。集中性品牌市场推广营销策略就是在细分后的市场上，选择两个或少数几个细分市场作为目标市场，实行专业化生产和销售。在个别少数市场上发挥优势，提高市场占有率。采用这种策略的企业对目标市场有较深的了解，这是大部分中小型企业应当采用的策略。2017 年 11 月 8 日，汇源荣膺 2018 CCTV 国家品牌计划 TOP 品牌。汇源果汁针对目前公司的 6 大系列 192 个品种产品，从果汁饮料、果蔬饮料、乳饮料、茶饮料、饮料酒到其他产品，系列明晰、产品特点鲜明，加之原有的品牌内涵积累和不大不小的资金积累，正可以在"汇源"的基础上制定细分品牌来区别大的系列和小的品种，同时充分利用汇源的现有品牌效应，在较小的广告投入下加入各个细分市场的重新洗牌中抢得份额，避免实施一企多牌和一牌多品战略的巨大风险。

（4）互联网线上品牌市场推广策略。目前，品牌从"大而全"向"小而美"转化。随着互联网的发展，以往长尾市场中难以被挖掘和满足的小众品牌商品需求逐渐得以实现。阿里巴巴的数据显示，2015～2018 年三年多中，中小品牌商品交易额占比提升了 10%。中小品牌以更个性化而贴切消费者需求的姿态获得市场的青睐。

另外，基于兴趣社交和粉丝经济的品牌运营模式受到追捧。兴趣社交可以产生用户粘性和忠诚度。当群体中出现具有某方面一技之长的"意见领袖"时，兴趣群体则可能演变成粉丝团体。"意见领袖"可以通过经验分享、互动来加速粉丝数量的积累，最终将兴趣与产品结合，将粉丝转化为巨大的潜在消费群体。

四种品牌目标市场推广策略各有利弊。选择目标市场进行营销时，必须考虑企业面临的各种因素和条件，如企业规模和原料的供应、产品类似性、市场类似性、产品生命周期、竞争的目标市场、电商经营的深度等。

选择适合本企业的品牌目标市场推广策略是一项复杂多变的工作。企业内部条件和外部环境在不断发展变化，经营者要不断通过市场调查和预测，掌握和分析市场变化趋势与竞争对手的条件，扬长避短，发挥优势，把握时机，采取灵活的适应市场态势的策略，去争取较大的利益。

上述四种策略各有利弊，企业在进行决策时要具体分析产品和市场状况以及企业本身的特点选择目标市场营销策略，主要是明确企业应为哪一类用户服务，满足他们的哪一种需求。

6. 影响企业品牌目标市场推广策略的因素

影响企业品牌目标市场推广策略的因素主要有企业资源特点、产品（服务）特点、市场特点和竞争对手的策略四类。

（1）企业资源特点。各类资源雄厚的企业，如果拥有大规模的生产能力、广泛的分销渠道、程度很高的产品标准化、好的内在质量、良好的品牌信誉、先进的企业文化等，可以考虑实行无差异性品牌市场推广策略；如果企业拥有雄厚的设计能力和优秀的管理素质，则可以考虑施行差异性品牌市场推广策略；而对实力较弱的中小企业来说，则适于集中力量进行集中性品牌市场推广策略。企业初次进入市场时，往往采用集中性品牌市场推广策略，在积累了一定的成功经验后再采用差异性品牌市场推广策略或无差异性品牌市场推广策略，扩大市场份额，提高品牌知名度。

（2）产品（服务）特点。产品的同质性表明了产品在性能、特点等方面的差异性的大小，是企业选择目标市场时不可不考虑的因素之一。一般对于同质性高的产品（如食品、药品等），宜施行无差异性市场营销；对于同质性低或异质性产品（如服装、手机等），差异性市场营销或集中性市场营销是恰当选择。

此外，产品因所处的生命周期不同而表现出的不同特点也不容忽视。产品处于导入期和成长初期时，消费者刚刚接触新产品，对它的了解还停留在较浅的层次，竞争尚不激烈，企业这时的营销重点是挖掘市场对产品的基本需求，往往采用无差异性品牌市场推广策略。产品进入成长后期和成熟期时，消费者已经熟悉产品的特性，需求向深层次发展，表现出多样性和不同的个性，竞争空前的激烈，企业应适时地转变为差异性品牌市场推广或集中性品牌市场推广策略。

（3）市场特点。供与求是构成市场合力的两大向量，它们的变化趋势往往是决定市场发展方向的根本原因。在供不应求时，企业重在扩大供给，无暇考虑需求差异、心理诉求等问题，所以采用无差异性品牌市场推广策略；在供过于求时，企业为刺激需求、扩大市场份额殚精竭虑，多采用差异性品牌市场推广或集中性品牌市场推广策略。

从市场需求的角度来看，如果消费者对某产品的需求偏好、购买行为相似，则称之为同质市场，可采用无差异性品牌市场推广策略；反之，则称之为异质市场，采用差异性品牌市场推广和集中性品牌市场推广策略更为合适。

（4）竞争对手的策略。企业可与竞争对手选择不同的目标市场覆盖策略。例如，竞争者采用无差异性品牌市场推广策略时，企业选用差异性品牌市场推广策略或集中性品牌市场推广策略则更容易发挥自身优势。

3.1.3 品牌的市场定位

品牌的市场定位是企业及产品和服务确定在目标市场上所处的位置。

市场定位是在 20 世纪 70 年代由美国营销学家艾·里斯（Al Ries）和杰克·特劳特（Jack Trout）提出的，其含义是指企业根据竞争者现有产品在市场上所处的位置，针对顾客对该类产品某些特征或属性的重视程度，为本企业产品塑造与众不同的、印象鲜明的形象，并将这种形象生动地传递给顾客，从而使该产品在市场上确定适当的位置。

品牌的市场定位主要是指某一产品或服务品牌在消费者心目中的地位。品牌市场定位的实质是使本企业品牌与其他企业品牌严格区分开来，使顾客明显感觉和认识到品牌间的差别，从而在顾客心目中占有特殊的位置，形成品牌忠诚。为了进一步区分目标市场客户群，企业可以通过选择不同的品牌识别来加深消费者对品牌的认知度，强化品牌的市场定位。

1. 品牌市场定位的类型

品牌市场定位可分为对现有产品（服务）的再定位和对潜在产品（服务）的预定位。对现有产品（服务）的再定位可能导致产品名称、价格、包装、文化形象的改变，但是这些变化的目的是为了保证产品（服务）在潜在消费者心目中留下值得购买或值得接受的形象。对潜在产品（服务）的预定位，要求营销者必须从零开始，使产品特色确实符合所选择的目标市场。企业在进行品牌市场定位时，一方面要了解竞争对手的品牌产品具有何种特色，另一方面要研究消费者对该品牌产品（服务）的各种属性的重视程度，然后对这两方面进行分析后再选定本公司产品（服务）的特色和独特文化形象。

2. 品牌市场定位的内容

企业的品牌定位得到客户的认同后，就需要良好的品牌关系来维护忠诚客户了。

（1）产品定位：侧重于产品实体定位质量、成本、特征、性能、可靠性、实用性、款式。

（2）企业定位：指企业形象塑造品牌、员工能力、知识、言表、可信度。

（3）竞争定位：确定企业相对于竞争者的市场位置。

（4）消费者定位：确定企业的目标顾客群。

（5）文化定位：确定品牌产品在何种文化层面的社会群体中推广。

国内品牌护肤品排行首位的"大宝"系列化妆品从1985年诞生至今，适应了不同时期、不同层次的消费需求，已陆续形成护肤、洗发、美容修饰、香水、特殊用途共5大类100多个品种。200强美国强生公司旗下强生（中国）投资有限公司宣布，已完成收购北京大宝化妆品有限公司的交易。收购事项已获得了所有相关政府部门的批准，大宝化妆品有限公司成为强生（中国）投资有限公司的全资子公司。

3. 品牌市场定位的步骤

品牌市场定位的关键是企业要设法在自己的产品上找出比竞争者更具有竞争优势的特性和文化内涵。

竞争优势一般有两种基本类型：一是价格竞争优势，即在同样的条件下比竞争者定出更低的价格。这就要求企业采取一切努力降低单位成本。二是心理文化偏好竞争优势，即能提供确定的品牌个性文化特色来满足顾客的特定偏好。这就要求企业采取一切努力在品牌产品文化特色上下功夫。因此，企业品牌市场定位的全过程可以通过以下三大步骤完成。

（1）分析目标市场的现状，确认本企业潜在的竞争优势。这一步骤的中心任务是要回答以下三个问题：①确定竞争对手产品定位；②在目标市场上，确定顾客欲望满足程度以及何时需要；③针对竞争者的市场定位和潜在顾客的真正利益要求，企业能够提供什么帮助。要回答这三个问题，企业市场营销人员必须通过一切调研手段，系统地设计、搜索、分析并报告有关上述问题的资料和研究结果。

通过回答上述三个问题，企业就可以从中把握和确定自己的潜在竞争优势在哪里。

（2）准确选择竞争优势，对目标市场初步定位。竞争优势表明企业能够战胜竞争对手的能力。这种能力既可以是现有的，也可以是潜在的。选择竞争优势实际上就是一个企业与竞争者各方面实力相比较的过程。比较的指标应是一个完整的体系，只有这样，才能准确地选择相对竞争优势。通常的方法是分析、比较企业与竞争者在经营管理、技术开发、采购、生产、市场营销、财务、产品、企业文化八个方面的强弱。借此选出最适合本企业的优势项目，以初步确定企业在目标市场上所处的位置。

（3）显示独特的竞争优势和重新定位。这一步骤的主要任务是企业要通过一系列品牌宣传促销活动，将其独特的竞争优势和特定文化意义准确地传播给潜在顾客，并在顾客心目中留下深刻印象。为此，企业首先应使目标顾客了解、知道、熟悉、认同、喜欢和偏爱本企业的市场定位，在顾客心目中建立与该定位相一致的形象。其次，企业通过各种努力强化目标顾客形象，保持目标顾客的了解，稳定目标顾客的态度和加深目标顾客的感情来巩固与市场相一致的形象。最后，企业应注意目标顾客对其市场定位理解出现的偏差或由于企业市场定位宣传上的失误而造成的目标顾客模糊、混乱和误会，及时纠正与市场定位不一致的形象。企业的产品在市场上定位即使很恰当，但在下列情况下，还应考虑重新定位：①竞争者推出的新产品定位于本企业产品附近，侵占了本企业产品的部分市场，使本企业产品的市场占有率下降。②消费者的需求或偏好发生了变化，使本企业产品销售量骤减。

重新定位是指企业为已在某市场销售的产品重新确定某种形象，以改变消费者原有的认识，争取有利的市场地位的活动。如某日化厂生产婴儿洗发剂的品牌，以强调该洗发剂不刺激眼睛、有利于婴儿健康来吸引有婴儿的家庭。但随着出生率的上升，婴儿市场需求也发生变化，为了增加市场份额，该企业将产品重新定位，强调使用该洗发剂能使头发松软有光泽，给使用者带来更多的健康活力，以吸引更多、更广泛的购买者。重新定位对于企业适应市场环境、调整市场营销战略是必不可少的，可以视为企业的战略转移。重新定位可能导致产品的名称、价格、包装和品牌的更改，也可能导致产品用途和功能上的变动，企业必须考虑定位转移的成本和新定位的收益问题。

4. 市场定位的策略

当客户对品牌定位的认可度较低时，这更需要企业通过大众媒体、户外广告、互联网、公关路演、客户中心和内部宣传渠道，迅速传递各种品牌信息，加深目标客户对品牌的认知，提高客户品牌忠诚度。

（1）避强定位策略。避强定位策略是指企业力图避免与实力最强的或较强的其他企业直接发生竞争，而将自己的产品定位于另一市场区域内，使自己的产品在某些特征或属性方面与最强或较强的对手有比较显著的区别。

避强定位策略能使企业较快地在市场上站稳脚跟，并能在消费者或用户中树立形象，风险小。但是避强往往意味着企业必须放弃某个最佳的市场位置，很可能使企业处于最差的市场位置。

（2）迎头定位策略。迎头定位策略是指企业根据自身的实力，为占据较佳的市场位置，不惜与市场上占支配地位的、实力最强或较强的竞争对手发生正面竞争，而使自己的产品进入与对手相同的市场位置。

迎头定位竞争过程中往往相当引人注目，甚至产生所谓轰动效应，企业及其产品可以较快地为消费者或用户了解，易于达到树立市场形象的目的，但其具有较大的风险性。

（3）创新定位策略。品牌创新可以给消费者带来持续不断的刺激和影响。企业应该不断寻找新的尚未被占领但有潜在市场需求的位置，填补市场上的空缺，设计和提供市场上缺少但具备某种特色的产品或服务。如OPPO魅族随身听等一批新产品正是填补了我国市场上迷你电子产品的空缺，并进行不断创新，使得广东欧珀即使在国外高端随身听产品充斥中国市场的情况下也能迅速发展，一跃成为有品牌竞争力的公司。采用这种定位方式时，公司应明确创新定位所需的产品在技术上、经济上是否可行，有无足够的市场容量，能否为公司带来合理而持续的盈利。

（4）重新定位策略。公司在选定了市场定位目标后，如定位不准确或虽然开始定位得当，当市场情况发生变化时，如遇到竞争者定位与本公司接近而侵占了本公司部分市场，或由于某种原因消费者或用户的偏好发生变化而转移到竞争者方面时，就应考虑重新定位。重新定位策略是以退为进的策略，目的是为了实施更有效的定位。以招商银行公司金融业务品牌"点金理财"为例，"点金理财，智慧创造价值"，从品牌名称、标志到品牌内涵的诠释都秉承了招商银行以客户为中心、"因您而变"的服务理念，而在品牌形象标志的设计上又与原有个人金融业务的几大品牌同出一辙、一脉相承，使得企业的品牌重新定位与品牌文化延续性协调一致。

品牌市场定位是设计公司产品和形象的行为，以使公司明确在目标市场中相对于竞争对手自己的位置。公司在进行市场定位时应慎之又慎，要通过反复比较和调查研究，找出最合理的突破口，避免出现定位混乱、定位过度、定位过宽或定位过窄的情况。而一旦确立了理想的定位，公司必须通过一致的表现与沟通来维持此定位，并应经常加以监测以随时根据目标顾客和竞争者策略做出调整。

5. 品牌市场定位的形式

（1）产品差别化战略，即从产品质量、产品款式等方面实现差别，寻求产品特征是产品差别化战略经常使用的手段。

（2）服务差别化战略，即向目标市场提供与竞争者不同的优异服务。企业的竞争力越好地体现在对顾客的服务上，市场差别化就越容易实现。

（3）人员差别化战略，即通过聘用和培训比竞争者更为优秀的人员以获取差别优势。

（4）形象差异化战略，即在品牌的核心部分与竞争者雷同的情况下塑造不同的产品形象以获取优势。

6. 品牌市场定位的原则

各个企业经营的产品或服务不同，面对的顾客不同，所处的竞争环境不同，因而市场定位所依据的原则也不同。总的来讲，市场定位所依据的原则有以下四点。

（1）根据具体的产品特点定位。构成产品内在特色的许多因素都可以作为市场定位所依据的原则，比如所含成分、材料、质量、价格等。"七喜"汽水的定位是"非可乐"，强调它是不含咖啡因的饮料，与可乐类饮料不同。"泰宁诺"止痛药的定位是"非阿司匹林的止痛药"，显示药物成分与以往的止痛药有本质的差异。

（2）根据特定的使用场合及用途定位。为老产品找到新用途，是为该产品创造新的市场定位的好方法。小苏打曾一度广泛地用作家庭的刷牙剂、除臭剂和烘焙配料，现在已有不少新产品代替了小苏打。网上曾介绍小苏打可以定位为冰箱除臭剂，另有一家公司把它当作了调味汁和肉卤的配料，更有一家公司发现它可以作为冬季流行性感冒患者的饮料。我国曾有一家生产曲奇饼干的厂家最初将其产品定位为家庭休闲食品，后来发现不少顾客购买是为了馈赠，所以又将之定位为礼品。

（3）根据顾客得到的利益定位。产品提供给顾客的利益是顾客最能切实体验到的，也可以用作定位的依据。

（4）根据使用者类型定位。企业常常试图将其产品指向某一类特定的使用者，以便根据这些顾客的看法塑造恰当的形象。如青岛啤酒倾向于中高档产品定位，低端产品少，产品线不完善。最近几年公司集中精力打造"青岛"主品牌：细分出醇厚、欢动、纯生三个不同的品类，分别赋予其不同的产品特性，定位于不同的消费群体。其中，醇厚啤酒是青岛啤酒着力打造的百年经典品牌。欢动啤酒则是其主品牌铁三角中瞄准年轻人高端市场的运动健康型啤酒。其年轻、时尚、动感的品牌形象为以往的经典形象注入了新的活力，进一步开拓了青岛啤酒的高端市场。公司用青岛啤酒占据中高端市场，用青岛啤酒家族系列酒占据低端市场，从而确保青岛啤酒产品线的完善和市场的强大地位。

但是，许多企业进行市场定位依据的原则往往不止一个，而是多个原则同时使用。因为要体现企业及其产品的形象，市场定位必须是多维度的、多侧面的。

7. 品牌在市场上重新定位的实施步骤

当企业和品牌重新定位时，它们首先应该明白重新定位的根本原因。比如，它们或许可以归结为销售量下降、客户群基础缩小、产品利润微薄，或是归结为受到来自比如科技日益更新等方面的挑战。找到原因之后，可以按照下面四个阶段开始操作。

第一个阶段：检查当前品牌的状态

这个阶段的实施目的在于了解企业和品牌，包括探讨一些关键问题，比如公司面临的机遇和挑战。这样做是为了对企业和品牌的当前情况有一个清楚的认识，能让企业更好地进行商业机会识别和评估。

这其中要包括对当前产品组合战略进行审视，如对于一家主要从事提供服务或是专业咨询业务的企业而言，应审视所有的服务供给和项目供给。关键问题是：是否对所有的产品都实施同一种品牌战略，是否对同一个品牌下的不同产品实施不同的战略。其中应包括查明自己的企业是细分市场上的行业领先者，还是行业中的次级品牌。

第二个阶段：企业品牌存在的文化象征意义

奠定了一个坚实的企业和品牌基础之后，需要了解消费者对于当前企业和品牌的看法。在消费品行业中，这可能就意味着你要和使用群体（比如女性群体、孩子群体等）建立对话，通过对话了解品牌在消费群体中的接受程度。

此外，品牌资产经营团队最重要的职能之一是在消费群和忠诚消费者中找出品牌亲和团队都有哪些共同特征，了解他们的生活方式和行为模式，以便能更好地了解品牌客户的情况。

经历了这个过程，企业将能够确认品牌已经满足的需求和未满足的需求，在行业和细分市场上，确认品牌令人满意和尚不满意的因素，以及找出当前驱动品牌资产增长的因素。从某种意义上讲，这能让我们为消费者和终端客户提供一个品牌价值尺度。这样，我们将不仅仅只是了解到自己品牌的现状，还能将之作为一种直接参照，了解品牌在今后应该如何发展。此外，品牌资产团队的最终目标是识别各种商业机会，包括审视自己品牌的增长领域以及未满足的消费者和用户需求等，而一旦找到了品牌当前的资产价值，下一步就是召开品牌定位研讨会。

第三个阶段：开发品牌的定位平台——品牌在今后将如何增值

现在我们对于企业及其品牌在市场环境中的情况已经有了较深的了解，也对品牌能实现的消费者价值有了较好的把握，下一步就是找到品牌的增长空间，即如何扩展、延伸品牌。

第三个阶段的目的是利用所有的营销调查结果，包括品牌、行业及消费者信息，对品牌内容及品牌意义进行重新定位。其目的就在于：确定成功有效的品牌重新定位战略将有助于留住现有客户以及获得新客户。当我们开始进行品牌重新定位时必须牢记，新的品牌定位必须紧紧抓住一点，即我们希望品牌给消费者留下深刻的印象。

企业应开发一些不同的市场定位平台，尽可能地拓展品牌的延伸范围。对于一个玩具或是一个消费品品牌而言，这可能包括一些不同的内容，比如趣味性、神秘感、期望值、味觉、使用场合等。然而，这个过程应围绕着一个中心思考，即消费者希望企业在哪些方面进行品牌探索开发。

这个阶段的最终成果包括对关键的新品牌定位平台形成清晰而简洁的共识，从而最终确立品牌定位战略。其中将针对保留现有客户以及获得新用户的重点，让企业了解消费者对于新品牌定位的态度。此外，该阶段还将展示新品牌定位成果，可以详细说明开展工作的缘由。

第四个阶段：提炼品牌定位和做出品牌管理报告

前三阶段实施过后，我们已经有了一个很好的开端，有了一种较新的思维方式，这样就为企业及其业务、新品牌定位战略开了个好头。现在的目标就是对新的品牌定位进行审视及完善，将之传达给所有职能部门，以便形成企业共同愿景。

在品牌重新定位建设的最后阶段，企业必须对品牌定位加以完善。其中应包括最后考虑和确认来自消费者、客户、供应商、代理商以及自己的品牌建设团队等各个方面的意见回馈，以确保最终的实际定位工作和预期定位工作保持一致。

在品牌定位的最后阶段，企业必须组建一支强大的队伍，以便将相关信息传达给企业的高级管理层和领导者，传达的信息应包括品牌建设团队的介绍以及开发情况，还要介绍负责新品牌定位建设的高级领导层的相关信息。为此，我们需要创建一本"品牌识别手册"，它能为新的品牌定位建设工作提供一个明确的方向。

最后阶段的工作是为了创造一个"品牌景观"。它包括创造出一个可视图像和音乐结合的作品，能将新的品牌定位融入人们的工作、生活中；使该作品能和品牌建设团队以及各品牌支持团队一起分享，它也是向各个成员传达品牌信息的一个核心方法。因为品牌景观以后会运用到所有的品牌部门中，它作为一种"品牌传播指导原则"，将应用到包括包装、营销、传播等各个方面；它存在的价值在于确保在和各种媒介和合作伙伴打交道的过程中，保持品牌定位传播的一致性。

3.2 品牌的市场运作

品牌树立起来之后，企业就必须坚定地实施企业市场营销战略，充分运用市场调研、市场推广等手段，强有力地加快品牌快速、健康的市场推进与扩展。

3.2.1 品牌的市场调研及测试

成功的品牌市场运作源于对品牌的市场调研及测试，这是进行品牌市场运作的第一步。

（1）产品概念：了解消费者对产品概念的理解程度，是否符合企业事先设计的策略，同时也检验这种策略是否正确，这样有助于企业开发出真正符合市场需求的产品。

（2）品牌概念：它反映着产品的内在价值，关系着产品能否拥有持久的生命力，了解消费者对品牌的理解程度，并与企业的品牌设计意念进行对比，找出差距加以调整，使之始终配合产品概念的发展。

（3）品牌联想：了解消费者对品牌的直观认知，以此判断品牌的诉求是否反映品牌的内涵，关系着品牌价值的实现。

（4）品牌知名度：了解消费者对品牌的认知程度，以此检验企业的传播策略是否有效，这也是品牌价值的直观判断标准之一。

（5）品牌美誉度：了解消费者对于品牌的感情，以此检验品牌在传播过程中是否准确传达了策略，或者说是否准确打动了消费者。

（6）品牌形象认知：了解消费者对于品牌的符号、字体、色彩、形象代表等要素的认知程度，检验这些视觉要素是否准确传达了品牌的策略，对于出现的误差一定要及时调整，否则将削弱品牌的传播力。

（7）品牌与产品的连接：了解消费者对于品牌的理解是否符合产品的特质，以及产品的品质是否符合品牌诉求的内涵，要使产品和品牌随时都保持一种和谐的状态，使得消费者对产品和品牌的认知始终一致。

（8）品牌试用率：了解消费者认知品牌比例和购买品牌比例之间的差距，从中可以反映品牌的传播是否打动了消费者，从而检验品牌是否真正符合消费者的诉求或者品牌的诉求。

（9）品牌的市场定位：这是对品牌的一个整体认识，通过与其他竞争品牌进行详尽的比较，了解品牌对市场的影响程度，以及与竞争品牌的具体差距，从而检验品牌策略的准确程度，并对品牌策略保持动态调整。

3.2.2　品牌的市场推广

在90后逐渐成为消费主力军的今天，传统的品牌推广模式已不再适应年轻一代的需求。特别对于传统产品（如家具等）行业而言，想获得高要求的年轻人的芳心，成为一种行业难题。找到新的方式将品牌产品的新想法出售给年轻人，做到独树一帜地吸引眼球，是破局市场的关键所在。

1. 把握品牌的市场定位

市场定位是品牌的策略基础，关键在于了解品牌的市场基础和所处的市场位置，了解品牌在消费者心目中的具体位置，对品牌有正确的认知。然后根据市场和竞争态势判断品牌应该处于什么位置才可以取得竞争优势，并制定出品牌发展的明确目标，以此为品牌策略的规划建立充分的依据。

2. 品牌的策略规划

（1）规划需要解决以何种手段及何时才能达到品牌的既定目标，如何确定品牌的发展步骤，如何测定品牌的资产价值，如何维护品牌的良性发展，以及如何保证策略的有效执行等问题。对这些问题做出非常清晰、明确的策略规划，方能确保实现品牌价值。

（2）多品牌策略。如果企业的产品品种增加就涉及多品牌策略。此时有两个选择：一是将一个品牌运行在多个产品上，如乐百氏集团将乐百氏品牌统一运用在其乳酸奶、纯净水、牛奶和果冻等产品上；二是针对不同的产品都设计相应的品牌。

（3）品牌延伸策略。这是一把双刃剑，关键在于具体分析和灵活运用。娃哈哈和乐百氏都较成功地运用了品牌延伸策略，将品牌从乳酸奶产品延伸到纯净水产品。对于品牌的延伸应该是相关产品、行业或概念的延伸，这样可以提高延伸的成功率。

3. 品牌形象的设计

首先是对产品概念和品牌概念的界定，在此基础上构思出品牌的表现方式，包括品牌名称、内涵、符号、字体、色彩、形象代表等，实际上就是企业形象识别系统中的视觉识别部分，重点是设计品牌的视觉形象，使之具备能直观、准确表达品牌内涵的条件。

4. 品牌的整体传播

（1）制定品牌传播目标。制定目标要符合 SMART 原则：①具体的（specific），是指能准确说明要达到的最终结果，而不是工作本身，包括品牌的知名度、美誉度、试用率、占有率等；②可衡量的（measurable），是指目标要有可考评的绩效标准来衡量成果，要确定品牌的知名度、美誉度、试用率的具体数字；③具有挑战性（achievable），是指设计的目标实现起来要有一定的困难，并不是轻而易举地达到，然而也并非不能达到，需要努力才行；④现实的（relevant），是指在设定目标时，根据市场调研结果及各种资源和能力来看是可以达到的；⑤时间限制（time framed），是指目标的完成日期，包括中长期的最后期限及短期内可调整（因具体情况而变）的期限。

（2）选择恰当的传播对象。在品牌传播过程中，企业要特别注意的是一定不能脱离目标消费群体，要保证传播资源的针对性。不少品牌在传播时总是想取得所有群体的支持，往往将品牌表现得面面俱到，但这样也就失去了品牌的特性，什么都想得到反而什么也得不到。

（3）选择合适的传播形式。现在是一个传媒日益丰富的时代，更是一个选择多样化的时代。电视广告的威力正在受到威胁，迅速增加的电视频道分化了消费者的注意力，而遥控器也使得品牌要产生足够的影响力将会比以前付出更多的资源；报纸和杂志趋向于细分化，在资讯丰富的时代，大众化的媒体将日趋没落，崛起的媒体将是能充分满足特定消费群体的形式。因此在这种变化下，品牌必须对各种媒体进行详尽分析，选择能满足目标消费群体需求的媒体进行传播，并且充分利用媒体广告、公关活动、营销事件及新闻报道等多种形式准确、有效地传播品牌。

（4）对各种形式进行整合。这是指在品牌传播的过程中，综合各种方式的特点，将广告、公关、事件、新闻等各种传播形式有机地整合起来，更有效地强化品牌的传播力量。品牌传播的整合具有策略性和动态性。策略性要求品牌的传播必须符合策略的规划，针对品牌的目标群体，运用统一的传播主题；动态性则要求品牌的传播必须循序渐进，充分考虑品牌的成长规律，根据市场和竞争态势将传播分为不同的发展阶段，每个阶段都有相应的品牌发展目标和传播重点。

5. 品牌与消费者的互动

其重点在于密切关注消费者从品牌中获得的利益、对品牌的态度及其变化。通过这种关注，可以掌握品牌的发展动态，诸如消费者能否顺利获得品牌产品、对品牌的认知程度、品牌提供的利益是否符合消费需求、品牌知名度等指标的变化程度等，从而可以维护品牌的健康成长。

本章小结

1. 品牌市场管理是企业为取得或保持持续的市场竞争优势，根据不断变化的环境变换市场竞争方式，通过市场细分、目标市场、市场定位等管理过程，确立创造品牌的市场价值。
2. 品牌市场管理的内容：品牌的市场细分、品牌市场定位、品牌目标市场和品牌市场推广。依靠企业内部能力将这种品牌策略付诸实施，以及在实施过程中进行控制的动态管理过程。
3. 品牌的市场运作包含品牌的调研与测试和品牌的市场推广。
4. 市场管理的核心内涵是说明品牌推广的步骤和要求，即在保持品牌的动态性、灵活性和整体性的前提下，确定品牌推广方向和力度。

自测题

1. 品牌市场管理的含义是什么？它包括哪些最基本的概念？
2. 什么是品牌的市场定位？它具有哪些特征？
3. 现代市场营销的"4R"构成要素及相互之间的关系是怎样的？
4. 品牌市场管理过程是什么？
5. 品牌市场管理与产品市场管理的关系是什么？为什么说产品销售的成功不等于品牌战略的成功？

案例分析

高质量发展呼唤更多"自主品牌"

首届中国自主品牌博览会于 2018 年 5 月 12 日在上海落下帷幕，但有关自主品牌发展与挑战的话题仍在持续升温。作为自主品牌领域的一次国家盛会，近 800 家机构及其成果的集中亮相，不仅向全球展示了中国自主品牌的独特魅力，也吹响了新时代中国品牌整装待发的号角。

1. 以品质铸就自主品牌

穿行在自主品牌博览会各个场馆，了解一件件高科技自主品牌产品，仿佛进行了一次次时空穿越，或徜徉蔚蓝太空，或漫步海底世界，抑或被带入奇幻的人工智能时代。

从中国航天科技的载人飞船到中国建筑的"空中造楼机"，从中国商飞的 C919 大型客机到中国中铁的"大国重器"盾构机，还有中核工业的"华龙一号"、中船集团的全球首艘智能船舶……13 家中央企业带来的自主创新成果，让参观者不断称赞。

在构建现代化经济体系的过程中，品牌数量的多与少、品牌"含金量"的高与低，直接反映了一个国家的综合国力。着力增品种、提品质、创品牌，不仅是深化供给侧结构性改革的必然要求，也是推动中国经济高质量发展的战略选择。

"推动'中国产品'转向'中国品牌'，恰逢其时。"国家发展改革委产业协调司司长年勇表示，产品由生产者制造，品牌则是由消费者认同而形成的，只有从供给、需求两侧同时发力，才能真正促进品牌的成长成熟。

来自第三方机构的调查显示，近七成消费者认为，要想成为国际知名品牌，首先要提升产品和服务的质量。国家市场监督管理总局质量管理司司长黄国梁表示，高质量发展的一个重要体现就是品牌的多少。创建品牌离不开过硬的品质，只有通过提升质量才能铸就品牌。

2. 营造品牌发展良好环境

良好的发展环境，是培育、打造自主品牌的土壤。无论是国家层面的制度设计，还是各地富有特色的政策举措，都是促进我国自主品牌发展的关键。

党的十八大以来，党中央、国务院高度重视品牌发展，对加强品牌建设做出一系列部署。在各方的共同努力下，我国品牌发展日新月异，品牌意识不断增强，品牌发展的环境越来越好。

从2016年国务院办公厅《关于发挥品牌引领作用推动供需结构升级的意见》的出台，到2017年"中国品牌日"的设立，再到今年首届中国自主品牌博览会的成功举办，国家品牌战略的发展思路越发成熟、路径更加明晰，品牌经济已成为中国经济走向高质量发展阶段最鲜明的特征之一。与此同时，各省份在营造品牌发展环境中也不乏创新举措。

作为创造了全国三分之一顶尖科技成果的科创城市，上海在品牌建设上频出新举措。上海市正式发布了"上海服务""上海制造""上海购物""上海文化"四大品牌建设计划。

"围绕上述'四大品牌'建设，上海制订了三年行动计划，目前正在远近结合、软硬结合、条块结合、上下推动。"上海市副市长许昆林表示，下一步将着力在政府服务创新、平台项目建设支撑、完善保障机制等方面，进一步提升上海品牌发展的环境。

"我们把'建设具有广泛影响的卓越的全球创新城市'写在特区发展的旗帜上。"深圳市副市长刘庆生表示，深圳将以立法为支撑、以标准为支撑、以技术为支撑、以信誉为支撑，让深圳品牌服务中国、服务世界。

伴随着我国区域经济的快速发展，越来越多的地方把品牌建设作为提升区域竞争力的重要抓手。可以预见的是，作为国家品牌不可或缺的重要组成部分，区域品牌建设将呈现次第花开的生动格局。

3. 让更多中国品牌走向世界

在经济全球化的背景下，一个国家能否从全球化中获益，取决于其是否参与以及以何种方式进入全球价值链体系。在这个过程中，品牌建设发挥重要作用。

中国品牌建设促进会理事长刘平均表示，在全球价值链的体系中，少数发达国家长期占据了中高端环节，大多数发展中国家的智能建设处于中低端环节，亟须通过品牌建设，让更多的中国品牌走向世界舞台。

本次自主品牌博览会既展出了诸如中国建筑、海尔、中铁等体现国家实力的知名企业和品牌，也出现了一批具有高成长性的创新型中小企业的身影，正如浙江一家参展企业负责人所言："一方面在对标先进找差距，另一方面更加坚定了品牌建设的信心和决心。"

目前，中国是全球第二大经济体，经济总量的高速增长却难掩以品牌为代表的内涵式增长的动力不足，品牌发展已经滞后于中国经济发展的现实。对此，推动中国品牌"走出去"，实施国际化的品牌战略，已成为中国经济转型发展的迫切需要。

资料来源：http://news.sina.com.cn/c/2018-05-13/doc-ihamfahx3454987.shtml。

问题: 1. 我国以品质铸就自主品牌的主要成就有哪些?
2. 在品牌管理方面政府在制度建设等方面是如何营造品牌发展良好环境的?
3. 中国品牌走向世界面临的机遇和挑战是什么?

重塑品牌:传承工程师基因

对宝沃品牌历史的充分挖掘,让宝沃在进入中国市场之初便迅速起步,创下不错的销量成绩。在经过新品牌进入市场的起伏之后,宝沃积极调整品牌战略,明晰产品和技术优势,全新出发的宝沃焕发出令人耳目一新的生机与活力,正一步步重新赢得市场和消费者的信心。

时至2018年2月1日杨嵩加盟宝沃,短短3个月内,调整和优化营销公司组织架构,制定宝沃2018年度的营销战略、梳理品牌及产品的核心价值体系等,并通过"走进宝沃工厂""宝客同心、沃享家宴""宝沃大讲堂"等系列营销举措,不断为宝沃品牌重塑创造条件。3个月马不停蹄,新团队磨砺出一个极具锐度的宝沃品牌。

工程师精神与工程师品牌成为宝沃汽车的最大特点。作为第一个采用空气悬挂、缸内直喷、自动挡等技术的德国品牌,宝沃有着天然的"严谨、突破、创新"的工程师精神。如今,这种精神开始在宝沃传承、释放。首先,新宝沃和以往最大的不同是自信,尤其是对中国资本、中国制造、中国力量的自信。在发布会上,杨嵩毫不避讳、直言中国资本收购宝沃品牌的优势所在。比如,中国市场强大的资金实力,丰富而健全的销售网络体系,为宝沃的全球销售奠定基础。其次,宝沃品牌不再"迷信"德式豪华,而是重新审视宝沃品牌的精髓所在,并以正确的方式将其延续、升华。目前,宝沃品牌在源于"德国不莱梅""德国工艺4.0""德国研发中心"等既有基因的基础上,迅速组建"宝沃三剑客"——中美德国际化工程师团队。汽车头条App了解到,宝沃汽车已经分别在中美德3国建立研发中心。其中,中国研发中心承担全球资源整合和技术研发的职能,德国研发中心负责未来电动汽车设计,美国研发中心专攻智能交互、人机交互领域的技术研发与运用。毫无疑问,宝沃工程师精神将贯彻至研发、设计、生产、供应商等各个环节,向用户呈现出一个以安全、健康为核心价值的汽车品牌。

资料来源:http://www.sohu.com/a/231085795_121861.

问题: 1. 在本案例中,德国宝沃品牌的最大特点是什么?它是通过什么方式传承、释放的?
2. 宝沃品牌的三剑客有哪些?它们提出了哪些核心理念,产生了怎样的品牌效应?

第 4 章 CHAPTER4

品牌文化

教学目标

品牌作为市场中的文化现象，为探索中的中国企业提供了向现代化、国际化发展的理论框架和竞争策略。品牌文化是品牌的基本内核，它不仅是企业文化的折射，还是社会主流文化的缩影。通过本章的学习，学生能够掌握品牌文化的基本概念和相关的理念，以便在品牌管理过程中准确把握品牌的核心。

学习任务

通过本章的学习，学生主要掌握和理解：
1. 企业文化和品牌文化的含义
2. 品牌文化的核心要素及特征
3. 搞好品牌文化管理的意义
4. 品牌文化的层次及其内容
5. 品牌文化的形成过程

案例导入

"三里屯文化周"开幕，打造"文化三里屯"品牌

2018年1月15日，据人民网记者高星报道，"草根儿"摄影师的作品入驻三里屯红馆、艺术大师面对面分享创作心得、明星店铺汇聚文化市集……1月15日上午，"三里屯地区时尚文化摄影大赛颁奖典礼暨三里屯文化周开幕式"在三里屯太古里红馆正式拉开帷幕。

三里屯街道工委书记唐涌涛在"三里屯文化周开幕式"致辞中表示，借北京市委打造"文化三里屯"的东风，2017年三里屯地区文化建设成果显著，2018年，三里屯街道将继续大力发展地区文化事业，鼓励地区企业、居民参与到街道文化建设的工作中来，全面深

化打造"文化三里屯"。

据了解，此次"三里屯文化周"活动是三里屯地区大型艺术文化展示、体验及交流活动。活动从 2018 年 1 月 13 日持续到 21 日，为期 9 天，形式内容丰富多彩，旨在加强地区文化艺术建设，促进各界文化艺术交流，丰富地区居民文化生活。

本次文化周主要有三大主题，分别为"摄影作品展""体验式文化讲座"与"创意文化市集"。其中，"摄影作品展"主题展出了"三里屯地区时尚文化摄影大赛"中获奖的优秀摄影作品，作品分为建筑、人文、历史三个主题，分别呈现出三里屯地区充满时尚感与设计感的建筑群、地区艺术人文风貌及三里屯历史悠久的"时光记忆"。

"体验式文化讲座"邀请了地区艺术文化类企业中的专业讲师，联合推出摄影、茶艺、书法、绘画、插花等一系列体验式文化艺术讲座。在讲座中，讲师不仅为观众讲解相关文化艺术的历史及概况，还现场提供体验机会，让大家亲身参与、亲身体验艺术文化的无穷魅力。

在"创意文化市集"主题中，地区特色店铺与明星店铺集中汇集在三里屯红馆，开辟"创意文化市集"区域，为参与文化周的现场观众提供创意小礼品与文化纪念品。

三里屯街道工委书记唐涌涛对记者表示，下一步三里屯街道将按照"一河、一区、一街、三园、一基地"打造亮马河景观带，太古国际时尚文化区，酒吧文化街，机电院文化创意园、工体体育文化休闲园、飞宇国际艺术交流园，华视影视传媒基地的文化格局，对"文化三里屯"进行精细的研究和打造，推动整个三里屯文化事业的发展。

资料来源：http://bj.people.com.cn/n2/2018/0115/c82846-31143989.html。

4.1 品牌文化概述

品牌文化指通过赋予品牌深刻而丰富的文化内涵，建立鲜明的品牌定位，并充分利用各种强有效的内外部传播途径，形成消费者对品牌在精神上的高度认同，创造品牌信仰，最终使顾客形成强烈的品牌忠诚。品牌文化是品牌在经营中逐步形成的历史积淀，代表了企业和消费者的利益认知、情感归属，是品牌与传统文化以及企业个性形象的总和。与企业文化的内部凝聚作用不同，品牌文化突出了企业外在的宣传、整合优势，将企业品牌理念有效地传递给消费者，进而占领消费者的心智。总之，品牌文化是凝结在品牌上的企业精华。

4.1.1 品牌文化的核心要素

品牌文化体系是通过核心要素构建起来的，要素本身具有地域性、民族性和历史传承性。

1. 品牌的文化内涵

品牌的文化内涵具体而言是其蕴涵的深刻的价值内涵和情感内涵，也就是品牌所浓缩的价值观念、生活态度、审美情趣、个性修养、时尚品位、情感诉求等精神象征。

2. 品牌的精神内涵

品牌文化的塑造通过创造产品的物质效用与品牌精神高度统一的完美境界，能超越时空的限制带给消费者更多高层次的满足、心灵的慰藉和精神的寄托，在消费者心灵深处形成潜在的文化认同和情感眷恋。

3. 品牌的文化符号

在消费者心目中，他们青睐的品牌作为一种商品的标志，除了代表商品的质量、性能及独特的市场定位以外，更代表他们自己的价值观、个性、品位、格调、生活方式和消费模式；他们购买的产品也不只是一个简单的物品，而是一种与众不同的体验和特定的表现自我、实现自我价值的道具；他们认牌购买某种商品也不是单纯的购买行为，而是对品牌所能够带来的文化价值的心理利益的追逐和个人情感的释放。品牌的文化符号如图4-1所示。

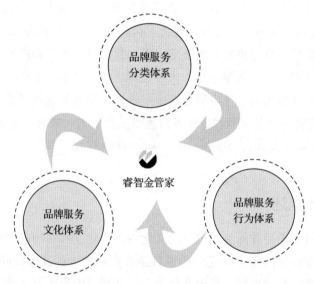

图 4-1　品牌的文化符号

4. 品牌的心理元素

人们对自己喜爱的品牌形成强烈的信赖感和依赖感，融合许多美好联想和隽永记忆，他们对品牌的选择和忠诚不是建立在直接的产品利益上，而是建立在品牌深刻的文化内涵和精神内涵上，维系他们与品牌长期联系的是独特的品牌形象和情感因素。这样的顾客很难发生"品牌转换"，毫无疑问是企业高质量、高创利的忠诚顾客，是企业财富的不竭源泉。

所以，品牌文化代表着一种价值观、一种品位、一种格调、一种时尚，一种生活方式，它的独特魅力就在于它不仅仅给顾客提供某种效用，而且帮助顾客寻找心灵的归属，放飞人生的梦想，实现生活的追求。优秀的品牌文化是民族文化精神的高度提炼和人类美好价值观念的共同升华，凝结着时代文明发展的精髓，渗透着对亲情、友情、爱情和真情的深情赞颂，倡导健康向上、奋发有为的人生信条。优秀的品牌文化可以生生不息、经久不衰，引领时代的消费潮流，改变亿万人的生活方式，甚至塑造几代人的价值观念。

4.1.2 品牌文化的提出

人类最初的文化形态是宗教和神话，优秀的品牌文化可以为顾客创造某种类似的宗教情结，在消费者心中产生一种心驰神往的精神追求，使消费者对其产品的消费成为一种文化的自觉，成为生活中不可或缺的内容。文化铸就企业品格，文化赋予企业灵魂。格力电器集团自创立以来，一直坚定地实施企业文化战略，充分发挥企业文化的导向、凝聚、激励、规范等功能，强有力地促进了格力事业的快速、健康发展。格力电器将坚持"科技救企业、质量兴企业、效益促企业"的发展思路，以"缔造全球领先的空调企业，成就格力百年的世界品牌"为目标，为"中国创造"贡献更多的力量。正如劳伦斯·维森特在阐述传奇品牌的成功经验时指出的，这些品牌"蕴含的社会、文化价值和存在的价值构成了消费者纽带的基础"。品牌文化的提出受以下因素影响。

1. 社会发展进步

物质生活水准提高的今天，大众对文化的需求也日益强烈。消费者作为社会人，抽象的文化正深刻地影响着具体的购买行为。比如，价值观和生活方式就影响着消费者是否选择一件高档服装或使用何种品牌的洗发水。反过来，通过具体的购买行为，消费者也可能得到文化上的满足。因为在商业化的社会，追求文化满足的一种重要途径就是消费。通过消费，追求名誉、自尊、地位等，试图找到属于某一群体的归属感，乃至与自我的价值联系起来。

2. 消费观念创新

将产品和品牌相互独立起来看，不难发现在许多情况下，一个品牌名称比具体的产品更能为消费者带来文化价值。文化价值（或说是一种消费者心理上的效用）不是产品本身创造的，而是由抽象的品牌创造的，而产品只是其具体的载体。这种现象在服饰、日用品等行业尤为明显，品牌的文化消费就是体现出品牌人格化的一种文化现象。如西藏玉树独特的自然资源、古老的历史遗迹、丰富的非物质文化是玉树文化产业发展走文化产业品牌化道路的优势条件。康巴文化积淀下的玉树，拥有十分丰富的文化实力和得天独厚的文化资源，如何将现有的这些优势转换为产业，如何使其走向更多人的视野，走向更加广阔的平台？在立足藏区特色的基础上，玉树走品牌化道路势在必行：立足藏区特色，走品牌化发展道路，打造特色文化产业新引擎，带动产业发展。

4.1.3 品牌文化的作用

品牌文化建设对提高品牌力直至企业的核心竞争力是十分有利的。因为对于一种文化的认同，消费者是不会轻易改变的。这时候，品牌文化就成了对抗竞争品牌和阻止新品牌进入的重要手段。这种竞争壁垒存在时间长且不易被突破。品牌文化的作用体现在以下几个方面。

1. 品牌文化能够加强品牌力

品牌文化不仅能更好地实现企业促销的商业目的，还能有效地承载企业的社会功能。塑造品牌文化，其行为根本上是受商业动机支配的，通过品牌文化强化品牌力，从而谋求更多的商业利润。之所以强调要塑造一种品牌文化，是因为消费者是社会人，具有复杂的个性特征，但由于同一经济、文化背景的影响，其价值取向、生活方式等又有一致性。这种文化上的一致性为塑造品牌文化提供了客观基础。

另外，社会营销观念认为企业在满足消费者需求、取得企业利润的同时，也需要考虑社会的长期整体利益。这要求企业在宣传自己产品功效和品质的同时，也要弘扬优秀的文化，倡导正确的价值观，促成社会的进步。美国经济学家 W. C. 弗雷德里克（W. C. Frederik）认为，作为现代核心组织的企业，"它面临的社会挑战就是要寻找一条使经济与道德相统一的途径"。通过塑造优秀的品牌文化表明企业坚持积极的文化理念，也是促进社会利益的一种体现。

2. 品牌文化满足目标消费者物质之外的文化需求

行为科学的代表人物梅奥（Mayo）和罗特利斯伯格（Roethlisberger）提出"社会人"的概念，认为人除了物质需求之外还有社会心理方面的需求。品牌文化的建立，能让消费者在享用商品所带来的物质利益之外，还能有文化上的满足。在这种情况下，有时市场细分的标准就是以文化为依据的。"在这个世界上，我找我自己的味道，口味很多，品味却很少，我的摩卡咖啡。"这是一则摩卡咖啡的电台广告，它就做到了基于文化细分上的鲜明的目标市场：不赶时尚、有自己品味的少部分人，同时暗示他们选择摩卡咖啡就是坚持这样的生活方式。

3. 品牌文化的塑造有助于培养品牌忠诚群，形成重要的品牌壁垒

按消费者的忠诚形式，一个市场可分为坚定型、不坚定型、转移型和多变型。其中品牌坚定忠诚群对企业最有价值，最理想的是培养一个品牌的坚定忠诚者占很高比例的市场，但世事不能如此完美。由于市场竞争十分激烈，往往会有很多消费者从坚定者成为不坚定者或转移者，因此维护、壮大品牌的忠诚群体至关重要。该品牌能保持强有力的商品力无疑是最关键的，但另一方面，在品牌树立、壮大的过程中，在商品效用诉求的同时，也应该始终向目标消费者灌输一种与品牌联想相吻合的积极向上的生活理念，使消费者通过使用该品牌的产品或接受某种服务达到物质和精神两方面的满足。

现在，由于市场的竞争日趋激烈，不同品牌的同类产品之间的差异缩小，要让消费者在众多的品牌中鲜明地识别一个品牌，有效的方法是让品牌具有独特的文化，可以将此称为品牌的文化差异战略。一旦目标消费者接受文化差异，对提高品牌力就是十分有利的。因为对于文化的认同，消费者是不会轻易改变的。

品牌文化的战略相关图如图 4-2 所示。

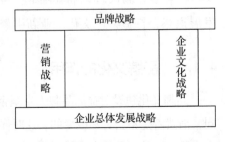

图 4-2 品牌文化的战略相关图

4.1.4 品牌文化的塑造

品牌塑造是对品牌的二次建构，是品牌文化升华的重要方式。

1. 为品牌塑造恰当的文化内涵

为品牌塑造的文化是否合适，一般有两个标准。一是这种文化要适合产品或服务特征。产品都有自己的特性，如在什么样的场景下使用，产品能给消费者带来什么利益等。如黑人牙膏宣传"令你拥有清新口气自然能流露亮丽笑容，令人乐于亲近。选用有效令口气清新的黑人牙膏，是建立良好人际关系的开始"；雀巢则时刻传递给人一份温馨和关爱。品牌文化要与产品特性相匹配，才能让消费者觉得自然、可接受。有时候，品牌经营者采用的是品牌延伸策略，即一个品牌下有许多品种的产品，这时就要抓住产品的共性。如西门子这一品牌涉及家电、电力、医疗器械、通信等众多行业，但西门子始终坚持一种可靠、严谨的品牌文化，让消费者认为西门子代表着德国一丝不苟的民族传统。二是这种文化要符合目标市场消费群体的特征。品牌文化要从目标市场消费群体中去寻找，要通过充分考察他们的思想心态和行为方式而获得。只有这样，这种品牌文化才容易被目标市场消费者认同，品牌力才能增强。

2. 品牌文化与时尚文化

对某些产品来讲，十分适合在品牌文化中引入时尚的内容，如服饰、运动产品等。时尚指的是一个时期内相当多的人对特定的趣味、语言、思想以及行为等模式的随从或追求。如何倡导一种品牌时尚，简言之，就是要分析消费者的心态，并通过商品将消费者的情绪释放出来，激励大众参与。

倡导品牌时尚的一个重要途径是利用名人、权威的效应。由于名人和权威是大众注意和模仿的焦点，因此有利于迅速提高大众对品牌的信心。如力士香皂就一贯坚持著名影星作为其推介证言的策略，在不断积累中成功地使力士的品牌文化与时尚联系在一起。当然，在选用名人做广告时需要谨慎和恰如其分，一般要考虑到名人、权威与品牌之间的联系。

另外，还要努力将时尚过渡为人们稳定生活方式的一部分。由于时尚是一个特定时期内的社会文化现象，随着时间推移，时尚的内容将发生改变，所以在借助和创造时尚的同时，也应考虑到时尚的消退性。一个有效的措施是在时尚成为高潮时就有意识地转换营销策略，引导消费者将这种时尚转化为日常生活的一部分。以雀巢咖啡为例，从其进入我国内地掀起喝咖啡的时尚到今天，喝咖啡已成了众多人的生活习惯。

3. 品牌文化与民族传统文化

品牌文化与民族传统文化是紧紧联系在一起的。将优秀的民族传统文化融入品牌文化，更易让大众产生共鸣。

比如我国的民族传统文化特别注重家庭观念：讲究尊师敬老、抚幼孝亲；强调礼义道德、伦理等级、中庸仁爱；追求圆满完美；崇尚含蓄、温和和秩序等。如我国台湾的"北方"品牌的水饺就从品牌名上做文章，将其独特的民族传统文化融入品牌文化中，打动了消费者的心。它的广告语是："古都北京，最为人所称道、怀念的，除了天坛、圆明园外，就该是那操一口标准京片子的人情味和那热腾腾、皮薄馅多汁鲜、象征团圆的水饺儿。今天，在宝岛台湾，怀念北京，憧憬老风味，只有北方水饺最能令你回味十足，十足回味。"这个品牌的文化就十分自然地将其与传统文化中注重祖国统一、亲人团聚等情结连在了一起。

品牌的文化内涵原型神话艺术，是品牌内涵的根本来源，这就要求品牌的创造者要以艺术家的视角来对待品牌，也就是说，品牌管理者必须学会如何把最基本的、人类共有的所有心灵体验，甚至是一个民族远古时代以来艺术家用来创造神话故事的特殊素材包装为品牌，使品牌与我们的生活现实很好地结合起来。就像家庭装修一样，由智慧的思维和精巧的设计装修"清水"的住房，这是一个重新塑造品牌的过程，也是把品牌变成"神话"的过程，如图4-3所示。

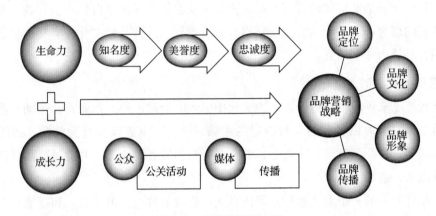

图4-3　品牌的塑造过程

总之，在品牌文化中继承民族传统文化需要符合民族的审美情趣，也要考虑到民族的接受心理。同时要重实质，如果过分追求缺乏内涵的形式只会适得其反。一般而言，一种品牌文化应为绝大多数目标消费者现时认同或追求的，应尽可能与其生活相接近，甚至是生活的某一部分。

4.1.5　品牌文化对品牌力建设的作用

现在企业之间的激烈竞争，导致不同品牌的同类产品之间的差异缩小，而同质化程度正在加剧。要让消费者在众多的品牌中在心理上能鲜明地识别一个品牌，有效的方法是让品牌具有独特的文化。我们可以将此称为品牌的文化差异战略。

（1）通过品牌文化来加强品牌力，不仅能更好地实现企业促销的商业目的，还能有效承载企业的社会功能。塑造品牌文化，其行为从根本上是受利益动机支配的：通过品牌文化来强化品牌力，从而谋求更多的商业利润。之所以强调要塑造一种品牌文化，是因为消费者是社会人，具有复杂的个性特征，但由于同一经济、文化背景的影响，其价值取向、生活方式等又有一致性。这种文化上的一致性为塑造品牌文化提供了客观基础。另一方面，社会营销观念认为企业在满足消费者需求、取得企业利润的同时，也需要考虑到社会的长期整体利益。

（2）品牌文化满足了目标消费者物质之外的文化需求。行为科学的代表人物梅奥·罗特利斯伯格提出"社会人"的概念，认为人除了追求物质之外，还有社会各方面的需求。品牌文化的建立，能让消费者在享用商品所带来的物质利益之外，还能有一种文化上的满足。

（3）品牌文化的塑造有助于培养品牌忠诚群，是重要的品牌壁垒。按消费者的忠诚形式，一个市场可分为坚定型、不坚定型、转移型和多变型。其中品牌坚定忠诚群对企业最有价值。最理想的是培养一个品牌的坚定忠诚者在买主中占很高比例的市场，但事实不能如此完美。由于市场竞争十分激烈，往往会有大量的消费者从坚定者成为不坚定者和转移者。因此维护、壮大品牌的忠诚群体至关重要。该品牌能保持强有力的商品力无疑是最关键的。但另一方面，在品牌树立、壮大的过程中，在商品效用诉求的同时，也应该始终向目标消费者灌输一种与品牌联想相吻合的、积极向上的生活理念，使消费者通过使用该品牌的产品，达到物质和精神两方面的满足。

4.1.6　品牌文化的导向作用与关系构建

品牌文化的导向作用突出表现在品牌定位、品牌定性和品牌定型三个方面的导向作用，而明晰品牌发展方向是为更好地突出品牌文化与品牌价值的互换关系。

（1）品牌关系的建立是可以在解读品牌文化和品牌价值的过程中综合体现出来的。比如汇源果汁尽管已经成为果汁行业的领导者，且在消费者中赢得了"果蔬饮料类消费者心中理想品牌"第一名、"实际购买品牌"第一名、"购物首选品牌"第一名、"中国家庭爱用品牌"等称号，但随着产品线的扩展，尤其是公司在推出非果汁类饮品的同时，没有很好地丰富和扩展其"健康"的品牌文化内涵，造成汇源品牌在部分产品上作用力衰减，无法产生相应的市场认可度和销售拉力，所以在一些专业细分饮料品牌的冲击下，出现不胜招架的情况。在这种情况下，企业就必须改变原来的品牌定位，重新对品牌进行定位，倾力凸显品牌定型，从而让品牌价值和品牌文化内涵上得到进一步提升。

（2）实现品牌文化中内涵的迁移是达成品牌形象和价值互换的前提。这就是充分发掘品牌要素，并找到品牌文化与品牌价值的利益互换点，从而实现品牌在内在基因与外在利益形式上的统一。TCL 在成功进入国际市场的战略下，马上着手进行与全球研发机构 TBC 在技术开发上的合作，并且紧随产品创新国际潮流趋势，都彰显了其品牌文化上包容、大气的特点，这种特点在其内涵的转化过程中，使其国际化风范的品牌价值在形象上显然得到了更全面的支持。

（3）品牌文化对品牌价值的促进与延伸意义。如 TCL 的国际化形象价值来源于品牌自身文化的支持，而保利·百合花园（楼盘）的本身意义就具有自然和谐的特性，通过多方面打造品牌文化从而实现品牌价值的提升，也是成功实现品牌发展方向的传递形式。

在这种由文化到形象再到价值转移互换的过程中，塑造特定的品牌文化也将影响到品牌价值甚至品牌发展方向的转变。蒙牛品牌价值转换的成功，是通过"超级女声"带来的年轻、中性、略有反叛的平民选秀事件，使其文化与年轻、时尚方向融合，让品牌在年轻一代的定位市场上得到扩张和培育，通过优酸乳产品的推陈出新，以张含韵一句"酸酸甜甜就是我"的口号，实现了这种品牌到消费价值的转移。

所以，一切品牌都是为在消费市场上找到相融合的价值而存在的。这种消费价值也必然是品牌价值所倡导的核心内容，这样的过程在品牌文化与价值转移过程中也同样适用；不仅如此，在品牌文化与价值的转移过程当中，还需要考虑的因素是发掘主流消费心理、流行时尚与定位群体的共同特征。

如果说文化的本质就是思想，它也一定有时间段和地域性的概念，那么怎样的品牌思想才是适合市场、品牌传递，才是与现阶段品牌传递内容服务相适应的呢？这必须要通过审视市场大局与竞争环境以及品牌发展自身的多方面综合来考虑，才能形成真正的价值转移。

4.2　品牌文化与企业文化

文化是一个社会和群体形成的共同的信念、价值观和行为方式，具有三个要素：精神、载体和群体。一般认为世界有三大文化圈：儒家文化圈、基督教文化圈和伊斯兰教文化圈。这三大文化圈的历史都很悠久，人口都在 10 亿人以上，影响深远。比如，基督教文化强调"赎罪"，要拼命工作才能减轻罪过，所以西方（美国、德国、以色列）这些国家的法律很规范、职业道德水平高、比较敬业，跟传统文化是分不开的。

另外，文化都需要特定载体，传统往往与文化密不可分，比如春节、端午节等很多节日都是儒家亲情和家族文化的代表，中国人的婚丧嫁娶、衣食住行等很多风俗、仪式也都体现着文化的内涵。另外，很多故事、典故、寓言和英雄也都从不同层面反映和传承着文化，岳飞代表精忠报国，关羽代表忠义。文化的第三个要素是群体，没有群体也自然无法形成文化，而且群体可以按民族形成独特的民族文化，还可以按地区（南方、北方、西北）形成地域文化，这些都是中华文化的亚文化。这些精神、风俗、仪式和群体结合在一起，就构成了从深层到表层的中华文化。

企业文化，首先是在欧美国家发动起来的一种经营策略。根据企业经营的内涵，凭借系统的设计改变企业形象、注入文化，从而引起外界关注，树立企业文化，这是一种现代经营手段。20 世纪五六十年代首先在美国出现，60 年代传入日本，70 年代在日本形成热潮并且超过美国，成为新型的日本的企业文化，因此，可以说企业文化产生于美国，成熟于日本。企业文化于80年代末在南亚、我国港台地区形成热潮，80年代末90年代初传入我国内地，并在深圳、上海、北京等地得到发展。

企业是创造品牌的主体，是策划者也是执行者，企业要想创造品牌，必须先从自身抓起，建立自己的企业文化，并体现在所生产的商品或提供的服务上。企业文化应对消费者产生诱惑力及美感，企业文化是企业理念、企业精神的外化，是经营哲学和价值观。

品牌文化和企业文化都是"文化"，但是它们之间是有一定区别的。品牌文化与企业文化都脱离不了文化，它们的形式和内容与文化都密切相关。企业文化的塑造可以分成三个层次：核心理念（精神）、制度与行为（载体）、文化群体（不同职能部门）；品牌文化则包括品牌精神、品牌传播（载体）、目标消费者（群体）三个方面。品牌文化与企业文化都是文化的一种表现形式，且都是一种亚文化现象。

4.2.1 企业文化与品牌文化的联系

企业作为社会组织的构成要素，其本身也是文化的传承者和受益者，企业文化与品牌文化具有交叉和互溶的关系。

1. 企业文化与品牌文化的逻辑关系

一个企业的文化，是这个企业的价值观、信念和行为方式的体现。如果把企业当作一个人，那么当你第一次见到这个人时他的衣着打扮会留下第一印象，这就是公司的视觉识别（VI），包括公司的建筑、办公环境、办公器具、商标等表面的、直观的有形实体；通过他的言行举止你又能了解到他的做事风格，这是企业文化的具体表现，但是究竟是什么决定了这个人的言行举止，就取决于他内心深处的价值观和信念了。同样，对于企业来说，文化决定了这个企业的制度和行为，这个文化的核心就是企业理念和企业核心价值观。

品牌文化就是企业常给消费者的心理感受和心理认同，即品牌内涵，它是联系企业与消费者心理需求的平台，是品牌建设的最高阶段，建设的目的是使消费者在消费公司的产品和服务时，能够产生心理和情感上的归属感，并形成品牌忠诚度。比如，大娘水饺，就会令人想到那个和蔼可亲的"吴大娘"，想到新颖的店堂环境充满个性，它是中国传统文化与国际现代文化的交流，是休闲与快餐的结晶。浓郁的中华民族的审美底蕴与国际化大环境的广阔视角在这里水乳交融，给顾客呈现出独特的文化艺术气氛，也是其企业文化的体现。

企业文化与品牌文化结构图如图4-4所示。

2. 企业文化与品牌文化的内涵的一致性

比如可口可乐公司具有动感激情、富有个性的品牌文化，那么可口可乐公司的企业文化也必然不能脱离激情、创新，很难想象一批守旧沉稳的人能够领导可口可乐公司。海尔品牌给人的感觉是优质、真诚和负责，其企业文化也是以真诚、创新为核心。联想并购IBM笔记本事业部，可以说是其创业精神的完美体现，同时，这与其品牌"只要你想"的文化内涵是一致的。红塔集团原来的品牌口号是"天外有天，红塔集团"，现在改为"山高人为峰"，这与企业文化的内涵是非常一致的，而且更凸显了人文气息。

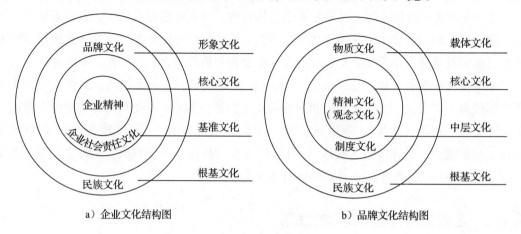

图 4-4　企业文化与品牌文化结构图

通过分析发现，企业文化与品牌文化都不能脱离公司的产品和经营，都要服务于企业的发展，因此，其核心含义应该是一致的，或者是相通的。但是企业文化与品牌文化在概念、作用、着眼点和建设方法方面又有明显不同。

4.2.2　企业文化与品牌文化不同

作为文化的两种不同形式，企业文化与品牌文化之区别在于表现为共性与个性、理念与表象的关系。

1. 企业文化与品牌文化的核心含义不同

企业文化是企业形成的价值观、信念和行为方式的总和，是企业生产与发展的指导思想。品牌文化则以品牌个性、精神的塑造和推广为核心，使品牌具备文化特征和人文内涵，重点是通过各种策略和活动使消费者认同品牌所体现的精神，然后形成忠诚的品牌消费群体。

要了解品牌的文化特征的含义，首先需要明白文化的基本内涵。同样，品牌的文化特征和文化一样，也具备这三方面的要素，不但要具备精神内涵，而且要从营销策划、促销活动、广告宣传、客户关系等各个方面进行整合，让消费者能够体会到品牌的精神、个性和文化内涵，还要具备典故、故事、仪式和人物等文化载体进行传播，比如可口可乐的诞生传奇、联想的创业故事、海尔的砸冰箱故事等，这样就让品牌文化鲜活和生动起来，形成具有忠诚度的品牌消费群体，并形成以品牌连接消费者的品牌文化。

品牌文化要借助大众文化和消费者心理特征，才能形成自己的文化群体。不同的行业可能表现有所不同，比如商用轿车侧重商业人士，基本都是体现一种成功者的风度、气质和不屈精神；招商银行、中国银行面向中国工薪阶层，提供的是中国式的金融文化；鲁花把质量兴企放在首位，提出了"追求一个大目标——提高人类生命质量"的经营理念。

2. 企业文化与品牌文化的作用不同

企业文化的主要作用是为了明确企业的生存与发展指导原则，并形成一套以价值观、理念为核心的制度和规范体系，以此提升企业管理水平，但一种优秀的企业文化，不仅对企业管理有帮助，也具备品牌效应。那些成功的企业越来越多地把成功归结于公司的文化，"惠普之道"为惠普省下了多少品牌推广费用，海尔的企业文化为海尔带来了多少无形价值，"华为基本法"为华为提升了多少品牌知名度和美誉度，没有人做过统计，但如果请人来做评估，相信是一笔特别大的收益。所以，不能否认企业文化能够推动企业形象的提升，增强企业的美誉度，从而为公司做很多免费的推广，而且无形中为公司吸引更多优秀的人才。为什么海尔的薪水不高、工作比较模块化，但依然可以吸引很多优秀毕业生，这其中文化和企业形象起的作用是非常大的。

总之，品牌文化是"品牌"与"文化"的有机融合，即品牌文化的作用是为了打造企业的品牌，是营销管理的职能。从某种意义上来说，品牌文化本身就是打造品牌的一种方式。全球化的进程暴露出一系列文化中的冲突问题（如跨国公司在中国的本土化难题），不同企业并购的失败大多源于文化不同，惠普与康柏的合并不成功；联想收购IBM PC事业部的关键问题是文化的融合；TCL收购汤姆逊，也是这样的问题。现在世界级的优秀品牌往往诞生在那些西方发达国家，这些企业进入中国，本身就带来了文化的冲击，洋品牌与本土品牌的竞争，其深层次是文化的竞争。

3. 企业文化与品牌文化的建设方法不同

企业文化与品牌文化虽然都有文化的要素，但是建设方法差别很大。首先表现在负责的部门不同，沟通协调工作比较难。在企业里，负责企业文化建设和负责品牌建设的往往是两个部门，所以沟通协调工作量很大，营销人员认为企业文化与品牌文化关系不大，所以很难接受一些思想和方法。当你看到琳琅满目的洗发水品牌，你会选择谁？你肯定要根据以前所接受到的这些品牌给你的不同感受来进行挑选，比如你准备挑选一款能够去头皮屑的，就有多种选择，不同品牌、不同价位（如海飞丝、沙宣、采乐等），那么消费者为什么要选择这个品牌？功能都差不多，价格也都相差无几，关键就在于这个品牌给消费者的一种感觉。这个品牌所体现的个性、品位非常符合消费者的情感和感觉，于是，消费者产生了好感，消费者选择了这个品牌，开始了交往。当消费者使用这个牌子一段时间，如果功能不好，消费者会失望，拒绝跟品牌继续交往；如果满足消费者的预期，那么消费者就陷入"热恋"了，这就逐渐形成了品牌的忠诚度。

如果说品牌文化的塑造是一场恋爱，企业文化的塑造则更像是一场婚姻，用佛家的一句话来形容非常恰当，叫作"如人饮水、冷暖自知"。每个员工对企业文化都有自己的理解，如果他认同，可能就会激发他的工作热情，如果他不认同，那么文化对他来说，就是一种形式而已。

总之，企业文化与品牌文化的塑造，其根源都在于对文化的理解，对文化理解得越深刻、越透彻，就越容易把握其中的真谛和关键。

4.2.3 企业品牌的基本理念

企业的品牌理念是企业品牌文化的重要组成部分，企业品牌理念是得到社会普遍认同的、体现企业自身个性特征的、促使并保持企业正常运作以及长足发展而构建的反映整个企业明确的经营意识的价值体系。

品牌理念由企业使命、经营思想和行为准则三个部分内容构成。

（1）企业使命。企业使命是指企业开展各种经营活动的初衷，是品牌理念最基本的出发点，也是企业行动的原动力。

（2）经营思想。经营思想是指导企业经营活动的观念、态度和思想。经营思想直接影响企业对外的经营姿态和服务姿态。不同的企业经营思想会产生不同的经营姿态，会给人不同的企业形象。

（3）行为准则。行为准则是指企业内部员工在企业经营活动中必须奉行的一系列行为准则和规则，是对员工的约束和要求。

4.3 品牌文化的内涵及功能

4.3.1 我国品牌文化的基本内核

品牌文化是区别不同品牌的重要标志，是生产或提供不同产品与服务的地区和国家的文化差异的终极表现。

1. 对外域文化的借鉴

一个国家、一个民族，最深刻、最久远、最具生命力的东西恐怕就是历经千百年来积淀下来的文化了。所以，品牌文化的核心内涵就来自对输入本民族的外域文化的辩证吸收。

1993年，美国著名学者塞缪尔·亨廷顿（Samuel Huntington）发表《文明的冲突与世界秩序的重建》一文，公然宣称第三次世界大战应该是文化战争。文化战争论不能容忍其他民族兴盛，不能容忍其他民族兴起，是彻头彻尾的文化种族主义。

1840年鸦片战争爆发，帝国主义意欲用西方的坚船利炮轰开中国的国门之后，再用无穷无尽的廉价物品和外来思想盘踞东方圣土，占据东方人的心灵，于是策划出了文化传教和贩卖鸦片的事件。鸦片战争后，美国不把赃款运回本土，而是利用所谓的"庚子赔款"来筹建美式学堂，专门培养美国式的中国人，并且将美国文化输入中国。

教堂巍峨身影的背后，是西服、皮鞋、领带的全世界倾销。情人节、好莱坞、迪斯科已出现在中国人的生活里，可口可乐、肯德基、牛仔裤、花花公子等竞相登堂入室。

品牌的文化策划应在全球范围内考虑，一方面应吸取西方文化精华，剔除其糟粕；另一方面弘扬东方文化，联合亚太地区，保证长期的繁荣。发扬中华文化，联合世界华人，为中华文化的发扬光大恪尽义务。传统文化是一个民族发展的源头，不论作为文化的继承者还是创新者，都要弘扬祖国的传统文化。

2. 儒家文化的浸润

儒家文化是中国传统文化之正统，几千年仁义中庸文化中"仁义"学说源远流长。自汉王朝时儒家思想成为统治思想开始，中国古代封建社会的统治者得出结论："谋事不并仁义者，后必败。"以儒家的仁、义、礼、智、信、安民、教民等文化内涵构建经营的王朝往往长治久安，这意味着儒家之术具备守治安国的独特功效。事实上，经历了春秋时期的动乱、战国群雄的纷争以及秦朝的暴政统治天下，治国的策略重点已由"夺"转向"守"。从孔子在世到汉王朝崛起的 300 多年之间，儒术受尽了冷落，但是当汉王朝鉴于秦王朝短命而亡的教训以儒学治天下时，儒学终于得势，发挥其独特的守治之功。接下来的各朝各代，一致推行儒术，策划各种具体制度。

众所周知，中国有四大发明，也是四大文明古国之一。在文化上，几千年的儒家思想一直占据统治地位，不仅表现在政治、经济和思想上，而且还表现在企业文化上。从古到今，许多老字号及知名品牌都注重文化竞争、文化营销，以文取胜，儒家思想成为企业的指导思想，影响着企业的价值观、道德观以及经营理念、经营哲学，并且得到大多数消费者的支持。有许多中华老字号，以儒家所倡导的"仁、义、礼、智、信"作为自己的招牌或商标，如全聚德、恒源祥、同仁堂等。

许多企业满足了广大消费者求喜求利的心理，如恒顺，就是什么时候都顺，没有断续。有一种方便面——福满多，也满足消费者的这种心理，得到了一部分消费者的认同。

有一些企业以比较有名气的人命名，像张小泉剪刀、王致和豆腐乳等。有的企业借助名词名句来体现文化意蕴，如山外山、楼外楼酒店，出自林升的《题临安邸》之中的一句诗"山外青山楼外楼"。中华老字号带有明显的儒家传统及其思想，得到了广大消费者的认同，因此广泛传播开来，有一些甚至流传至今，具有很强的审美价值。

4.3.2 品牌文化的功能表现

品牌文化一旦形成，就会对品牌的经营管理产生巨大影响和能动作用，它有利于各种资源要素的优化组合，提高品牌的管理效能，增强品牌的竞争力，使品牌充满生机与活力。具体地讲，品牌文化有如下功能。

1. 导向功能

品牌文化的导向功能体现在两个方面。一方面，在企业内部，品牌文化集中反映了员工的共同价值观，规定企业追求的目标，因而具有强大的感召力，能够引导员工始终不渝地为实现企业目标而努力奋斗，使企业获得健康发展；另一方面，在企业外部，品牌文化所倡导的价值观、审美观、消费观，可以将消费者引导到和自己的目标相一致的轨道上来，从而提高消费者对品牌的追随度。

2. 凝聚功能

品牌文化的凝聚功能体现在两个方面。一方面，在企业内部，品牌文化像强力的黏合剂，从各个方面、各个层次把全体员工紧密地联系在一起，使其同心协力，为实现企业的目标和理想而奋力进取。这样，品牌文化就成为团队精神建设的凝聚力。另一方面，在企业外部，品牌所代表的功能属性、利益认知、价值主张和审美特征会对广大消费者产生磁场作用，使品牌像磁石一样吸引消费者，从而极大地提高消费者对品牌的忠诚度，同时，其他品牌的使用者也有可能被吸引过来，成为该品牌的追随者。

3. 激励功能

人们对激励过程的研究发现，当物质激励到了一定程度，会出现边际效应递减现象，而精神激励的作用则更强大、更持久。优秀的品牌文化一旦形成，在企业内部就会形成良好的工作氛围，它可以激发员工的荣誉感、责任感、进取心，使员工与企业同呼吸、共命运，为企业的发展尽心尽力。对消费者而言，品牌的价值观念、利益属性、情感属性等可以创造消费感知，丰富消费联想，激发他们的消费欲望，使他们产生购买动机。因此，品牌文化可以将精神财富转化为物质财富，为企业带来高额利润。

4. 约束功能

品牌文化的约束功能是通过规章制度和道德规范发挥作用的。一方面，企业在生产经营过程中，必须通过严格的规章制度规范所有员工，使之按照一定的程序和规则办事，最终实现企业目标。这种约束是硬性的，是外在约束。另一方面，企业文化的约束作用更多的是通过道德规范、精神、理念和传统等无形因素约束员工的言行的，即将个体行为从众化。这种约束是软性的，是内在约束。和规章制度相比，这种软约束具有更持久的效果。

5. 辐射功能

品牌文化不能复制，一旦形成，不仅会在企业内部发挥作用，还可以通过形象塑造、整合传播、产品销售等各种途径影响消费群体和社会风尚。从大体上说，品牌辐射主要有以下四种方式。

（1）软件辐射，即通过企业精神、价值观、伦理道德、审美属性等向社会扩散品牌文化，为社会文明进步做出贡献。

（2）产品辐射，即通过产品这种物质载体向社会辐射品牌文化。例如，我们可以通过劳斯莱斯产品感受到卓越的汽车文化。因为劳斯莱斯的员工不是在制造冷冰冰的机器，而是以人类高尚的道德情操和艺术家的热情雕琢每一个零件，他们每一环工序制作出来的东西都是艺术极品。

（3）人员辐射，即通过员工的言行举止和精神风貌向社会传播。例如，中国电信客户服务中心，通过《电信营业厅服务礼仪》培训，帮助电信工作人员塑造职业形象，提升服务意识和个人素养，同时提升企业整体品牌形象，从而提升市场竞争力。

（4）宣传辐射，即通过媒体等多种宣传工具传播品牌文化。

6. 驱动功能

品牌文化可以推动品牌经营长期发展，使品牌在市场竞争中获得持续的竞争力，也可以帮助品牌克服经营过程中的各种危机，使品牌经营健康发展。品牌文化对品牌经营活动的推动功能主要源于文化的能动作用，即它不仅能反映经济，而且能反作用于经济，在一定条件下可以促进经济的发展。利用品牌文化提高品牌经营效果有一个时间上的积累过程，不能期望它立竿见影，但只要持之以恒地重视建设品牌文化，必然会收到良好的成效。其实，品牌文化的导向功能也算是另一种推动功能，因为品牌文化规定着品牌经营的目标和追求，可以引导企业和消费者主动适应更有发展前途的社会需求，从而走向胜利。

7. 协调功能

品牌文化使员工有了明确的价值观念和理想追求，对很多问题的认识趋于一致，这样可以增强他们之间的相互信任、交流和沟通，使企业内部的各项活动更加协调。同时，品牌文化还能协调企业与社会，特别是与消费者的关系，使社会和企业和谐一致。企业可以通过品牌文化建设，尽可能地调整自己的经营策略，适应公众的情绪，满足消费者不断变化的需求，跟上社会前进的步伐，保证企业和社会之间不会出现裂痕和脱节，即使出现也会很快弥合。

4.3.3 品牌的文化板块构成

在我们所闻、所见、所购、所用品牌的背后，都是各种文化在争奇斗艳，没有文化支持的品牌是不存在的。下面我们就从国际文化板块及国内文化板块两部分简单探讨这个问题。

1. 国际文化板块

（1）美国板块——合金文化。美国的发展历史只有几百年，它没有经过封建社会，而是由殖民统治的奴隶社会直接跳跃式地进入了资本主义社会。美国社会中不存在封建残余思想，人们崇尚自由、平等、博爱的世界观和文化观，喜欢冒险，绝不瞻前顾后，喜欢高风险与高收入并存的行业竞争，喜欢挑战。因此，在世界500强企业中，美国企业占了很大一部分；在世界最有价值的知名品牌排行榜中，美国企业位居榜首。美国拥有许多知名品牌，如万宝路、麦当劳等。

（2）法国板块——浪漫文化。法国在历史上是一个强大的国家，扮演着侵略扩张者的角色。虽说国家内部政权更迭频繁，但没有美国人为了自由而奋斗的压力，因此，从古至今，法国就是一个浪漫的国度，在法国旅行也称为"浪漫之旅"。在现实生活中的确如此，法国人擅长歌舞，精于使用香水，喜欢饮葡萄酒。

（3）日本板块——大和文化。日本是大和民族，大多数人认识日本是从武士开始的，并且以武士道精神为代表。武士忠于国家，雇员忠于企业，人民忠于民族，说到底，是一个"忠"字。日本的许多企业都施行终身雇员制，除非雇员犯了不可饶恕的错误，否则不会解雇。在日本，跳槽是不可接受和不可理解的，所有员工都讲究"从一而终"，有点儿类似儒家的观点。这种精神反映在日本的企业上，如知名的丰田、松下、索尼等。

（4）德国板块——民族优越文化。今天的德意志民族统称日耳曼人，是由法兰克人、撒克逊人、施瓦本人和巴伐利亚人等这些古老的日耳曼部族经过近千年的同生共长而形成的，17世纪末至18世纪在德国兴起的文化民族主义是德国资产阶级民族意识、民族主义思想在文化领域的反映，是资产阶级的意识形态。德国文化民族主义具有注重文化淡化政治、强烈的文化自卫、自我矛盾、浪漫主义和抽象模糊等特征。这些特征是由德国资产阶级力量薄弱、政治幼稚和封建主义强大等因素所决定的。

2. 国内文化板块

中华民族有区别于国外的传统文化，如儒家的某些精华思想至今仍在方方面面影响着人们的生活。中国有56个民族，不同的地域形成了各具特色的亚文化群。

（1）京城板块——皇家文化。自15世纪明朝迁都北京，至今已有500多年的历史，北京已经成为一座历史文化名城，不仅仅是因为它是中国的首都，还在于它那浓郁的文化气息和悠久的历史积淀。许多文化色彩较浓的中华老字号都是在北京这块沃土中成长起来的，如同仁堂、全聚德、王致和等。

北京的胡同、四合院反映了鲜明的京味文化，而北京的会馆、琉璃厂、大栅栏更集中体现了明清以来其作为首都的复合文化。显然，北京板块具有大一统的、权威的、复合的多重特征。

（2）中原板块——齐鲁文化。黄河水养育了山东人，也形成了他们粗犷豪迈的性格。孔子、孙子、孟子、墨子等人，可以说影响了整个中国几千年，齐鲁文化的底蕴可谓深远！在齐鲁大地上成长起来的山东人，除了豪爽、诚实和直率的性格，还具有"登东山而小鲁，登泰山而小天下"的宽广胸怀和豪迈气概。进军世界的海尔就是一个明证，这就是山东的企业，"该出手时就出手"，走出了国门，冲出了亚洲，向世界挑战。

（3）大巴山板块——巴山夜雨。四川山清水秀、人杰地灵，在革命战争年代，走出了一批又一批无产阶级革命家，走出了中国改革开放的总设计师邓小平。有种说法，四川要么不出人才，要出就出大人才，司马相如、郭沫若等即是杰出代表。在现代化的今天，四川人具有长远的眼光，长虹十年磨一剑、厚积薄发，通过"以人为中心"的用户思维和领先业内的创新技术的结合，铸就了今天的长虹"CHiQ现象"。2017年10月12日，长虹正式发布全球首款搭载声纹识别的人工智能电视CHiQ Q5K系列，突破性地实现丢掉手机、遥控器，直接以用户声音与电视机交互，从而推进整个人工智能电视行业进入3.0时代。

（4）广东板块——岭南粤菜。在广东沿海一带生长起来的广东人拥有特有的精明能干的性格，也正是由于这种性格，才使广东成为经济大省，走在全国的前列。国内知名品牌中的广东品牌占多数，VCD品牌就有爱多、步步高等，各种化妆品在市场上"各领风骚"，电器行业也毫不逊色。

（5）江苏板块——浪下东吴秦淮河。"杏花春雨江南"与"骏马秋风塞北"形成了鲜明的对照。江苏更具一种"阴柔"之美，给人的感觉是"柔美"，无论是人、风景，还是企业品牌，都不同于北方那种粗犷豪迈的阳刚之美。江苏企业在经营上小心谨慎、不打无把握之仗、更注重小风险。因此在这块特有的南方文化气息中成长起来的品牌，虽然开始默默无闻，但一经发展壮大，便具有内在的不可阻挡的气势，也能在国内外的竞争中占有一席之地。

4.4 品牌文化的表现

企业文化品牌是指企业在创建、发展过程中逐步积淀下来的，具有一定知名度、赞誉度的企业综合内涵的概括，凝聚在企业的名称、标志和生产经营设施、员工、厂区文化等要素中，是企业经营理念、人员品质、产品特色、经营机制以及企业文化的集中体现。企业品牌的建立是基于企业文化的，是企业文化对外的表现。

4.4.1 品牌的包装文化

包装，不仅具有保护商品、方便顾客、美化商品的功能，而且包装本身就是一种文化、一种学问、一门技术，它体现的是产品所在地、所在国特有的文化，是一种品牌文化、企业文化。

当今社会已进入品牌文化、品牌经济时代，拥有知名的企业品牌已经成为国际先进商业银行的共同特点，同时也为商业银行引进优秀人才、进入新兴市场、赢得客户信任提供了有力支持。在不断提高服务质量、增强服务效率、满足不同客户差异性需求的同时，采取多种途径强化品牌认知度和忠诚度，丰富品牌内涵、建立品牌文化逐渐成为保持企业差异性竞争优势的一种重要手段。品牌文化的软包装是通过加强品牌建设，进一步维护商业银行与客户之间的良好关系、增加客户体验从而提升品牌竞争力来最终体现的。如花旗银行的"客户至上、用心服务"的品牌形象、汇丰银行的"环球金融、地方智慧"，享誉全球。中国企业现在已经认识到文化在品牌中的重要作用。比如在餐饮行业开始着手与洋快餐竞争，真功夫选址在麦当劳餐厅旁边，开发出30多种中国风味的快餐，针对麦当劳保健儿童的特点，定位在中青年，准备与麦当劳一比高低，博弈国内市场，在竞争中成长、发展，并不断完善自己。

4.4.2 品牌的营销文化

中国的许多企业在这方面做得比较成功，注意充分利用自己的文化资源，在营销上加以充分宣传，树立独特的卖点，吸引消费者，赢得消费者对企业的信任和产品的好感，从而获得一批忠实的消费者，树立了自己的品牌。

流传至今的一些老字号蕴含着中华民族的传统文化，如全聚德、同仁堂就是抓住文化这一点，在进行宣传时努力使消费者对文化产生兴趣，从而走向成功。

在电视广告及报纸杂志中我们经常看到"百年张裕"的宣传介绍。张裕，单是这个名字，就有着很深的文化内涵。张弼士，一位精忠报国的实业家，18岁只身闯南洋。他在南洋创业30年，获得了巨大的成功，报效祖国的想法与日俱增，但苦于没有机会，后来在清驻英公使龚照瑗和国内的实业家盛宣怀的帮助下，选定在"中国的波尔多"——烟台大干一番，酿造葡萄酒，并最终成功，于1892年投资创办了烟台张裕葡萄酿酒公司。"张裕"之中的"张"即取张弼士之姓，"裕"是吉祥之意，所以取名张裕，可谓别出心裁、前所未有。

现在国外葡萄酒在中国还没有太多的品牌优势，只要张裕做好准备，参与竞争，肯定能在市场上占有很大份额，规模不断扩大，保持品牌形象，不断完善自己。

4.4.3 品牌的文化环境

每一种文化都是特定行为规范的反映，如某一民族或地区的人们共同的宗教信仰、风俗、习惯、行为准则，都是在特定的条件和影响下形成的，而这些文化反过来又制约其他行为的发展，从方方面面影响人的行为。不同的国家和民族有不同的文化，同一个国家的不同地区也有不同的亚文化，有各种各样的文化差异，企业在建立世界性品牌时不能不考虑这些文化环境上的因素。

企业对文化环境的研究大体上包括以下几个方面：教育水平的高低、宗教状况、生活习惯与风俗语言、审美观与亚文化群等。

1. 教育水平的高低

教育由于历史和现实的原因，在不同的国家有不同的发展水平。教育是按照一定的目的和要求，对接受教育的人施以影响的有计划、有目的的活动，它是传授多种知识和经验的必要手段。它是一定历史阶段性的产物，并对当时的生产和生活产生影响，在企业创造品牌、营造市场的过程中有着重要的影响。企业在开拓国内市场时如此，在开拓国际市场时也是如此，并且更为重要，其必须分析不同国家、不同地区的教育水平的高低。因此，教育水平的高低是影响企业打造品牌的主要因素。

（1）对市场细分、市场定位及选择目标市场的影响。企业在进入一个市场之前，要了解整个市场的状况，对市场进行细分；了解多个细分市场的消费者的多种状况、市场需求、教育水平、教育普及程度等，以找到适合自己企业产品或服务的消费群，正确地进行市场定位，找到目标市场。

（2）企业在营销手段上的影响。不同的国际及地区有不同的文化，同一国家及地区的不同部分都有不同的亚文化，因此，企业在营销上为了创造市场、打造品牌，必须分析不同地区的消费者对产品、包装、服务、附加价值的需求，以采取适当的营销方式把产品销售出去，赢得市场。

（3）对市场调查的影响。企业为了开拓市场，必须先对所选择的目标市场进行市场调查，对不同的地区，具有不同教育水平的人进行调查，所采取的方式是不一样的。对于教育水平低的地区，尤其是文盲群体，调查时就不能采用问卷的形式，而是多用直接讨论法，以对话为主，少用专业术语，用浅显易懂的语言与其进行交流。对于平均教育水平较高的国家及地区，则可委托调查机构直接采用问卷形式进行，以取得企业所需资料。总之，企业必须针对不同的环境对症下药，以取得详细且有价值的资料。

（4）对企业开展促销的影响。促销方式多种多样，广告、公共关系、人员推广、营业推广，企业应视具体情况而定究竟选择哪一种，或是使用促销组合，展开强大的攻势，树立品牌。对于受教育水平很高的国家及地区，在产品使用说明书的设计上可以多用文字进行解释，采用比较标准的语言；在广告宣传上采用印刷、媒体等理性诉求方式。而对于文盲人数较高的地区，采用这种方式无疑是费力不讨好，企业在产品设计上应多使用图形，使人一目了然；在广告宣传上，使用广播、电视、宣传画等感性诉求方式，以取得理想的效果。

2. 宗教状况

世界各国都规定人们有宗教信仰自由，因此，宗教状况在世界各地，尤其是在西欧等国家及地区，还是一种普遍现象，至今世界上仍存在着以佛教、基督教、伊斯兰教三大教派为主的多种宗教。

宗教是历史遗留下来的产物，是文化的重要组成部分，研究一个国家、一个民族、一个地区的文化，不能不研究其宗教。宗教对人们的道德行为准则、行为方式、价值标准等有着深刻的影响，因此，宗教对企业创造世界品牌也有着不可忽视的作用。

从宗教的教规方面看，不同的宗教对教徒在多方面有诸多不同的规定。企业在营销商品、打造品牌时要了解不同地区的宗教及其禁忌与要求，以采取适当的手段开展活动。企业在将产品打入一个宗教地区时，一定要使该宗教组织承认产品并得到其支持，这样营销才能事半功倍，加速品牌的创立。

品牌的塑造与宗教情结之间的关联似乎有一种偶然性，但是，在中国，往往宗教（如佛教）兴盛的地方恰恰是经济发达地区，同时也是知名品牌较多的地区。在某种程度上，对品牌的忠诚体现了在地域性品牌中的宗教情结，对某种品牌的忠诚乃至信仰不可否认的是宗教意识的驱动，或许这是品牌创造者和追随者能够维持品牌长久不衰的核心秘密。由于品牌自身所具有的开拓者和探索者的思想元素，能为人们提供更多的精神方面的资源，因此，美国、韩国和日本多把品牌提升到了人们崇拜的偶像地位，当然，这个时候品牌的外延已经得以扩大，直至国家、民族的层面。宗教在此时成为一个品牌发展的重要的公共资源，是品牌发展的一个重要的维度。它促使品牌的创造者对待品牌就像对待福音传道或佛教教义一样，利用宗教情结在消费者与生产经营者之间搭建一个牢固的精神桥梁，把宗教变成品牌的共同创建和共同生产的潜力。

3. 生活习惯与风俗语言

由于国籍、地域、历史、民族等的不同，人们的生活习惯也不相同；另外受家庭、相关群体和社会阶层的影响，不同层次的人又有不同的生活习惯，企业营销时一定要注意这一点，以最小的投入获得大的产出，取得意想不到的效果。

世界各国都有自己的语言及风俗，甚至同一国家之内也有几十种不同的语言及风俗，如中国有东北地区、沿海地区、北京地区、齐鲁地区、太行山地区等不同的风俗习惯，多个地区都有自己的语言，如粤语、闽南语、北京土语等。

语言是人类交流最重要的工具，也是人类所特有的区别于动物的本质特征之一。语言的差异是文化差异的表现，如闻名世界的四大古国，由于语言不同，在长期的历史积淀中形成了具有不同风格的文化。

企业要想占领一个地区的市场，必须派出熟悉当地情况且熟练掌握当地语言的人员。在现代企业的活动中，有关人员应学习多种语言，在掌握了母语的基础上，至少再掌握世界 13 大语种中的 1 种。

4. 审美观与亚文化群

不同的人有不同的审美观，对你有利的东西未必对别人也有利。不同时代、不同地域、不同国度、不同民族、不同信仰的人有着迥异的审美观。企业在具体的活动中必须注意以下几点。

（1）颜色的选择。人们对于颜色都有着不同的欣赏角度，亚洲国家的人大多不喜欢黯淡的黑、白、蓝等颜色，认为这些颜色压抑，不会给人带来好心情和好运气。而在欧洲的荷兰、瑞典等国，蓝色也不太受欢迎。德国人更崇尚绿色，法国禁忌使用绿色的地毯。在这方面的要求还有很多，暂不一一列举。

（2）名称的学问。有些人认为美的东西，却被一些人认为是丑的。如我国曾出产的芳芳牙膏，名字清新宜人，但在国外销售却没人购买，原来汉语拼音"Fang"在外国人看来是英语单词，其意义为狼牙、狗牙之意，也难怪买者甚少。

（3）价值观。价值观是人们对周围客观事物的意义、重要性的总评价和总看法，是后天形成的，具有稳定性、可变性、差异性的特征。价值观对人的行为起着动机和导向作用，反映了人们认知世界和需求状况，具有一定的功利性。价值观与人的行为关系密切，它影响人的行为，进而影响到企业的效益和市场占有率，以及品牌的创造与维护、发展。价值观不仅包括消费者的，还包括本企业员工的，应帮助本企业员工建立正确的有利于企业经营发展的价值观。

（4）亚文化群。亚文化群通常指在较大的社会集体中的较小团体，这种较小团体，既遵从较大的文化，同时又有自己独特的信仰、态度和生活方式。亚文化群是一个相对的概念，如一个国家从世界范围内来看，是一个亚文化群，但从国内各个部分来看，又是一个整体概念。

4.5 品牌人才建设

4.5.1 品牌人才的概念

品牌具有丰富的文化内涵，其生命周期的整个过程对管理人才的依赖程度很高，所以品牌人才成为品牌建设的关键。品牌人才是指具有大学文化，学术思想活跃，能够自觉遵守职业道德、独立进行职业判断并承担法律责任，具有综合运用多学科专业技术知识的成功经验，已经给社会创造出优秀成果的各种中级专业技术资格"师"级人才。品牌人才是品牌文化的创造者和传播者，所以，品牌人才建设直接关系到企业品牌文化建设的方向和内容。

1. 品牌人才的特征

（1）较高的理论水平。大学文化水平是起码的专业理论底线，它表明了从各种不同等级学校成批培养出来的准人才的应知理论。凡是国家承认学历的各级各类学校、各专业的大学毕业生，都是解决了专业理论问题的理论型人才。

（2）具有专业技术资格。运用理论解决实际问题的能力不是来自温室"速生"，而是来自艰苦的实践冶炼。一个具有较高理论思想但不能在实践中解决问题的人，其素质和能力无法准确认定。只有经过若干年的工作实践检验，并在以大学生为起点的全国公开"赛马场"中夺魁的少数"士"（学士、硕士、博士），才能得到国家人事部证明其是具有国际流通水平的国家品牌"资格师"。

（3）遵守法律法规和社会公德。在国际上，发达国家的各行业都有自己的职业道德规范，国家资格人才依法执业多年后，才能逐渐养成遵守职业道德和行业规章、接受法律监督且能承担法律责任的专家工作习惯。因此选聘品德优良、艰苦奋斗、能够承担法律责任、具有严谨求实工作作风的专业骨干，是使中小企业能够发展成功的关键。

（4）具有一定年限的专业工作经历。从实践中创新成果是创新理论的前提和基础，首先从专业思考养成专业习惯，然后由执业习惯发展到不断持续创新必须经历一个从实践到创新理论，再由创新理论指导创新实践的知识能动转化过程。所以具有8年以上持续创新成果并信守职业道德的国家注册执业专家，才可算优秀品牌人才或黄金人才或高级人才，从而证明品牌人才的创造价值。

（5）具有人力资本价值和使用价值。品牌人才在企业资质中可以增加企业的资质等级，属于企业无形资产；在科技开发中，属于创造社会财富的活科技知识，具有使企业资本增值的活价值；在合同招投标中具有商务标的实际经济价值，可以增加企业中标的机会；在企业管理链条中属于关键岗位中确定企业债权债务的"经济人"，属于典型的企业"现金牛"。

2. 品牌人才的分类

品牌人才体系是国家制定和认可的人才规章制度体系的总和。品牌人才应细分为学理性、学术性、职业资格、专业资格、执业资格、任职资格等各种类别，但只有经人事部统考合格的具有法律效力的注册资格人才，才是国际品牌人才，因为这是从尊重国家主权的国际法和宪法原则延伸出来的国家人才规格制度。正确区分各种品牌人才是否具有法律效力是关键。

（1）职业资格人才。职业资格是专门从事某一职业的入门资格，即担任某项专业技术工作的技能和其他方面的起码要求。许多发达国家实行职业资格制度，如德国的职业教育分为：①初级职业培训（就业前培训），获技术工人证书；②中级培训（职业进修培训），考试合格者发技术员证书或师傅证书（在我国主要指人事和劳动保障部所认可的工匠技能级别体系）。

（2）执业资格人才。执业资格人才是国家专业部委和人事部通过全国统一考试认定的具有法律效力的资格人才。凡执业资格考试合格者，必须到政府主管部门登记注册并接受国家法律监督。由各省政府主管厅发放相应注册执业证书，作为开业和聘用的法律依据。执业者获得资格证书和执业证书，并且拥有签字、盖章就具有法律效力。

（3）专业资格人才。专业资格是专业学会对专业技术人才达到较高学识技能水准的认定。它由专业学会负责评审和颁授，区别于政府颁发的执业资格。许多国家和地区的专业资格有等级之分，如美国工业工程学会会员分资深会员、会员、联系会员三类；英国的专业资格分专业会员和联系会员。取得专业资格有两种途径：一是取得大学学位；二是通过相关考试取得专业资格。社会团体体系证件不具有法律效力。

（4）任职资格。任职资格是根据某一职位、职务内容和责任推导出来的岗位资格条件的总和，其中包括：①职位年龄；②一般文化程度；③任职履历；④人品、性格，身体条件等。一般而言，任职资格的内涵比执业资格更丰富，但仅具内部规章约束力。

4.5.2　选择黄金品牌人才的考核标准

黄金品牌人才的考核标准是建立在专家考核标准基础之上的，然后再经过社会实践检验并接受注册管理机关的执业行为监督考核，从而淘汰"好逸恶劳"、理论与实践严重脱节的"光说不练"者，重点是55周岁以下的中青年专业技术人员。考核内容主要表现在如下几个方面。

（1）思想品德好。热爱祖国，不侵害公共利益，践行"八荣八耻"的新道德观；一贯遵纪守法；遵守职业道德，谨慎廉洁，诚实守信；团结协作好。

（2）知识更新快。学术思想活跃，在实践中能发现新问题，提出解决问题的新方法，并进行学术和专业技术理论创新及经验交流。有学术著作或在中央级报刊发表专业学术论文且获奖，或受省级以上专业技术部门专家好评的专业技术学科带头人。

（3）服务态度好。学术造诣高、能完成疑难技术工作；疑难案件胜诉率高；承担科研项目的立项和研发；工作进度、专业水平和工作质量高。

（4）知识面广。谦虚谨慎爱好学习，既懂理又懂文，积极帮助中青年专业技术人员提高专业工作技能，能带动和促进专业建设事业发展。

（5）具有法律责任能力。能以专业技术人员的名义依法办事并独立承担法律责任，是受聘股东代理人、专业董事、专业监事和高级管理人员的合法人选。

4.5.3 黄金品牌人才的开发途径

黄金品牌人才的开发途径是指具有管理实践经验和优秀工作成果的专业技术人才的选才途径。

（1）优先聘用国家注册专家。凡具有大学本科文化，又同时具有国家人事部的专业技术资格等国家实行关键岗位准入控制的资格人才，应当优先聘用，以养成尊重国家法律和法定专业技术人才的习惯。只有聘用国家注册人才，才能提高法人的法律意识和法律行为能力。

（2）复合型人才高聘一级。因为知识的积累和好习惯的形成是一个积沙成塔的艰苦修炼过程，所以仅会在导师帮助下合作写两篇没有实际应用价值的文章与能根据复杂情况独立思考解决实际大问题的专家能力显然存在较大差距。凡考取国家人事部经济师、会计师、造价工程师、资产评估师等国家中级专业技术资格，又考取其他专业技术资格者，应当凭双资格高聘一级，使具有扎实的理论功底又具有丰富实践经验的复合型稀有品牌专家尽早地得到开发利用。

（3）实行专业知识重组及知识等量置换。为珍惜宝贵的人生青春，减少无谓的初级理论重复考试，可采用专业技术知识等量置换开发人才。

（4）以工作业绩评定高级专业技术人才。人才的能力主要体现在一定岗位工作经验和业绩上。

（5）签订专业技术岗位合同，完善交流、约束机制。企业应签订详细的按劳取酬的专业技术岗位合同，规定岗位工作成本。

总之，企业发展，贵在聘用国家注册的品牌资格人。审查个人诚信投入和成果产出，审核岗位价值能力和创新，确立以道德品质、资格能力和执业成果为重点的黄金品牌人才开发考核制度，是企业尽快推出科技成果和品牌创新人才的有效法治途径。

本章小结

1. 品牌文化的核心是指通过赋予品牌深刻而丰富的文化内涵，确立鲜明的品牌定位，并充分利用各种强有效的内外部传播途径形成消费者对品牌在精神上的高度认同，创造品牌信仰。
2. 企业品牌文化是指企业给消费者的一种心理感受和心理认同，即品牌文化或者品牌内涵，它是联系企业与消费者心理需求的平台，是品牌建设的最高阶段，目的是使消费者在消费公司的产品和服务时，能够产生一种心理和情感上的归属感，并形成品牌忠诚度。
3. 品牌板块文化的构成因素：国际板块、国内板块。
4. 品牌文化的功能：导向、凝聚、激励、约束、辐射、驱动、协调。

5. 品牌文化的作用是：品牌文化加强品牌力；品牌文化满足了目标消费者物质之外的文化需求；品牌文化的塑造有助于培养品牌忠诚群体，是重要的品牌壁垒。
6. 品牌管理人才的考核标准：思想、服务、态度。
7. 品牌管理人才的开发途径：聘请专家、培养复合型人才、考察专业人士、签订合同。

自测题

1. 品牌文化的核心是什么？它包括哪些最基本的特征？
2. 什么是企业品牌文化？它具有哪些表现？
3. 品牌文化的构成要素及相互之间的关系是怎样的？
4. 文化与品牌的关系是什么？企业品牌与企业文化的关系是什么？

案例分析

年轻化战略思路，熊猫电视与新势力跨界融合，欲将实现品牌振兴

2018年，老牌国产电视品牌熊猫电视在北京发布了全新"酷"系列 AI 音响电视以及 2018 年熊猫电视品牌战略。新品和新战略都在传递出一个新的信号——年轻化。熊猫电视将借助年轻化的产品、战略，实现品牌的振兴。

AI + 音响，年轻化的产品

年轻化的产品是熊猫撬动市场的工具。熊猫"酷"系列 AI 音响电视，正如其名"AI + 音响"打造"炫酷"产品，面向年轻化的市场。

"酷"系列 AI 音响电视，搭载了先进的 AI 技术；采用了领先的线性 4 麦阵列技术方案，从信号处理到语音识别，再到语义理解及合成音反馈，拥有超强"待机唤醒"，支持远场语音识别冷启动技术，用户仅需一声"你好，小酷"即可实现远距离对电视的语音控制。在音响方面，"酷"系列新品电视，采用了丹麦 Merus Audio 公司 Eximo 技术，电视的每个声道均采用了 1 只 16 芯丝膜高音和 2 只 45MM 强磁喇叭。同时，熊猫电视还邀请了多名国内外专业调音大师对 DSP 进行调校，音效具备极佳的保真度和信噪比，声音还原度极高。

内容是电视的"灵魂"，本次"酷"系列电视同样拥有海量的内容。"酷"系列搭载了中国互联网电视平台，用户将享受到央视、腾讯视频以及国内外知名内容制作方的近 265 万个小时的优质视频资源。

顶级 Hi-Fi 音响、智能 AI 体验、海量资源内容，"酷"系列电视为年轻消费者提供全新的选择，或将带来一场全新客厅的"视听革命"。

在产品方面，熊猫电视选择与思必驰、未来电视等年轻的企业合作，深度探索 AI 技术以及更加丰富的内容；在渠道方面，熊猫电视选择与京东、国美、苏宁等主流渠道商共同探索，提升产品销量，为售前、售后体验打下深厚的基础。

通过与实力型新锐主流企业结成合作伙伴，组成新型、高效的品牌运营联盟，熊猫电视展露出实现回归第一品牌阵营的目标。

年轻化的产品、年轻化的营销、年轻化的战略，熊猫电视凭借着鲜亮的青春风采和美妙感人的音响旋律，将在新一代消费群体面前崭露出品牌全新的活力和魅力。未来，在电视行业激烈的转型升级中，我们相信熊猫电视也能凭借年轻化的思维，最大限度地实现品牌的跨界创新效应。

资料来源：http://software.it168.com/a2018/0516/3203/000003203416.shtml.

问题：1. "酷"系列AI音响电视年轻化是如何推动品牌跨界融合的？
2. 在产品方面，熊猫电视如何与其他知名品牌合作实现品牌振兴？
3. 跨界融合对其他品牌振兴有何借鉴意义？

晋江市检察院"品牌文化"催生强检新动力

福建法治报－海峡法治在线4月24日讯 3月9日，在2018年全国"两会"上，泉州"亲清护企"的经验被写入最高检工作报告。泉州"亲清护企"经验，即晋江市检察院严惩侵犯非公有制企业和非公有制经济人士合法权益犯罪，建立"非公经济领域法治教育基地"，服务非公企业创新发展，构建"亲清"新型政商关系、机制、形象为一体的检察文化建设新格局，硕果累累。

2018年3月，该院制定开展"五有"青年系列活动实施方案，围绕"有为、有才、有力、有品、有爱"5个主题，为青年干警搭建教育培训的平台，丰富能力提升和自身发展的通道，还有"书香检察"系列活动、"导师1+1"定向帮带等高标准、高质量的活动，让不少青年干警精神为之一振。近年来，该院举办"喜迎十九大"主题书画展、"永远跟党走"暨纪念建党96周年书画摄影展等多种形式的文化活动，突出树立永跟党走的政治导向；通过首创"晋江检察讲堂""青年讲堂"等特色活动，树立忠诚履职的职业导向；通过提炼"向上向善、和谐共赢"的检察精神和发展理念，以及"检察院训"征集活动等，树立砥砺奋进的行动导向，增强检察人员对检察文化的思想认同和情感认同。

3月22日是世界水日，该院当天在微信公众号上推出文章"【芳芳说法】打击污染不'放水'，莫待无水空流泪"，针对"哪些污染环境的行为触犯了法律"进行详细解读。通过【芳芳说法】这种"互联网+检察"的方式提升文化宣传水平，还有特色文化"明星品牌"，同样耀眼夺目。

2017年，该院成立了检察官文化体育联合会，设立文学、口才、书法与摄影、体育、艺术5个兴趣组，提升了检察文化活动水平；组建"党员志愿服务队""法制宣讲团"等法律志愿服务团体，开展主题法律宣讲、敬老爱幼等志愿服务；依托未成年人帮教基地，深入开展以"法律进校园""反校园欺凌"为主题的未成年人权益保护系列巡讲活动，获得社会一致好评。

走进全省首创的"晋江市非公经济领域法治教育基地"，映入眼帘的蓝色让人神清气爽。众所周知，晋江是民营经济大市，这股"清风"意义非凡。

基地内部以船舶和航海为设计元素，寓意依托法治航航、破浪前行。主展区分4个板块系统展示非公经济领域常见的刑事犯罪，列举企业家和企业员工犯罪风险点和防治对策，为企业家和企业员工提供全方位的法治宣传服务。自投入运行以来,基地共接待参观、开展教育5 000多人次。

该院还创新地让检察文化与践行司法为民的宗旨相融合,成立全国首家"基层检察监督指导中心",建立集公民法律指导、政府法律服务、民营企业访谈、案件管理、控告申诉为一体的"一站式"监督服务新机制,全方位地服务政府、企业、群众。同时,联合晋江市纪委建立晋江市反腐倡廉警示教育基地……一个个文化强检阵地载体的建立,让"检察蓝"全方位地融入晋江经济社会发展和法治建设的过程中。

资料来源:http://news.sina.com.cn/c/2018-04-24/doc-ifzqvvsa2888796.shtml.

问题:1. 晋江市检察院"品牌文化"工作是如何推进的?
2. 检察文化与一般企业文化有何种差别?
3. 结合本案,说明政府机构如何有效实施品牌建设,树立政府公信力和良好服务形象。

以文化内涵铸就体育品牌

2018第五届泰山国际马拉松的余热犹在,2018东平水浒国际马拉松就再次惊艳了世界。"奔跑做英雄""水浒人物代表领跑开场""穿越水浒古镇""喝摔碗酒",来自国内外的2 372名马拉松选手齐聚白佛山下,奔跑在东平湖畔,领略的不仅是赛道沿途的美景,更是这千年古县的水浒文化。

文化是一段历史的内涵,是一个地方的灵魂。充分挖掘文化内涵,将文化资源与体育赛事完美融合,加强体育有形资产和无形资产的开发,对于任何一个体育品牌的塑造都意义深远。浒马如此,泰马也如此。从"温凉玉圭"到"泰山宝葫芦"再到"沉香狮子",2016~2018三届泰山国际马拉松赛奖牌均以"泰山三宝"为主要设计元素,将赛事融合了泰山的恢宏气场和祈福平安的泰山文化,成为奖牌界的"颜值担当"和"实力担当",还有"紫气东来"的比赛服装设计满满的都是泰山元素。

文化的影响是深远的,文化的感染力是无形的,我们相信,在泰山文化和水浒文化的浸润下,不仅会有越来越多的人加入泰马、浒马爱好者的行列,而且泰山国际马拉松、水浒国际马拉松这两个体育品牌也将在国际舞台上走得更远。

资料来源:http://www.dzwww.com/shandong/sdnews/201805/t20180508_17347388.htm.

问题:1. 泰山文化品牌以及衍生的体育品牌的主要内涵是什么?
2. 结合本案例说明为什么具有泰山元素的体育品牌会产生更加深远的社会经济效应。

CHAPTER5　第 5 章

品牌创新

教学目标

创新是企业发展的不竭动力，也是企业增强核心竞争力的关键。品牌的创新是企业永恒的话题，从产品创新、技术创新、管理创新到品牌创新，品牌在不断创新中才能焕发生机活力。通过本章的学习，学生能够掌握在互联网经济时代品牌创新的基本方式和过程，树立只有创新才能生存和发展的观念。

学习任务

通过本章的学习，学生主要掌握和理解：
1. 品牌创新的含义
2. 品牌创新的主要内容及特征
3. 品牌创新的重要意义
4. 品牌创新的层次及其过程

案例导入

变资源优势为品牌优势

湖北省很多农产品不注意形象，没有"梳妆打扮"，"披头散发"就进入市场。要让资源优势充分转化为产业优势和市场优势，这是湖北省加速迈向农业品牌强省的历史性机遇。

2018 年年初召开的中国农业品牌创新联盟代表大会上，农业部提出 2018 年将开展农业品牌提升行动，打造一批叫得响、过得硬、有影响力的农业品牌。农业品牌建设是农业高质量发展的重要引领和核心标志，身为农业大省的湖北省，更应将资源优势转化为品牌优势，让品牌的生命力、品牌的价值在农业发展进程中充分展现。"湖广熟，天下足"，充分彰显出湖北省农产品在数量上的绝对优势。但数量大并不意味着实力强，典型表现是湖北省的主要经济作物产量虽稳居全国前列，油菜籽、淡水鱼等农产品产量常年居于全国首位，但农业发展水平与江苏、山东、河南等省份仍存在较大差距。产量很大而附加值低，产品多而品牌少，大而不强、大而不优的问题比较突出。注重产品质量、激发品牌效应，既是走高质量发展之路的内在要求，也是应对消费多元化、农业高度竞争的必然选择。让资源优势充分转化为产业优势和市场优势，是湖北省加速迈向农业强省的历史性机遇。

过去，湖北省的许多农产品不太注重包装和营销，瓜果蔬菜"披头散发""拖泥带水""提篮小卖"的场景比比皆是。给人良好第一印象的产品包装，是品牌价值提升的重要依托，也是品牌内涵的外在表现。长期以来，我国农产品包装设计专业化程度低是不争的事实，把目光投向中高端行列，让农产品产生更大效益，精心为其"梳妆打扮"已成为不可或缺的条件。

农产品间竞争的核心是品质的竞争。包装是产品的外衣，彰气质；质量是产品的本质，显内涵。坚持质量兴农、绿色兴农，必须深入推进农业供给侧结构性改革，实现农业发展由总量扩张向质量提升转变。数据显示，湖北省拥有自主品牌的企业占比仅为44%，且连续多年无缘"最具价值中国品牌100强"，农业资源丰富与企业品牌不足的鲜明对比，说明依托农产品的品牌建设还有相当大的发力空间。

资料来源：周磊. http://guancha.gmw.cn/2018-01/16/content_27363778.htm.

5.1 创新理论

5.1.1 创新理论的渊源

早在1912年，奥地利经济学家熊彼特（J. A. Schumpeter）在他的《经济发展理论》一书中就提出了创新经济学理论。他认为创新就是建立一种新的生产函数，即把一种从来没有过的关于生产要素和生产条件的"新组合"引入生产系统，这种新组合包括引入新产品、引进新工艺、开辟新市场、控制原材料的新供应来源、实现企业的新组织。但是在当时，这一理论并没有引起重视。

20世纪80年代，彼得·德鲁克也将研究重心转向了创新。德鲁克指出："创新就是为达到一个有用的目的而采用的一种新方法。"在德鲁克看来："创新并不一定在技术方面，甚至可以不是一个实实在在的东西。"德鲁克举例说，集装箱的发明并没有多少技术含量，更多的是源于一种将"货运轮船"视为物料装卸设备而非"船"的概念，其目的就是让远洋货轮在港口停泊的时间尽可能缩短。然而，就是这么一个不起眼的创新拯救了海运业。按照德鲁克的观点，创新所包括的范围很广，"凡是能改变已有资源的财富创造潜力的行为都是创新，如在管理、市场营销和组织体制等方面的新能力、新行为，都是创新。创新的行动就是赋予资源以创造财富的新能力。"因此，企业创新力就是企业在市场中将企业要素资源进行有效的内在变革，从而提高其内在素质、驱动企业获得更多的与其他竞争企业的差异性的能力，这种差异性最终表现为企业在市场上所能获得的竞争优势。

5.1.2 创新的主要形式

创新作为一种基本的企业行为，其具体的表现形式是多种多样的，涉及企业活动的所有方面。

(1) 产品创新。改善或创造产品，如发明、外形设计或新型实用，进一步满足顾客需求或开辟新的市场。

(2) 工艺创新。改善或变革产品的生产技术及流程，从模具、组装到作业流程，包括新工艺和新设备的变革。

(3) 市场创新。改善或创造与顾客和经销商交流、沟通、合作的方式，通过构建供应链，与品牌经营的上下游企业之间建立风险共担，利益共享，把握终端客户的需求，实现产品价值。

(4) 管理创新。改善或创造更好的组织环境和制度，对现有资源的合理配置与整合，使企业的各项活动更有效。

(5) 品牌创新。改善品牌的文化或经济内涵，完善品牌推广方式，增强品牌竞争力。

这里主要说明产品创新和管理创新，因为二者是品牌创新的基础和前提。关于品牌创新则设单独章节说明。

1. 产品创新

企业发展应有一个长期的战略，产品创新在该战略中起着关键的作用。而产品创新本身也是一个系统工程，对这个系统工程的全方位战略部署是产品创新的战略，包括选择创新产品动力机制、确定创新模式和方式，以及与技术创新其他方面协调等。

(1) 产品的创新动力。产品创新可分为全新产品创新和改进产品创新。全新产品创新是指产品用途及其原理有显著的变化。改进产品创新是指在技术原理没有重大变化的情况下，基于市场需要对现有产品所做的功能上的扩展和技术上的改进。全新产品创新的动力机制既有技术推进型，也有需求拉引型。改进产品创新的动力机制一般是需求拉引型。需求拉引型，即市场需求 – 构思 – 研究开发 – 生产 – 投入市场。产品创新源于市场需求，源于市场对企业的产品技术需求，也就是技术创新活动以市场需求为出发点，明确产品技术的研究方向，通过技术创新活动，创造出适合这一需求的适销产品，使市场需求得以满足。在现实的企业中，产品创新总是在技术、需求两维之中，根据本行业、本企业的特点，将市场需求和本企业的技术能力相匹配，寻求风险收益的最佳结合点。产品创新的动力从根本上说是技术推进和需求拉引共同作用的结果。

我国汽车自主品牌市场份额变化走势图如图 5-1 所示。

(2) 产品的创新类型。根据创新产品进入市场时间的先后，产品创新的模式有率先创新、模仿创新。率先创新是指依靠自身的努力和探索，产生核心概念或核心技术的突破，并在此基础上完成创新的后续环节，率先实现技术的商品化和市场开拓，向市场推出全新产品。模仿创新是指企业通过学习、模仿率先创新者的创新思路和创新行为，吸取率先创新者的成功经验和失败教训，引进和购买率先创新者的核心技术和核心秘密，并在此基础上改进完善，进一步开发。罗伯特·库珀（Robert G. Cooper）在《新产品开发流程管理》中列出了6种不同类型或是不同级别的新产品。

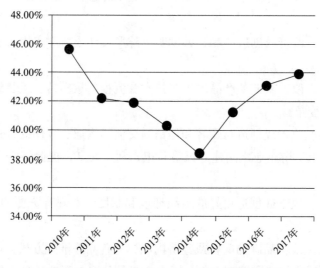

图 5-1　我国汽车自主品牌市场份额变化走势图

1）全新产品。这类新产品是其同类产品的第一款，并创造了全新的市场，此类产品占新产品的10%。

2）新产品线。这些产品对市场来说并不新鲜，但对于有些厂家来说是新的，约有20%的新产品归于此类。

3）已有产品品种的补充。这些新产品属于工厂已有的产品系列的一部分。对市场来说，它们也许是新产品。此类产品是新产品类型中较多的一类，约占所推出的新产品的26%。

4）老产品的改进型。这些不怎么新的产品从本质上说是工厂老产品品种的替代。它们比老产品在性能上有所改进，提供更多的内在价值，该类新改进的产品占推出的新产品的26%。

5）重新定位的产品。这些产品适于老产品在新领域的应用，包括重新定位于一个新市场，或应用于一个不同的领域，此类产品占新产品的7%。

6）降低成本的产品。将这些产品称作新产品有点儿勉强。它们被设计出来替代老产品，在性能和效用上没有改变，只是成本降低了，此类产品占新产品的11%。

（3）产品创新模式。在产品创新的具体现实中，主要有自主创新、合作创新两种方式。自主创新是指企业不是对外有技术被动依赖与购买，而是通过自身的努力和探索产生技术突破，攻破技术难关，达到预期的目标。合作创新是指企业间或企业与科研机构、高等学院之间的联合创新行为。当今全球性的技术竞争不断加剧，企业技术创新活动中面对的技术问题越来越复杂，技术的综合性和集群性越来越强，即使是技术实力雄厚的大企业也会面临技术资源短缺的问题，单个企业依靠自身能力取得技术进展越来越困难。合作创新通过外部资源内部化，实现资源共享和优势互补，有助于攻克技术难关，缩短创新时间，增强企业的竞争地位。企业可以根据自身的经济实力、技术实力选择适合的产品创新方式。产品创新是品牌的基石，只有创新产品才能创新品牌。

2. 管理创新

（1）管理创新的概念。管理创新是指组织形成一个创造性思想并将其转换为有用的产品、服务或作业方法的过程，也指富有创造力的组织能够不断地将创造性思想转变为某种有用的结果。管理创新的关键是企业把新的管理要素（如新的管理方法、新的管理手段、新的管理模式等）或要素组合引入企业管理系统，以更有效地实现组织目标的创新活动。

（2）管理创新的有利因素。三类因素将有利于组织的管理创新，它们分别是组织结构、文化和人力资源。

1）从组织结构因素看，有机式结构对创新有正面影响；拥有富足的资源能为创新提供重要保证；单位间密切的沟通有利于克服创新的潜在障碍。

2）从文化因素看，充满创新精神的组织文化通常有如下特征：接受模棱两可，容忍不切实际，外部控制少，接受风险，容忍冲突，注重结果甚于手段，强调开放系统。

3）从人力资源因素看，有创造力的组织积极地对其员工开展培训和发展，以使其保持知识的更新；同时，它们还给员工提供工作保障，以减少他们担心因犯错误而遭解雇的顾虑。组织也鼓励员工成为革新能手；一旦产生新思想，革新能手就会很主动。

（3）管理创新的内容。管理创新包括管理思想、管理理论、管理知识、管理方法、管理工具等的创新。这些也是品牌文化内涵的重要方面。按功能将管理创新分解为目标、计划、实行、检馈、控制、调整、领导、组织和人力9项管理职能的创新。按业务组织的系统将创新分为战略创新、模式创新、流程创新、标准创新、观念创新、风气创新、结构创新、制度创新。以企业职能部门的管理而言，企业管理创新包括研发管理创新、生产管理创新、市场营销和销售管理创新、采购和供应链管理创新、人力资源管理创新、财务管理创新、信息管理创新等。

（4）管理创新的四个阶段。一般来说，管理创新包含以下四个阶段。

第一阶段：对现实的不满

管理创新的动机源于对公司现状的不满：或是公司遇到管理危机，或是商业环境变化以及新竞争者出现而形成战略型威胁，或是某些人对操作性问题产生抱怨。

第二阶段：从其他来源寻找灵感

管理创新者的灵感可能来自其他社会体系的成功经验，也可能来自那些未经证实却非常有吸引力的新观念。

有些灵感源自管理思想家和管理宗师，还有些灵感来自无关的组织和社会体系。此外，有些灵感来自背景非凡的管理创新者，他们通常拥有丰富的工作经验。管理创新的灵感很难从一个公司的内部产生，很多公司盲目对标或观察竞争者的行为，导致整个产业的竞争高度趋同，只有通过从其他来源获得灵感，公司的管理创新者才能开创出真正全新的东西。

第三阶段：创新活动

管理创新者将各种不满的要素、灵感以及解决方案组合在一起，组合方式通常并非一蹴而就，而是重复、渐进的，但多数管理创新者都能找到一个清楚的推动事件。

第四阶段：争取内部和外部的认可

与其他创新一样，管理创新也有风险巨大、回报不确定的问题。很多人无法理解创新的潜在收益，或者担心创新失败会对公司产生负面影响，因而会竭力抵制创新。而且，在实施之前，我们很难准确判断创新的收益是否高于成本，因此对于管理创新者来说，一个关键阶段就是争取他人对新创意的认可。

（5）提高公司管理创新能力的途径。

1）有意识地进行管理创新。很多公司建立了研发实验室，或是为某些个人指定了明确的创新职责。但很少有公司建立专门的组织架构来培育管理创新。要成为一个管理创新者，第一步须向整个组织推销其观念。

2）创造一个怀疑的、解决问题的文化。当面临挑战时，公司员工会如何反应？他们会开始怀疑吗？他们是会借助竞争者采用的标准解决方案，还是会更深入地了解问题，努力发现新的解决之道？只有努力发现新的解决之道才能将公司引向成功的管理创新，管理者应当鼓励员工解决问题而非选择逃避。

3）培养低风险试验的能力。有一家公司的管理人员不断鼓励员工及团队提出管理创新办法。但他们很快意识到，要想使能动性转化为有效性，就不能放任所有的新主意在整个组织内蔓延。他们规定，每种创新只能在有限的人员范围和有限的时间内进行，这既保证了新创意有机会实施，同时也不会危害到整个组织。

4）利用外部的变革来源探究企业的新想法。当公司有能力推进管理创新时，公司有选择地利用外部的学者、咨询顾问、媒体机构以及管理大师很有帮助。他们有三个基本作用：①新观念的来源；②作为一种宣传媒介使这项管理创新更有意义；③使公司已经完成的工作得到更多的认可。

5）保证管理创新的持续性。真正的成功者绝非仅进行一两次管理创新，相反他们是持续的管理创新者。通用电气就是一个例子，它不仅成名于其"群策群力"原则和无边界组织，还拥有很多更为古老的创新，例如战略计划、管理人员发展计划、研发的商业化等。

5.2 品牌创新

品牌创新，实质上就是赋予品牌要素以创造价值的新能力的行为，即通过技术、质量、商业模式和企业文化创新，增强品牌生命力。培育和创造品牌的过程也是不断创新的过程。

品牌创新形式

品牌创新可分为品牌价值创新、品牌技术创新、商业模式创新和企业文化创新。具有创新的品牌往往以追随先驱品牌为形式选择，而这种品牌创新形式也会隐含很大风险。

1. 品牌价值创新

（1）品牌价值创新的概念。所谓品牌价值创新，就是企业在一定的成本支出范围内，在不断改进产品、更新服务的基础上，用新的品牌价值去满足顾客对原有产品或服务的更高价值目标的追求。品牌价值创新可以是更改品牌价值属性，也可以是赋予品牌全新的价值属性，如对现有品牌的深度、广度和相关度的开发延伸，拓展品牌新的领域等，还可以是企业通过品牌的新的经营策略，实现对品牌价值的管理和维护，达到品牌价值创造和价值增值的目的。

企业之所以进行品牌价值创新，是因为企业通过品牌价值创新可以提高顾客感知价值，一方面是可以降低顾客对成本的敏感程度。通过品牌价值创新，有助于顾客整理、加工有关品牌价值信息，简化顾客购买程序；能够增强顾客购买信心，提高忠诚度，降低购买风险；能够增加产品的形象价值，提高顾客心理情感感知价值，降低顾客成本敏感程度。另一方面是品牌价值创新可以为企业创造价值。通过品牌价值创新，能够增强顾客对相关产品广泛持久的信赖关系，增加重复购买的频率和购买种类；可以促进品牌声誉的价值溢出，促进品牌资产的扩张；可以建立竞争对手进入的有效屏障。

（2）品牌价值创新的策略。2017年12月12日，习总书记考察徐工集团时指出，中国必须牢牢地把握实体经济，在实体经济中，我们一定要把制造业搞好，并再次强调"三个转变"，具有预见性地指出创新是企业核心竞争力的源泉，很多核心技术是求不到、买不来的。实现"三个转变"，必须有信心、有耐心、有定力地抓好自主创新。创新已经成为新时代中国品牌强国战略的加速器。

1）提高品牌的差异化价值。品牌的价值关键体现在差异化价值的竞争优势上。

A. 由产品的质量、性能规格、包装、设计、样式等所带来的工作性能、耐用性、可靠性、便捷性等差别。品质差别是品牌价值差别的核心，而技术是一切品质的终极决定因素。企业在进行品牌价值创新的时候必须以技术为先导。先进的技术可以让企业较早地开发和引进新的产品，先进技术所形成的"先动优势"，可以让企业形成短期的垄断。如英特尔公司对电脑存储器的不断技术创新，制造了一代又一代的新型存储器，也创造了卓越的品牌价值差别优势。

B. 由服务带来的品牌附加价值。首先要保证服务的迅速性。顾客在消费产品的时候存在诸多服务问题，企业要对顾客反应灵敏、行动快捷，尤其是针对投诉问题。迅速回应顾客，及时解决顾客的问题是维持顾客品牌忠诚的重要保证。其次要保证技术的准确性。技术的准确性是指企业在提供支持服务时，所采用的措施、策略和方法必须可靠、适用，并能够彻底解决问题。再次要保证服务的全面性。企业在提供服务的时候，必须按照承诺，提供全过程、全方位的服务。最后还要保证服务人员具有足够的亲和力。在服务过程中，使无形服务有形化，员工的态度和热情会形成不同的人员价值，这对于顾客的价值感知和满意度是具有重要意义的。

C. 塑造品牌联想和个性。品牌联想能够影响顾客的购买心理、态度和购买动机，所以品牌能够提升顾客感知价值。品牌联想是品牌内涵塑造和个性强化的结果，要想构建品牌联想价值差别优势，必须首先塑造品牌的内涵，强化品牌的个性。如提到海尔联想到的是优质的服务，提到北京华联联想到的是低廉的价格等。

2）品牌定位的创新。对品牌进行定位，品牌定位决定品牌特性和品牌发展动力，常见的定位如下。

A. 品牌的差异性定位。首先是品牌性能联想，如由品牌联想到的那些能够为客户带来利益从而促进消费的产品特性，联想与品牌的可靠性、耐用性和服务能力等有关，联想包括服务的有效性、效率等，联想由设计和风格等组成，与价格和价值有关的联想能够有助于品牌竞争。其次是品牌形象联想，如什么人在什么情况下使用，企业的文化特征、经营内容、产品的特点乃至企业精神等。最后是洞察消费者内心的联想，如消费者需求多样化和个性化等。

B. 品牌的竞争性定位。这就是说，品牌处于什么样的参照体系之中，如何处理与竞争对手共有的品牌特征。对于差异性定位，差异性特征要有意义、切实可行并是基于客户的某种利益的定位，需要先发制人且易守难攻。最终在将来的产品扩张过程中，形成如下品牌结构：品牌 DNA、品牌主张、品牌个性、产品范围、各产品利益点。品牌进行定位后，还必须有清晰、丰富的品牌识别，创造或保持与品牌有关联的事物和理念，如国美电器蓝红相间的标志、宜家家具蓝黄的显眼标志、真功夫大红的标志等。与品牌形象（品牌外部的关联物）不同，品牌识别富有启发性，暗示着品牌形象需要哪些增加或改变。

品牌识别体现企业组织希望品牌代表的东西，所有涉及品牌工作的人，包括品牌团队及其合作者必须既能理解品牌识别的内容，又能关心它的发展，其中一点做不到，品牌也许就难以发挥潜力，就会处于无差别产品和价格竞争夹击的危险境地之中。市场上有很多盲目的品牌，它们喜欢鼓吹价格优势、热衷折价或是杂乱无章地涌向电视频道，这些都是典型的缺乏整体性的症状。由于品牌识别用于推动所有的品牌创建工作，它的内容就必须具有深度、广度和关联度，而不只是一句广告口号或一个定位的说明。同时在品牌塑造过程中需要考虑到品牌的参照体系、相似点、差异点，以及品牌识别、价值方案、品牌定位、执行、一致性、品牌体系和品牌坐标。

C. 品牌历史性定位。首先是对品牌历史及当前真相的审视。发现品牌历史上的主要里程碑或转折点，如公司（品牌）成立与扩张、主要包装或识别体系的重新设计、传播战役、第一次转型行动、主要的负面公关或质量危机等。对今天的品牌拍"快照"：谁是品牌的核心消费者，品牌的联想有哪些，品牌能够真正向消费者提供的东西是什么，品牌是否符合潮流等。与主要竞争对手相比，在"竞争地图"上标出品牌的竞争强项及与竞争者的关键差别化因素。

其次是要把握品牌发展的机会。分析出未来品牌发展的行业趋势（从用户表面描述与心理描述方面、通路方面、服务方式方面、用途扩展方面等出发）；如移动电话，从以男性为主到不分性别、从高端设备到便利设备、从声音到短信与图片等；在未来成长的机会中，不仅是扩大用户群、挖掘新的用户，而且可以朝改善功能、增加使用量与频率、扩展产品用途等方面发展；通过对消费者行为的研究和市场潮流与时尚的洞察，发现并把握品牌发展机会。

最后是品牌的未来。将目标人群、品牌主张、个性和洞察有效结合，找到一个能够刺激创意、具有差别化的品牌平台，从而找出品牌的 DNA。品牌的 DNA 是对品牌实质的速记，它简明、特别、持久、具吸引力，不仅是广告和口号。如力士（香皂）——美丽的梦想、NIKE——命运操之在我、迪士尼——神奇的想象力等。

所以，创建一个强大而有意义的独特品牌的过程包括三个关键的决策：一是品牌的定位，精心策划一个具有推动力的品牌定位要求侧重于筛选目标顾客以及确定组织计划传递给顾客哪些价值；二是确定某个品牌在组织结构中的地位；三是组织如何兑现在价值理念中承诺的使命。

2. 品牌技术创新

品牌技术创新是指企业在进行品牌建设与传播的过程中，把"技术"作为品牌建设的核心，其他一切品牌要素均以此核心为标准进行设计、统一与规划，并根据消费者的需要进行持续完善。

（1）品牌技术创新的重要性。从品牌生命周期发展过程看，重大的革新通常都是由技术驱动的，技术能够颠覆性地改变品牌的地位，所以品牌技术创新在品牌管理中至关重要。

1）品牌技术创新不仅能提升品牌的功能，而且能够对品牌产品创新、质量创新、管理创新、商业模式创新提供平台支持。然而很多人仅仅从纯科学的角度看待技术，认为技术就是技术，因而看不到技术创新在品牌建设中的重要地位，亚马逊公司（简称亚马逊）就在这里有个重大失误。亚马逊曾经开发了一种强大的电子商务技术，通过购买习惯来推测顾客兴趣，从而能够为顾客自动生成推荐清单，这个技术显然对网络零售商推广品牌有着战略意义，然而亚马逊当时并没有品牌技术创新的意识，放弃了尝试品牌创新的努力，结果领先技术很快就变成了大众技术，公司也因此错失良机。

2）品牌技术创新能够为产品创造显著的差异，如华为的"TSM 终端安全管理系统"就带来权威性的品质认知和顾客偏好；品牌技术创新也能够使产品品牌加强相关性，如英特尔的迅驰移动计算技术就强化了与无线联通功能的关联。

3）工艺创新，又称过程创新，可以为企业产品生产技术带来重大变革，它包括新工艺、新设备及新的管理和组织方法。工艺创新和产品创新都是为了提高企业的社会经济效益，但二者途径不同，方式也不同。产品创新侧重于活动的结果，而工艺创新侧重于活动的过程；产品创新的成果主要体现在物质形态的产品上，而工艺创新的成果既可以渗透于劳动者、劳动资料和劳动对象之中，还可以渗透在各种生产力要素的结合方式上；产品创新的生产者主要是为用户提供新产品，而工艺创新的生产者也是创新产品的使用者。

（2）品牌技术创新的条件。自 2017 年 5 月 10 日设立为"中国品牌日"起，将"中国产品"向"中国品牌"转变显得越来越重要，助力更多的"中国品牌"走向世界也成为一项重大的任务。未来是技术领先的时代，品牌技术知识底层的研究作为品牌基石，将为中国品牌创新的系统化、专业化、智能化发展起到开创性的引领作用。

1）品牌的领导地位。一个企业努力追求做细分市场第一的愿望和实力。

2）稳定性。市场越稳定，这种品牌越可以凭借良好的市场态势，获得更高的收益。

3）国际性。国际性代表更广阔的市场空间，同时品牌的世界视角对于提升品牌地位有重要意义。

4）发展趋势。发展潜力对中小企业非常重要，许多品牌正是在不断创新中找到发展契机的。

5）所获支持。政府、国家长远政策等支持的程度，良好的政策法律环境以及政府资金支持对风险较大的创新活动是强劲的促进力。

（3）技术创新与技术进步。技术创新是一个从产生新产品或新工艺的设想到市场应用的完整过程，它包括新设想的产生、研究、开发、商业化生产到扩散这样一系列活动，本质上是一个科技、经济一体化过程，是技术进步与应用创新共同催生的产物，它包括技术开发和技术应用两大环节。这样理解的技术创新的最终目的是技术的商业应用和创新产品的市场成功，在这一点上，与第二种观点一致。然而，这一观点并不仅仅关注技术创新中的市场导向，它也关注技术开发本身。由此可以看到，从科技与经济一体化过程与技术进步与应用创新"双螺旋结构"来理解技术创新，在理论上吸取了上述两种观点之精华，这一理解应成为实践指导。技术进步是指技术所涵盖的各种形式知识的积累与改进。

在开放经济中，技术进步的途径主要有三个方面，即技术创新、技术扩散、技术转移与引进。对于发展中国家来说，工业化的赶超就是技术的赶超。根据当前的情况，发展中国家技术赶超应该分为以下三个阶段。

第一阶段，以自由贸易和技术引进为主，主要通过引进技术，加速自己的技术进步，促进产业结构升级。

第二阶段，技术引进与技术开发并重，实施适度的贸易保护，国家对资源进行重新配置，通过有选择的产业政策，打破发达国家的技术垄断，进一步提升产业结构。

第三阶段，必须以技术的自主开发为主，面对的是新兴的高技术产业，国家主要通过产业政策，加强与发达国家跨国公司的合作与交流，占领产业制高点，获得先发优势和规模经济，将动态的比较优势与静态的比较优势结合起来，兼顾长期利益与短期利益，宏观平衡与微观效率，有效地配置资源，实现跨越式赶超。

目前国内企业主要通过各类高新技术园区和开发区来完成国家的技术赶超工作，政府通过政策引导资金、技术、人才、产业等的集聚孵化高新企业和高新技术。

（4）技术创新的应用范围。技术创新品牌目前在商用产品中广泛应用，如 2017 年，中国铁路总公司组织完成时速 350 公里中国标准动车组研制及上线运营工作。自主化列控系统、智能牵引供电系统、高铁地震预警系统等功能不断优化，设备监测检测、故障预警技术和应急救援能力显著提升，复兴号、和谐号品牌享誉世界。技术创新的品牌需要把产品的许多特点凝缩成一个概念，如：西门子公司的口号"博大精深"；技术创新品牌的产品消费者必须经过严格、有效、长期的训练才能掌握这种技术，将它用于生产其他产品；技术品牌的消费者必须经过仔细考虑后方可购买，如各计算机生产商对微软新一代操作系统的采购就必须经过慎重的技术和经济评价。

（5）技术品牌创新的溢价。品牌溢价是指一个特定的品牌商品，销售价格高出其品类销售基价的部分比率越高，则这个品类商品获利越大，品牌竞争力越强。溢价是跨国公司董事会报告中通常使用的经营量化指标。

销售溢价是一个具体的品牌产品销售价格超出本品类商品销售基准价格的那一部分差价。计算品类基准价格的方法很多，极品策略品牌营销策划机构计算基价的算法是按行业前 20 名企业的销售均价之和计算的单位销售额。

品牌可产生较大的销售溢价。在产品策略品牌营销策划机构的统计数据中，品牌溢价主导的企业产品销售溢价率一般比价格驱动的产品要高出 23% 以上。品牌溢价由品牌创新产生，品牌的创新与溢价的关系十分微妙。品牌创新又分品牌价值的创新和品牌商品的创新两大范畴。

从理论上看，技术创新的产品可以带来较高的品牌溢价，尤其是一个新兴品类崛起的时候，因为新技术开创的品类会给消费者带来较大的消费价值，同时也给品牌企业以新的成长空间，这个阶段对手进入不多，竞争不充分，可获得较高溢价。这种例子在家电业表现得较为明显。

3. 商业模式创新

泰莫斯定义，商业模式是指一个完整的产品、服务和信息流体系，包括每一个参与者和其在其中起到的作用，以及每一个参与者的潜在利益和相应的收益来源与方式。

商业模式创新作为一种新的创新形态，其重要性已经不亚于技术创新等。近几年，商业模式创新在我国商业界也成为流行词汇。

商业模式创新是指企业价值创造提供基本逻辑的创新变化，它既可能包括多个商业模式构成要素的变化，也可能包括要素间关系或者动力机制的变化。通俗地说，商业模式创新就是指企业以新的有效方式赚钱。

美国北卡罗来纳州立大学教授迈克尔·拉帕认为："商业模式就其最基本的意义而言，是指做生意的方法，是一个公司赖以生存的模式，一种能够为企业带来收益的模式。商业模式规定了公司在价值链中的位置，并指导其如何赚钱。"他进一步指出，商业模式明确了一个公司开展什么样的活动来创造价值、在价值链中如何选取上游和下游伙伴中的位置以及与客户达成产生收益的安排类型。相比之下，国内研究尚处于跟踪阶段，理论界对商业模式的研究远落后于国外，近年来的研究成果主要有：埃森哲咨询公司研究者在《经济观察报》的"何谓商业模式"中认为，人们理解商业模式时有三种不同的表述：其一，商业模式的组成部分。其二，企业的运营机制。其三，对运营机制的扩展与利用。他们认为，只有后两者才算得上是真正的商业模式。

由于商业模式构成要素的具体形态表现、相互间关系及作用机制的组合几乎是无限的，因此，商业模式创新企业也有无数种。但可以通过对典型商业模式创新企业的案例考察，看出商业模式创新的三个构成条件。

（1）提供全新的产品或服务、开创新的产业领域，或以前所未有的方式提供已有的产品或服务。如格莱珉银行（Grameen Bank）面向穷人提供的小额贷款产品服务，开辟全新的产业领域，是前所未有的。亚马逊卖的书和其他零售书店没什么不同，但它卖的方式全然不同。西南航空提供的也是航空服务，但它提供的方式，也不同于已有的全服务航空公司。

（2）其商业模式至少有多个要素明显不同于其他企业，而非少量的差异。如格莱珉银行不同于传统商业银行，主要以贫穷妇女为主要目标客户、贷款额度小、不需要担保和抵押等。亚马逊相比传统书店，其产品选择范围广、通过网络销售、在仓库配货运送等。西南航空也在多方面，如提供点对点基本航空服务、不设头等舱、只使用一种机型、利用大城市不拥挤机场等，不同于其他航空公司。

（3）有良好的业绩表现，体现在成本、盈利能力、独特竞争优势等方面。如格莱珉银行虽然不以盈利为主要目的，但它一直是盈利的。亚马逊在一些传统绩效指标方面良好的表现，也表明了其商业模式的优势，如短短几年就成为世界上最大的书店。

20世纪中国商业环境变化巨大，互联网金融企业历经大浪淘沙，站稳脚跟；共享经济改变了人们的日常生活，以悄然之势颠覆传统行业，商业竞争的活力越来越多地取决于商业模式不断推陈创新。互联网＋给中国新的商业模式创新带来前所未有的机遇。以李宁（中国）体育用品、中信银行等一批商业模式创新翘楚，正引领商业模式的新潮流。目前，由数据存储技术创新引发的区块链，在行业中引发新一轮创新热潮。通过区块链各方可以获得一个透明可靠的统一信息平台，可以实时查看状态，降低企业运营成本，追溯物品的生产和运送整个过程，从而提高供应链管理的效率。当发生纠纷时，举证和追查也变得更加清晰和容易。所以，每一次商业模式的革新都能给公司带来一定时间内的竞争优势。但是随着时间的改变，公司必须不断地重新思考它的商业设计。随着（消费者的）价值取向从一个工业转移到另一个工业，公司必须不断改变它们的商业模式。一个公司的成败最终取决于它的商业设计是否符合消费者的优先需求。

4. 企业文化创新

企业文化创新是指企业为了使自身的发展与环境相匹配，根据本身的性质和特点形成体现企业共同价值观的企业文化，并不断创新和发展的活动过程。企业文化创新的实质在于企业文化建设中的突破与企业经营管理实际脱节的僵化文化理念和观点的束缚，实现向贯穿于全部创新过程的新型经营管理方式的转变。图 5-2 列示了中国电信企业文化模型。

（1）企业文化创新的价值。

1）21 世纪企业竞争的核心将在于企业文化。企业竞争的核心因素各不相同，在高度发达的今天，企业硬件的较量已经逐渐淡化，20 世纪 60 年代竞争的核心

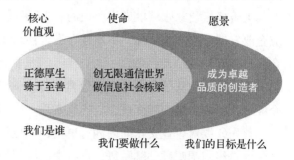

图 5-2 中国电信企业文化模型

内容在于技术，70 年代在于管理，80 年代在于营销，90 年代在于品牌，21 世纪则在于互联网＋。平台经济、共享经济、区块链等创新模式成为经济发展新引擎，成为下一个品牌竞争的新焦点、新领域。继技术竞争、管理竞争、营销竞争、品牌竞争之后，未来企业竞争的核心仍将是互联网背景下的企业文化。企业文化能使企业保持长久的竞争力，企业文化创新也由一种全新的文化理念转变为对提高企业竞争力有决定性作用的新型经营管理模式。企业文化有助于增强企业的凝聚力，增强产品的竞争力。企业文化的核心是其思想观念，它决定着企业成员的思维方式和行为方式，能够激发员工的士气，充分发掘企业的潜能。一个好的企业文化氛围建立后，它所带来的是群体的智慧、协作的精神、新鲜的活力，这就相当于在企业核心上装了一台大功率的发动机，可为企业的创新和发展提供源源不断的精神动力。

2）企业文化创新是企业可持续发展的重要依托。创新企业文化是企业制度下的重要指标和鲜明特征。它与以往在企业内部广泛开展的企业文化活动的一个明显区别是，现代企业文化更紧密地把企业文化活动与企业的实际收益联系在一起，或者说直接挂钩。因此，它在企业的地位就越见重要和突出。当企业内外条件发生变化时，企业文化也相应地进行调整、更新、丰富、发展。成功的企业不仅需要认识环境状态，而且还要了解其发展方向，并能够有意识地加以调整，选择合适的企业文化以适应挑战，只有这样才能在激烈的市场竞争中依靠文化带动生产力，从而提高竞争力。因此，坚持企业文化创新对于企业发展具有极其重要的意义，它可以摒弃原有的不合理的思维和行为，以一种前所未有的新思维来创造新的成果。文化创新会直接作用于人的观念意识、思维方式，进而影响人的行为。

（2）企业文化创新的基本思路。企业文化创新要以对传统企业文化的批判为前提，对构成企业文化的诸要素包括经营理念、企业宗旨、管理制度、经营流程、仪式、语言等进行全方位、系统性的弘扬、重建或重新表述，使之与企业的生产力发展步伐和外部环境变化相适应。

企业领导者应当加强自身修养，担当企业文化创新的领头人。从某种意义上说，企业文化是企业家的文化，是企业家的人格化，是其事业心和责任感、人生追求、价值取向、

创新精神等的综合反映。他们必须通过自己的行动向全体成员灌输企业的价值观念。这正如我国著名企业家张瑞敏先生所说的："第一是设计师，在企业发展中如何使组织结构适应企业发展；第二是牧师，不断地布道，使员工接受企业文化，把员工自身价值的体现和企业目标的实现结合起来。"

企业文化创新的前提是企业经营管理者观念的转变。因此，在进行企业文化创新时，企业经营管理者必须转变观念，提高素质。

首先，要对企业文化的内涵有更全面、更深层次的理解。要彻底从过去那种认为企业文化就是组织唱唱歌、跳跳舞、举办书法、摄影比赛等的思维定式中走出来，真正将企业文化的概念定位在企业经营理念、企业价值观、企业精神和企业形象上。

其次，要积极转变思想观念。要从原来的自我封闭、行政命令、平均主义和粗放经营中走出来，牢固树立适应市场要求的、全新的发展观念、改革观念、市场化经营观念、竞争观念、效益观念等。

再次，要认真掌握现代化的管理知识和技能，同时要积极吸收国外优秀的管理经验，用于企业发展，并且在文化上要积极融入世界，为企业走国际化道路做好准备。

最后，要有强烈的创新精神，思维活动和心理状态要保持一种非凡的活力，双眼紧盯着国际、国内各种信息，紧盯着市场需求，大脑中要能及时地将外界的信息重新组合构造出新的创新决策。

（3）企业文化创新的四大趋势。企业文化创新，现已成为提高企业竞争力的、具有决定性作用的新型经营管理方式。当前，国内企业文化创新出现了一些新趋势。

第一，确立双赢价值观的趋势。企业价值观是企业文化的核心，它渗透于企业经营管理的各个环节，支配着从企业家到员工的思想和行为。因此，企业文化创新首要的是价值观创新。在传统市场经济条件下，企业奉行非赢即输、你死我活的单赢价值观。这种价值观既有迫使企业实现技术和产品更新的驱动力，也有滋生不择手段以致恶性竞争的弊端。以高科技为基础的知识经济崛起，使这种狭隘价值观受到致命冲击的同时，也催生出与新的经济发展要求相适应的双赢价值观。

一个企业只有奉行双赢价值观，才能不断地从合作中获得新知识、新信息等创新资源，提高自身的竞争实力，从而在激烈的竞争中左右逢源，立于不败之地。我国海尔集团不参加与同行间的价格战，坚持靠产品创新和服务扩大国内外市场份额的成功经验，便是奉行双赢价值观的一个范例。

第二，选择自主管理模式的趋势。新模式以先进的文化理念为核心，充分尊重人的价值，注重发挥每个员工的自主精神、创造潜质和主人翁责任感，在企业内部形成一种强烈的价值认同感和巨大凝聚力，激发员工的积极性，并通过制度安排，实现员工在企业统一目标下的自主经营和自我管理，进而形成企业创新的动力和创新管理方式。邯郸钢铁集团有限公司建立在"人人是主人"的企业理念基础上的管理模式，就是这一创新趋势的具体体现。

第三,既重视高科技又奉行"以人为本"的趋势。科技革命和人员本身的进步总是相伴而行的,二者如车之两轮、鸟之两翼,相辅相成,企业创新过程离开了哪个方面都难以达到目的,企业的竞争力也难以得到真正提高。有学者指出,高科技可以在一个阶段成为企业制胜的法宝,但更深层次的竞争最终应该是理念方面,"科技以人为本"这句话就包括了这层意思。这一见解反映了随着高科技的发展,现代人对生产和消费日趋强烈的人性化要求。在这一背景下,企业创新只有把高科技与"以人为本"密切结合起来,才能提供既有高科技含量又充满人性关怀的新产品、新服务,才能开拓新的市场空间。否则,企业即使兴盛一时,终究会因受到消费者的冷落而退出竞争舞台。

第四,提高企业家综合素质的趋势。在现代企业中,员工的素质是企业文化创新的来源和动力,而由于企业家在企业活动中的领导地位,企业家的素质又是企业文化创新的关键。自改革开放以来,我国出现的一些企业家快速崛起又迅速倒下的"短命现象",其原因是多方面的,除了体制和市场环境等因素外,企业家不能适应形势的变化而实现自身素质的不断创新,是最根本的原因之一。

经济全球的发展以及知识经济的到来又对企业家的素质提出了新的挑战:需要科技知识与人文知识的综合,需要古今中外多种科技文化知识的综合;要打开国际市场,还需要对各国生活习惯和民风习俗的综合性有了解与把握;单靠哪一门专业知识和管理知识都难以胜任综合创新的任务。实践证明,企业家只有具备了融通古今中外科技知识、人文知识、管理经验与民风习俗,善于应对各种市场变化的智慧,才能具备不断创新的实力,获得市场竞争的主动权。

5.3 自主品牌创新

当前,基于全球视角,品牌价值越来越能代表国家和地区经济实力,创新已经成为品牌保持生命力的重要手段。自主品牌要想在竞争中取得优势,就需要在技术、管理和服务等多方面进行创新,更好地满足顾客需求。

5.3.1 自主品牌创新动因分析

1. 竞争全球化加速品牌创新

全球化的趋势给国内企业带来强大的竞争压力。国内市场国际化、国际竞争国内化等特点正改变原有的竞争格局和模式。当今的市场竞争,由过去的产品竞争发展到了品牌竞争,品牌已成为一个国家竞争力的重要体现。谁在市场上拥有品牌,谁就有可能在国际舞台上拥有话语权。自改革开放以来,虽然我国企业发展迅速,但自主品牌创新严重滞后于现实的要求。由世界品牌实验室(World Brand Lab)独家编制的 2017 年度(第十四届)《世界品牌 500 强》排行榜于 2017 年 12 月 21 日在美国纽约揭晓。美国占据 500 强中的 233 席,稳居品牌大国第一(见表 5-1)。中国入选的品牌只有 37 个,与经济第二大国的地位并不匹配。其中表现亮眼的品牌有国家电网、腾讯、海尔、华为、中国华信、青岛啤酒、五粮液、中国国航、中国太平。

表5-1 2017年世界品牌500强排名前10的品牌

排名	品牌英文	品牌中文	2016排名	品牌年龄	国家	行业
1	Google	谷歌	2	19	美国	互联网
2	Apple	苹果	1	41	美国	计算机与通信
3	Amazon	亚马逊	3	22	美国	互联网
4	Microsoft	微软	4	42	美国	软件
5	Facebook	脸书	6	13	美国	互联网
6	AT&T	美国电话电报	13	140	美国	电信
7	Coca-Cola	可口可乐	5	131	美国	食品与饮料
8	Mercedes-Benz	梅赛德斯-奔驰	7	117	德国	汽车与零件
9	GE	通用电气	9	125	美国	工业设备
10	McDonald's	麦当劳	10	63	美国	餐饮

资料来源：世界品牌实验室（WorldBrandLab.com）。

然而，随着亚洲经济特别是中国经济的持续发展，日韩企业跌幅较大。零售品牌乐天在中国的业务近乎瘫痪，成为2017年下滑最大的品牌输家。因被爆出造假丑闻，三菱品牌声誉受损，使其直接跌落了104个座次；同样曾属日本制造业典范的日产也在2017年被爆出存在了38年的质检丑闻，导致工厂停产、车辆召回、销量严重下滑，品牌价值下跌。山东检验检疫局发布的最新数据显示，2017年1~7月，山东省出口工业产品遭国外退运511批次，退运货值3 156.5万美元，同比增长6.9%，退运共涉及全球52个国家和地区，其中，美国、欧盟退运批次和货值仍居前两位。

数据显示，"一带一路"国家退运增长明显。同期，"一带一路"沿线涉及的20个国家共退运山东省出口工业产品102批、679.5万美元，批次和货值同比分别增长32.1%和79.6%。技术性贸易措施导致的退运增加。因此，加快我国经济发展，提高企业产品市场竞争力，在发展和创新自主品牌的基础上，加大品牌管理力度，保证品牌产品与服务的质量势在必行。

2. 消费者需求变化的新趋势

我们要求自主品牌不断创新的市场是动态的。经济在发展，社会在进步，消费者的价值取向和审美品位都在变化。自主品牌如果一成不变，没有创新，就会使品牌忠诚者产生动摇，并且失去许多潜在消费者；如果品牌长时间不与消费者沟通，没有向消费者传播新的信息，不能给消费者带来新鲜感，那么消费者很快就会将这个品牌淡忘。品牌创新，实际上反映了企业对消费者的需求变化趋势的洞察和对时代的理解，使品牌自身针对消费者的感性与理性需要进行同步的调整，从而保持与消费者心理变化的统一节奏，激发消费者的共鸣。

3. 品牌老化需要品牌创新

品牌老化的原因很多。一些企业由于缺乏有效的传播方式，使消费者长期暴露在同类信息内容之下，逐渐失去了新鲜感，甚至产生腻烦心理，最终导致顾客的流失；有的企业不注重品牌内涵的建设，把品牌竞争仅当成品牌名称与标志的竞争，而没有挖掘品牌的真正内涵；一些老企业不喜欢变化，更怕改革，在经营中恪守古训、故步自封，没有创新意识。相反，同样是老企业的同仁堂抱着"同修仁德、济世养生"的堂训，不断进行创新，满足目标市场消费者的需求。

在短期内提高品牌知名度可能不是一件难事，可是如何长期维护品牌，不断提高品牌价值却是一项系统工程。企业如果对品牌老化的问题不加以重视，那么前期对培育品牌的投入就会失去意义，唯有品牌创新才能使"老"品牌焕发新生机。

5.3.2 实施自主品牌创新的原则

自主品牌创新是指企业依据市场变化和顾客需求，对品牌识别要素进行新的组合。品牌的识别要素主要包括品牌的名称、标志，作为品牌基础的产品（产品质量和包装）、技术、服务，品牌的营销传播组合等。品牌的每个识别要素都可以作为品牌创新的维度实施创新。自主品牌创新的目的在于不断提升产品品牌形象，满足消费者不断变化的需求，为消费者提供更大的价值满足，因此，在创新品牌时，必须遵循下列原则。

1. 消费者为中心的原则

品牌创新的出发点是消费者，创新的核心是为消费者提供更大的价值满足，包括功能性和情感性满足。"消费者为中心的原则"是一切原则中的根本原则，忽略了消费者感受的品牌创新，注定只是企业本身的闭门造车，不会得到消费者的认可并取得成功。

2. 全面性和成本性原则

全面性原则，是指对品牌的某一个维度进行创新时，往往需要其他维度同步创新的配合，从而产生较为一致的品牌形象，不至于因其他维度没有及时创新而发生形象识别紊乱。比如，品牌的定位创新常常需要进行品牌的科技创新，科技创新往往需要通过产品创新来体现，产品创新也经常要求广告等传播形式的创新等。成本性原则，即企业必须尽可能"花最少的钱，办最好的事"。任何维度的品牌创新都是有代价的，包括巨额研发费用、营销费用、管理费用等，如果企业没有做好资源的优化配置，虽然创新可能具有极大的经济效益或社会效益，但也有可能因资源的不济而半途而废。

3. 持续性与及时性原则

创新不是对之前品牌形象及内涵的全盘否定，是一个亦扬亦弃的过程，要遵循持续性原则。及时性原则是指品牌创新必须要跟上时代步伐、及时迅速地满足消费者对产品或服务的需求变化。创新不及时，产品或服务必将落伍，品牌必然老化。持续性与及时性原则是紧密相连的：只要较好地把握住及时性创新，一个个连续不断的及时性创新便构成了有效的持续性创新。持续性创新是多个及时性创新在时间维度上的外在表现，是呈现出来的结果。

5.3.3 自主品牌创新的途径

自主品牌创新是一个系统工程，包括树立品牌创新思想、建立和完善品牌创新手段、创新制度和保障等。

推动企业加强具有自主知识产权的核心技术的研发和应用，能够为打造更多的中国品牌奠定坚实的基础。

一方面，通过建立品牌发展基金，重点扶持和鼓励企业自主创新。另一方面，要严厉打击假冒伪劣和侵权行为，保护企业的自主知识产权，保护企业自主创新的热情。为了维护自主创新的良好市场环境，为了中国产品、中国品牌的国内外声誉，打假仍需重拳。我们要动员社会力量共同发力，严厉打击假冒伪劣和侵权行为，努力创造公平竞争的市场环境，精心培育中外消费者喜爱的中国品牌。

当前，我国已经步入了质量经济的中高级阶段，而发达国家已经进入品牌经济时代，20%的国际知名品牌占据了80%的市场份额，这意味着我们要通过质量品牌提升行动，实施质量强国、品牌强国的战略，推动我国在全球经济竞争中占据主动，逐步迈向品牌经济时代。

中国品牌建设促进会正在配合国家发改委研究制定《中国品牌发展战略》，作为国家"十三五""十四五"的重点项目，推动我国品牌加快走向世界。我们将以每年品牌价值评价发布榜为依据，培育一批中国知名品牌；以世界品牌联盟为基础，培育一批世界知名品牌，计划通过5年的时间培育打造1 000个国内外知名品牌，提高中国品牌的竞争力和知名度，推动我国经济跨入品牌经济时代。

1. 树立品牌创新理念，建立品牌创新机制

品牌创新是企业品牌自我发展的必然要求，是延缓品牌老化，使品牌生命不断得以延长的唯一途径。企业的品牌管理部门，必须树立品牌创新理念，构建品牌创新机制，保证品牌创新的实现。

（1）建立完善的市场营销信息系统，在恰当的时刻推动品牌创新。市场营销信息系统是指在企业中由人、计算机和程序组成的一种相互作用的联合体，它为市场营销决策者收集、整理、分析、评价并传递或提供有用、适时和准确的信息，用于制定或修改市场营销计划，执行和控制市场营销活动。企业通过建立营销管理信息系统，可以及时监测品牌的市场表现，消费者的市场动态及需求变化，科技进步及其他利益相关者对品牌的认知。一旦市场营销管理信息系统监测到这些信息不利于企业的品牌发展，引起品牌老化或导致现有品牌不能适应市场变化时，企业的品牌管理部门就需要考虑创新现有的品牌。

（2）建立创新团队，制订详细计划，确保品牌创新过程顺利进行。和企业自身的组织变革一样，企业的品牌创新也需要成立创新团队。因此，企业平时就需要做好这方面的人才储备，让品牌管理人员熟悉现阶段自身品牌形象，时刻关注外部环境的变化，做到"知己知彼"。品牌创新过程有其规律可循，可以划分为详细的行动阶段。

1）觉醒阶段。品牌管理者意识到创新的必要性，但是品牌创新通常涉及企业组织的多个部门，而他们对此往往不能理解。因此，此阶段有必要使组织成员产生危机感，塑造、强化主动变革的气氛，克服创新的阻力。

2）实施阶段。开始推行一系列创新措施，但是品牌形象还没有完全转变，容易出现混乱无序的局面。在此阶段，品牌管理部门应采取建设性的行动推进变革并保证充分而有效的沟通，尽可能地取得组织成员的理解和信任。

3）展望阶段。品牌创新初见成效、短期目标实现、新的品牌形象得到消费者及组织成员认可。只有取得实实在在的成效，才能增强变革决心，减弱变革阻力，品牌创新活动才能获得认同，新的品牌形象才能巩固下来。

品牌管理部门根据内外环境的变化，结合自身实力，制订详细、科学的行动计划，合理配置必需的资源，量化创新要达到的目标，从而保证创新的顺利进行，并取得预计的效果。实施名牌战略离不开持续创新。企业每一次的品牌创新，成功也好，失败也罢，都是一次宝贵的尝试、一笔值得重复利用的资源。企业只有不断总结创新过程中的经验和教训，才能在下一次创新中走得更加顺利、更加成功。

2. 加强技术及产品创新，夯实品牌创新基础

技术是品牌创新的基础。没有一流技术作为支撑，就没有高质量、满足消费者需求的产品，更难以给品牌注入高附加价值，参与国际竞争也就无从谈起。截至 2016 年年底，我国国内发明专利拥有量达到 110.3 万件，是继美国和日本之后，世界上第三个国内发明专利拥有量超过百万件的国家。根据世界知识产权组织公布的 2016 年国际专利申请数据，中国的华为技术有限公司和中兴通讯股份有限公司在申请总量排名中位于前列。品牌是以产品为载体的，离开了高质量的产品，品牌也就成了无本之木、无源之水。品牌创新正是通过产品创新而更新品牌形象，推出新产品而改变消费者对品牌保守形象的认知的。它要求新产品在行业内具有一定的技术领先性，要与品牌的核心理念一致，并且是对品牌形象的升华。不断进行技术和产品创新，是当今自主品牌创新的核心内容。以纺织品品牌为例，纺织品品牌创新规划图如图 5-3 所示。

3. 自主品牌定位创新，实现品牌的差异化

品牌定位就是在市场竞争中，实现企业产品品牌与竞争对手品牌的区别，因此，品牌的差异化建设对于提高品牌的知名度、美誉度是极其重要的。如果一个品牌定位下的产品属性不能适应市场，或者品牌最初的定位不再适应企业发展的需要，都要更新其属性，并使之获得新生。在当今市场上，只有定位准确才能创造知名品牌，对不适应市场变化的品牌定位进行创新势在必行。

对定位来说，最为关键的是要确定目标群体所追求的核心价值，并通过传递与之相一致的品牌核心价值来开拓市场。品牌是名称术语、标记、符号之一或是它们的组合运用，其目的是借以辨认某个销售者或某群销售者的产品或服务，并使之与竞争对手的产品和服务区别开来。营销人员提炼出来的品牌价值如自由、高贵等，消费者不能很好地理解，他们更多的是通过各种各样的具体有形的符号如语言、图画、物体、人物、色彩等来推想特定价值的。

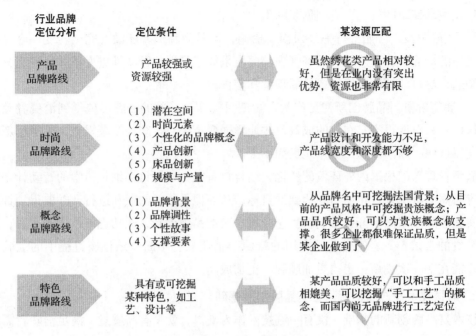

图 5-3　纺织品品牌创新规划图

准确的定位需要利用准确的符号或者符号体系表现品牌的核心价值，这样消费者就能很容易地在丰富的同类产品和品牌中辨认出那个符合他内心需要与价值的品牌。

4. 传播方式创新，提高自主品牌的知名度和美誉度

企业确立了品牌价值之后，需要采用多种传播渠道传递品牌信息。产品是企业创造的，品牌却是消费者创造的，在销售过程中实现其价值。因此，好的传播渠道和传播方式对品牌形象的提升起着重要的作用。在实践中，许多企业使用广告轰炸手法来提高知名度。殊不知，这种广告投入的浪费越来越严重，消费者也越来越讨厌这种方式。消费者对广告态度的变化，要求企业在传播方式上要应用新手段。信息技术的发展给企业创造了运用各种沟通媒体的机会，也为品牌创新提供了新的宣传和广告方式。电子商务以其信息量大、声音、图像和文字的组合优势赢得了很多企业的青睐，尤其是中小企业，由于其自身资源有限，难以与大企业抗衡，开拓海外市场渠道也存在很大困难，而电子商务使得小企业的触角可以伸到世界各地，为其提供了与大企业竞争的平台。网络广告的兴起让企业可以以较低成本达到宣传的效果，通过大众的信息传播、个人及互动媒体，企业可以接触到其他更多的顾客，实时调整品牌宣传的重点。新的宣传和广告媒体为品牌创新提供了具有实时性、互动性、打破地域限制和降低成本等有效的创新手段。

5. 利用品牌延伸进行品牌创新

在品牌战略的实施中，企业一般面临着两种品牌策略的选择：一种是单一的品牌策略，即企业生产和经营的几种不同产品统一使用一个品牌。如日本的索尼公司生产的电器产品都使用"SONY"品牌，在国内和国际市场上具有较高的知名度和较大的市场占有率。另一种是多品牌策略，即企业生产和经营的产品根据市场需求、品种、规格、价值高低等分别命名，不同的产品使用不同的品牌。根据快消行业最权威的市场研究公司AC尼尔森最新数据表明，2017年1~10月王老吉凉茶平均市场份额约42.6%，坐稳凉茶江山，遥遥领先第二品牌。从2017年6月至10月，红罐王老吉凉茶的销售月增长率均在3倍以上。

企业经营活动究竟选择哪一种品牌策略，每个企业可根据自身的特点和企业发展战略进行不同的选择。就多品牌策略而言，它是为了满足不同的市场需求，根据不同的产品价值、消费者的不同偏好而采用的一种策略。这种策略可以使企业全面地开拓和占领市场，减少企业的经营风险和产品间的相互影响，增强企业的整体实力和适应市场变化的能力。但这种策略对每个产品来说都要投入大量的广告费，成本较高。单一策略的最大特点是企业利用已有的名牌优势，借助老产品的市场影响力和信誉度迅速进入市场。因此，很多企业由于品牌延伸策略的合理运用使其在竞争中常胜不败。娃哈哈集团原来只是生产儿童饮用果奶，现在已成为饮料、食品、童装等众多产品的共用品牌，娃哈哈这一品牌大树也枝繁叶茂、常青长绿。品牌延伸策略像一把双刃剑，企业不可盲目采用，要注意产品和品牌之间的联系，延伸的新产品要和原来的产品有一定联系。

6. 建立品牌创新的激励和保护机制

品牌创新是构建知名品牌的重要前提，因此，加强对品牌商品的保护，鼓励企业不断进行创新，是提高我国企业综合竞争力的重要措施。品牌创新和保护是企业构建知名品牌的两个方面。企业除了要创新自主品牌外，还要积极保护品牌，通过法律手段来保护自身品牌的权益。

当前，由于整个市场竞争激烈，市场竞争秩序有待完善，市场知名品牌面临假冒伪劣产品所带来的伤害。因此，政府应该加大对假冒伪劣产品的打击力度，积极启动品牌保护政策：首先，严格规范驰名商标和评定工作，防止乱评名牌、乱评名优。其次，通过政府和社会的监督来保护名牌产品。政府监督主要是通过企业主管部门进行监督，严把品牌产品质量关，促进非名牌产品企业提高质量、争创名牌。通过高频率的监督，促进拥有名牌产品的企业精益求精，不断提高；对于名牌产品，政府应采取有效的措施加以保护。社会监督主要是通过各级质量管理协会、消费者协会、行业协会、商标协会等民间团体或组织进行监督。最后，从社会舆论与宣传部门的角度加强舆论宣传，增强国民的品牌保护意识，让每个中国人都来保护企业自主品牌，使品牌保护变成整个社会的活动。

对于在市场上已经形成的知名品牌，政府及主管部门应该予以鼓励，如加大政府采购力度，奖励企业管理者，对知名品牌重点扶持等。商标协会具有专家作用，工商管理部门应认真听取专家的意见和建议。自主品牌创新不是某一方面的工作，需要企业从多个环节进行改变，而各个环节的工作是一个有机的整体，需要协调发展才能将品牌创新工作做好。政府的工作是尽最大努力创造激励品牌创新的环境，激发企业的积极性。

5.3.4 自主创新品牌功能

华为投入 1 元钱研发出来的产品，欧洲公司需要投入 10 元钱才做得出来。这样的低成本优势，使得华为的资金更有效地被利用，生产出的产品也能以性价比高的优势获得消费者的喜爱和追捧。这说明自主品牌功能的开发需要更多的创新思维介入。

1. 提升自主品牌竞争优势的主导功能

迈克尔·波特提出："尽管各企业获得竞争优势的方法不同，但最基本的获得竞争优势的方法为低成本和差别优势。"差别化是企业获得竞争优势的方法之一，随着市场竞争的日益加剧，同一行业中各企业产品之间的差异化越来越难以形成，即使有些产品达到了高度差别化，也会由于竞争模仿的日益加剧而不能持久。因此，自主品牌作为企业一种难以模仿的无形资产，以其灵活多样的创新方式成为现代企业赢得竞争优势的重要途径之一，为企业带来了差别化优势。企业成本包括生产成本和非生产成本，而不同企业同一种产品的生产成本的差异程度正日益减弱，企业必然将注意力转移到非生产成本的降低方面。非生产成本中比较有伸缩力的是营销成本，企业通过自主品牌创新为企业自主品牌的营销成本降低提供了机会，因为随着自主品牌创新程度的不断提升、深化以及自主品牌信誉的提高，单位营销成本也会因产品销售量的增加而大大降低。而且，自主品牌创新可使自主品牌资产覆盖到其他产品或业务上，这样企业往往只需对某个主要的自主品牌投入营销费用，其他产品或业务便会带动起来，从而节省了营销成本。

2. 深化自主品牌开发能力的核心功能

自主品牌开发是指企业挖掘已有的自主品牌的潜力或创造出新的自主品牌。企业自主品牌开发能力的核心是企业自主品牌的创新能力。自主品牌开发有三种形式：①根据科技的发展和市场的发展，创造出新的产品和创立出新的自主品牌。②创造品牌新的应用。企业通过对现有自主品牌的再次开发，发展品牌的新应用领域。③对自主品牌这一无形资产的资产认定和资产的运作。通过引进和受让品牌资产实现品牌的扩张和延伸等经济活动，企业对此三种自主品牌开发形式实现能力的强弱直接体现了企业自主品牌开发能力的高低：①自主品牌创新能力是自主品牌开发能力的基础。②在开发形式中，创造品牌新的应用是建立在自主品牌创新的基础之上的。③开发形式能增强企业品牌资产总量，但一般不能直接增强企业自主品牌的创新能力。因此，要从根本上增强自主品牌开发能力，就要牢牢把握自主品牌创新这个核心环节。

3. 保障品牌安全的功能

自主品牌创新对品牌安全的保障功能主要体现在以下几个方面。①生产方面：保证企业自主品牌产品的质量与技术水平。通过自主品牌与科技创新成果的融合促使产品品质不断提高，从而使企业可以不断地制造差异性，为延长及保障自主品牌的生命力和安全性奠定基础。②服务方面：保证及提高消费者对企业自主品牌的满意度和忠诚度。随着消费者购买能力的增强和需求趋向的变化，服务因素在市场的竞争中已经成为企业竞争的新焦点。谁能赢得消费者，谁就拥有未来的市场。③自主品牌创新是以自主知识产权为基础的品牌创新，可通过专利等形式，为企业自主品牌安全寻求法律上的保护。

4. 提升品牌价值的功能

实际上，品牌价值是指品牌在消费者心目中心理定位的价值体现。自主品牌创新主要通过以下几个方面提升品牌价值。

（1）提升自主品牌的文化价值。通过自主品牌的创新，广泛地吸收各种文化素养，实现民族的、地方的和世界文化的融会贯通，实现传统文化和现代文化的结合创新。一个品牌有了文化内涵的创新就像品牌有了崭新的灵魂一样，能保持顽强的生命力，这也是自主名牌价值提升的秘诀。

（2）提高自主品牌的产品品质，从而提高品牌的价值。用一流的质量增强消费者的消费信心，形成消费者的品牌偏好和品牌忠诚，才得以创造和提升自主品牌的价值。

（3）提升自主品牌的个性价值。自主品牌的个性创新使自主品牌具有独特的魅力、鲜明的个性，并以此有效地吸引住目标消费者，从而提升品牌价值。

5.4 我国的品牌创新

目前，我国在品牌创新领域中的商业模式创新已经起步并取得了可喜的成绩，如特许连锁经营业态的繁荣、企业销售渠道的变革、直销形式的出现等。企业文化创新也顺应时代的潮流在东西方文化的交汇中，寻求对经济社会发展有利的文化形态，促进了人们思想观念、行为方式的转变，无论是对品牌的自主创新，还是对企业可持续发展都提供了精神动力。当前，自主品牌创新的瓶颈主要是技术，尤其是在高科技领域，表现得更为明显。目前我国很多高科技企业的实力还比较弱，品牌资产价值也比较低，在国际上的影响力比较小，上市的增值空间不大。

5.4.1 企业自主品牌创新存在的主要问题

当前，自主品牌创新的瓶颈主要是技术，尤其是在高科技领域，表现更为明显。目前我国很多高科技企业的实力还比较弱，品牌资产价值也比较低，在国际上的影响力比较小。

1. 知识管理水平低导致大量人才流失

企业在经营过程中除了创造有形的价值以外，还有更多的无形资产，主要表现在企业的经验、技术诀窍、渠道、客户关系、品牌及内部管理制度等方面，它们不仅具有绝对的资产性质，而且比有形资产更具有战略意义。因为这种智力资本往往难以复制或模仿，所以每个企业都具有自己的管理哲学和企业文化，也具有与之相适应的企业行为规范。开发、利用和评价知识，对知识进行有效管理，将企业知识资本化，是未来企业获得成功的基础性工作。

由于我国高新技术企业疏于知识管理，造成无形资产流失严重。如很多高级技术人员既不能分享利润又受到来自竞争对手或者创业的诱惑选择了离开，而企业一旦离开技术支持就失去了业务的核心力量。同时，企业的管理者根本无法控制高级技术人员离开后到其他企业或自己创业带来的竞争威胁。

从理论上讲，企业每年有15%以下的人员流动有利于企业"造血"，属于正常现象，但近两年，作为高新技术企业代表的IT行业人员平均流动率高达25%，有的甚至超过40%，不断的招聘和培训耗费了企业大量的精力，也减弱了企业的竞争能力。同时，大量的人员流动容易给人造成企业经营不善或效益不佳的印象，给企业带来的负面影响往往会呈几何级数增长，使企业形象严重受损，同时企业的品牌资产价值也会受到不利的影响。

2. 对无形资产的宣传和维护不到位使得品牌资产增值较慢

知名度的发展一般要经历从无到有的过程。品牌知名度越高，表明消费者对其越熟悉，对其喜欢程度就越高，选购的可能性也就越大。营销实践证明，在同类产品中知名度最高的品牌往往是市场上的领先品牌，也是市场占有率最高的品牌。

一个品牌要建立起知名度需要进行大量的广告和公关宣传活动，如微软、英特尔、IBM等品牌每年都要投入金额惊人的广告费，但这并不意味着企业投入越多获得的知名度就越高，由于盲目增加广告投入最终被迫退出市场的企业比比皆是。实际上，品牌竞争力是指企业的品牌区别于其他竞争对手的独特能力，是企业核心竞争力商品化的表现，具体是指产品内在的品质、技术性能和完善的服务。实践证明，只有针对目标消费者开展凸显品牌特性的一系列宣传活动，才能使消费者在活动中亲身感受并体验到品牌特性，从而区别于竞争对手，达到提升品牌的知名度和美誉度的效果，进而有效地提升品牌资产价值。

3. 企业融资方式单一导致品牌发展缺乏内在动能

企业融资方式总体来说有两种：一是内源融资，即将本企业的留存收益和折旧转化为投资。二是外源融资，即吸收其他经济主体的储蓄并将其转化为本企业的投资。外源融资又包括直接融资和间接融资，直接融资是指企业通过债券和股票进行的融资，而间接融资主要指银行贷款和其他方式的融资。长期以来，我国高新技术企业的融资渠道十分狭窄，内源融资是其主要的融资方式，外源融资也仅限于银行贷款，而融资速度最快、融资能力最强的证券市场融资方式，这一方式企业运用得还很不充分。

此外，作为企业无形资产的综合体现，企业品牌资产价值的提升有赖于无形资产的建立与维护。国家知识产权局有关资料显示，在世界知识产权组织划分的35个技术领域之中，2017年国内发明专利拥有量高于国外来华发明专利拥有量的达30个，比2016年增加1个。仅在光学、医学技术、发动机、音像技术、运输5个领域与国外存在微弱差距。但从维持10年以上的发明专利拥有量来看，国内仍在29个技术领域中数量少于国外。因此，我国仍需大力培育高价值核心专利。同时，企业对无形资产的重要性认识不足，不注重无形资产的建立与维护，必然给企业发展带来很大阻力。

2017 年 BrandZ 最具价值中国品牌 100 强前 10 名排行榜如表 5-2 所示。

表 5-2　2017 年 BrandZ 最具价值中国品牌 100 强前 10 名排行榜

排名	品牌	类别	品牌价值（百万美元）	2016 到 2017 价值变化
1	腾讯	科技	106 181	29%
2	阿里巴巴	零售	58 009	22%
3	中国移动	电信服务	57 899	1%
4	中国工商银行	银行	31 482	-8%
5	百度	科技	23 886	-11%
6	华为	科技	20 383	10%
7	中国建设银行	银行	18 398	-7%
8	平安保险	保险	16 463	5%
9	茅台	酒类	16 219	41%
10	中国农业银行	银行	14 848	-9%

BrandZ 最具价值中国品牌 100 强 2017 年品牌总价值达到创纪录水平，总价值增长 6% 达到了 5 571 亿美元。得益于微信的普及，腾讯成为最具价值的中国品牌，以高达 1 061.81 亿美元的品牌价值蝉联榜首，也是增长 20 强的三大科技品牌之一。WPP 和凯度华通明略对世界第二大经济体中国市场的研究显示：科技、银行和电信运营商在品牌价值贡献中处于领先位置；教育及旅行社行业以 46% 的增速成为增长最快的行业。科技和零售行业分别增长 16% 和 22%；银行、保险、石油和天然气等依赖于传统经济的品牌价值下降了 6%。

5.4.2　我国高新技术企业提高品牌资产价值的应对策略

高科技是推动品牌价值增值的重要引擎，也是提升国家品牌国际竞争力的重要支柱。

1. 加强对外合作

高新技术企业的研发与创新能力是其在国际竞争中取胜的关键，而我国大多数高科技企业都面临着新技术开发投入偏大而成功率偏低的问题。为了提高新产品的研发效率和成功率，高新技术企业可以采取两种有效途径：一是与大专院校和科研院所加强合作，力求以最快的速度实现科学技术向生产力的转化；二是向国外先进企业购买专利与专有技术，缩小与国外高新技术企业的差距，提高企业的核心竞争力。

（1）与大专院校和科研院所加强合作。在提高品牌竞争力的过程中，技术投入具有重要意义，尤其对于高新技术企业而言，保持其技术的领先性是维护品牌价值的重要条件，但受到企业发展实力的影响，我国企业的技术投入与发达国家相比仍有较大差距。2017 年，我国国内发明专利申请量和拥有量中，企业所占比重分别达到 63.3% 和 66.4%，较 2016 年分别提高 1.6 和 0.9 个百分点；企业对我国国内发明专利申请增长的贡献率达到 73.5%。

我国目前存在一种不良倾向：一方面是国内大多数企业不愿意冒风险投入太多的人力

和财力做研究，另一方面是高等院校、科研机构里大量的科研成果遭到闲置。如果双方走产学研结合之路，实现合作互利，就能将这些科研成果迅速转化成生产力。如上海微创医疗器械有限公司积极利用高校的科研资源，与上海交通大学联合培养硕士、博士研究生，并设立"微创奖学金"，同时合作培养微创公司介入医疗器械、生物医学工程及材料领域的高级人才，共同攻关国家重点科技项目，取得了很好的业绩，有力地推动了企业的发展。

（2）向国外先进企业购买专利与专有技术。与发达国家进行技术贸易是我国以最短的时间迎头赶上的捷径，经过近40年的改革开放，我国经济的飞速发展举世瞩目，这与国家鼓励技术引进有着必然的联系。但是我国在引进技术的过程中常常碰到限制性条款，这种限制不仅出现在技术使用方面，而且出现在生产和销售等方面。我国应该从国际技术转让限制与反限制的较量中吸取更有利的经验，维护本国的正当权益，在科学技术转变为生产力的过程中获得较多的经济利益。

此外，高新技术企业必须认识到，发达国家在向发展中国家进行技术输出时，往往加速转让一般传统技术而限制创新技术，以保证其对技术的垄断地位，从而实现其经济的全球性渗透和扩张。因此，在国际贸易中，高新技术企业要注意引进技术的先进性，同时要加速对引进技术的消化和吸收，缩短与国际先进企业的技术差距，提高企业的竞争能力。

2. 增强企业的融资能力

高新技术企业应充分利用自身的优势吸引投资者，在掌握投融资知识和资本市场信息与政府政策的基础上，展现企业自身的信誉和未来发展潜力，引导资本流向，并按照企业不同发展阶段的资金需求与融资可能性选择不同的融资渠道和融资工具。另外，高新技术企业还要进行充分的调研和分析论证，注意选择好证券商与中介服务组织，做好融资战略规划，提高工作效率，降低融资成本，切忌盲目融资。

此外，高新技术企业还要注重融资创新，以吸引政府的风险投资基金、国家政策性贷款、国家担保贷款、经营租赁、融资租赁以及 BOT 模式等有利的融资方式，充分发挥政府政策的示范效应，同时吸引民间资金投入高新技术企业，并为企业在国际资本市场上市做好准备工作，全面提高企业融资能力。

3. 通过提高员工待遇实现高效知识管理

知识管理并不复杂，高新技术企业可以根据自身的具体条件有针对性地选择合适的管理方式，逐步提升企业知识管理水平。如可以通过建立合理的物质奖励和提升、晋级制度，实现企业授权与控制的平衡，一方面要充分授权以充分发挥专业人才的专业价值，另一方面要在开发过程中和获得成果时通过相应的制度将控制权牢牢掌握在企业手中并进行持续的维护，以防在人才流失的同时造成资源的流失。

高新技术企业的知识更新尤为重要，企业要设立一定数量的培训基金作为员工继续教育的经费，在提高员工整体素质的同时增强企业的发展后劲。此外，企业还可以借鉴 IBM 的"长板凳计划"，建立核心人才的接班人机制，确定核心人才及其所在的岗位，并逐渐建立政策、资源和薪酬等方面的完整体系，打造企业长远发展的人力资源平台及完整、系统的人才储备与替补计划。

4. 注重品牌内涵建设与品牌保护

（1）加强品牌的文化内涵建设。品牌是市场竞争的强有力手段，但同时也是一种文化现象，优秀的品牌往往具有深厚的文化底蕴。消费者在购买产品时不仅选择产品的功效和质量，同时也选择产品的文化品位。这就要求企业在建设品牌时将文化内涵渗透其中，把品牌蕴涵的文化精致而充分地展示出来，形成企业赖以长期发展的资本——品牌资产。

品牌资产的建立是一个长期、连续的过程，是企业一贯的承诺，也是品牌建设的首要内容。品牌资产价值需要品牌经营者不断地维系，以便赢得消费者，实现其增加品牌资产价值的目的。微软、英特尔、IBM等品牌稳居世界前列的关键在于其多年来始终坚持恪守品牌核心价值，树立鲜明的品牌形象和品牌个性，吸引了众多的品牌忠诚者，使得品牌知名度与美誉度相辅相成，确保了企业品牌资产的增值，而品牌价值的增值又促使企业股票市值的攀升，形成了企业发展的良性循环。

我国高新技术企业要想实现品牌增值就要创造一种富有创新精神的品牌形象，把品牌新颖、时尚化的特点展现出来，传达一种综合的新生代价值观，并充分利用一切传媒将品牌的核心价值理念表现出来，形成自己独有的品牌文化内涵，并始终坚持品牌自有价值观念的渗透和深化。

（2）始终如一地注重品牌保护。随着我国加入WTO，各种各样的知识产权纠纷在外国公司和民族企业之间不断出现，而且有愈演愈烈之势，这表明国外企业已开始利用无形资产优势大举进入并抢夺我国市场。因此，开发、经营、维护高新技术企业的无形资产已成为竞争取胜的关键，企业要成立专职部门，聘请专业人员从事商标注册、驰名商标的国内外认证，有计划地实施品牌保护战略。

由于品牌的构成要素非常复杂，除了品牌名称、品牌标志和商标外，还有一些要素对于品牌形象的形成具有非常重要的意义，例如品牌的定位主题语、品牌代言人甚至品牌的标准色等已经成为品牌形象的一个重要组成部分，所以，企业应合理利用现有的法律资源，对品牌进行全方位的保护。

（3）注重域名问题。伴随着网络技术和电子商务的蓬勃发展，域名已经在某种程度上成为"企业的网上商标"。域名在世界范围内具有唯一性和排他性，这就使域名成为一种有限的稀缺性资源。企业要注重网上创牌，有意识地提前进行保护。

5. 肩负起支持国家实现可持续发展的社会责任

企业要想长期高效发展，既要注重经济效益，同时也要兼顾社会效益。只有将国家利益和公众利益与企业自身利益结合起来的企业，才能获得公众的认同，确立良好的企业形象，从而实现长足发展。

我国是一个资源总量丰富但人均占有量严重不足的国家，土地、水、石油等战略性资源高度紧张，特别是近几年经济持续高速发展，资源和能源消费的供需矛盾日益突出。加之我国生态环境脆弱,环境污染问题严重,因此,我国做出了走可持续发展道路的战略选择,于 2003 年发布了《中国 21 世纪初可持续发展行动纲要》,确定了可持续发展的重点领域和行动计划。

所谓可持续发展是指既满足当代人的需要,又不损害后代人满足其需要能力的发展。实现可持续发展必须以科技为支撑,而一个国家的可持续发展水平在很大程度上取决于高新技术企业的创新能力及产业化水平,高新技术企业作为国家的科技龙头企业,肩负着支持国家可持续发展的重任。2017 年 10 月 18 日,习近平同志在十九大报告中指出,坚持人与自然和谐共生。必须树立和践行绿水青山就是金山银山的理念,坚持节约资源和保护环境的基本国策。

总之,为了不断提升企业的品牌资产价值有几点需要注意:第一,要加强对外合作。一方面要加强与大专院校和科研院所的合作,另一方面要向国外先进企业购买专利与专有技术,提高企业的研发与创新能力。第二,有效地利用各种融资渠道,提高企业的融资能力。第三,通过提高员工待遇实现高效知识管理。第四,注重品牌内涵建设与品牌保护。第五,肩负起支持国家实现可持续发展的社会责任,充分挖掘现有无形资产的潜力,并投入足够的人力、物力、财力,不断开发和创造新的无形资产,实现品牌资产价值增值和企业的可持续发展。

本章小结

1. 创新就是建立一种新的生产函数,也就是把一种从来没有过的关于生产要素和生产条件的"新组合"引入生产系统,这种新组合包括引入新产品、引进新工艺、开辟新市场、控制原材料的新供应来源、实现企业的新组织。
2. 品牌创新,实质就是赋予品牌要素以创造价值的新能力的行为,即通过技术、质量、商业模式和企业文化创新,增强品牌生命力。
3. 品牌创新包含四个方面:品牌价值创新、品牌技术创新、商业模式创新、企业文化创新。
4. 自主品牌要在竞争中取得优势,就需要在技术、管理和服务等多方面进行创新,更好地满足顾客需求。
5. 自主创新品牌功能包括提升自主品牌竞争优势的主导功能,深化自主品牌开发能力的核心功能,保障品牌安全的功能,提升品牌价值的功能。

自测题

1. 创新的含义是什么?它包括哪些最基本的形式?
2. 什么是品牌创新?具体说明品牌创新包括哪些方面。
3. 实施自主品牌创新的原则是什么?
4. 品牌价值创新的策略是什么?
5. 我国自主品牌创新存在的主要问题是什么?

案例分析

有一种情怀叫责任：中国金融品牌创新人物张瑜珊

就在刚刚结束的 2018 中国经济峰会上，又一匹金融品牌管理的黑马出现在世人眼前，她就是"中国金融品牌创新人物"荣誉获得者——张瑜珊。

张瑜珊，中央财经大学在职研究生，现任深圳红隼集团品牌管理中心总监。她有着多年品牌推广经验、从文化产业横跨到金融行业的品牌管理工作，在过往品牌推广工作中成绩突出：曾主导省市级政府文化项目实施——深圳大剧院艺术节；多次与国内外知名艺术家、名人、明星、专家合作推广高雅文化项目；多次主导高端峰会、战略新闻发布会等品牌活动。

张瑜珊说自己想做一个有情怀又贴心的金融品牌管理者。说到金融品牌创新，她更是侃侃而谈，关于金融品牌创新，她有着自己独到的见解。在她看来，金融行业的特殊性导致人们对于金融品牌的距离感，使得金融品牌创新受到一定的局限。因此，拉近金融品牌与客户的距离，是金融品牌创新的关键所在。想要做好金融品牌创新，必须转变战略视角，将客户放在品牌价值的分享者和共建者的位置上。在品牌定位之前，要先对客户的需求，甚至是信念、愿望、价值观等多方面进行全方位的了解，才能真正地从客户的角度出发，创立出客户高度认同感的品牌，从物理感知上升到情感共鸣。

在实际品牌创新中，张瑜珊也是秉承这样的思想理念在践行着。目前，她已建立了一支自己的品牌团队，专门从事整个集团的品牌管理工作。张瑜珊说，目前，她和她的团队正在投入大量的时间与精力去做内容生产。在谈话过程中，她几次强调"一个有责任的金融品牌，要把学术和创新紧密联系在一起，要做投资者教育。要从客户的角度出发，帮助他们真正实现从资产到精神财富的保值增值"。他们经常针对不同的客户群体做不同的活动方案，经过多次讨论和探究，确定下来一个个切实可行的方案。他们常常通过各种渠道、采取各种办法，深度挖掘内容营销的价值，再通过各种创新手段，比如视频、动漫、直播、网剧、H5 互动等丰富多彩的表现形式，将枯燥无味的金融知识转变成生动有趣、客户更易接受的内容呈现在客户眼前。这样，既保证了品牌理念科学合理地传递给客户，又能以一种更加轻松、富有乐趣的形式让客户更易于接受和喜爱。

资料来源：http://news.ifeng.com/a/20180514/58301476_0.shtml?_zbs_007qu_news.

问题： 1. 张瑜珊金融品牌创新的思路是什么？

2. 张瑜珊的品牌团队在金融创新方面做了哪些工作？

"2018 胡润·天进粤港澳大湾区创新品牌榜"出炉

2018 年 5 月 10 日，胡润研究院与天进品牌营销策划机构联合发布"2018 胡润·天进粤港澳大湾区创新品牌榜"，本次榜单共覆盖了 20 个不同的行业领域，评选出了粤港澳大湾区创新品牌 TOP50、创新人物 TOP10 奖项。胡润百富董事长兼首席调研员胡润表示，"粤港澳大湾区的品牌创新已经达到中国领先水平。通过在粤港澳大湾区展开调查，找出最具创新力和影响力的品牌，希望通过这个榜单能推动粤港澳大湾区的新兴企业的品牌创新"。据介绍，"2018 粤港澳大湾区创新品牌排行榜（暨创新人物评选）"是由胡润百富发起、天进品牌策划机构协同制作的榜单。这是胡润研究院首次发布该榜单。在各创新维度上榜企业数量中，技术创新企业上榜最多达 16 家，商业模式创新和营销创新分别为 12 家和 10 家。

在 50 强榜单中，华大基因、丰巢科技、微信、大疆、荣耀、土巴兔等企业入选，涵盖大健康、电子商务、基因工程、智能家居、通信、物流、新材料、新金融等 20 个行业，其中汽车领域的易成自动驾驶、人工智能领域的图普科技和迅通科技等企业备受关注。

胡润研究院表示，本次创新品牌榜入选品牌的企业注册地或总部均位于粤港澳大湾区地区，且企业营收状况良好。这些品牌为所在行业，至少贡献一件新产品、服务样式或运营模式创新，具有明显竞争优势和社会知名度。他们拥有实力较强的研发创新团队，企业的主要产品或商业模式处于国内领先水平。

"2018 粤港澳大湾区创新品牌排行榜（暨创新人物评选）"的初选名单首先通过网络渠道搜集、自主报名、推荐和邀约的方式产生。评委会继而对参选品牌的资质背景进行筛选，得出约 200 个覆盖粤港澳大湾区 8 个城市、20 个行业的品牌候选名单。最后，评委会根据候选品牌的品牌价值增长、品牌营收状况，以及产品/服务创新、技术创新、营销创新、管理创新、文化创新等各项创新维度的表现进行打分，依据最终评分排序，评选出此次入榜的 50 强创新品牌。

在创新人物 TOP10 排行榜中，上榜人物分为管理创新人物和技术创新人物，包括华为余承东、菜鸟网络万霖、华大基因徐讯、碳云智能王俊、柔宇刘自鸿、汤臣倍健钱蔚、大疆创新汪滔等。管理创新人物大多数是企业的总监或管理人员，他们中的部分人对于企业的营销策划和市场活动都做出了较大的贡献，还有一部分人则是通过其个人努力提高了企业形象和品牌影响力。技术创新人物绝大部分是企业研发部门的管理人员，他们在研发团队中起着至关重要的作用，并且所研发的产品也拥有较高的行业影响力，为企业和社会都带来了一定的经济效应。

资料来源：http://industry.caijing.com.cn/20180515/4452976.shtml。

问题：1. 2018 粤港澳大湾区创新品牌主要有哪些？
2. 粤港澳大湾区创新品牌的影响力是如何表现的？
3. 创新人物 TOP10 的主要业绩是什么？有何具体社会效应？

CHAPTER6　第 6 章

品牌延伸与扩张

教学目标

在品牌的生命周期内会面临着相关品牌的挑战，也会遇到品牌延伸的诱惑和陷阱，企业此时很容易进入误区，从而使品牌的延伸与扩张失败。但是，线上与线下的品牌延伸与扩张作为企业竞争的一个重要手段，已经成为企业核心能力培养的科学途径。通过本章的学习，学生能够掌握品牌延伸的基本概念和过程规律，能为其更进一步认识品牌竞争理论提供思路。

学习任务

通过本章的学习，学生主要掌握和理解：
1. 品牌延伸与扩张的含义及面临的风险
2. 品牌延伸与扩张抵御风险的措施及优势
3. 品牌延伸与扩张的规律及意义
4. 品牌延伸与扩张的注意事项

案例导入

啤酒和品牌延伸

从健康角度讲，啤酒中最重要的是啤酒花。这种柔嫩植物的雌性果序也被作为药物使用，它含有一种充满苦味素以及芳香油的树脂，赋予啤酒以香味、泡沫，使啤酒耐储存，同时具有开胃作用，有利于治疗消化不良和焦躁不安。啤酒花通常被看作具有镇静作用的植物，所以能促进人体的新陈代谢过程。啤酒花于 2007 年在德国被推为"年度药用植物"，人们发现，如将啤酒花泡成啤酒花茶，则其药效强过存在于冷啤酒中的啤酒花。

如果用麦芽代替小麦酿成麦芽啤酒，那么啤酒中几乎含有所有的 B 族维生素；又因酿造时添加酵母，故啤酒中含有叶酸和生物素。此外，啤酒中尚含有抗氧化剂、磷酸、钾、镁等有效物质。

多年来，科学界对啤酒除了饮用外的健康作用做了较为透彻的研究，有的科学家认为，好的啤酒花含有大量的栎皮黄素和一种天然类黄酮，因此具有消炎和一定的防癌作用。

然而有人指出喝啤酒会引起发胖，于是有一种低碳（水化合物）啤酒应运而生，但专家仍然提醒消费者，喝啤酒时升糖指数会增高，主要是酒精造成的问题；酒精本身有许多卡值（喝2升啤酒相当于吃10个小面包的热量），另外还应考虑酒精会数小时之久封锁体内脂肪"燃烧"，因为身体首先会处理酒精的排解问题，然后对付其他代谢过程。对一个体重50千克的女子来讲，这意味着身体需要将近5个小时的时间，才能把半升啤酒分解掉，而在这一时间里，热量便直接供给了臀部。

鉴于上述问题，多年前，丹麦著名的嘉士伯啤酒酿造公司开创了品牌延伸产品"嘉士伯啤酒美容系列"。一种由剃须凝胶、剃须后护理剂和口鼻腔喷剂组成的三件套"八字须膏"啤酒美容产品颇受欢迎，用朴素简约的四分之一升小瓶装。其他美容产品中都含有半升啤酒（瓶子容量也是四分之一升），据酿造师透露，啤酒是经冷冻干燥后制成粉末，掺入皂基或膏剂的。

作为企业，这种品牌延伸属于创意性发展，因为品牌已经存在，利用原来的品牌开拓既省钱又节约时间，当然有时也有潜在风险，甚至会砸了原来苦心经营创造的牌子。

资料来源：http://xmwb.xinmin.cn/html/2017-08/26/content_14_4.htm.

6.1 品牌延伸的概念

品牌延伸作为一种经营战略，在20世纪初就得到了广泛的运用。但是其作为一种规范化的战略理论是在20世纪80年代后才引起国际经营管理学界的高度重视，而这一理论传到我国则已经到了90年代中期。

品牌延伸的概念和背景

1. 品牌延伸的概念

品牌延伸是品牌市场策略的重要方面。对于拥有顾客忠诚的某种品牌来说，怎样才能使品牌保持吸引力，使其能长期受到顾客的青睐和高度的忠诚呢？答案是：应不断追求品牌的合理延伸并准确把握和运用品牌延伸策略。

品牌延伸是指企业将某一知名品牌或某一具有市场影响力的成功品牌扩展到与成名产品或原产品不尽相同的产品上，即凭借现有成功品牌推出新产品的过程。而品牌延伸策略是把现有成功的品牌，用于新产品或修整过的产品上的一种策略；此外，品牌延伸策略还包括产品线的延伸，即把现有的品牌名称使用到相同类别的新产品上，推陈出新，从而推出新款式、新口味、新色彩、新配方、新包装的产品。品牌延伸并非只简单借用表面上已经存在的品牌名称，而是对整个品牌资产的策略性使用。品牌延伸策略可以使新产品借助成功品牌的市场信誉在节省促销费用的情况下顺利进占市场。

当一个企业的品牌在市场上取得成功后，该品牌则具有市场影响力，会给企业创造超额利润。随着企业发展，企业在推出新产品时，自然要利用该品牌的市场影响力，品牌延伸就成为自然的选择。这样不但可以省去许多新品牌推出的费用和各种投入，还通过借助已有品牌的市场影响力，将人们对品牌的认识和评价扩展到品牌所要涵盖的新产品上。

品牌延伸从表面上看是扩展了新的产品或产品组合，实际上从品牌内涵的角度来看，品牌延伸还包含品牌情感诉求的扩展。如果新产品无助于品牌情感诉求内容的丰富，甚至是减弱情感诉求的内容，该品牌延伸就会产生危机。

所以，企业不应只看到品牌的市场影响力对新产品上市的推动作用，而应该分析该产品的市场与社会定位是否有助于品牌市场和社会地位的稳固，即两者是否兼容。

2. 品牌延伸的背景

提出品牌延伸是市场经济的必然结果，理性的品牌延伸策略其目的就是为了增强品牌的竞争实力，是为了持续获取较好的市场销售与企业利润。由于无形资产的重复利用不用成本，只要有科学的态度与高超的智慧规划品牌延伸战略，就能通过理性的品牌延伸与扩张充分利用品牌资源这一无形资产，实现企业的跨越式发展。因此，品牌战略管理的重要内容之一就是对品牌延伸的下述各个环节进行科学和前瞻性规划：

（1）提炼具有包容力的品牌核心价值，预埋品牌延伸的管线；

（2）利用产品与服务的生命周期曲线拐点，抓住时机进行品牌延伸扩张；

（3）在主副品牌分析、设计、试验等方面展开行动，有效回避品牌延伸的风险；

（4）延伸产品如何强化品牌的核心价值与主要联想并提升品牌资产；

（5）品牌延伸中如何成功推广新产品。

3. 品牌延伸的主要表现

（1）品牌成为市场竞争的焦点。随着全球经济一体化进程的加速，国内外市场竞争越加激烈，企业之间的同类产品在性能、质量、价格等方面的差异变得越来越微小，企业的有形营销威力大幅减弱。品牌资源的独占性使得无形品牌成为企业间竞争力较量的一个重要筹码，于是，使用新品牌还是旧品牌成了企业推出新产品时必须面对的品牌决策。

（2）品牌延伸的重要性增强。全球信息化时代的到来，使得技术生命周期缩短，产品的开发、上市、节奏加快，这就导致了一对矛盾：一方面，新产品要得到市场接受并不断扩大市场份额就要培育自己的品牌优势，而品牌培育工程又难以在短期内完成；另一方面，产品生命周期缩短增加了品牌培育的风险和代价，甚至出现品牌刚刚树立却又恰逢产品转入衰退期的尴尬境况。品牌延伸较好地缓解了这一矛盾，并为企业所广泛采用。

(3) 品牌延伸是实现品牌无形资产转移的有效途径。品牌受生命周期的约束，存在导入期、成长期、成熟期和衰退期，品牌作为无形资产是企业的战略资源，充分发挥企业的品牌资源潜能并延续其生命周期便成为企业的一项重大的战略决策。品牌延伸使得企业一方面在新产品上实现品牌资产的转移，另一方面以新产品形象延续了原有品牌的寿命，因而成为企业的现实选择。品牌延伸分裂的定义与实例如表6-1所示。

表6-1 品牌延伸分裂的定义与实例

类别	产品延伸分裂	子品牌分裂	描述性品牌分裂
定义	在同一产品线内，以现有的品牌推出新的产品种类，或者利用现有的品牌推出与现有产品线不同种类的产品	对母品牌的联想加以改进，其中母品牌仍是主要参考框架，而子品牌则可以增加联想、个性和产品类别，延伸到一个有前景的新的细分市场中去	当母品牌形象和资产足够强大，企业需要横跨多个产业进行市场扩张时，对新产品则在主品牌的基础上另外添加功能性的描述语来强调产业或产品类别
实例	(1) 可口可乐推出健怡可口可乐与樱桃可口可乐 (2) 海尔在洗衣机成功的基础上延伸出海尔冰箱、海尔电脑等产品	(1) 百事旗下的百事Twist、百事Blue和百事Code Red，分别吸引不同的目标顾客 (2) 苹果（Apple）给人以强烈的图形设计电脑的联想，为了进入随身听市场，苹果就分裂出了苹果iPod	英国著名品牌Virgin具有"反传统"、风趣和另类的核心价值定位，产品带有创新和挑战者的鲜明个性。该公司采用描述性品牌分裂方式，使得业务领域大大拓展，主要有Virgin航空、Virgin特快专递、Virgin广播、Virgin铁路、Virgin可乐、Virgin牛仔、Virgin音乐甚至Virgin保险套

6.2 品牌延伸的战略与策略

6.2.1 品牌延伸战略

创建强势品牌的最终目的，就是为了持续获取较好的销售与利润，使企业能够持续健康地发展。为了实现企业的跨越式发展，就要充分利用品牌资源这一无形资产，由于无形资产的重复利用是低成本的运作方式，只要有科学的态度与高超的智慧来规划品牌延伸战略，就能实现品牌价值的最大化。

我国企业的品牌战略，很多是借鉴日本等亚洲企业的一些具体做法。最明显的共同点就是，中国企业和日本企业一样，大多采用统一品牌战略，以一个品牌覆盖企业的全部产品，而较少采用品牌延伸战略。

1. 副品牌战略和多品牌战略

品牌延伸战略包括副品牌战略和多品牌战略。副品牌战略是介于一牌多品和一牌一品之间的品牌战略。它是利用消费者对现有成功品牌的信赖和忠诚，推动副品牌产品销售的。品牌延伸战略网络图如图6-1所示。

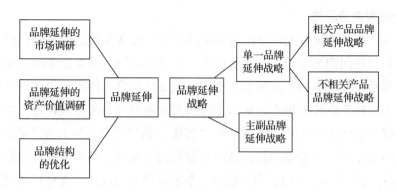

图 6-1　品牌延伸战略网络图

目前华为有两个品牌，华为（HUAWEI）和荣耀（honor），荣耀这个主品牌特色首先是极致，其次是性价比，主要面向年轻人。副品牌包括：华为 V 系列是荣耀品牌的旗舰机，荣耀 8 是科技美学手机，Note 系列是大屏手机，畅玩 6 系列是千元或者百元手机，荣耀畅玩 6X 是千元旗舰。以主品牌展示系列产品社会影响力，而以副品牌凸显各个产品不同的个性形象，是一个成功的案例。副品牌战略减少了品牌延伸的风险，为未来的品牌发展预留了足够空间。同时，主品牌往往不表述商品的功能、特质，副品牌则可以通过高度提炼，产生画龙点睛之效，给品牌的情感诉求及品牌联想留下一定的想象空间。与主品牌相比，副品牌更灵活，限制更少，更能直接与目标市场相吻合，更能迎合消费时尚、体现产品特质，给消费者以强烈的听觉、视觉冲击力，从众多品牌中脱颖而出，在市场中做到"不与竞争者竞争"。副品牌战略在市场营销中确实有着巨大的震撼力。但如何赋予"副品牌"以智慧和灵性，却大有讲究。图 6-2 列出了宝洁品牌延伸范围。

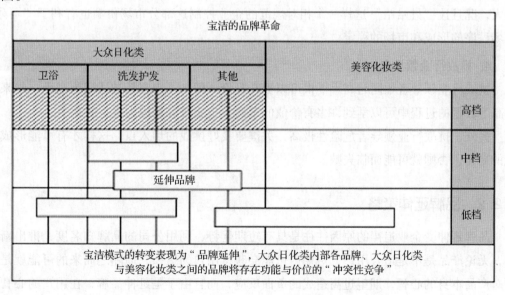

图 6-2　宝洁品牌延伸范围

2. 渠道密集渗透战略

拓展、提升一个品牌首先就要让目标及潜在用户经常见到这个品牌，因为品牌价值最终要归结到用户的购买行为上，而要使用户完成购买行为就首先要降低实施这一行为的成本，这包括心理成本和行为成本，也就是说要让用户比较容易想到并且熟悉、购买产品的时候少一些不信任和担心，从而实现购买意愿到行为的尽快转化。而要达到这种效果就需要强有力的渠道支持，特别是要"密集"销售终端，加大对区域市场的渗透。

自 2014 年起，李宁开始发力打造新的平台和商业模式，其中最核心的就是"渠道复兴计划"，该计划耗资高达 14 亿～18 亿元，李宁希望通过改造，彻底摆脱过去传统的批发业务模式而转为零售业务模式。为了优化渠道，李宁淘汰了部分经销商，也关闭了大量门店，回购、整合销售渠道，加大直营店的布局。2017 年，李宁已经能够做到部分产品品牌从识别需求到摆上货架只需三四周，接下来会更大范围地推开品牌。

3. 搭乘"便车"

搭乘"便车"就是要善于通过借势来提升品牌，把前期开拓和最为艰苦的事情让别人去做，而自己依靠个体优势去摘别人的已有成果。"便车"策略较适于中小企业快速、灵活、有弹性的特点。面对新机会可以快速切入，而不必过分考虑新市场的进入是否沿袭了其以往风格，会不会对其他产品产生消极影响。

"非常可乐"在一定程度上就搭了"可口可乐"的"便车"，依托于"可口可乐"已经开拓出的庞大的"可乐"消费群和市场基础，加之"民族"诉求和有针对性的渠道渗透使其很快树立起自己的品牌。而且从另一个角度讲，只要"非常可乐"的市场份额和生存空间控制在一定的限度内，"可口可乐"不会倾力打压，因为以"可口可乐"的市场份额和市场容量，在全国范围内打压"非常可乐"的资金成本损失要远比丢失的市场份额损失大，况且让"娃哈哈"这样一个相对规范的企业控制这部分市场份额也有利于"可乐"市场秩序的形成和市场的稳定。

4. 挑战行业领导者

挑战行业领导者如同与高手下棋可以提升身价一样，一来容易被认同为高手，二来在与高手较量的过程中可以学到许多有价值的东西，也比较容易成为真正的高手。

另外，挑战行业领导者危险性极高，关键要找好挑战的切入点，这样才有可能形成双赢的局面，否则就可能面临失败。

6.2.2 品牌延伸策略

品牌延伸受企业追捧的原因往往是具有短期优势，利用公司的品牌知名度，推出新产品，无论产品是不是适合用户，短期内可能会获得用户的追捧，但随之而来的可能就是用户对产品本身的心智，期望过高造成的负面反应，而且由于是延伸品牌，在用户的心智中产品没有独立的地位，很容易被人遗忘，更会模糊对原品牌的定位。所以对延伸策略进行研究十分重要。

1. 根据品牌延伸方向划分品牌延伸策略

根据品牌延伸方向可以把品牌延伸策略划分如下

（1）在产业上延伸。从产业相关性上分析，可向上、向下或同时向上向下延伸；采取这种延伸方式，为材料来源、产品销路提供了很好的延伸方式。

另外是产业平行延伸，一般适应于具有相同（或相近）的目标市场和销售渠道，相同的储运方式，相近的形象特征的产品领域；这样一方面有利于新产品的行销，另一方面有利于品牌形象的巩固。

（2）在产品质量档次上延伸。它包括以下三种延伸方法。

1）向上延伸，即在产品线上增加高档次产品生产线，使商品进入高档市场，不同档次品牌延伸策略如图6-3所示。

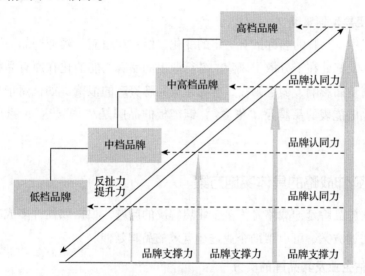

图6-3 不同档次品牌延伸策略

2）向下延伸，即在产品线中增加较低档次的产品。利用高档名牌产品的声誉，吸引购买力水平较低的顾客慕名购买这一品牌中的低档廉价产品。如果原品牌是知名度很高的名牌，这种延伸极易损害名牌的声誉，风险很大。

3）双向延伸，即原定位于中档产品市场的企业掌握了市场优势以后，决定向产品线的上下两个方向延伸，一方面增加高档产品，另一方面增加低档产品，扩大市场阵容。

（3）其他相关延伸，也叫发散法延伸。这对于刚成长起来的品牌非常有意义。它包括四层含义：一是单一品牌可以扩散延伸到多种产品上去，成为系列品牌；二是一国一地的品牌可扩散到世界，成为国际品牌；三是一个品牌再扩散衍生出另一个品牌；四是名牌产品可扩散延伸到企业上去，使企业成为名牌企业。

2. 根据品牌延伸的内容划分品牌延伸策略

根据品牌延伸的内容可以把品牌延伸策略划分如下。

（1）品牌推出改进型新产品策略。改进型新产品与原产品属同一产品线，故其相关性很大。在原有品牌的基础上加上说明产品属性的文字，既能借原有品牌迅速提高认知度，又能够突出新产品的个性。但弊端在于如果市场细分不明确，很可能会稀释原有产品的市场利润。

（2）品牌的直接延伸策略。这种策略是将原有的品牌原封不动地直接用在延伸产品上。这种方法虽简单易行，但仅适用于与原品牌联系非常紧密的产品，如"高露洁"牙膏和"高露洁"牙刷；反之，像"娃哈哈"那种做法是极其危险的。

（3）原有品牌与单个同类型新产品的名称相结合的策略。如"海尔"冰箱的"大王子""小王子""双王子"系列，"康师傅"方便面的"珍品""家常""大排档"系列。这种延伸方式除具有第二种方式的优点外，而且由于它的分类是建立在较为准确的市场细分的基础上的，因而对原有产品市场的影响较小。

3. 品牌的变异延伸策略

在这一方式中，品牌的名称虽有一定的变化，但它却适应了延伸产品与原有品牌产品联系减弱的现实，好处在于分散了风险，各行业上的品牌均能消化在原有品牌的名下而又不至于给其带来负面影响，弱点则在于容易造成品牌资产的浪费。如杭州华立集团有限公司，其主导产品电能表的品牌是"华立"，铜箔板的品牌是"华立达"，家用电器的品牌是"HOLLEY"。

6.2.3 品牌延伸战略的具体实施方案

如何正确实施品牌延伸战略是很多企业想解决的问题，根据以往许多成功的方案概括出了以下一套普遍方案，可以帮助企业进行有效的品牌延伸。

1. 科学评估企业及其品牌的实力

从企业品牌延伸的经验中我们发现，事实上并不是每个企业都有能力进行品牌延伸战略的，对一个企业来说，只有当品牌具有足够的实力时，才能保证实施品牌延伸战略的成功，如果企业在没有多少知名度和美誉度的品牌下不断推出新产品，这些新产品就很难获得品牌伞效应，因而这样与上市新品牌几乎没有什么区别，因此，科学评估企业及其品牌的实力是实施品牌延伸战略的起点。

2. 正确概括现有品牌的价值内涵

对于要进行品牌延伸战略的企业来说，只有深入地了解品牌的价值内涵，才能防止品牌淡化稀释现象的产生；反之，越是品牌延伸推出新产品，越是能强化品牌的知名度和美誉度。根据企业品牌的价值内涵和企业现有的自身状况（生产、技术、销售等方面），并加以市场调查，正确选择企业要新进入的行业及要推出的新产品。

3. 注重市场信息反馈

新产品的试制、试销，通过市场反馈确认消费者对新产品的接受程度。根据市场反馈信息，不断改进新产品的价格和性能，从而向市场大量推出新产品。

4. 收集相关信息

企业内部讨论这次利用品牌延伸策略推出新产品取得成功或失败的原因并备案，为企业下一次利用品牌延伸策略推出新产品做铺垫。

6.3 品牌延伸的风险及防御

品牌延伸策略运用得当，可以使品牌增值，也会为企业营销活动带来许多方便和利益，倘若品牌延伸策略把握不准或运用不当，会给企业带来诸多方面的危害。因此企业在运用品牌延伸策略时，要谨防发生对企业经营活动产生的不利影响，避免损害企业利益的品牌运用风险。

6.3.1 实施品牌延伸战略的风险

1. 损害原有品牌形象

当某一类产品在市场上取得领导地位后，这一品牌就成为强势品牌，它在消费者心目中就有了特殊的形象定位，甚至成为该类产品的代名词。将这一强势品牌进行延伸后，由于近因效应（即最近的印象对人们认知的影响具有较为深刻的作用）的存在，就有可能对强势品牌的形象起到巩固或减弱的作用。如果品牌延伸运用不当，原有强势品牌所代表的形象信息就会被弱化。例如 2013 年，联想电脑销售量升居世界第一，成为全球最大的 PC 生产厂商。2014 年 10 月，联想集团宣布该公司已经完成对摩托罗拉移动的收购。2015 年 8 月 27 日，联想移动总裁陈旭东宣布，除神奇工场之外的所有联想移动业务都将并入 2014 年年初收购的摩托罗拉，这意味着，今后再无联想品牌的手机。

2. 有悖消费心理

一个品牌取得成功的过程，就是消费者对品牌的特定功用、质量等特性产生的特定心理定位的过程。企业把强势品牌延伸到和原市场不相容或者毫不相干的产品上时，就有悖消费者的心理定位。以海尔在药用产品业务的品牌延伸为例。1996 年 11 月，海尔药业成立，当时依靠一款名叫"采力"的保健品，海尔药业的销售规模迅速超过了 1 亿元。但好景不长，"采力"在 1997 年的短暂辉煌后市场出现疲软并迅速衰落。这类不当的品牌延伸，不但没有什么成效，而且还会影响原有强势品牌在消费者心目中的特定心理定位。

3. 容易形成此消彼长的"跷跷板"现象

当一个名称代表两种甚至更多有差异的产品时，必然会导致消费者对产品的认知模糊化。当延伸品牌的产品在市场竞争中处于绝对优势时，消费者就会把原强势品牌的心理定位转移到延伸品牌上。这样，就无形中削弱了原强势品牌的优势。这种原强势品牌和延伸品牌竞争态势此消彼长的变化，即为"跷跷板"现象。

4. 株连效应

将强势品牌名冠于别的产品上，如果不同产品在质量、档次上相差悬殊，就使原强势品牌产品和延伸品牌产品产生冲击，不仅损害了延伸产品，还会株连原强势品牌。比如，把高档产品品牌用在低档产品上就有可能产生灾难性后果。

5. 淡化品牌特性

当一个品牌在市场上取得成功后，其在消费者心目中就有了特殊的形象定位，消费者的注意力也集中到该产品的功用、质量等特性上。如果企业用同一品牌推出功用、质量相差无几的同类产品，就会使消费者晕头转向，该品牌特性就会淡化。"金利来，男人的世界"这句耳熟能详的广告语把品牌定位表达得简洁明了。然而，当精巧"金利来"女用皮包上市后，就模糊了品牌的定位，它不仅削弱了品牌原有的男子汉的阳刚之气，也没有赢得女士的欢心。这就是品牌延伸不当所带来的品牌淡化效应。

6. 产品定位与品牌定位的差异化

在品牌延伸中，如果破坏了品牌定位中核心价值的一致性，就会降低品牌的市场影响力。若在品牌延伸中不与该品牌定位一致，会动摇人们心目中对该品牌的思维和情感定式，随着这种状况的持续，自然给公众传达了不利于该品牌的混乱信息，相应地该品牌的市场影响力就会降低，严重时会危及该品牌的市场地位。

7. 品牌延伸的不一致性

品牌延伸应尽可能避免在类别差异性比较大的产品间进行；在同类产品间延伸时也要注意品牌的市场和社会定位，如果该品牌具有很强的市场影响力，而且品牌和产品已画等号时，就应慎重考虑将该品牌延伸到其他同类产品上。

8. 品牌延伸时把握不准产品种类、数量的适度性

虽然延伸产品可能保持了与品牌核心价值的一致性，但若不注意量的限制也可能会影响品牌的市场影响力，因为品牌所涵盖的产品过宽会造成管理上的不方便，其中任何一个产品问题的出现都会导致对品牌形象的损害，而且不同产品毕竟在定位上还是有一定差异性的，因此会或多或少地冲淡或影响人们心目中对该品牌的思维和情感定式。

6.3.2 防御品牌延伸风险的措施

品牌延伸的风险是客观存在的，既有来自市场诉求方面的影响，也有企业自身在实施中的策略问题。

1. 不轻易动摇原有品牌的定位

只要是知名品牌，一般都是在市场定位上获得成功的品牌。市场定位实际上是指品牌在消费者心目中所占据的位置，它有两层含义：一是作为产品的代名词；二是体现产品特征。例如，"飘柔"二字在人们的潜意识中已经成了洗发水的代名词，而且是高档次的洗发用品。由此可见，"飘柔"这一品牌在消费者心目中已占据很高的位置，这正是品牌定位所追求的最高境界。

所以，当一个品牌成为定位准确、个性鲜明的著名品牌以后，它的名称便蕴含着某种感情色彩。这时，品牌名称的意义除了代表产品以外，还给消费者留下一些印象、一种感觉、一点暗示，这便是品牌的个性特征。企业在实施品牌延伸策略时应注意不要轻易动摇原有品牌的定位，也即应强化这种品牌的个性，使品牌个性变得更加清晰。

2. 不轻易打破消费者的心理定式

这既是经济学上的科学判断，也是个心理学上的艺术技巧。企业在品牌延伸之前要研究消费者心理、洞悉消费者行为。

以北京日化二厂为例，其厂在推出"金鱼"洗涤灵之后，又推出了"金鱼"领洁净，而后竟然推出"金鱼"洁厕灵。如果说"金鱼"领洁净消费者还可以勉强接受的话，那么把洗碗的洗涤灵和刷厕所的洁厕灵同叫"金鱼"，消费者心里就会有一种异样的感受。

3. 不轻易丢掉老顾客

从更深的层面分析，企业真正的无形资产是顾客对品牌的忠诚度。如果没有忠诚的品牌消费者，品牌不过就是一个普通的商标或一个识别标记。国外许多研究资料表明，品牌价值与忠诚度密切相关，企业保有一个消费者的费用仅仅是吸引一个新的消费者所需花费的1/4。

6.4 品牌延伸的规律

6.4.1 品牌延伸的时机选择

长虹手机、美的电工、国美地产、春都养猪场、格兰仕空调、红塔山地板、娃哈哈童装、王老吉固元粥……这些失败案例发人深省，它们最终的结局是推出时轰轰烈烈，然后淹没在茫茫的品牌大海之中，其中时机选择不当也是失败的重要原因。所以，成功的品牌延伸往往要选择好延伸的时机，在以下几种情况下，可以考虑品牌延伸：

（1）当延伸产品和同类产品很相似时，如碳酸饮料产品品牌延伸到固体饮料产品品牌；

（2）当多种品牌很重要时，当在不同品牌间转换的消费行为不可避免时，则适合提供不同品牌价值的数种品牌；

（3）当多类品牌明显是消费者所需要，即当消费者希望感受多种不同选择时，则不适合一个品牌只出一种品类。

当上述条件都符合，企业就应考虑如何进行品牌延伸，发展这个品牌家族系列（见

图6-4)。无可否认,成功的品牌延伸能使品牌放大、增势,进而使品牌资产得到充分利用,并在利用中增值,但品牌延伸毕竟有许多陷阱,存在很多潜在的风险。因此,企业必须从长远发展的战略高度审视品牌延伸,切不可只因眼前利益而不顾时机、不考虑延伸条件和可行性,盲目地在新产品上扩用成功品牌。在做出品牌延伸决策时要理智地权衡利弊得失,采取科学、合理及有效的方法规避风险,确保品牌延伸成功。

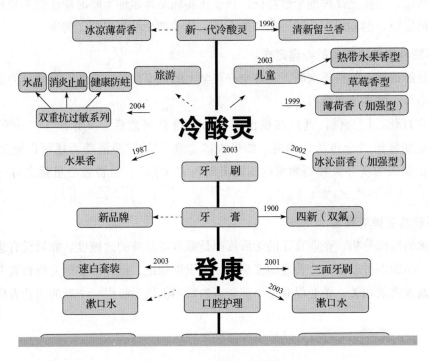

图6-4 牙膏品牌延伸图解

一个成功的品牌有其独特的核心价值,若这一核心价值与基本识别能包容延伸产品,就可以大胆地进行品牌延伸。这就意味着:品牌延伸应以尽量不与品牌原有核心价值与个性相抵触为原则。几乎所有的品牌延伸案例都可以从是否遵循这一规律找出成败的根本原因。

6.4.2 品牌延伸的规律

品牌延伸对企业而言,既可能是获利颇丰的好事,也可能出现难以逆转的危机。未经理性决策和操作不够科学稳健的品牌延伸是很危险的。若对不可延伸的品牌进行延伸,或延伸到不应延伸的领域,自然风险很大,有掉入"深渊"的危险。要有效回避品牌延伸风险,并大力发挥品牌延伸的作用使企业迅速登上新台阶,必须先对是否可以品牌延伸、延伸到哪些领域做出正确决策。品牌延伸决策要考虑的因素有:品牌核心价值、新老产品的关联度、行业与产品特点、产品的市场容量、企业所处的市场环境、企业发展新产品的目的、市场竞争格局、企业财力与品牌推广能力等。在上述众多因素中,品牌核心价值与基本识别又是最重要的,其他都是第二位的,有的根本就是在考虑品牌核心价值与个性时派生出来的。总之,品牌延伸的规律可以归纳为以下六条。

1. 品牌核心价值的相容性是根本

在品牌延伸的论述中,最常见的是"相关论",即门类接近、关联度较高的产品可共用同一个品牌,如娃哈哈与雀巢品牌延伸成功可以从品牌麾下的产品都是关联度较高的食品饮料的角度来解释。其实关联度高只是表象,关联度高导致消费者会因为同样或类似的理由而认可同一个品牌才是实质。品牌延伸中的关联度如图6-5所示。

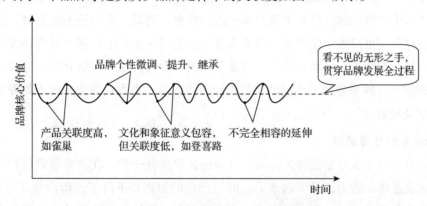

图6-5 品牌延伸中关联度

"关联度高就可以延伸"的理论一遇到完全不相关的产品成功共用同一个品牌的事实就显得苍白无力。比如以杉杉为代表,股票上市后大举进军投资、锂电池、金融、高科技等多元化产业。同时,雅戈尔和温州的一批知名企业如报喜鸟、庄吉、七匹狼不约而同地把多元化产业瞄准房地产。许多关联度较低甚至风马牛不相及的产品共用一个品牌居然也获得了空前成功,这说到底是因为品牌核心价值能包容表面上看上去相去甚远的系列产品。登喜路、都彭、华伦天奴等奢侈消费品品牌麾下的产品一般都有西装、衬衫、领带、T恤、皮鞋、皮包、皮带等,有的甚至还有眼镜、手表、打火机、钢笔、香烟等跨度很大、关联度很低的产品,但它们却能共用一个品牌。因为这些产品虽然物理属性、原始用途相差甚远,但都能提供一种共同的效用,即身份的象征,能让人获得高度的自尊和满足感。购买"都彭"打火机的人所追求的不是点火的效用,而是感受顶级品牌带来的无上荣耀,买都彭皮包、领带也是为了这份"感觉"而不是追求皮包、领带的原始功能。此类品牌的核心价值是文化与象征意义,主要由情感型与自我表现型利益构成,故能包容物理属性、产品类别相差甚远的产品,只要这些产品能成为品牌文化的载体。

2. 新老产品之间有较高的关联度

关联度较高、门类接近的产品可共用同一个品牌,关联度高导致消费者会因为同样或类似的理由而认可并购买某一个品牌才是实质,可以说,这是品牌核心价值派生出来的考虑因素。

当行业与产品特点即品牌的技术与质量保证是消费者与客户购买产品的主要原因时,

品牌就可以延伸，而个性化、感性化的产品则很难进行品牌延伸。

相对而言，当品牌的质量保证是消费者与客户购买产品的主要原因时，品牌可延伸于这一系列产品，如电器、工业用品；可细分、个性化、感性化和细腻化的产品很难与别的产品共用同一品牌。

3. 品牌延伸要充分考虑企业的资源能力

品牌专家对汽车公司推广多个品牌的做法多有微词，甚至抨击国内一些汽车企业的品牌延伸问题。其实这是一种误解，首先汽车是差异性很大的产品，可以明显细分出不同的市场，需要多个个性化的产品品牌吸引不同的消费群。同时，我们还不能忽视，汽车的价值很高，支撑得起推广多个品牌的巨额成本开支也是汽车业能推广多个品牌的原因。而快速消费品市场则较少进行品牌延伸，一方面是因为行业与产品易于细分化，可以通过"性格迥异"的多个品牌来增加对不同消费群的吸引力，另一方面是因为其拥有雄厚财力和很强的品牌营销能力。

4. 竞争者的品牌策略

当主要竞争对手也开始品牌延伸时，延伸的风险就会中和。在很多品牌延伸中，尽管新产品在成名品牌的强力拉动下起来了，但原产品的销售却下降了，即产生了"跷跷板"效应。娃哈哈的品牌延伸之所以基本未出现此类现象，除娃哈哈品牌核心价值能包容新老产品外，其在儿童乳酸奶行业旗鼓相当的对手乐百氏也在做类似的品牌延伸也是重要因素。

5. 企业发展新产品的目的

如果企业发展新产品的目的仅仅是发挥成功品牌的市场促销力，"搭便车"卖一点儿，那么就算不符合品牌延伸的一些基本原则也可以延伸。不过在操作时，新产品应尽量少发布广告，以免破坏品牌的原有个性。

6. 进入市场空当与无竞争领域则容易成功

企业所处的市场环境与企业产品的市场容量也会影响品牌决策，有时甚至会起决定性作用。同一个品牌用于各种产品，这与其成长的市场环境有关，任何一个行业的市场容量都十分有限。也许营业额还不够成功推广一个品牌所需的费用，所以更多的是采用"一牌多品"策略。而竞争格局对品牌延伸决策的影响也很大，延伸产品的市场竞争不激烈，不存在强势的专业大品牌，那么就可以大胆地进行品牌延伸，反之则不宜进行品牌延伸。

6.4.3 品牌延伸的竞争优势

品牌延伸是企业推出新产品，快速占有并扩大市场的有力手段，是企业对品牌无形资产的充分发掘和战略性运用，因而成为众多企业的现实选择。

（1）品牌延伸可以加快新产品的定位，保证企业新产品投资决策迅速、准确并尽快获得收益。尤其是开发与本品牌原产品关联性和互补性极强的新产品时，它的消费与原产品完全一致，对它的需求量则与原产品等比例增减，因此它不需要市场论证和调研，原产品逐年销售增长幅度就是最实际、最准确和最科学的佐证。由于新产品与原产品的关联性和互补性，它的市场需求量也是一目了然的。

因此它的投资规模和年产量是十分容易预测的，这样就可以加速决策。一般说来，很少有消费者对某一品牌忠诚到对其他品牌充耳不闻的程度。截获这些品牌转换者的唯一办法就是进行品牌延伸，为目标市场提供几种品牌。一个消费者熟知的品牌容易得到认可，一个得到认可的品牌容易为经营者打开市场，赢得较高的市场占有率，从而扩大了企业的产销能力，发展了规模经济，实现了企业收益最大化。

(2) 品牌延伸有助于减少新产品的市场风险。新产品推向市场首先必须获得消费者的认识、认同、接受和信任，这一过程就是新产品品牌化。开发和创立一个新产品需要巨额费用，不仅新产品的设计、测试、鉴别、注册、包装设计等需要较大投资，而且新产品和包装的保护更需要较大投资。此外，还必须有持续的广告宣传和系列的促销活动。这种产品品牌化的活动旷日持久且耗资巨大，它往往超过直接生产成本的数倍、数十倍。如五粮液踌躇满志地投资100亿元做电脑芯片，但经投资调研和专家力谏，最终决定项目下马，改换战略，酒醒时分发觉，毕竟造芯与造酒完全是两回事。品牌延伸，是新产品一问世就已经品牌化，甚至获得了知名品牌赋予的勃勃生机，这可以大大缩短消费者认知、认同、接受、信任的过程，极为有效地防范新产品的市场风险，并且可以节省数以千计的巨额开支，有效地降低新产品的成本费用。

(3) 品牌延伸有益于降低新产品的市场导入费用。在市场经济高度发达的今天，消费者对商标的选择，体现在"认牌购物"上。这是因为很多商品带有容器和包装，商品质量不是肉眼可以看透的，品牌延伸使得消费者对品牌原产品的高度信任感，有意或无意地传递到延伸的新产品上，促进消费者与延伸的新产品之间建立起信任关系，大大缩短了市场接受时间，降低了广告宣传费用。同时，品牌延伸有利于提高品牌家族的投资效应，因为对同一品牌进行广告、宣传投资就意味着对企业所有产品进行产品宣传投资；反之，只要对任何一个产品进行广告、宣传或促销投资，都意味着对企业核心品牌的推广，因而企业可借品牌延伸实现低成本扩张，达到品牌家族节约化的投资目标。

(4) 品牌延伸有助于强化品牌效应，增加品牌这一无形资产的经济价值。品牌原产品起初都是单一产品，品牌延伸效应可以使品牌从单一产品向多个领域辐射，就会使部分消费者认知、接受、信任本品牌的效应，强化品牌自身的美誉度、知名度，这样品牌这一无形资产也就不断增值。消费者对新产品的接受有一个过程，企业利用品牌延伸策略，推出新产品，消费者由于对原有品牌的认识，会缩短对导入期"产品认知"的过程，即品牌伞效应。因为原有的成功品牌在市场中确立了良好的知名度和美誉度，这种品牌形象为新产品的市场营销提供了强有力的信任支持，这样，品牌延伸下的产品就更容易为消费者所认可和接受。因此品牌伞效应不仅有利于新产品的迅速推广，而且还有利于节省新产品推广所需的广告宣传促销费用。

（5）品牌延伸能够增强核心品牌的形象，能够提高整体品牌组合的投资效益，即整体的营销投资达到理想经济规模时，核心品牌的主力品牌都因此而获益。成功的品牌延伸能为消费者提供更完善的选择，能为企业提高产品的市场占有率。品牌延伸下的新产品扩大了原有品牌的产品组合，可为消费者提供更多的选择和需求满足，这样一方面有利于广大消费者认识到企业品牌在时间推移过程中一直在不断创新，而非保守性老化，这种创新认识势必进一步强化市场对企业品牌的良性认知，并趋于形成极具新内涵的价值品牌形象；另一方面由于推出的新产品能有效地满足市场的现时需求，又进一步强化了品牌与消费者之间的关联性，经由这种品牌活力创新效应，增强了品牌的整体竞争力。

综上所述，我们对品牌延伸战略有了一个全面的了解，但是对于每个企业来说，其自身的环境又各不相同。特别是一些致力于品牌延伸的企业，都把注意力放在新消费群体上，在吸引新客户时却忽略了维系老主顾，结果顾此失彼。所以，企业应站在更高的角度正视自己，不可盲目使用品牌延伸战略，在运用品牌延伸战略时，也要时刻注意外部环境的变化，注意各种陷阱，才能在市场竞争中乘风破浪，在竞争中取胜。

6.5 品牌的扩张

21世纪是品牌纵横的世纪，品牌已成为企业最有潜力的资产，品牌扩张成为企业发展、品牌壮大的有效途径。众多企业利用品牌扩张增加销量、壮大企业，获得了很好的经济效益和社会效益。然而，也有一些企业在品牌扩张方面盲目运作，缺少策略，出现了不利于企业发展、品牌发展的不良影响，反为其所困、伤痕累累。品牌扩张是一门科学、一种技术，也需要技术手段。

6.5.1 品牌扩张概述

品牌扩张是一个具有广泛含义的概念，它涉及的活动范围比较广，但具体来说，品牌扩张指运用品牌及其包含的资本进行发展、推广的活动。品牌扩张也是品牌的延伸，包括品牌资本的运作、品牌的市场扩张等内容，也具体指品牌的转让、品牌的授权等活动。品牌扩张是指现有品牌进入完全不相关的市场，如中国春都从火腿肠到饮品市场，娃哈哈从儿童饮品到老年人饮品、老年人保健品，甚至其他行业产品，等等。

6.5.2 品牌扩张的原因

经济学研究资源的合理配置与利用，只有配置合理，才能充分发挥资源的效用。品牌作为企业重要的资源，企业应该充分、合理地利用它，使它发挥最大的经济效益。在研究品牌资源合理利用的时候，企业就不得不研究品牌扩张，品牌扩张的原因如下。

1. 品牌扩张的消费者心理基础

消费者使用某个品牌产品或接受某种服务并获得了满意的效果后，就会对此种品牌形成评价，形成良好的消费经验，并把这种经验保留下来，影响其他消费行为。尤其是消费者在消费某一名牌并获得了满意后，会形成一种名牌的"光环效应"影响这一品牌下的其他产品或服务。例如，人们购买了李宁牌运动鞋，经过使用并获得了满意（认为其质量好、保护脚等），由此人们会对其他款式的李宁鞋产生好感，对李宁牌的其他产品如运动服、体育器材等也心存好感，并影响人们将来对此类产品的消费行为。中国有句成语"爱屋及乌"便说明了这种心理效应。

2. 企业实力的内在驱动

从企业内部讲，企业发展到一定阶段，积累了一定的实力，形成了一定的优势，如企业积累了一定的资金、人才、技术、管理经验后，就为品牌扩张提供了可能，也提出了扩张要求。特别是一些名牌企业，它们一般具有较大的规模和较强的经济实力，这为实行品牌扩张提供了条件。在企业实力的推动下，企业主动地进行品牌扩张，以充分利用企业资源，在这方面的表现主要是利用品牌优势，扩大产品线或控制上游供应企业，或向下游发展，或是几者的综合，众多企业在积累了一定的实力后，纷纷采用品牌扩张的战略。

2017 年 5 月 16 日，中国连锁经营协会发布"2016 年中国连锁百强榜单"。2016 年连锁百强销售规模 2.1 万亿元，同比增长 3.5%。门店总数 11.4 万余个，同比增长 5.9%。在 2016 年中国连锁百强榜单中，苏宁云商以 1 735 亿元的销售额名列第一，国美电器、华润万家分别以 1 646 亿元、1 034 亿元的销售额位列第二和第三，康成投资（大润发）、沃尔玛、山东商业集团、联华超市、重庆商社、百胜中国、永辉超市等抢占前十。从 2013 年到 2016 年的百强榜单的前三名，都是品牌扩张战略明显的苏宁云商、国美电器、华润万家三家轮流上榜。

3. 市场竞争下的品牌扩张

企业的生存与发展是在市场竞争中进行的。品牌的生存发展也同样摆脱不了市场竞争。市场竞争的压力常会引发品牌扩张的行为，市场竞争压力下的品牌扩张主要指由于竞争对手在某些方面做出了调整，或进行了品牌延伸或市场扩大，而迫使企业不得不采取相应对策，进而采取相应品牌扩张措施。竞争对手的品牌扩张使其实力增强、规模扩大或发生了其他有利于竞争的变化。例如麦当劳由美国走向世界进行全球性的品牌扩张，其销售额、利润都获得了巨大增长，品牌知名度也在世界范围打响。作为其主要竞争对手的肯德基在这种竞争态度下也必须采取相应的措施，开展品牌扩张战略。肯德基必须进行全球扩张，以抵御麦当劳实力增长给其带来的竞争压力，否则，肯德基便会在这场竞争中处于下风，并可能导致自身的失败。另外，这种现象还存在于可口可乐公司与百事可乐公司的竞争中，双方针对性的扩张措施层出不穷。

企业产品竞争的市场集中度很高时，各竞争者间势均力敌，并形成了一种僵持状态，此时企业若想再提高市场占有率就有很大困难，而常用的市场竞争方法——广告战、价格战不仅耗损巨大，而且收效甚微，甚至还会造成"两败俱伤"的局面。于是，企业就在这种竞争压力下，采取品牌扩张的方法转而进入其他行业、其他项目，以图发展。世界最大的摄影器材公司——美国柯达公司长期以来占据着世界胶卷市场90%以上的市场份额。但后来在日本胶卷的冲击下，其市场占有率有所下降，柯达与日本富士公司大打"胶卷大战"的同时，经营方向开始向摄影范围以外转移，进行品牌扩张，1997年，柯达公司收购了王安电脑公司的软件部，希望通过在这一新行业的扩张，企图寻找企业的新增长点。但是，公司抱残守缺，颓势已定。2011年1月19日，美国柯达公司已经正式依据美国《破产法》第11章提出破产保护申请。

4. 外界环境压力下的品牌扩张

企业是在一定的外界环境中生存发展的，外界环境会对企业的发展、品牌的扩张产生重大影响，外界环境造成的压力常常也是企业进行品牌扩张的原因之一。企业生存的外部环境主要指影响企业的宏观环境，如政治环境、自然环境等，这些因素对企业来说是不可控的，某一环境因素的变化都可能导致企业进行适应性变革，这些变革很多是品牌扩张的内容。

2017年3月14日，神州数码并购广东启行教育科技有限公司。神州数码认为，此次收购启行教育，将助推公司"云＋教育"战略的承载落地，神州数码未来将围绕"云＋教育"复合发展模式进行深耕发展；有利于上市公司借助启行教育在高校合作方面的教育资源，推动神州数码智慧校园战略业务的落地和实施。

但在业内人士看来，收购启行教育品牌对于现有业务的协同作用很弱。教育咨询机构对于IT方面需求迫切度不高，附加值很低。而且，神州数码并未拥有用户流量可以接入启行教育，来支撑其业务发展。

5. 产品生命周期的运行规律

企业的产品总有一个生命周期，对于企业来说这是不容回避的现实。在产品生命周期的成熟期或衰退期时，市场需求停止增长并开始下降，这时企业应考虑如何推出新产品或进入新的市场领域，从而避免产品生命周期给企业带来的灾难。实际上，当企业产品处于成熟期或衰退期时，企业就开始考虑品牌扩张，希望通过品牌扩张推出新产品或转入新行业，从而使企业或品牌继续生存和发展下去。另外，科技的进步，使一些产品的生命周期大大缩短，这更需要企业提早准备，积极进行品牌扩张。联想集团曾以联想汉卡称霸国内市场多年，但随着技术的进步，汉卡的体积越来越小，最后因被集成在芯片上而走到生命的尽头。联想集团较早地看到了这一点，在汉卡销售正旺时就着手研制自己的电脑，当汉卡市场萎缩时联想电脑已成为企业的第二代拳头产品了。产品生命周期的要求使企业积极进行品牌扩张，从而保持一种良好的发展势头。

6. 企业规避经营风险的需要

企业的经营常会遇到各种风险，其中一种便是单一的产品、项目或业务经营的失败给企业带来的致命打击。也就是说，对于单项经营的企业来说，此项业务的失败，会使企业唯一的经营活动失败，从而给企业带来严重的损失。由此，众多企业在发展中往往采用品牌扩张的策略，进行多元化经营，从而规避经营风险。实施品牌扩张，能够保证企业平稳发展。美国吉列公司前任董事长勒克勒在1978年出任总经理时就提出："本公司不应再以刀片当唯一的事业了。"于是，吉列公司在继续研制新型剃刀的同时，大刀阔斧地进行了品牌扩张，企业经营转向了化妆品、医药及生活用品等多个方面，并在这些行业中取得了成功。在2017年财报中，四川长虹将自己描述为"一家集综合家电、IT数码、部品材料、精益制造服务、新能源等业务为一体的全球化科技企业"。这样的描述，也使得这家公司看上去就像是多元产品的杂烩，市场无从得知四川长虹未来到底能提供什么样的真正有竞争力的品牌产品和服务。

正是基于以上种种原因，众多大企业积极地开展品牌扩张，品牌扩张已成为其发展战略的核心。

6.5.3 企业品牌扩张的价值

在市场经济不断发展的今天，品牌代表着企业拥有的市场份额，在一定程度上也代表着企业的实力。品牌需要培养，需要耐心、勇气、财力、物力多方面长时间的投入。如何对现有品牌进行开发和利用，更好地发挥品牌的作用，是企业经营战略中不可或缺的课题。实际上利用品牌资源实施品牌扩张，已成为企业发展的核心战略，也是企业界常用的对于名牌进行开发利用的策略。众多企业正是因为成功地运用了品牌扩张策略才取得了市场竞争的优势地位。从已有的实践来看，品牌扩张对企业的意义主要体现在以下几个方面。

1. 优化资源配置，充分利用品牌资源

品牌是企业重要的资源，企业在发展品牌战略中可能会出现这样那样的问题，比如，品牌资源闲置、品牌价值低估等，遇到这样的情况，品牌扩张战略正可以促进资源合理利用，增强企业实力。比如，针对品牌资源闲置，可以搞对外扩张、特许经营、品牌延伸等，从而达到有效、充分利用企业品牌资源的目的。世界著名的时装品牌如香奈儿、范思哲、阿玛尼等，都具有极高的知名度、美誉度、信任度和追随度，若它们只在服装领域里开拓，而不进入相关产品领域，则消费者对其的忠诚、赞誉便会在无形中损失，这些是企业宝贵的品牌资源。

2. 借助品牌忠诚，减少新品入市成本

据心理学对消费者的研究，消费者往往具有某种忠诚的心理，即在购买商品时，多次表现出对某一品牌的偏向性行为反应。这种忠诚心理，为该品牌新产品上市扫清障碍并提供了稳定的消费者群体，从而保证了该品牌产品的基本市场占有率。因此，当企业进行品牌扩张，对新产品以同一品牌投放市场时，就可以利用消费者对该品牌已有的知名度、美誉度、信任度及忠诚心理，以最少的广告、公关、营业促销等方面的投入，迅速进入市场，提高新产品的开发、上市的成功度。品牌扩张常利用已有品牌及产品的美誉度、知名度、追随度来提携新产品，为新产品上市服务。青岛海尔集团在空调、冰箱行业具有相当

的竞争优势，并建立了"海尔"的知名度、美誉度、信任度和追随度。近年来海尔又开发出彩电、空调、电脑、手机等新产品，借助"海尔"的知名度、美誉度和信任度，迅速打开市场，得到了消费者的认可，成为这些行业的后起之秀。

3. 品牌扩张增加品牌新鲜感从而提高市场占有率

品牌内容一成不变，长此以往会使消费者生厌而移情别恋，品牌扩张能使品牌概念不断增加新的内涵，让消费者感到这一品牌在不断发展、不断创新，从而紧紧抓住消费者，牢牢占领市场。品牌的扩张更为目标市场扩大了领域，为消费者提供了更多的选择对象，增强了品牌的竞争力。品牌扩张能使品牌群体更加丰富，对消费者的吸引力更大。2014年6月6日，好孩子国际控股有限公司以1.4亿美元全资并购美国百年儿童品牌Evenflo，这是好孩子继2014年1月30日完成对欧洲著名高端儿童汽车座品牌Cybex的全资收购后的又一次成功的大型跨国并购。好孩子、Cybex、gb、goodbaby、小龙哈彼、Urbini、Geoby等多个自有品牌的本土化不断深入和完善，影响力持续扩大，成为全球市场的领导品牌。同时，好孩子不断进行营销模式创新，整合全球资源，在世界范围内建立了好孩子专卖店、Mothercare、妈妈好孩子、好孩子星站等自营零售终端，构建起覆盖全球消费者的销售和服务体系。

数据显示，好孩子国际自有品牌及零售商品牌业务的收益由2016年上半年的约25.2亿港元增长了8.5%至2017年上半年的约27.33亿港元，其中主要战略品牌Cybex、gb、Evenflo分别取得收益约为7.59亿港元、5.74亿港元及8.98亿港元，较2016年上半年分别增长了26.8%、24.8%及6.7%。

双维度下企业品牌扩张需要考虑的因素如图6-6所示。

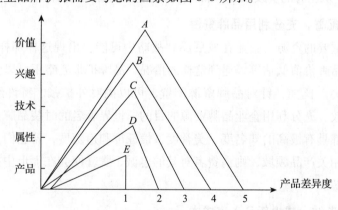

图6-6　双维度下企业品牌扩张需要考虑的因素

4. 增强企业实力，实现企业与股东收益最大化

规模经济可以实现企业运营的最低成本，从而使企业低成本扩张，扩大生产能力，增强企业实力，实现收益最大化。品牌扩张在一定程度上使企业规模扩大，充分利用闲置资源，合理进行闲置配置，从而实现"规模效益"。同时企业在品牌扩张中，实现了"多条腿走路"，企业在多个方面发展，降低了单一经营带来的风险，抵御外界变动的能力得到了增强，从而使企业实力也得到了增强。品牌扩张也就是在某种程度上发挥核心产品、品

牌的形象价值，充分利用品牌资源，提高品牌的整体投资效益，使得企业产销达到理想的规模，实现收益的最大化。广西本土品牌生辉曾荣获"广西著名商标"的烧卤知名品牌，后因经营不善，濒临倒闭。广西京城投资集团有限公司出资 3 000 万元，成立了"广西生辉烧卤餐饮投资管理有限公司"，重新整合资源，恢复老字号品牌运营。老品牌生辉经过品牌重组，引进投资，引进团队，强强联手，利用双方在技术、资金和品牌上的优势，从 2015 年半年销售不足 700 万元起步，到 2017 年年销售达到 3 600 万元，真正实现品牌和资金相得益彰，有一定的市场评估意义。

总之，品牌扩张是企业发展的重要选择手段，如果运用得当，会大幅度提高产品及企业的实力和竞争力，并扩大企业效益。品牌扩张可以带来利润、市场占有率、市场竞争力、市场亲和力、企业效益等多方面内容的提升，已成为企业发展战略的核心内容。

6.5.4 品牌扩张的技巧

品牌扩张产生的效果不容忽视，但也伴随着巨大的风险，品牌扩张应在一定的科学思想指导下进行，以减少、避免品牌扩张对企业的风险。品牌扩张应运用一定的技巧以增加成功的可能性。

1. 相似性技巧

品牌扩张不是毫无方向而盲目地开展的，品牌扩张应遵循一定的技巧，其中相似性技巧是最主要也是最重要的一个技巧。所谓相似性技巧就是要求品牌扩张坚持一些相同或相似的基本元素，如品牌定位、品牌价值、服务、技术、消费群体等，从而使品牌扩张更顺利地进行，并获得成功。

（1）具有一定的同质性。在品牌扩张时，原有品牌及产品应与扩张后的产品或品牌有相关性，即双方应当有共同的成分，使消费者易于理解两种产品存在于同一品牌之下的原因。像春都牌从鸡肉肠、猪肉肠产品延伸出鱼肉肠、腊肉、烤肉等产品，人们就不会感到勉强，因为它们同为肉制品。而春都牌延伸到保健品，比如补肾品，则失去了春都牌原有的意义及定位，不能很好地利用品牌扩张的优势。品牌扩张利用共同的主要成分将新产品或品牌与现有品牌产品的好印象联结起来，起到事半功倍的效果，若品牌扩张有共同的主要成分，则扩张就容易成功，若两者的共同的主要成分很少甚至没有，扩张就失去了效果，同时也会给主力产品的品牌带来负面影响。

（2）有相同的销售渠道。品牌扩张的目的是要达到各品牌及产品之间能相辅相成的整体效果，使消费者在接触到一个品牌及产品时能够联想到另一个品牌及产品。如果销售渠道不同，核心品牌及产品与扩张品牌及产品的目标消费者也就不同，就没有了品牌扩张"由此及彼的效果"，品牌扩张也就实现不了上述目的。"宝马"是世界著名汽车品牌，但它也有时装、表等类产品，对于宝马汽车到宝马服装、宝马表的扩张来说由于不能利用同一销售渠道，使宝马品牌的扩张加大了投入、增强了未知性，对于宝马汽车的宣传投入，往往不能惠及宝马服装、宝马表。

（3）有相同的系统。品牌扩张就是能找到主力品牌产品与扩张品牌产品相联系的地方，联系部分越多则越容易成功。相同服务系统中的品牌扩张容易让人接受，相去甚远的服务体系若希望在这方面寻找共同点就显得牵强、不伦不类。利用相同服务系统中消费者最赞赏、最认同的相关环节，企业为找到这一环节可能需要花费很大的精力进行调查研究，但这些基础工作是必须要做的。

（4）有相似的消费群。使用者在同一消费层面和背景下，也就是说目标市场基本相同或相似，品牌扩张也易于成功。比如 2018 年 3 月初，深圳眼镜品牌木九十正式进入美国市场，开发了 Gucci、Dior 和 Prada 等以太阳镜为主的奢侈品品牌，新品牌融合美国消费者口味的风格，把复古和前卫结合了起来；从三笑牙刷到三笑牙膏，从红豆衬衣到红豆西装，都是面对同一消费群，就更易成功。

（5）技术上密切相关。主力品牌与扩张品牌的产品在技术上的相关度也是影响品牌扩张成败的重要因素，新产品、新品牌与主力品牌技术上相近，易使人产生信任感，若相差悬殊，就失去了技术认同的效果。像日本本田在发动机技术上非常优秀，就可以将品牌之伞扩张到从普通摩托车到赛车、从家用汽车到比赛用车等多种产品线上，并能取得成功的扩张效果。然而，格力空调与其"格力虎""格力豹"摩托车的扩张，很难使人们由于对格力空调技术的认同而延伸到格力摩托车上，这种延伸在技术方面没有多大意义。

（6）质量档次相当。质量是品牌的生命，是其生存和发展的基础，新扩张的产品或品牌其质量与原有产品或品牌相当，就可以借现有品牌促进新品上市，成功实现延伸。原有品牌在质量、档次上已得到认同，新品牌或产品与其相当，会使人们容易形成联想，增加成功的可能性。万宝路从香烟延伸到牛仔服、牛仔裤、鸭舌帽、腰带获得了很大的成功，都紧紧围绕高质量、高档次的定位，得到了白领和绅士阶层的认同，使其品牌的扩张取得了成功。

2. 规避技巧

规避技巧指品牌扩张时，避免扩张方向或所扩张品牌是在人们心目中高度定位或有特殊地位的品牌，从而不使扩张以推翻原有消费群为代价。

（1）回避已稳定定位的品牌。若某品牌已成为这个产品的代名词，或形成了一种固定的、不可破坏的定位，其在消费者中确立的固定形象就不应冠于他物。提起好莱坞，人人都知道是美国电影城，就不应该唐突地把它扩展到汽车、卫生纸等方面，这种扩张一方面不仅不能延伸原有品牌资源，另一方面还有可能使原有形象受到破坏，失去原有的消费群。某品牌高度定位后，在人们心目中以一个固定的、完整的形象存在，品牌完全取代了产品作用，是容不得一点节外生枝的，若强求，扩张的品牌或产品将会受到不良影响。北京七个柒精心培育的七個柴品牌，犹如自己的孩子一样，从无到有，每一款产品都要经过产品调研、源头甄选、权威质量检测、包装设计环节，每个环节都需要用时间来证明。现已开发了 11 款产品，单从开发产品的品类来看并不多但集中度较高，都是农产品系列。

（2）回避已在消费者心目中树立的固定形象。一些品牌及产品在目标消费群中已树立某种牢固不变的形象，并且这种形象对消费群的心理影响非常大，一种产品的使用象征地位、身份、阶层等，就不易再向其他方向扩张，例如向低档发展、成为大众化产品等。这一规避技巧主要是回避消费者的某种特定心理。在消费心理中，某些消费群常用固定的品牌、产品来显示其身份、地位等心理，若这类品牌或产品向大众化方向扩张，那么为了显示其心理需要，则他们会放弃原有品牌或产品而改变消费对象。

3. 联想技巧

联想技巧就是指品牌扩张基于主体部分进行拓展。联想技巧是基本的品牌扩张技巧，在品牌扩张中经常会使用。一提到 IBM 这一品牌，人们马上会想到其主体产品电脑，IBM 这一品牌可以在人们的联想条件下向与电脑相关的行业去拓展，如个人电脑、笔记本电脑、外围设备，甚至相关信息产业中的内容。这种联想技巧，容易使人们把对原有商用机器的美誉感、信任度延伸到新产品上去，IBM 利用这一技巧，增强扩张的联想性、相关性，使品牌扩张成功进行。

4. 品牌扩张操作技巧

为了便于进行品牌扩张，拓展工作思路，下面介绍一些常见的品牌扩张的操作技巧。

（1）产业扩张。从产业相关性上分析，品牌扩张可向上、向下或同时向上向下进行，比如石油加工业向原油开采业的扩张是向上扩张，向石油精细加工或销售流通业的扩张是向下扩张，同时向原油开采和精细加工或流通业的扩张便是既向上又向下的双向扩张，采用这一扩张方法，企业可以向上控制原材料供应，向下控制产品的销售网络。另一种扩张方法是平行扩张，也可以称为平面扩张，是向同一层面的扩展。比如，果奶向鲜奶、酸奶的扩张。平行扩张一般应具有相同或相近的目标市场或销售渠道，特别是与主力品牌相竞争的品牌或行业。产业上的扩张往往使企业更庞大、丰富，形成集团力量，加强风险抵御能力。

（2）档次扩张。在产品线上增加高档次产品项目，使产品、品牌进入高档市场，是向上扩张的档次扩张技巧。日本企业在汽车、摩托车、电视机、收音机和复印机行业都采用这一方式。目前许多发展中国家从发达国家引入先进的高档生产线，在高档次上扩张，均是采用这一技巧。奇瑞和吉利——两家重量级的自主品牌车企，不约而同地选择在上海车展上高调发布新的子品牌，原因很简单——原先的品牌不够档次，希望借助新品牌来塑造新形象。多品牌战略反映了自主品牌车企提升品牌形象、向高端市场发展的渴望。

在产品线里增加较低档的产品，使品牌向下发展，是档次扩张的向下扩张技巧。这种技巧主要是利用上游高档名牌的声誉，以及人们的慕名心理，吸引购买力水平较低的顾客，购买这一"名牌"中的低档廉价产品，但这种做法风险很大，极易损害名牌高品位的信誉。

（3）其他相关扩张。除了前面介绍的两方面品牌扩张操作技巧外，还有扩散法扩张，它对于新成长起来的品牌非常有意义，主要包含三层内容。

第一，单一品牌可以扩散延伸到多种产品上去，成为名牌系列。2015 年年初，东鹏启动"东鹏家居一站式绿色家居模式"，正式开启"大家居"的布局。东鹏不再局限于瓷砖和洁具，而是向着大家居战略方向发展。目前，东鹏集团已经分支出了四个下属部门，分别是瓷砖事业部、洁具事业部、地板事业部、硅藻泥事业部。截至 2016 年，东鹏已经招商了 200 多家加盟商。

除了这几个品牌，以橱柜起家的欧派、以衣柜起家的索菲亚、以全屋定制出名的尚品宅配等品牌也纷纷布局大家居。抢占市场、拓展产业链，大家居战略的竞争异常激烈。

第二，一种品牌可以向不同行业扩散，在一个总的品牌树下形成品牌集群。比如截至 2017 年 12 月，全国电子竞技运动实际经营的场所有 14.7 万家，承载 1 352 万台计算机终端，用户规模 1.1 亿，全年行业营收 708 亿元。如今的上网服务行业已朝着线下多元化娱乐综合体迈进，在带动就业、举办电竞赛事、传播公共文化、惠及民众等方面起到了重要的作用。阿里体育创始人、CEO 张大钟表示，办赛并不是阿里体育电竞事业的全部，他们希望以赛事为桥梁，撬动和赋能电竞下游产业。

第三，一国一地的品牌可以扩散到世界，成为世界名牌。中国知名轻奢护肤品牌赫露诗（Herocean），作为国家创新品牌紧跟"一带一路"倡议让国人自己的护肤品牌走出国门，中国人创立的轻奢护肤品牌，正在创造一次惠及亿万中国人的，颠覆行业规则新零售 3.0 分享经济新模式，也让世界看到中国品牌的影响力。

品牌无论如何扩张，使企业获益，被消费者接受、认可是不能回避的，扩张技巧的使用，有助于这一目的的实现。

6.5.5　品牌扩张陷阱

品牌扩张是企业品牌发展战略的核心步骤，众多企业成功地进行了品牌扩张，取得了骄人的成绩，然而品牌扩张与品牌延伸一样，失败的案例也比比皆是。品牌扩张不当会给企业带来很大风险，它并非任何企业发展的良药，品牌扩张路上充满陷阱。

1. 陷阱之一：损害原品牌的高品质形象

如果品牌沿档次由高向低扩张，即高档品牌使用在低档产品上，就有可能堕入这种陷阱。早年，美国"派克"牌钢笔质优价高，是身份的标志，满足了人们的某种心理，许多上层社会的人物都喜欢使用"派克"笔。然而，1982 年，派克公司新总经理上任后，把"派克"品牌用于每支售价仅 3 美元的低档笔上，结果，派克公司非但没有顺利打入低档笔市场，反而丧失了高档笔市场的领先地位。其市场占有率大幅度下降，销售额只及其竞争对手克罗斯公司的一半。盲目的品牌扩张，毁坏了"派克"在消费者心目中的高贵形象，而其竞争对手则趁机在高档笔市场上成功扩张。

2. 陷阱之二：淡化品牌定位

品牌淡化往往是由于推出时间较长，缺少建设和宣传，慢慢产生的。此时推出的延伸品牌，由于依赖母品牌的价值和声誉，因而如果企业长期不给予重视，消减宣传力度和建设水平，延伸的意义就会逐渐消失。

3. 陷阱之三：心理冲突

齐秦代言的略带沧桑和粗犷的男人味，让七匹狼成为成熟中青年男人服装的代表。而今，七匹狼经营男装、女装、童装、运动装、牛仔。从最初的男装到七匹狼无限产品品牌扩张，与消费者的品牌心理发生严重冲突。

目前七匹狼的市值在 100 亿元左右，而另外一个男装品牌九牧王的市值比它高 50%，约 150 亿元。九牧王最初是男裤专家，后来也做了品牌扩张，丰富了男装产品线。但是消费者只会买九牧王的裤子。如果要买外套，消费者会有更好的选择：夹克是劲霸或者利郎，立领的是柒牌；运动装是 ADIDAS 或者 NIKE，户外装是 THENORTHFACE 或者哥伦比亚。

为什么不能轻易进行品牌扩张？根本原因在于消费者的印象很难改变，消费者只接收与自己的认知相对应的信息。企业想改变市场对品牌的印象难上加难。在消费者的心智中，七匹狼就是男装，九牧王就是男裤。

4. 陷阱之四：跷跷板效应

在美国市场上，亨式原本是腌菜的品牌，而且它占有最大的市场份额。后来，公司将亨式这一品牌扩展到番茄酱这种产品上，并且做得十分成功，使亨式成为番茄酱品牌的第一名。然而，与此同时，亨式丧失了腌菜市场上的头把交椅，被 Vlasic 取代。这就是艾·里斯所说的"跷跷板"效应："一个名称不能同时代表两个完全不同的产品，当一种上来时，另一种就要下去。"很多品牌在扩张中的不当行为，使这种情况经常出现。

本章小结

1. 品牌延伸是企业为取得或保持持续竞争优势的重要举措，通过不断延伸品牌，形成品牌竞争的合力，在配置、构造、调整与协调其在市场上的活动来确立创造品牌价值。
2. 品牌延伸的主要表现是：品牌成为市场竞争的焦点、产品生命周期缩短使品牌延伸的重要性增强、品牌延伸是实现品牌无形资产转移、发展的有效途径。
3. 品牌延伸的误区包括：损害原有品牌形象、有悖消费心理、容易形成此消彼长的"跷跷板"现象、株连效应、淡化品牌特性、产品定位与品牌定位的差异化、品牌延伸的不一致性、品牌延伸时把握不准产品种类和数量的适度性。
4. 防止品牌延伸失败的措施为：不轻易动摇原有品牌的定位、不轻易打破消费者的心理定式、准确把握品牌延伸的度、不轻易丢掉老顾客。
5. 品牌扩张的核心价值是：优化资源配置，充分利用品牌资源、借助品牌忠诚，减少新品入市成本，品牌扩张能给品牌以新鲜感，使其更丰富，从而提高市场占有率、增强企业实力，实现企业与股东收益最大化。

自测题

1. 品牌延伸的含义是什么？它包括哪些最基本的概念？

2. 什么是单一品牌战略和多品牌战略？它们具有哪些特征？
3. 品牌延伸的陷阱及防范措施之间的关系是怎样的？
4. 品牌扩张的动力是什么？
5. 品牌延伸与品牌扩张的关系是什么？如何正确认识品牌扩张的价值？

案例分析

从品牌延伸来看乐视生态链

乐视的蓝图非常宏大：以移动手机及平板、家庭影视娱乐大屏、超级互联智能汽车等三大板块作为终端包围用户，以各种应用和内容服务用户，搭建一个集合多方资源共生共赢的大平台，催生互联网生态、内容生态、大屏生态、手机生态、汽车生态、互联网金融生态、体育生态七大生态。

其实，生态之说，只是一个更时髦、更能够被包装和传播的商业概念。其内核，无非是在互联网经济和融投资热潮的大环境下，飞速地进行品牌延伸，编织一个超级大故事，打造一个超级大平台，集合所有能够获得的资金和资源，快速突围，开创一个崭新的大局面。

这里提到的品牌延伸，简单讲，就是把在某类产品中已经获得成功的品牌应用到其他品类中去。如果成功，可以依靠品牌联想、知名度、感知质量联系，快速获得信任感并打开市场局面，极大地降低投资资金，顺利地实现增长，甚至还会反过来进一步巩固品牌的原有市场。要达成这样的成功，必须符合以下几个基本原则。

其一，品牌在原品类中确已获得足够的市场影响力，达成明显的成功。

其二，在需要延伸的品类中，必须能够提供有竞争力的产品利益，而不能仅仅只是依靠原品牌的知名度和信任感加持。

其三，品牌在不同的品类领域要有匹配性，要让消费者觉得，原品牌的技术和资产能够合理地转移到新的品类中去。

乐视的起家品类应该是网络视频行业。这个行业竞争非常残酷，优酷土豆合并，爱奇艺、腾讯视频、搜狐视频三家联盟，造成双寡头垄断的局面，体育行业则有新浪体育、腾讯体育、虎扑体育等多方势力夹击。乐视只是初步立足，并没有取得相当的优势和势能。

接着，乐视从视频向上游内容制作端延伸，在影视 IP 热炒的时期，这充分满足了资本趋利和对上游资源的占有，对消费者端的影响并不大。然后，乐视紧接着向超级电视机及家庭影视系统延伸。鉴于乐视在视频和影视制作两个领域的发展，在家庭大屏领域，可以更好地满足消费者对内容的需求，所以具有确实的产品利益。同时，品牌名称的延展也顺理成章，无论从哪一个角度讲，这都是一个很好的品牌延伸案例。

资料来源：https://www.sohu.com/a/214481649_303259.

问题：1. 乐视是如何通过品牌生态理念实施品牌延伸的？
2. 乐视的品牌延伸违反了哪些原则？
3. 在本案例中，乐视品牌延伸失败的主要原因是什么？

家居品牌延伸战开打

2014年上半年，大自然宣布进军大家居，将地板、木门、橱柜三大产品作为发展重心，同时也将"大自然地板"更名为"大自然家居"，现在已经逐渐延伸到瓷砖、墙纸、沙发等产业。

从衣柜起家的索菲亚在中国的发展历程中我们会发现，这家企业之所以始终处在市场前沿，和其审时度势下的战略转型密不可分：公司自成立以来经历了三个发展阶段：2001年，索菲亚品牌的创始人和法国Hazzenfratz先生基于中国消费者的需求，把SOGAL壁柜移门产品引入中国；2007～2011年，公司专心发展定制衣柜业务，成为行业龙头；2011年的IPO是转折点，公司开始切入其他定制家具的制造。2016年，公司更是定下了"全屋定制"的口号，迈向"大家居"战略。

在楼市市场萎缩、行业产能过剩、环保政策压力等因素下，"大家居"的确可以解决行业困境。但是专注于垂直生产的企业，其占有的市场份额才是最大的。

品牌延伸要有关联度

入圈更广阔的大家居战略，还是专注于做垂直产品战略，品牌延伸战到底该不该打？可以打，但是也要看准了打。在两种战略的交替和延伸中，需要考虑到自身行业与产品的关联性和品牌的核心定位，不能强行跨界。

品牌延伸是指企业将某成功品牌扩展到与原产品不尽相同的产品上，以凭借现有成功品牌推出新产品的过程。

地板企业在进行品牌延伸时，需要将同一品牌用在两种相容的产品中。在具备企业品牌延伸条件和弄清楚品牌价值的情况下，才可以进行大家居战略。如果盲目"跟风"，结果就是对原品牌产生极大负面影响，这对品牌发展反而是极其不利的。

因此，在企业进行品牌延伸时，新老产品之间要有较高的关联度，让消费者会因为同样或类似的理由认可并购买某品牌，新产品的方向最好是与主业相关的产业，或者向产业链的上下游延伸。

品牌延伸要保证品牌原先的核心价值与个性不能改变。如今"大家居"已经是建材行业默认的趋势，看清局势的品牌早已将枝头伸向其他领域，将产品线从单品类逐渐向多品类扩宽。

资料来源：https://www.iyiou.com/p/60685。

问题：1. 东鹏家居品牌延伸是如何操作的？
2. 本案例中东鹏家居如何体现"品牌延伸要有关联度"？
3. 通过案例分析"品牌延伸要保证品牌原先的核心价值与个性"的具体措施。

第 7 章 CHAPTER7

品牌危机管理

教学目标

在激烈的市场竞争中,企业品牌会面对各种危机,而许多危机会使企业陷入困境甚至倒闭。尤其是在互联网经济时代,大数据技术使得信息传递、储存、分析、提取技术越来越先进,品牌危机发生的概率越来越高。所以辩证地看待品牌危机,审时度势,变危机为商机,就需要明确企业品牌危机管理的基本思路和工作环节。通过本章的学习,学生能够掌握品牌危机的基本概念和化解危机的方法,为其今后实施品牌危机管理做好准备。

学习任务

通过本章的学习,学生主要掌握和理解:
1. 品牌危机管理的含义及产生的原因
2. 品牌危机管理的环节及特征
3. 品牌危机管理的内容及意义
4. 品牌危机管理的基本过程

案例导入

"金拱门"背后还有故事!中信跟美方"置气"改名,品牌暗藏危机

谁能想到,"金拱门"这个看似简单粗暴的名字背后,竟然还藏着故事!

2018年1月15日,中信方面首度爆出麦当劳中国将公司名称更名"金拱门"一事内情。

中信资本董事长张懿宸在亚洲金融论坛上透露,美国方面不准许中信资本收购麦当劳后沿用原名,中信方面原来还想改成别的名字,麦当劳却不予通过。因此他"一气之下",把名字改成了"金拱门"。

"一气之下更名的说法还是太过戏剧性,麦当劳是全球知名注册品牌,如果在谈判中没有涉及这部分的授权费用，麦当劳会收回企业命名的权益。"

香颂资本执行董事沈萌对《国际金融报》记者表示，双方对这次交易的认知存在差异，才会发生"一气之下"更名事件，而未来麦当劳餐厅和品牌在中国的运营过程中可能存在潜在纠纷。

"负气"改名

2017年，麦当劳中国将商业登记更名为"金拱门"，一度抢占话题榜。

工商信息显示，2017年8月24日，麦当劳（中国）有限公司的投资者名称从"麦当劳中国管理有限公司"变更为"金拱门中国管理有限公司"。2017年10月12日，公司名称也已变更为"金拱门（中国）有限公司"。

麦当劳方面对此表示，这一变更主要发生在证照层面，日常的业务不受任何影响，麦当劳餐厅名称、食品安全标准、营运流程等保持不变。

张懿宸透露："我原来想用别的名字，麦当劳不让我用，我一气之下就叫金拱门。最后有关这个的新闻在网上的阅读量是90亿次，平均每个中国人看到6篇有关改名字的各种各样文章，这种营销力度在全世界其他地方可以找到吗？这说明消费的潜力是巨大的。"

对于更名"金拱门"的原因，早在2017年11月，麦当劳中国CEO张家茵曾在接受媒体采访时给出另一种回应：

由于特许经营市场上的国际惯例，当股权发生较大变化时，麦当劳美国从大股东变成小股东，在营业执照上要以公司名字的变更来显示有所改变。"因为麦当劳logo的英文名称是'Golden Arches'，之前在麦当劳内部翻译过来也一直叫金拱门，所以最终更名就选择使用这个名字。"

资料来源：http://stock.hexun.com/2018-01-17/192246957.html.

7.1 品牌危机的概念

7.1.1 危机的内在含义及特点

危机这个词司空见惯，其在不同的场合下表述，有不同的含义。危机从中文字面上看，有"危险"和"机会"两层含义，应该具有在"危险中寻求生机"的含义。在英文中，crisis是指"政治、社会或经济方面的包含即将来临的突然变化或决定性的不稳定状态"。

危机具有以下几个特点。

（1）突发性：危机发生前的征兆很容易被无视或者根本没有任何征兆。

（2）破坏性：事前很难判断危机发生的时间和破坏程序，具有不确定性，或者导致企业形象受损失，或者直接导致企业破产。

（3）公众性：直接或间接影响公众的利益，公众的关注度很高。

（4）紧迫性：应对或处理危机导致的后果有时间限制。

（5）复杂性：危机的产生和处理非常复杂，所涉及的面很广。
（6）双重性：既具有一定的危险性，同时也会转化为商机。
（7）非常规性：危机处理过程在程序上遵循常规决策。
（8）全局性：危机的发生影响到企业的各个层面，危机的处理也需要企业各个层面的协作。

7.1.2 品牌危机的内涵

2017年以来，让广汽菲克陷入销量危机的罪魁祸首，是频发的产品质量问题，尤其是被吐槽最多的"1.4T+7DCT"的动力组合。最早这套动力总成是用在菲亚特品牌致悦和菲翔上的，然而自这两款车投产以来，已经因这套动力总成的质量问题被召回过 N 次。而且在召回后，这两款车仍然不断出现发动机烧油、无法启动、变速箱抖动、挂挡失灵、忽然熄火等一系列问题，甚至有媒体笑言："你能想到的一切动力总成问题，在菲亚特身上都能找到。"广汽菲克也明白，品牌力和产品力双失的菲亚特可能是"没救"了，于是，它们把精力放到 Jeep 品牌上。

国外对品牌危机的研究是从产品伤害危机（product harm crisis）开始的，品牌危机的内涵包含了品牌危机所涉及的整个过程以及各种不同的表现形式。

（1）品牌危机是形象危机；
（2）品牌危机是信任危机；
（3）品牌危机是公共关系危机；
（4）品牌危机是市场危机；
（5）品牌危机是产品或服务危机。

7.1.3 品牌危机的类型

在瞬息万变的产品竞技场上，产品是不是名牌决定着一个产品甚至一家企业的兴衰成败。在老百姓眼里，名牌产品必定名至实归。因此，在市场经济的现在，我们的企业从来没有像今天这样注重名牌效应，千方百计地创名牌，千方百计地实施名牌战略。然而，市场的变幻莫测又决定了任何一个名牌都有可能遇到意想不到的事情，一个正在走俏的名牌突然被市场吞噬、毁掉已不是新闻；有百年历史的名牌一下子跌入谷地甚至销声匿迹也已不再是耸人听闻的新鲜事，市场就是这样的残酷，危机四伏并不是危言耸听。所有的危机不外乎三类：①品牌上的危机；②消费者对售后服务方面的投诉引发的危机；③由产品质量进而引发对企业品牌的伤害。第三类危机是最多的，也是企业最难以处理的危机。

具体地说，品牌危机事件的类型大致包括十类：①质量事故类，如三鹿毒奶粉事件；②生产事故类，如福喜肉类掺假事件；③企业领导与职业经理人出事，如国美电器黄光裕被拘事件；④品牌的社会责任事故，如万科捐款门事件；⑤虚假品牌宣传事故，如欧典在宣传上打出"源自国内的欧洲地板品牌"；⑥伤害公众感情的品牌宣传，如丰田霸道广告、立邦漆的盘龙广告事件；⑦产权纠纷类，如王老吉、加多宝等；⑧公司商业贿赂丑闻类，如西门子中国贿赂事件；⑨形象代言人个人危机引起品牌危机，如艳照门事件等；⑩商标权利受损，如被抢注、被仿冒等。

7.2 品牌危机的来源

品牌危机是指在企业发展过程中，由于企业自身的失职、失误，或者内部管理工作中出现缺漏等，从而引发的突发性品牌被市场吞噬、毁灭直至销声匿迹，公众对该品牌的不信任感增加，销售量急剧下降，品牌美誉度遭受严重打击等现象。品牌危机管理，往往主要涉及三方面关系，即消费者、媒体和公众。这三方面群体的立足点和关注点各有侧重，但他们共同关注的是企业态度，即企业在危机事件中采取的姿态和措施。联想双品牌危机示意图如图 7-1 所示。

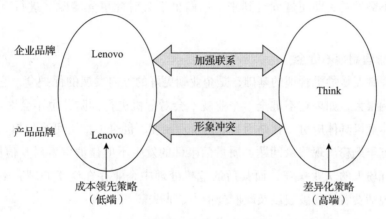

图 7-1　联想双品牌危机示意图

关于品牌产品是否有危机的问题，很多人都认为其根源就在于市场的风险性，事实却并非如此。尽管信息技术的发展和交通工具的更新为人们深入市场前沿提供了全面而准确的资料，但竞争的残酷性、市场的全球化等使任何一个品牌都无法保证自己在多变的市场环境中不会发生波动乃至危机。危机根源主要来自以下几个方面。

7.2.1 缺少整体发展战略

有一套科学、完善的整体发展战略是名牌产品和企业更好地发展的重要元素之一。产品怎样发展，价格怎样定位，不同市场采取怎样的营销手段，有许多问题都需企业认真思考、勇敢面对。企业在采取品牌营销策略时不能一概而论，应针对市场特点，展开品牌推广活动，必须依法办事、区别对待，注重整体性、系统化。企业必须高瞻远瞩、审时度势，用战略视角审视品牌管理，用系统化思维管理品牌，才能构筑预防危机的坚固防线。有许多企业的危机都是因为其缺少整体发展战略造成的。

7.2.2 管理机制不健全

只有设计开发一套健全的管理机制，企业才能更好地发展，然而并非每个企业都会这样，因为没有有效的管理机制而引发危机的企业是存在的，它的主要表现如下。

1. 缺乏监控系统

监控系统是企业管理必备的良药。没有品牌管理监控系统的企业就如同缺乏理性的经济人，在发展过程中丝毫不顾及各类资源条件的限制，企业难以控制自身发展的节奏，无法衡量自己对外部资源的获取能力，企业发展的结果就是：要么是被突如其来的成功冲昏头脑，忘乎所以；要么是饥不择食，落入国外企业设置的陷阱不能自拔。所以，必须在企业内部建立监督体系，保证制度的实施。做好员工的工作，促使管理者科学的决策。如果一个企业没有有效的监控体系，制度没得到合理、正常的实施，员工、领导的工作偏离轨道，他们都不会发觉，即使是危机到来，他们也不会对此事先警觉，进行有效的预防和控制。

2. 危机管理制度不健全

危机管理制度是危机管理的基础，是企业朝更好的方向发展的保护伞，它的健全与否对企业的影响很大，如果它不健全，企业就不会对危机进行预防，也不会对此有效控制，更不会对具体危机具体应对。就是因为危机管理制度不健全，如美可高特旗下拥有三大系列婴幼儿配方羊奶粉出现质量问题。质量门事件的发生不但让消费者对其信用大打折扣，甚至违背了乳粉人的从业操守，而其后的危机处理中企业存在侥幸心理，不公开事件真相，导致出现消费者信任破裂以及政府公信力的丧失。

3. 缺乏品牌危机意识

企业缺乏品牌危机意识的表现主要有：

（1）以为其他产品无法抗衡自己的品牌。有一些企业认为自己的产品是名牌，就"前不怕狼，后不怕虎"，藐视其他品牌，对危机的掉以轻心使得它们一接触到危机或闻到危机的血腥味就弱不禁风。对"品牌"不负责任，盲目追求"大"和"全"。

（2）不考虑自己的整体经济效益。有的企业，有它们自己的品牌产品，这在外人看来，它们应该有许多资金，殊不知，这只是表面现象，实际的情况是品牌缺乏支撑，不良资产拖累，难以持久。

（3）国家政策的优惠、政府的保护等，冲昏了一些名牌企业领导和员工的头脑，他们思想膨胀，恃才自傲，忘乎所以，没有危机感。对国家政策法律的漠视，也为品牌发展埋下隐患，对诸多同类品牌的竞争采取轻视态度，还不时以为自己已"功德圆满"，达到了至高无上的境界，可以高枕无忧了，殊不知，危机正在酿成。

（4）为了追求经济效益，把"品牌"抛在了脑后，从思想上丢掉了"品牌"的意识。有的企业在名牌创出后，便认为任务已经完成，只顾追求经济效益而忘记了长远利益，对危机放松了警惕，致使企业"品牌"的位子还没坐热就大势已去。

4. 缺乏预警、监督机制

由于对危机丧失了警惕，企业在对品牌产品进行营销时，一般都不会建立预警机制和监督机制，不对危机进行有效的预防和监督，当危机悄然降临，企业猛醒时，危机已经发生。这样的企业一遇上突发危机，就方寸大乱，难以应对，究其原因在于企业对危机的突发性没有充分的认识，更没有制订相应的应变方案，全然忘记了"凡事预则立，不预则废"的道理。

7.2.3 假冒产品对名牌产品及企业的冲击

国家质检总局介绍，2016 年，全国质检系统立案查处各类质量违法案件 3.6 万起，涉案货值金额达 22.51 亿元，查办大案要案 1 980 起。

假冒货的身影无处不在，一些假冒的品牌产品招摇过境，给国家的信誉造成了严重的影响。特别是最近几年，出口到俄罗斯、东南亚甚至欧美地区的产品有相当一部分都是假冒产品，不仅使当地消费者深受其害，同时，国家的形象和声誉也受到了严重的影响。

7.2.4 名牌产品本身的质量出现问题

品牌产品自身出现了质量问题是品牌产生危机的一个重要原因，导致产生这个原因的主要因素就是企业领导层及员工缺乏质量意识，对产品的质量不重视。

1. 领导层及员工缺乏质量意识

在现实中，有许多品牌厂家面对雪片般飞来的订货单、急于订货的用户，不由得产生一种功成名就之感，昔日那种抓管理的狠劲、咬紧牙关上质量的拼劲逐渐淡化，品牌意识的防线崩溃，管理松弛，质量下降，没有了向更高目标追求的理想。

2. 以次充好

某些企业为追求经济效益，把质量不好的产品，甚至是低劣的二等品、三等品乃至等外品拿出来充数出售，致使企业原先的红火场面慢慢冷清，毁了名牌。"莎普爱思滴眼液"就是一个惨痛的教训。

3. 品质缩水

某些企业为追求眼前利益，产品质量不够，缺斤少两，把平等交换的信条弃之不理，致使产品乃至于企业的形象在消费者心中大打折扣，信誉度降低，门前冷清。

4. 销售积压、过时、变质的产品

有的企业或商家不理会消费者的利益，将积压、过时甚至变质的"名牌"产品拿到市场上出售，哄骗消费者，欺瞒消费者，这样做的后果只能是"死亡"。

7.2.5 国外优质品牌竞争日趋激烈

随着改革开放的深入，我国与国外产品（服务）在高科技领域和高端市场中的竞争态势趋热，外国介入我国的经济活动日趋频繁，或是在我国投资建厂，生产外国知名品牌，或是同我国企业合资，用外国品牌换掉我国品牌；或者在中国设置渠道代理，植入国外优质品牌产品。由于这一浪潮的袭击，国内外品牌竞争日趋白热化。

2017 年 C-BPI 调查结果显示，144 个品类的 Top3 品牌中，第三品牌和第一品牌在有效记忆达成（认知转化率：知道该品牌的消费者能主动记起的比例）上的差异仅为 7.1%。

贝恩咨询公司和市场研究公司 Kantar Worldpanel 关于中国消费者的报告显示，2013 年，外国化妆品、牙膏和护肤产品品牌在华失去逾 5% 的市场份额，国内品牌则"攻城略地"。

调查还发现，2013 年，国外品牌的饮料、婴儿配方奶粉和家用清洁产品也失去 1% ~ 3% 的市场份额。调查没有就外国企业在中国消费品市场失利做出详细解释，但给出了多个面临挑战的例子。

7.2.6 企业商标意识不强

商标是商品的记号，是名牌产品的根本标志和主要资本。因企业商标不到位而使名牌产生危机的现象时有发生，其主要表现如下。

1. 不及时注册商标

忽视品牌产品或优质服务项目的及时注册，这是大量品牌商标被抢注的直接原因。在市场经济条件下，品牌竞争已成为企业成败的关键：失去一个品牌就意味着失去了无形资产，失去一个知名商标等于失去了一个大市场，失去一个品牌可以使企业从此夭折。正因如此，当今世界企业之间的品牌抢注越来越激烈。

我国的许多产品都有自己的商标，经过各方面的宣传和努力，产品乃至企业在大众心目中有了一定的影响和知名度，但就是因为商标没有及时注册而被抢注，从而成为众矢之的。

2. 不及时续展商标或不续展商标

我国《中华人民共和国商标法》规定：注册商标有效期为 10 年，到期前 6 个月内应申请续展商标，在此期间内未提出申请的，可以给予 6 个月的宽限期，超过宽限期限未申请续展注册的，即丧失商标专用权。在现实生活中，由于品牌意识不强，法制观念薄弱，某些企业忽视品牌产品商标的续展工作，没有及时申请延续注册，甚至不去申请续展，结果自己辛辛苦苦创造的品牌被别的企业或外国企业抢先注册，转瞬即逝，落到进退维谷的悲惨境地。

3. 国内合资企业中方，为微利忽略了外国的商标战略

国内厂商一时贪婪，禁不起外商低价格的诱惑，另辟生产线，将产品改头换面，当产品发展成为名牌后，外商突然撤资，让国内厂商措手不及，陷入危机。云南省爱法焊料有限公司是云南省的某企业和美国爱法公司合资创办的，专门生产"爱尔法"焊条。由于产品质量过硬，在市场上销售状况非常好，在消费群体中很有口碑。然而好景不长，美方突然撤资，单方面解除合约，在深圳独资建了一个焊料厂，并且声明，云南省这家企业以后不许再用"爱尔法"商标。美方的做法使该企业陷入了进退两难的境地，产品和美国公司的一样，都是数百万的设备生产出来的，技术工艺也一样，却无人认可，该厂厂长看着上好的产品卖不出去，叹息不已。

4. 假冒商标的侵蚀

虽然我国目前对造假者已经采取了一系列的高压政策，使一些不法分子的造假活动有所收敛，但就有那么一些"胆大聪明"的造假者"上有政策，下有对策"，使用"攀龙附凤"的招数公开造假。现在市场上这类现象有很多，对于这些现象，细心的消费者不难发现，此类商标，是同类产品的某著名品牌的商标图案或文字稍加修饰、演变、改动而成的，它在视觉上给人造成错觉，在宣传效果上以假乱真。

5. 随意许可转让商标

商标的转让须有一定的原则、要求，并按这些原则、要求进行和实施，另外，商标的转让还应有一定的转让条件和年限限制，千万不可随意转让商标，给企业造成不应有的损失。

7.2.7 产品缺乏创新

市场在不断变化，人们的消费水平、消费观念也在不断变化，这就要求企业的名牌产品也要不断变化、不断改进、不断创新，以适应市场的变化和消费群体的变化，"流水不腐，户枢不蠹"说的就是这个道理。只有不断创新的名牌产品才是真正的名牌产品；反之，一味守旧、跟不上时代发展和潮流的名牌产品终有一天会被人们抛弃，被市场淘汰。导致产品缺乏创新大致有以下几种原因。

1. 管理观念落后

企业决策者有没有创新产品的观念至关重要。它关系着产品的市场占有率，关系着企业的发展和兴衰存亡。由于管理观念的制约，产品得不到创新而影响企业发展的事时有发生。"我的产品是名牌，根本就不用下那么大的功夫创新""名牌产品还用去创新？创新是销量不好、名气不大的小企业的事，我们不用这个，浪费金钱不说，还浪费时间"，事实绝非如此。

2. 缺乏市场规划

有没有市场调查是是否创新产品的前提条件之一。由于没有进行有效的市场调查，对消费者的需求、市场的要求没有系统的认识，企业是不会开展产品创新的。跟不上消费者、市场、国际大环境的产品和企业迟早要挨打。

3. 缺乏技术产品开发人才

产品的创新需要技术型人才的开发和努力，技术型人才的缺乏直接关系着企业是否对产品进行创新。低技术附加值产品的品牌冲突概率加大。

4. 资金投入不到位

有的企业耗巨资在广告宣传上，而不注重改进产品、创新产品。资金投向产生错位，产品质量没有资金保障，出现本末倒置的情况，资金缺口加大了品牌危机风险。

7.2.8 品牌延伸不当

品牌的正确延伸使品牌得到合理运用，是企业更好地利用品牌这一无形资产进行多元化发展的重要因素之一，但是并非每个名牌产品都能正确地延伸品牌。某些企业由于过分看重品牌的价值，盲目地延伸品牌，结果给自己品牌带来了危机。

7.3 品牌危机管理

在西方国家的教科书中，通常把危机管理（crisis management）称为危机沟通管理（crisis communication management），原因在于，加强信息的披露与公众的沟通，争取公众的谅解与支持是危机管理的基本对策。危机管理是企业为应对各种危机情境所进行的规划决策、动态调整、化解处理及员工培训等活动过程，其目的在于消除或降低危机带来的威胁和损失。通常可将危机管理分为两大部分：危机爆发前的预计、预防管理和危机爆发后的应急善后管理。

危机管理是一门管理科学，它是为了应对突发的危机事件，抗拒突发的灾难事变，尽量使损害降至最低点而事先建立的防范、处理体系和应对的措施。对一个企业而言，可以称为企业危机的事项是指当企业面临与社会大众或顾客有密切关系且后果严重的重大事故，为了应对危机的出现而在企业内预先建立防范和处理体制和措施，则称为企业的危机管理。

根据美国《危机管理》一书的作者菲克普曾对《财富》杂志排名前500强的大企业董事长和CEO所做的专项调查表明，80%的被调查者认为，现代企业面对危机，就如同人们必然面对死亡一样，已成为不可避免的事情。其中有14%的人承认，曾经受到严重危机的挑战。

7.3.1 企业危机管理的内涵

危机管理是指企业通过危机监测、危机预警、危机决策和危机处理，达到避免、减少危机产生的危害，总结危机发生、发展的规律，对危机处理科学化、系统化的一种新型管理体系。危机管理的要素如下。

(1) 危机监测。危机管理的首要一环是对危机进行监测，在企业顺利发展时期，企业就应该有强烈的危机意识和危机应变的心理准备，建立一套危机管理机制，对危机进行监测。企业越是风平浪静的时刻越应该重视危机监测，因为在平静的背后往往隐藏着杀机。

(2) 危机预警。许多危机在爆发之前都会出现某些征兆，危机管理关注的不仅是危机爆发后各种危害的处理，而且要建立危机警戒线。企业在危机到来之前，把一些可以避免的危机消灭在萌芽状态，对于另一些不可避免的危机通过预警系统能够及时得到解决，这样，企业才能从容不迫地应对危机带来的挑战，把企业损失减少到最低的程度。

(3) 危机决策。企业应在调查的基础上制定正确的危机决策，决策要根据危机产生的来龙去脉，对几种可行方案进行对比优缺点后，选择出最佳方案。方案定位要准、推行要迅速。

(4) 危机处理。第一，确认危机。确认危机包括将危机归类、收集与危机相关信息确认危机程度，以及找出危机产生的原因，辨认危机影响的范围和影响的程度及后果。第二，控制危机。控制危机需要根据确认某种危机后，遏制危机的扩散使其不影响其他事物，紧急控制如同救火刻不容缓。第三，处理危机。在处理危机中，关键在于速度。企业能够及时、有效地将危机决策运用到实际中化解危机，可以避免危机给企业造成的损失。

危机处理流程如图7-2所示。

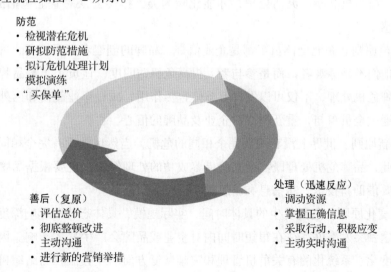

图7-2 危机处理流程

7.3.2 处理危机的原则

在采取危机处理措施的同时，企业一定要注意把握以下8项原则。

（1）主动原则。任何危机发生后，企业都不可回避和被动应付，当务之急是要积极直面危机，首先要阻断、控制其蔓延和扩散的速度、范围，有效控制局势，挽救品牌生命，为重塑品牌形象、渡过危机奠定基础，切不可因急于追究责任而任凭事态发展。

（2）快捷原则。企业对品牌危机的反应必须快捷，无论是对受害者、消费者、社会公众，还是对新闻媒介，都尽可能成为首先到位者，以便迅速、快捷地消除公众对品牌的疑虑。危机发生的最初24小时至关重要，如果失去处理危机的最佳时机，即使事后再努力，也往往于事无补。

（3）诚意原则。消费者的权益高于一切，保护消费者的利益，减少受害者损失，是品牌危机处理的第一要务。因此品牌危机发生后，企业应及时向消费者、受害者表示歉意，必要时还要通过新闻媒介向社会公众发表致歉公告，主动承担应负的责任，以显示企业对消费者、受害者的真诚，从而赢得消费者、受害者以及社会公众和舆论的广泛理解与同情，而切不可只关心自身品牌形象的损害。

（4）真实原则。危机爆发后，企业必须主动向公众讲明事实的全部真相，而不必遮遮掩掩，像挤牙膏一样，那样反而会增加公众的好奇、猜测乃至反感，延长危机影响的时间，增强危机的伤害力，不利于控制局面。只有真实传播，才能争取主动，把品牌形象的损失降低到最小限度。

（5）统一原则。品牌危机处理必须冷静、有序、果断，指挥协调统一，宣传解释统一，行动步骤统一，而不可失控、失真、失序。因为危机一般来得突然，处理时不可能事先周密安排，需当机立断、灵活处理，才能化险为夷，扭转公众对企业包括品牌的误解、怀疑甚至反感。

（6）全员原则。企业全体员工都是企业信誉、品牌的创建者、保护者、巩固者，当危机到来时，他们不是旁观者，而是参与者。提高危机透明度，让员工了解品牌危机处理过程并参与品牌危机处理，不仅可以发挥其整体宣传作用，减轻企业震荡和内外压力，而且可以使公众通过全员参与，重新树立对企业及品牌的信心。

（7）创新原则。世界上没有两次完全相同的危机，当然也就没有完全相同的处理手段和办法。因此，品牌危机处理既需要充分借鉴成功的处理经验，也要根据品牌危机的实际情况，尤其要借助新技术、新信息和新思维，进行大胆创新。

（8）制度化原则。危机发生的具体时间、实际规模、具体态势和影响深度，是难以完全预测的。这种突发事件往往在很短时间内对企业或品牌会产生恶劣影响。因此，企业内部应该有制度化、系统化的有关危机管理和灾难恢复方面的业务流程与组织机构。这些流程在业务正常时不起作用，但是危机发生时会及时启动并有效运转，对危机的处理发挥重要作用。国际上一些大公司在危机发生时往往能够应付自如，其关键之一是建立了制度化的危机处理机制，从而在发生危机时可以快速启动相应机制，全面且井然有序地开展工作。

7.3.3 危机管理的思路

在危机处理知名企业有创互动公司看来,在品牌危机公关处理中,预防比治疗更重要。企业要建立长期舆情监控机制,需要寻求专业团队的协助。加强网络舆情监测,及时处理舆情,才能建立品牌正面形象,掌握网络舆论主动权,获得消费者信任。危机管理遵从管理的基本思想,要有清晰的管理思路。

1. 培养危机意识

危机其实并不可怕。"没有危机意识才是最大的危机",这句话或许对于所有中国企业家来说都应该是一句醒世警言。没有危机意识的个人,将随时面临困难;没有危机意识的企业,将随时面临经营的困境。正因为战战兢兢、如履薄冰,才成就了今日的海尔,正因为有"十八个月破产临期"的观念,才缔造了海尔巨大的电子帝国。

战略思维与品牌危机管理的关系如图 7-3 所示。

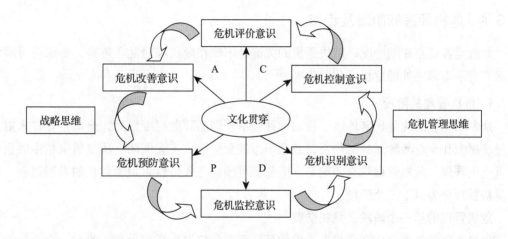

图 7-3　战略思维与品牌危机管理关系图

不仅仅企业的领导要具有危机意识,企业所有的员工都要具备这样的意识。企业里的任何一名员工都可能因失误或失职而将整个公司拖入危机,比如:生产车间的工作人员因失误少装了一颗螺丝,而影响产品的使用安全,给消费者造成伤害;终端销售人员夸大产品的功效,造成了消费者对公司的不信任,甚至是告上法庭,等等。要想杜绝这种事情的发生必须培养员工的忧患意识,让他们知道自己的一言一行都代表着公司的形象,都会影响公众对公司的印象。

2. 建立预警系统

要想在危机来临时做到不被动,仅仅具有危机意识是不够的,还要建立危机预警系统。建立危机预警系统,及时捕捉企业危机征兆,及时为各种危机提供切实有利的应对措施。品牌危机虽然无法预见在何时何地发生,但可预见其迟早可能发生。有汽车就该想到会有交通事故发生,有水就该想到会有溺水,种田的应该想到天灾,经营企业就要想到各种可能损害企业的不利因素。预见品牌危机的价值在于，它为预防、避免和化解品牌危机做了必要的准备。没有预见，就无法预警。要确保品牌不丢，就要有风险意识。正如古人所说："思其所以危，则安矣；思其所以乱，则治矣；思其所以亡，则存矣。"

3. 建立管理组织

只有做好组织上的准备，有备而无患，才能更好地应对公关危机的爆发。品牌危机管理小组的主要作用在于：全面清晰地对企业可能面对的各种危机进行预测，为处理危机制定有关的策略和步骤；对企业所有的员工进行危机培训，使每位员工都有危机意识；在遇到危机时，能够全面、快速地处理危机，并能够监督危机的发展及有关公司政策的执行；在危机结束时，能够及时调整公司的各种行为，运用各种手段恢复公众对公司的信任。面对随时可能出现的品牌危机，如果企业处理得不好，就可能如"多米诺骨牌"一样，使灾难在与企业相关的各个领域中出现连锁反应，从而摧垮企业。因此品牌危机管理中的组织建设显得尤为重要，是企业品牌危机管理的核心所在。

7.3.4 危机管理的阶段及步骤

危机是客观存在的情况，解决危机的关键是不能在危机来时乱了阵脚，要保持清醒的头脑，有条不紊地处理危机，化险为夷。

1. 危机管理的阶段

众多的企业品牌危机事件给予我们一种警示，即品牌危机爆发后，会给企业带来重大的经济损失和企业品牌形象的伤害，处理不当甚至会导致企业倒闭。所以越来越多的企业注重危机管理。危机管理具有不确定、应急和可预防三大特性，根据危机的发展过程，可将危机管理分为以下三个阶段。

危机管理的第一个阶段：危机防范

危机管理的重点应放在危机发生前的预防而非危机发生后的处理。为此，企业建立一套规范、全面的危机管理预警系统是必要的。

（1）组建企业内部危机管理小组，建立危机预警系统。

（2）强化危机意识，观察发现危机前兆，分析预计危机情境。

企业危机的前兆主要表现在：

1）管理行为方面：不信任部下，猜疑心很强，固执己见，使员工无法发挥能力，对部下的建议听不进去，一意孤行；

2）经营策略方面：计划不周、在市场变化或政策调整等发生变化时，无应变能力等；

3）经营环境方面：如市场发生巨变，市场出现强有力的竞争对手、市场价格的下降等；

4）内部管理方面：如员工情绪紧张、生产计划需要调整、职工情绪低落、不遵守规章制度等；

5）经营财务方面：如亏损增加、过度负债、技术设备更新缓慢等。

（3）企业要从危机征兆中透视企业存在的危机，并引起高度重视，预先制定科学而周密的危机应变计划。

（4）进行危机管理的模拟训练。定期的模拟训练不仅可以提高危机管理小组的快速反应能力，强化危机管理意识，还可以检测已拟订的危机应变计划是否切实可行。

危机管理的第二个阶段：危机处理

（1）危机发生后，当事人应当冷静下来，采取有效的措施，隔离危机；不让事态继续蔓延，并迅速找出危机发生的原因，进行化解处理。

（2）以最快的速度启动危机应变计划。如果初期反应滞后，将会造成危机的蔓延和扩大。

（3）要想取得长远利益，企业在控制危机时就应更多地关注消费者的利益而不仅仅是公司的短期利益。企业应把公众的利益放在首位，善待受害者，尽量为受到危机影响的公众弥补损失，这样有利于维护企业的形象。

（4）随机应变。由于危机情况的产生具有突变性和紧迫性，因此尽管在事先制定出危机应变计划，由于不可预知危机的存在，任何防范措施也无法做到万无一失。在处理危机时，企业应针对具体问题，随时修正和充实危机处理对策。

危机管理的第三个阶段：危机总结

危机总结是整个危机管理的最后环节，危机所造成的巨大损失会给企业带来必要的教训，所以，对危机管理进行认真而系统的总结不可忽视。危机总结一般可分为以下三个步骤。

（1）调查：对危机发生的原因与相关预防和处理的全部措施进行系统的调查。

（2）评价：对危机管理工作进行全面的评价，包括对预警系统的组织和工作内容、危机应变计划、危机决策和处理等各方面的评价，要详尽地列出危机管理工作中存在的各种问题。

（3）整改：对危机旁及的各种问题综合归类，分别提出整改措施，并责成有关部门逐项落实。

2. 品牌危机的防范与准备

品牌危机的防范是品牌危机管理的首要任务。所谓"防患于未然"，即危机管理的效用，首先在于预防。若无有效快速的危机防范和预警系统，一旦危机发生，企业只能仓促上阵，被动应付。因此企业一定要做好危机防范工作。

（1）树立良好的品牌形象，提高消费者对品牌的忠诚度。树立良好的品牌形象，培育与提高消费者对品牌的忠诚度是构成企业能够成功渡过品牌危机的一个重要的先决条件。企业是否能够安然渡过其面临的品牌危机，其中一个很重要的因素就在于企业在发生品牌危机时是否已经建立起足够的信誉。信誉对企业而言，指的是企业品牌值得信赖、有信用，是诚实、谨慎、坦率、可以亲近、有效率及成功的。这种信誉度是通过企业每天、每月、每年与企业主要公众建立起来的信任、忠诚和信用而获得的。它是企业的信誉银行，总有一天会派上用场，特别是在企业品牌危机发生时更是如此。福特汽车（中国）有限公司向国家质检总局备案了召回计划，将自 2018 年 4 月 30 日起，召回 2016 年 1 月 22 日至 2016 年 4 月 19 日期间生产的部分进口 2016 年款探险者系列汽车，据该公司统计，中国大陆地区共涉及 1 811 辆。本次召回范围内部分车辆由于制造原因，前排电动座椅调节器升降臂和侧面构件的厚度可能超出了设计的要求，同时连接臂螺栓上的螺纹紧固剂也有可能没有达到规格要求，导致无法正确约束前排乘员，增大乘员受伤风险，存在安全隐患。福特汽车（中国）有限公司对所有该品牌汽车进行全面复检，以消除隐患。

福特汽车（中国）有限公司这次事件平息得如此之快，最重要的原因就在于其公关出色。当企业知名度及影响力很大时，任何一点失误都可能成为受攻击或广泛报道的根源，所以企业必须做到以下三点：第一是严格遵守行业法则，减少危机漏洞；第二是营销宣传有度，避免过分夸大授人话柄；第三是积极建立品牌美誉度。

（2）做好品牌的保护工作。品牌保护，首先要培养消费者的品牌忠诚。先入为主的观念和思维惯性对人们的行为影响很大，一旦消费者对某品牌产生忠诚，一些风吹草动都很难对其产生影响。世界性的一些大品牌，如娃哈哈、海尔、强生等都曾遇到过危机，但最终都解决了，这一方面是由于它们的危机预警和处理工作较好，另一方面是由于它们拥有一大批忠诚的消费者。除此之外，企业还要采取一些保护措施：

1) 法律保护，如商标及时注册、及时延续注册、异国注册、全方位注册等。

2) 生产保护，指产品的质量、包装保护等。名牌产品首先得有好的质量，这是使消费者忠诚、保持产品长盛不衰的关键，质量的一丝一毫的差别都可能被细心的消费者发现，或是被对手利用，引起危机。质量保护主要是生产过程中的严格把关，而包装保护中使用防伪标志已是通用的方法，也可以采用一些高技术的方法，如"五粮液"的一次性防伪酒瓶就是很好的例子。

3) 技术保护。有些品牌就是靠一些秘密而保持长盛不衰的，如果这些秘密被公开，这个品牌就很难存在了。对于秘密的保护，许多著名的品牌都有自己的一套行之有效的方法，如可口可乐公司规定可口可乐的配方只能让两个人知道，并且这两个人不能同时乘一架飞机，以免飞机失事，致使秘方失传。如果其中一人死亡，剩下的这个人就要秘密选择另一名继承人。

（3）注重品牌的创新与品牌开发。当品牌缺乏创新而逐步老化时，企业也会因不能很好地满足消费者变化的需求而引发品牌危机。当企业本身对自己的品牌不再创新、缺乏广告创意时，消费者对品牌失去兴趣就是很自然的事了。当品牌失去活力、毫无生机时，品牌就毫无魅力可言了，品牌发生危机也就为期不远了。由于品牌生命周期与产品生命周期相关联，因而许多品牌可能随着产品的消长而消长。

（4）唤起全员危机意识。加强全员危机训练，在激烈的市场竞争中，一个企业如果在经营成功时缺乏忧患意识，在顺境时无身陷逆境的准备，那就意味着困难和危机即将出现。因此企业的决策者和全体员工要树立危机意识，进行品牌教育。只有广大员工真正认识到市场竞争的残酷性，感到危机时刻都在他们身边，才能及早防范，将危机消灭在萌芽状态。企业在灌输危机意识的时候不应该忽视对员工的相关培训和预案的演练。如果员工不具备应有的应变能力和应急处理的知识、技巧，那么即使他们具有很强的危机意识，在危机发生的时候，企业品牌危机管理实施的效果也肯定要大打折扣。通过规章制度的制定、灌输和执行，以及组织短期培训、专题讲座、知识竞赛等活动，加强对员工的危机培训，增强企业员工的应变能力和心理承受能力。

（5）建立有效的品牌危机预警系统。品牌危机预防应着眼于未雨绸缪、策划应变，建立危机预警系统，及时捕捉企业危机征兆，并为各种危机提供切实有力的应对措施。组建一个具有较高专业素质和较高领导职位的人士组成的品牌危机管理小组，制定和审核品牌危机处理应急方案；建立高度灵敏、准确的信息监测系统，及时收集相关信息并加以分析、研究和处理，全面清晰地预测各种危机情况；建立品牌自我诊断制度，找出薄弱环节，及时采取必要措施予以纠正；开展员工品牌危机管理教育和培训，增强全体员工品牌危机管理的意识和技能。市场预测管理的重要任务包括品牌形象监测、品牌忠诚监测、品牌市场影响监测、法律权益安全监测、品牌素质监测等。

7.3.5 品牌危机的应对管理

市场千变万化，危机无处不在，我们无法阻止危机的发生，但是我们可以深度把握危机发生的特点以及扩散的逻辑，从而找到危机处理的最佳策略，使每次危机都变成对企业成长的一种考验与磨砺，使企业更为成熟与强大。

1. 危机处理的措施

品牌危机的处理要着眼于对已发生危机的处理，力求减少或是扭转危机对品牌的冲击和给企业带来的危害。在处理危机时，企业可以主要采取以下三项措施。

（1）迅速组成处理危机的应变总部。在危机爆发后，最重要的是应该冷静地辨别危机的性质，有计划、有组织地应对危机，因此，迅速成立危机处理的应变总部，担负起协调和指挥工作就是十分必要的。一般讲这类机构应该包括以下各种小组：调查组、联络组、处理组、报道组等。每个小组的职责要划定清楚。一旦危机事件发生，调查组要立即对事件进行详细的调查，并尽快做出初步报告。调查内容包括突发事件的基本情况、事态现状及具体情况、事态所造成的影响、是否已被控制、控制的措施是什么、企业与有关人员应负的责任，等等。联络组要马上投入各方面的联络工作，如接待外部人员、要约见何人、需要哪一方面的力量协助等，都需要通过联络组统筹安排。如果是灾难性事故，还要及时向事故伤亡人员的家属通报事故最新进展。处理组要马上投入抢救、现场保护、死亡人员的善后和伤员的治疗、出现次货时商品的回收和处理、环境污染时的治理工作等。

当品牌遭遇危机时，这个应变总部是处理危机的核心机构，而公关人员则扮演着主宰成败的角色。品牌危机管理组织示意图如图7-4所示。

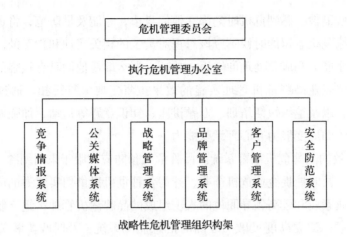

图 7-4　品牌危机管理组织示意图

（2）迅速启动"产品召回"制度。由于产品质量问题所造成的危机是最常见的危机。一旦出现这类危机，企业要迅速启动产品召回制度，不惜一切代价收回所有在市场上的不合格产品，并利用大众媒体告知社会公众如何退回这些产品的方法。2017 年中央电视台"3·15"晚会曝光了进口大众途锐汽车存在因涉及缺陷导致发动机进水的问题。为此，福建检验检疫局依据《缺陷汽车产品召回管理条例》，对辖区销售涉事车型的福建盈众润达汽车销售有限公司等 3 家汽车经销商，通过现场座谈、核实资料等方式进行了详细的召回调查，同时要求经销商对存在质量安全风险问题的已售汽车进行统计分析，并按照要求统一实施召回和整改。

截至目前，在检验检疫部门监督下，福建地区共涉及问题车辆 730 辆，现已逐步开展缺陷消除处理。下一步，福建检验检疫局将密切跟踪经销商召回工作进展情况，实行月报告制度，随机开展现场检查，督促进口汽车经销商认真履行召回义务，切实承担进口汽车质量安全的主体责任，保护消费者财产及生命安全，维护消费者合法权益。

（3）进行积极真诚的内外部沟通。一是做好内部公关，取得内部公众理解。面对各种突发性的品牌危机，企业要处变不惊、沉着冷静，正确把握危机事态的发展，有条不紊地开展危机公关工作，才能处理好内部公众关系，避免人心涣散、自顾不暇、各奔前程的局面。企业要迅速组建由首席执行官领导的危机公关小组，小组成员由企业相关部门人员组成，有必要时可以根据情况聘请社会专业公关资源顾问进行协助，制订出公关方案，统一口径对外公布消息。向企业内部成员通报有关危机真相和处理进展，号召大家团结一致、同舟共济、共渡难关。同时向经销商、供应商及所在社区等利益相关组织或群体通报消息，使他们第一时间得到消息而不是被动地从媒体处接收信息，争取他们的协作和理解，避免一连串的危机连锁反应；努力使公司继续正常的经营工作，使危机公关小组的工作和经营管理人员的工作不发生干扰；设立 24 小时开通的危机处理信息中心，接受媒体和公众的访问。

二是外部沟通，包括消费者和公众公关两个方面。品牌是一种承诺，生存于消费者心中。品牌企业首先要关注消费者利益和感情，当重大责任事故导致消费者和公众利益受损时，要以最快的速度直接和受害者进行坦诚的深层沟通，尽量满足他们的要求，给予一定的精神和物质补偿，和消费者达成和解，使危机朝有利于企业的方向发展。

另外，要通过媒体向所有受影响的消费者及公众致以诚挚的歉意，公布处理和改正措施，承担应有的责任，最大限度地争取公众的谅解。即使责任不在企业，也要给消费者以人道主义的关怀，为受害者提供应有的帮助，以免由于消费者的不满，他们的关注点会转移到事件之外，使危机升级。总之，品牌要表现出诚恳和对公众负责的态度，才能在公众心目中树立良好的社会形象，甚至抓住契机，把危机转化为宣传机遇。尤其要强调的是，无论哪种危机产生都不能为了短期利益，而一味地为自己辩解、推脱责任，这只能使品牌丧失信誉，损坏原有形象。

媒体是舆论的工具，从某种程度上讲，品牌危机常常是由新闻媒体的报道引起的。媒体又是企业和公众沟通的桥梁，是解决危机的重要外部力量。因此，要做好危机发生后的传播沟通工作，要坦诚对待媒体，积极主动地让媒介了解真相，争取新闻界的理解与合作，引导其客观公正地报道和评价事件。危机一旦发生，企业要在最短时间内通过媒体发表坦诚说明，并通过新闻发布会等形式向媒体通报全部事实真相和处理危机所采取的具体行动。千万不要向媒体提供虚假信息，因为外界一旦通过其他渠道了解到事实真相，将会增加危机的杀伤力，使品牌在危机中越陷越深。

此外，面对危机，企业绝不能采取"鸵鸟政策"，保持沉默状态，用"无可奉告"回避媒体的采访和报道。因为沉默不仅延误缓解事态的最佳时机，而且辜负了公众期盼真相、期盼解释的热情，进而导致小道消息和谣言盛行，使企业陷入被动，使危机不断升级，加大企业损失及后期解决的难度。如青岛如家快捷酒店中山路劈柴院店爆出人员招聘不严格，清洁卫生不到位。服务人员在打扫卫生时将擦马桶、脸盆和杯子的抹布胡乱用等情况。而如家官方声明并未就"毛巾门"事件向消费者致歉，导致社会负面传闻越传越广。

2. 品牌危机管理的善后处理

企业在平息品牌危机事件后，即品牌危机进入事后管理阶段，企业管理者就需要着手于企业品牌形象到质量的恢复工作，一方面，尽力消除品牌危机的负面影响，将企业的财产、设备、工艺流程和人力资源管理恢复到正常状态。另一方面，对企业品牌形象与企业自身形象进行重新塑造与强化，化"危"为"机"。具体善后工作包括如下几个方面。

（1）对企业内部的恢复和调整。企业在平息品牌危机事件后，企业管理者就要着手进行企业品牌的恢复与重振工作，该工作包括两个部分。

1）教育员工，并修正、补充危机管理的内容。危机事件的正确处理能使企业绝处逢生，化险为夷，但危机中暴露出来的企业管理、员工素质、公共状态等方面的问题却不能忽视，企业应以此为典型、生动的教材，深入地对员工进行一次公共关系教育和培训，使每个员工都能从中找到差距和存在的问题,自觉将自己的行为、形象与企业的命运、形象连在一起,让"我是企业形象的代表"的观念深入人心并化作指导行为的指南。

2)吸取教训,制订危机管理计划。危机的发生是任何企业都不愿遭遇的,无论是处理危机还是重新获得公众好感、恢复形象,都需要投入大量时间和精力,花费巨大。特别是那些临阵磨枪、仓促上阵的企业,必须吸取深刻的教训,危机过后应立即着手制订企业危机管理计划,必要时请专家和公共关系公司进行指导和帮助,这样才不至于再犯同样的错误。

(2)对企业外部品牌的恢复和重振。企业外部的恢复与重振工作,要根据不同对象、程度,进行具体分析,但比较常见的有以下两种方式。

1)实事求是地兑现企业在危机过程中对公众做出的承诺。企业在危机后实事求是地兑现在危机中的各种承诺,体现了企业对诚信原则的恪守,反映了企业对完美品牌形象和企业信誉的一贯追求。承诺意味着信心和决心,企业通过品牌承诺,将企业的信心和决心展现给顾客及社会公众,表示企业将以更大的努力和诚意换取顾客及社会公众对品牌、企业的信任,是企业坚决维护品牌形象与企业信誉的表示;承诺也意味着责任,企业通过品牌承诺,使人们对品牌的未来有了更大更高的期待。若企业在危机后不能兑现承诺或者不能足额兑现承诺,那么企业必将面临顾客及社会公众的信任危机。

2)要继续传播企业信息,举办富有影响力的公关活动,提高企业美誉度,制造良好的公关氛围。企业与公众之间的信息交流和沟通是企业获得公众了解与信任,争取公众支持与合作的有利手段。在危机期间,品牌形象和企业信誉大为减损。在企业经历危机考验之后更需要加强企业对外信息传播,消除公众心理和情感上的阴影,让顾客及社会公众感知品牌新形象,体会企业的真诚与可信,提高企业美誉度。只有宣传,消费者才能感知到品牌又回来了,它还是一如既往,而且更加值得信赖。可以说,危机平复后的继续传播是品牌重获新生并有所提升的不可或缺的条件。

所以,品牌的危机管理是一个复杂的系统工程,企业只有重视它,并且不断去探索品牌经营过程中危机处理的好办法和手段,企业对品牌危机处理的能力才能逐步增强。

品牌危机应对方案如表7-1所示。

表7-1 品牌危机应对方案

收集资料	(1)完整记录危机事故发生发展的过程、阶段及细节 (2)抢拍危机事故的图片资料 (3)拍摄危机事故的音像资料 (4)与危机事故有关的个人在危机事故过程中的行为表现及相关言论 (5)在事故处理过程中相关团体的反应
新闻发布会	(1)记者可能已经聚集在事故现场或公司总部外,要求获得更多的信息 (2)举办新闻发布会为公司提供了很好的机会 (3)可以使组织面对面地为其事故的发生表示关注及遗憾 (4)可以让电视台进行现场拍摄,以便新闻报道 (5)举行新闻发布会最主要的一点是它可以帮助组织把握主动权并直接控制有关事故的信息

本章小结

1. 品牌危机是指在企业发展过程中，由于企业自身的失职、失误，或者内部管理工作中出现缺漏等而引发的突发性品牌被市场吞噬、毁灭直至销声匿迹，公众对该品牌的不信任感增加，产品销售量急剧下降，品牌美誉度遭受严重打击等现象。
2. 品牌危机管理是企业为应对各种危机情境所进行的规划决策、动态调整、化解处理及员工培训等活动过程，其目的在于消除或降低危机所带来的威胁和损失。通常可将危机管理分为两大部分：危机爆发前的预计、预防管理和危机爆发后的应急善后管理。
3. 品牌危机的特点：突发性、破坏性、公众性、紧迫性、复杂性、双重性、非常规性、全局性。
4. 品牌危机的根源：缺少整体品牌发展战略、管理机制不健全、缺乏名牌危机意识、假冒货对名牌产品及企业的冲击、品牌产品自身质量问题。

自测题

1. 品牌危机的概念是什么？它包括哪些特点？
2. 品牌危机产生的主要原因是什么？它具有哪些特征？
3. 品牌危机管理的主要步骤和阶段是什么？各阶段之间的关系是怎样的？
4. 品牌危机管理的内容是什么？
5. 举例说明如何做好品牌危机的善后处理，怎样才能变危机为机遇。

案例分析

玩性别歧视的淘宝除了道歉还该做点啥

2018 年，网络上流传一张淘宝首页的广告图片，一位准妈妈的照片上配了这样一句广告词："生了女儿怎么办？二胎用碱孕宝。"这种明显涉嫌性别歧视的广告遭到网友质疑，虽然阿里巴巴旗下相关企业第一时间做出回应，但不少人指出，这不是淘宝第一次犯这样的错误了。的确，这样屡教不改的歧视行为、屡禁不止的相关产品，不能仅仅道歉了事。

"生了女儿怎么办"这样的广告着实令人气愤。不可否认，重男轻女的传统理念在一些人、一些地区还不同程度地存在，但进入 21 世纪了，男女平等早就已经是共识。不去倡导正确的价值观，反而在性别歧视的道路上一错再错，失去的终将是用户的信任。另一方面，医学界早就辟谣：通过服用某种食物，并不能改变人体酸碱环境。像碱孕宝这样的产品不仅不符合道德伦理，更涉嫌违法违规。作为一家有影响力的企业，一家备受用户青睐的购物网站，岂能对歧视行为漠然视之？岂能纵容这样的产品大行其道？

虽然被曝光后，阿里巴巴旗下企业在官方微博道歉，将这种广告露出归结为"审核疏漏"，并对相应商家做了账户违规和扣分处理。但是对此，不少人质疑其道歉的诚意，仅仅自罚三杯式的扣分是不是太轻？屡禁不止，如此低俗的产品为何能够一再出现在首页？淘宝官方在类似事件中到底扮演了怎样的角色？的确，道歉显得过于廉价，唯有用更加严格的监管、更为坚决的处罚、更为有效的举措，才能让企业清晰行为的底线、承担起应有的责任。

由此来看，建立长效机制是第一步。作为购物平台，淘宝给许多人带来了便利，但是也要看到，规模的扩张、体量的增大，难免会泥沙俱下，以往的管理模式只有与时俱进才能适应新的要求。针对违法广告、违法产品，下架扣分乃至封禁，都是事后亡羊补牢，真正打造健康的商业空间，必须要端口前移，从资质审核、内容监管、产品质量等全流程做好监管，建立长效机制。同时，有什么样的企业价值观，就有什么样的产品，不论是借助性别歧视来为产品做吆喝，还是让这样的广告公然登上主页推荐，本质上都是利益的驱使。从这个层面来看，重塑企业价值观格外重要，那种只顾利益、不顾道德，只顾利润最大化、忽视社会责任担当的行为，损害的将是企业发展的长久利益。

作为监管部门，面对打着"能生儿子"旗号的碱孕宝这类产品，面对性别歧视广告的一再出现，面对"吃碱性食品生男孩"这类错误思想，不能无动于衷，必须以更加积极主动的作为规范市场行为，以法治手段给予违法违规者以惩戒，以正确的观念廓清人们思想的误区。多方共同发力、扎牢织密法律与规则的篱笆，企业主体、产品销售、社会道德等就能运行在健康的轨道上。

资料来源：http://jx.people.com.cn/n2/2018/0429/c190316-31521270.html。

问题： 1. 为什么"生了女儿怎么办"这样的广告着实令人气愤？
2. 阿里巴巴旗下企业是如何处理这场品牌危机的？
3. 政府对这次品牌危机的态度如何？对化解危机产生何种影响？

2018年哪些汽车品牌正面临退市危机

大浪淘沙沉者为金，风卷残云胜者为王。中国汽车工业几十年发展历程至今，各路汽车品牌的竞争越发白热化，特别是伴随着BBA等老品牌的不断创新发展，以及WEY、领克等新品牌的问世并广受消费者青睐，一场市场生死战正在上演。

优胜劣汰，是万物生存之法则，汽车品牌也不例外，纵观中国汽车市场，有那么几大品牌可谓身处险境，前途岌岌可危。

2018年6月中旬，北汽昌河官网发布公告称，经股东各方友好协商，日方股东将所持有的昌河铃木全部股权转让给江西昌河汽车有限责任公司。随后有坊间传闻：长安铃木也将步昌河铃木后尘，铃木品牌将彻底离开中国市场。虽然后来长安铃木出面辟谣，但其逐年下滑的销量也是不容回避的现实，铃木在中国市场的生存困境可见一斑。

除了铃木品牌外，还有几大品牌同样前途渺茫，有的甚至现状比铃木还要惨。

如菲亚特品牌，1999年进入中国市场，先是与南汽合资，而后2007年退出中国市场，2010年又与广汽合资，本以为从此会顺风顺水，可谁知依然是一蹶不振，统计数据显示，其2017年销量仅为2 276辆，而2018年1~5月销量更仅为101辆。如此惨淡的销量数据，也难怪其将退出中国市场的消息近半年来不绝于耳。

在中国汽车市场上，不仅铃木、菲亚特这样的老品牌处境岌岌可危，一些次新品牌同样挣扎在生死线上。如长安 PSA 的 DS 品牌，2012 年正式登陆中国市场以来，多年来仍严重"水土不服"，市场表现惨淡。2017 年 DS 销量仅 6 088 辆，今年虽有 DS7 的风光上市，但也未能扭转一直以来的颓势，原有的 DS6、DS5 等车型销量亦是大幅下滑。新车型救不了市，经销商也开始大幅退网，DS 品牌的前市如何，难免让人为它捏一把冷汗⋯⋯

此外，那些曾一度高调亮相市场的合资自主品牌也悄然泯灭于市场。如广汽本田 2008 年发布的理念，东风本田 2011 年推出的思铭，作为"鸡肋"产品，在其惨淡的市场销量后，是来自经销商的抵制，接下来便在市场上销声匿迹了。

综合分析前述品牌的市场萧条的原因，或是产品力不足，或是营销力不行，归根结底都是没有顺应中国市场发展，而记者所述的只是未来岌岌可危的品牌的一小部分。伴随着市场竞争的持续加剧，我们或将听到更多品牌退市的"噩耗"。

资料来源：http://www.hao-koubei.com/html/News_12196928.html.

问题： 1. 汽车品牌危机产生的根本原因是什么？
   2. 为什么说伴随着市场竞争的持续加剧，我们或将听到更多品牌退市的"噩耗"？

第8章 CHAPTER8

品牌资产理论

教学目标

一流企业经营品牌,其根本原因在于品牌是企业的无形资产,有难以估量的价值。在网络共享经济、区块链模式背景下,品牌在竞争层次上不断提升,提高品牌资产价值是企业提高竞争力的关键,品牌价值理论倍加受到人们的关注。通过本章的学习,学生能够理解品牌价值的基本构成和价值渊源,为今后开发品牌内在价值做好铺垫。

学习任务

通过本章的学习,学生主要掌握和理解:
1. 品牌资产和品牌价值的含义
2. 品牌价值的形成因素及特征
3. 品牌资产管理的任务及意义
4. 品牌核心价值的层次及内容
5. 品牌的形成过程

案例导入

2017年东易日盛品牌价值203.19亿元创新高

2018年1月,中国品牌价值500强评审委员会正式发布2017第十一届中国品牌价值500强榜单。东易日盛在此次评选中排名第204位,排名较2016年上升73位;东易日盛品牌价值203.19亿元,一年内增长54.14%,继续蝉联中国家装行业榜首。

由中国品牌研究院和广东工业大学品牌观察研究院所搭建的品牌价值评估模型,体系涵盖了品牌价值评估最核心的几个重要考评指标,包括年营业收入、营业利润、行业属性、行业地位、品牌历史等,完全符合品牌价值评估国际标准。

夯实硬实力：东易日盛持续高速发展

品牌价值最终体现在品牌的盈利能力上，品牌的销售额和利润的增减直接影响品牌价值的大小。据东易日盛财报显示：2017年年初至第三季度财报期末，2017年前三季度公司实现营业收入23.80亿元，同比增长28.55%；实现营业利润1.19亿元，同比增长109.11%。经品牌观察杂志社认定的专业品牌资产价值评估机构测评，并经过独立的专家委员会复核：东易日盛品牌价值为人民币203.19亿元。自2014年成为中国家装第一家上市企业以来，东易日盛确定了"实业轮"+"投资轮"的双轮驱动战略，以家装为入口，利用资本力，逐步深化、落地家庭消费生态圈建设，以全新商业模式引领中国家装行业进入"科技型生态变革"新时代。目前，东易日盛集团旗下已拥有东易日盛装饰、速美超级家、睿筑国际设计、原创国际设计、创域家居5大B2C品牌；集艾设计、东易日盛精装、易日通（供需链）、邱德光设计4大B2B品牌，金融投资品牌文景易盛；业务类型深入覆盖整个家居产业，形成了以北京总部为中心、遍布全国100余个城市的格局。

经营软实力：专注科技创新转型

除了以销售额和利润率为主要指标的基础分之外，评估品牌价值考虑的因素还包括品牌替代性、品牌稳定性、品牌成长性、品牌影响地域范围、行业/市场地位等因素，这些都会作为企业品牌价值的"附加分"列入计算公式。

作为中国家装率先上市企业，东易日盛的行业龙头地位依旧稳固。以两百亿为起点，东易日盛已经开始了新的征程。

资料来源：http://12365.ce.cn/zlpd/jsxx/201801/04/t20180104_6035301.shtml。

8.1 品牌资产

品牌资产是品牌管理中的一个重要概念，自20世纪80年代以来，在西方管理界广为流传，它将传统的品牌思想推向了一个崭新的高度。从管理学的角度来说，品牌资产是一种超越生产、商品等所有有形资产的价值，是企业从事生产经营活动而垫付在品牌上的本钱及其可能带来的产出。品牌资产是一种无形资产，它是品牌知名度、品质认知度、品牌联想度以及品牌忠诚度等各种要素的集合体；另外，从财务管理的角度来说，品牌资产是将商品或服务冠上品牌后所产生的额外收益。这个额外收益来自两个方面：一是对拥有品牌公司感兴趣的投资者，他们的出价包含了对于品牌的估值；二是购买某品牌产品的消费者，他们的出价包含此品牌高于市场一般价格溢价的部分，同样的产品因品牌的不同而带来额外的现金流入，这种额外的现金流入就是品牌资产。

所以，企业的商标或者品牌不仅仅是区别商品或服务出处的标志，而且还是沉淀企业信誉、累积企业资产的载体，品牌资产体现在相同质量的商品或服务之间的差价上，体现的是品牌相对独立的自身价值。

8.1.1 品牌资产的概念

品牌资产是 20 世纪 80 年代在营销研究和实践领域新出现的一个重要概念。20 世纪 90 年代以后，特别是营销大师戴维·阿克（David A. Aaker）的著作《管理品牌资产》（*Managing Brand Equity*）于 1991 年出版之后，品牌资产就成为营销研究的热点问题。品牌资产也称品牌权益，是指只有品牌才能产生的市场效益，或者说，是指产品在有品牌时与无品牌时的市场效益之差。品牌资产是指与品牌的名字与象征相联系的资产（或负债）的集合，它能够使通过产品或服务所提供给顾客（用户）的价值增大（或减少）。品牌资产主要包括 5 个方面，即品牌忠诚度、品牌认知度、品牌感知质量、品牌联想和其他专有资产（如商标、专利、渠道关系等），这些资产通过多种方式向消费者和企业提供价值。

品牌资产的特点在于：品牌资产是无形的；品牌资产是以品牌名称为核心的；品牌资产大小会影响消费者的行为包括购买行为以及对营销活动的反应；品牌资产决定于消费者，而非决定于产品。所以，品牌资产因市场而变化；品牌资产有正资产，也有负资产；品牌资产的维持或提升，需要营销宣传或营销活动的支持；品牌资产会因消费者的品牌经验而变化。

8.1.2 品牌资产的构成

品牌大师凯文·莱恩·凯勒在其出版的《战略品牌管理》一书中提出：品牌资产的构建要基于消费者，并设计了著名的 CBBE 模型（customer-based brand equity，基于消费者的品牌资产），如图 8-1 所示。这个模型回答了两个问题：

（1）构成一个强势品牌的要素是什么？
（2）企业如何打造一个强势品牌？

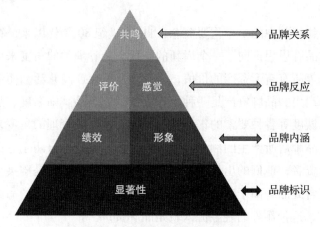

图 8-1 品牌资产构成 CBBE 模型

一个品牌包括六大要素：显著性、绩效、形象、评价、感觉、共鸣，这六大要素被分为四个层次：品牌标识、品牌内涵、品牌反应、品牌关系。

形成品牌资产，首先要建立品牌标识，品牌标识的关键是创造品牌显著性，品牌是否容易被消费者认出来，品牌是否经常被消费者提及，当消费者购买同类产品时会不会先想到你的品牌，这就是显著性。有了显著性标识之后，就应该为品牌塑造内涵。品牌内涵主要包括绩效和形象两个要素。

绩效主要指品牌的物理层面，品牌的功效、品质在满足消费者需求方面的表现如何。形象主要指品牌的心理层面，主要来自四个方面：用户特征、购买渠道和使用条件、个性与价值、品牌历史传统及发展历程。

所以，品牌资产是由品牌名字与产品类别、产品评价和关联物的联想构成的；品牌名字与产品类别的联想比较具体，是其他联想建立的基础。

8.1.3 品牌资产的形成

从品牌资产的定义以及模型中我们可以看出，品牌资产是以品牌名字为核心的联想网络，也即消费者心中品牌的意义。那么品牌的意义从何而来呢？品牌的意义首先来自品牌名字的词义，并在品牌名字词义的基础上，通过营销活动和产品购买、使用这两种途径学习积累而成。

1. 品牌命名是品牌资产形成的前提

由于品牌资产是以品牌名字为核心的联想系统，因此一种产品在没有名字之前，就没有什么品牌资产可言。另外，给一个品牌起什么样的名字还会影响品牌知识的发展。所以说，品牌命名是品牌资产形成的前提。

2. 营销和传播活动是品牌资产形成的保障

给产品起一个合适的名字对品牌资产建设固然重要，但是没有相应的营销传播活动，品牌一样建立不起来，品牌资产也无法形成。在各种营销活动中，广告是最为重要的活动之一，它与促销活动占据企业营销预算的绝大部分。利用广告加强消费者的品牌意识，提高品牌知名度，这是广告主投资广告的目的之一。除了广告之外，其他营销活动如产品展示也有助于提高品牌知名度。

3. 消费者的产品经验是品牌资产形成的关键

消费者的产品经验对品牌资产形成的重要性体现在以下两个方面。

第一，产品经验会强化或修正基于营销传播建立起来的联想。

第二，产品经验导致一些联想的形成，成为品牌忠诚的基础。

品牌忠诚度测量模型系统变量构成表如表 8-1 所示。

表 8-1 品牌忠诚度测量模型系统变量构成表

态度变量
溢价
满意度
产品价值及领导地位变量
体现质量
领导地位
品牌体现价值及差别化变量
体现价值
品牌个性
公司品牌
沟通变量
品牌认知
市场行为变量
市场占有率
价格及分销指标

8.1.4 品牌资产管理

品牌资产管理就是品牌价值构架的协调和谐与综合运用，形成营销管理的巨大生命力与影响力，推动营销管理的内容不断更新，促进企业的不断发展壮大。它包括准确定义、规范管理，并采用完善周详、切实可靠的方法尽可能地对品牌进行衡量评估，不遗余力地开发品牌以最大限度地挖掘价值和利润。

1. 提升品牌资产价值的策略

品牌资产是企业的重要资产，是节约企业市场活动费用的有效手段，又是提升企业产品溢价的源泉，是取得市场竞争优势的法宝。提升品牌资产价值，可以促进品牌声誉的价值溢出，促进品牌资产的扩张，可以建立有效的壁垒以防止竞争对手的进入。那么，如何提升品牌的资产价值呢？具体来说，可以从以下几个方面入手。

（1）提高品牌资产的差异化价值。品牌资产的价值关键体现在差异化的竞争优势上。这种优势可表现在产品的质量、性能、规格、包装、设计、样式等带来的工作性能、耐用性、可靠性、便捷性等方面的差别；也可表现在由服务带来的品牌附加价值上，如服务的快速响应、服务技术的准确性、服务的全面性、服务人员的亲和力；还可表现在塑造品牌联想和个性上，品牌联想能够影响顾客的购买心理、态度和购买动机。所以品牌能够提升顾客的感知价值，反过来，也可促进品牌价值的提升。

（2）走外延提升品牌资产之路。利用品牌（尤其是名牌）资产实施兼并与合作是资本运营的一个重要方式，也是企业实现规模经济、实现低成本扩张、提高企业资源配置效率、提升品牌资产价值的有效手段。因为创建强势大品牌的最终目的是为了持续获取更好的销售与利润，而无形资产的重复利用是不花成本的，只要有科学的态度和过人的智慧来规划品牌延伸战略，就能通过理性的品牌延伸与扩张，充分利用品牌资源这一无形资产，实现企业的跨越式发展。但是，诸如公司并购等品牌扩张战略是一项风险相当大的业务，为了有效地促进并购后公司业绩的增长和品牌资产价值的提升，必须慎重地制定策略。在确定公司并购时，应考虑以下因素：

1）对公司的自我评估以及对目标公司的评估；

2）资产重组是对品牌价值再评估，对并购本身进行可行性分析；

3）利用品牌进行合作经营时，双方应优势互补；

4）合作应有利于延伸品牌系列。

（3）通过品牌叙事提升品牌资产价值。纵观国际国内市场，那些具有良好声誉、在行业市场拥有良好表现的品牌，必然是一个品牌要素齐全、给人留下美好印象和回味的完美品牌。品牌叙事以存在主义的纽带形式把消费者和品牌联系起来，它是品牌力量的基础和源泉。品牌叙事对于深化消费者对品牌的理解与认知起着至关重要的作用，具体主要表现在以下几个方面。

1）完美地体现品牌的核心价值理念。品牌核心价值理念是品牌带给消费者利益的根本所在。品牌叙事就是通过形象化、通俗化的语言和形式，将之传递给目标受众。不同行业甚而同行业中的不同品牌，由于其经营方式、追求目标的不同，它的核心价值理念也是迥然不同的。

2）增进与消费者的情感交流和心灵共鸣。通过娓娓道来、形象生动的故事讲述，消除目标受众对品牌的陌生感和隔阂感，达到增进与密切目标受众的情感交流，进而实现品牌与目标受众的心灵共鸣。

3）形象巧妙地传递品牌信息。品牌叙事的另一个明显的作用，就是通过传播渠道传递品牌的相关信息。品牌叙事更多的是以一种经过精美包装的形象化形式，将所要传递的品牌背景、品牌价值理念和产品利益诉求点（USP）等品牌信息，诉诸人们的视觉感官，使人们在潜移默化中接受品牌提供的信息，增进目标受众对品牌的识别和认可。

(4) 通过加强企业内部管理来提升品牌资产价值。从根本上来讲，提升品牌资产价值，主要还是要从企业内部挖掘潜力，毕竟外部环境是不容易改变的，而企业自身的资源相对来讲是可以控制的。那么，从企业内部的角度出发，企业可以从以下几个方面入手来提升品牌资产价值。

1）要切实转变观念，真正树立起品牌意识。凯恩斯说，观念可以改变历史的轨迹。那么，对于一个企业来讲，观念可以改变企业的命运。在现实中，很多企业把品牌炒得很热，但是真正涉及建立品牌资产的投入时，却总是认为这只是一笔费用，而不是长期投资，没有真正从内心认识到建立品牌资产的长远意义，因此，转变观念就显得尤为迫切。

2）品牌资产价值的提升需要长期不断地投入。我们知道，品牌资产的作用在于可以为企业投入的资产带来未来超额收益，而现期的投入是获得未来收益的基础。企业未来发展趋势表明，企业通过消耗有形资产来建立无形资产，企业资产特别是核心资产日趋无形化，无形资产尤其是品牌资产逐步成为企业价值的主体。所以，建立和提升品牌资产价值应该有长远的眼光和打算，眼睛不能只盯在眼前利益上，要舍得投入人力、物力和财力。

3）通过个性化的定位来提升品牌资产价值。品牌的建立一定要有明确的定位，结合自身的优势打造品牌的个性。市场竞争的激烈导致产品同质化越来越严重，因此，一个品牌的鲜明个性就显得特别重要了。这可以从不同的途径来实现，比如技术领先、产品差异化和市场专一化等。

2. 品牌资产管理的一般方法

从品牌资产的定义中可以看出，要想让品牌成为资产的一部分，就必须对品牌实施资产化管理，通过不断地对其进行投入来维护和巩固其价值。品牌资产管理要从构成品牌资产的几个要素入手，具体方法如下。

(1) 建立品牌知名度。品牌知名度的真正内涵是认知度及回忆度。品牌知名度的建立至少有两个作用：第一，消费者从众多品牌中能辨识并记住目标品牌；第二，能从新产品类别中产生联想。由此，建立品牌知名度通常可采用的做法是：

1）创建独特且易于记忆的品牌。也就是说，给产品或服务取个好记的名字，这也是广告存在所遵循的基本原则。

2）不断凸显品牌标识。除了声音之外，品牌名、品牌标识、标准色也具有很强的沟通能力。目标物重复出现，可以提高人们对目标物的正面感觉，使消费者不论走到哪里始终看到一样的视觉印象，如可口可乐的红色标识、百事可乐的蓝色标识。

3）运用公关的手段。广告效果显著，但相对代价昂贵，且易受其他广告的干扰。但是，运用公关的传播技术，塑造出一些话题，通过报刊来引起目标消费者注意，常常可以取得事半功倍的效果。

4）运用品牌延伸的手段。运用产品线的延伸，用更多的产品去强化品牌认知度，即所谓的统一式识别。

（2）维持品牌忠诚度。品牌忠诚度就是来自消费者对产品的满意并形成忠诚的程度。对于一个企业来讲，开发新市场、发掘新的顾客群体固然重要，但维持现有顾客品牌忠诚度的意义同样重大，因为培养一个新顾客的成本是维持一个老顾客成本的 5 倍。维持品牌忠诚度的通常做法有：

1）给顾客一个不转换品牌的理由。比如推出新产品、适时更新广告来强化偏好度、举办促销等都是创造理由，让消费者不产生品牌转换的想法。

2）努力接近消费者，了解市场需求。不断深入地了解目标对象的需求是非常重要的，通过定期的调查与分析，去了解消费者的需求动向。

3）提高消费者的转移成本。一种产品拥有差异性的附加价值越多，消费者的转移成本就越高。因此，企业应该有意识地制造一些转移成本，以此提高消费者的忠诚度。

（3）建立品质认知度。品质认知度是消费者对某品牌在品质上的整体印象。消费者对品质认知度完全来自产品使用或服务享受之后，产品的品质并不完全是指产品或服务本身，它同时包含了生产品质和营销品质。建立品质认知度可从以下几个方面着手。

1）注重对品质的承诺。企业对品质的追求应该是长期、细致和无所不在的，决策层必须认清其必要性并动员全体员工参与其中。

2）创造一种对品质追求的文化。因为对品质的要求不是单纯的，每个环节都很重要，所以最好的办法是创造出一种对品质追求的文化，让文化渗透到每个环节中去。

3）增加培育消费者信心的投入。经常关注、观察、收集消费者对不同品牌的反应是不可或缺的做法，强化对消费者需求变化的敏感性。

4）注重创新。创新是唯一能够变被动为主动进而去引导、教育消费者进行消费的做法。

（4）建立品牌联想。联想集团有一句很有创意的广告词："人类失去联想、世界将会怎样。"同样，建立品牌联想对于品牌资产管理非常重要。品牌联想是指消费者想到某一个品牌的时候所能联想到的内容，然后根据内容分析出买或不买的理由，这些联想大致可以分为几类：产品特性、消费者利益、相对价格、使用方式、使用对象、生活方式与个性、产品类别、比较性差异，等等。对企业而言，所要掌握的就是消费者脑海中的联想，能有一个具体而有说服力的购买理由，这个理由是任何一个品牌得以存活延续所具备的。

品牌资产价值关联因素系统构成如图 8-2 所示。

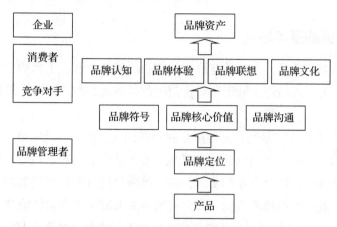

图 8-2　品牌资产价值关联因素系统构成

8.2　品牌价值理论

品牌价值是品牌管理要素中最为核心的部分，也是品牌区别于同类竞争品牌的重要标志。迈克尔·波特（Michael E. Porter）在其《竞争优势》中曾提到："品牌的资产主要体现在品牌的核心价值上，或者说品牌核心价值也是品牌精髓所在。"企业可以通过各类新闻媒体发布品牌评估及评价资料，量化企业自主品牌价值，为展示企业品牌形象，向上级主管部门、投资者、广大终端消费者传递企业实力和企业发展能力，为促进企业全面发展提供价值参考，并通过细分公允价值评估方案达到（无形）资产——股权——资本的运作目的，以及品牌价值评估、企业价值评估等。

8.2.1　品牌价值核心

价值理论的多样化，使得品牌价值被赋予了不同的内涵。根据劳动价值理论，品牌价值是品牌客户、渠道成员和母公司等方面采取的一系列联合行动，能使该品牌产品获得比未取得品牌名称时更大的销量和更多的利益，还能使该品牌在竞争中获得一个更强劲、更稳定、更特殊的优势（凯文·莱恩·凯勒，2003）。这一定义强调了品牌价值的构成因素和形成原因，而根据新古典主义价值理论：品牌价值是人们是否继续购买某品牌的意愿，可由顾客忠诚度以及细分市场等指标测度。这一定义则侧重于通过顾客的效用感受来评价品牌价值。由此可以看出，品牌作为一种无形资产之所以有价值，不仅在于品牌形成与发展过程中蕴涵的沉淀成本，而且在于它是否能为相关主体带来价值，即是否能为其创造主体带来更高的溢价以及未来稳定的收益，是否能满足使用主体一系列情感和功能效用。所以品牌价值是企业和消费者相互联系作用形成的一个系统概念。它体现在企业通过对品牌的专有和垄断获得的物质文化等综合价值，以及消费者通过对品牌的购买和使用获得的功能与情感价值上。

8.2.2 品牌价值的基本定义

品牌价值的基本定义是：创建具有鲜明的核心价值与个性、丰富的品牌联想、高品牌知名度、高溢价能力、高品牌忠诚度和高价值感的强势大品牌，累积丰厚的品牌资产。其具有以下特性：

（1）品牌资产要素的完整性。要理解品牌资产的完整构成，就需要透彻理解品牌资产各项指标（如知名度、品质认可度、品牌联想、溢价能力、品牌忠诚度）的内涵与相互之间的关系。在此基础上，结合企业的实际，制定品牌建设所要达到的品牌资产目标，使企业的品牌创建工作有一个明确的方向，做到有的放矢并减少不必要的浪费。

（2）品牌扩张的低成本性。在品牌战略的原则下，围绕品牌资产目标，创造性地策划低成本提升品牌资产的营销传播策略。

（3）品牌战略的变通性。要不断检核品牌资产提升目标的完成情况，调整下一步品牌资产建设目标与策略。

8.2.3 品牌核心价值

世界上任何进化的系统都是自组织系统（自组织程度可能不一样），而任何自组织系统都有自己的"核心"——自组织核。企业的品牌定位是一个高度自组织化的无形资产进化系统，它当然有自己的自组织核——品牌核心价值与品牌核心力。

品牌核心价值是整个品牌的灵魂，是统帅企业所有品牌活动的纲领、中心、宗旨，是品牌资产的主体与立足点，是品牌战略规划的方针，它让顾客方便、明确、清晰地识别品牌的利益点与个性，并让其认同、喜爱、购买、联想、赞美。品牌核心价值理论的基本观点如下。

（1）灵魂论：核心价值是品牌战略的灵魂，是品牌价值系统最核心的东西，是统率全局的纲领。

（2）消费者中心论：核心价值不是企业自有的，它根据消费者的心智脑海，必须站在消费者的一方来定位品牌的个性与利益诉求，消费者是第一上帝，只有真诚、彼此共融、志同道合，才能进入其内心世界。

（3）综合提炼论：海尔的"真诚"、海信的"创新"、康佳的"时尚与现代"的核心价值是哪里来的？它们是通过实践→提炼→实践→提炼→综合的过程得出的。如果我们的核心价值用 $P = X + Y + Z$ 来表达，则 X 代表消费者利益认同，Y 代表企业产品本体特征，Z 代表竞争对手历史、环境的综合变量，因此，品牌核心价值的综合提炼还须结合"客我双方"及历史、环境对手的综合才能完备、全面，当局者迷、旁观者清，有时要仔细做市场调查，还要动用专家、咨询公司的力量。

（4）个性论：品牌核心价值要让消费者来识别、认知、体验，必须要有鲜明的个性化形象，与竞争对象形成差异化的定位，即所谓"万绿丛中一点红"。在这广泛传播的时代，大脑常产生信息泛滥与疲劳，越具有差异化，越具有鲜明的个性，越容易获得消费者的青睐（低成本）。

（5）共振论：世界上到目前为止在物理上主要有四大作用力：强力、弱力、电磁力、强引力。我们日常生活中的大部分作品传播借助于电磁相互作用。显然，品牌世界的各种作用，其物理基础主要是借助电磁力的载体传播的。另外，根据德布罗意的物质性质理论，世界上的物质可以分成实物及波的形式，品牌信息无疑是以电磁波的形式传递的，但其信息之所以能使消费者认知，即是消费者对品牌信息波的接收、解码。特殊的认同现象则是品牌个性形象所发出的"精神频率"必须与消费者的需求完全吻合方能产生同频共鸣，消费者才能产生认同、喜欢、购买、口碑、满意……你的个性形象才能进入消费者的内心世界，你的核心价值才能刻画到消费者的脑海里。

（6）包容论：提炼确定品牌核心价值要有超一流的战略前瞻性和包容性，它是战略规划，而不是战术策略，要预埋好以后能进行品牌延伸的管线。就产品品牌而言，它应该是品牌麾下所有的共性之一，而不仅仅是一具体产品的属性。因此，社会性、精神性、情感性、心理性利益诉求，会多于功能性、物理性利益诉求，其生活现实主张、情感主张、自我心理主张等往往是大品牌的核心主张。

（7）超值论：是指品牌的溢价能力，只有在品牌提炼时比竞争对方要有功能上（比如技术、服务、原料、工艺等）、情感上（比如经典、活力、时尚等）的利益区间，才能增加品牌的竞争力。一双皮鞋成本10元，有了核心价值卖价1 000元；一瓶白酒原料价30元，有了品牌核心价值后卖价1 000元，这是由于品牌的附加值在起作用，因为消费者购买的是品牌而不是产品，品牌核心价值规划必然要有高度。

（8）持久论：品牌核心价值一旦定下来，就不能为了某个项目舍本求末，必须锲而不舍、持之以恒地咬定青山不放松，坚持下去，几亿、几十亿的传播费是对核心价值的演绎。公关、广告可以不停地换，但灵魂不能换、宗旨不能换，换的只是表现形式和公关活动。

（9）有机论：品牌核心价值不是一个固定的概念，而是一个活生生的生命形象，它是品牌自组织的中央处理器——大脑，通过广告、公关、营销的开展，提高着品牌价值，丰富着品牌核心价值的营养，"核心价值"也能散发其特有的精神魅力、智能魔力，吸引、沟通、感召着消费者，从而使企业品牌系统更广、更强、更真，它自发地调控交变品牌系统的各种流——物流、能流、精神流。

（10）锤炼论：品牌核心价值确立以后并不是万事大吉了，它需要到市场中、生活中、大风大浪中去战斗、锤炼，这样其结合力、冲击力、感召力、渗透力、个性、扩张力、驱动力才会越来越强、越来越好，否则，真诚、创新、飞翔、时尚、人本、经典等所谓"核心价值"就会一文不值。

在品牌建设过程中，企业必须持之以恒地保持这个核心价值不变，或在长期的品牌运营中，让核心价值发挥魔力般的魅力，统帅整个营销传播公关行为，与消费者互动地演绎出千姿百态的品牌戏剧，并为企业带来品牌无形资产，奇迹般地促使企业有形资产的增值。

8.2.4 品牌核心价值图谱

品牌价值是指品牌在某个时点的、用类似有形资产评估方法计算出来的金额，一般是市场价格。消费者是品牌的最终评判者，往往对品牌的价值起决定性作用，也可以说是品牌在消费者心目中的综合形象。

1. 消费者角度的品牌核心价值

从消费者角度看，品牌核心价值具体可以划分成以下五大利益板块。

（1）功能物理利益：消费者能体验的产品的物理属性、使用价值，这是最基本的体验，更进一步是指品牌给予目标消费群所传达的物质层面的价值，也就是物理——物质性属性。

（2）社会性利益：品牌能给予消费者社会方面的认同，比如流行、生活品位、地位等。

（3）情感性利益：与情感有关的利益认同，如友谊、关怀、快乐、浪漫等。

（4）文化性利益：消费者对品牌所代表的文化风格的认同，比如审美、风格、气质、道德、家庭人本等。

（5）心理价值利益：消费者自我价值的心理体验，在这里能找到与消费者自我价值的心理共鸣点。

从消费者角度出发的品牌资产框架如图 8-3 所示。

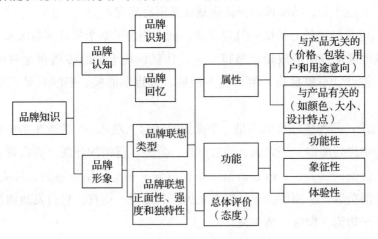

图 8-3　从消费者角度出发的品牌资产框架

2. 力学角度的价值模型

品牌核心价值与品牌核心力是品牌灵魂的阴与阳、刚与柔，是一个硬币的两面，品牌核心价值的力学模型可以分为以下几类。

（1）定位：提炼核心价值，需要市调力、情报力、分析力、洞察力、提炼力、前瞻力、综合力、判断力、创新力、策划力。

（2）品牌核心价值：本身应具有共融力、个性力、差异力、感超力、渗透力、诉求力、体验力、包容力、驱动力、扩张力、沟通力、联想力、物质力、情感力、文化力。

（3）调控力、交变力、辐射力、震撼力、亲和力：这包含了企业对消费者，消费者对产品和企业的双向作用力。

品牌核心价值的力学模型如图8-4所示。

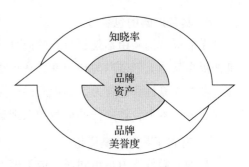

图8-4　品牌核心价值的力学模型

8.2.5　品牌核心价值提炼

一个具有极高的品牌资产的品牌往往具有让消费者十分心动的情感性与自我表现型利益，特别是在经济发达地区，品牌是否具有触动消费者内心世界的情感性与自我表现型利益已成为一个品牌能否立足市场的根本。当品牌成为消费者表达个人价值观、财富、身份地位与审美品位的一种载体与媒介的时候，品牌就有了独特的自我表现型利益。一般品牌价值研究的基点主要是制造业产品的品牌，实际上不同的"营销主体"，其核心价值的提炼就会不一样，必须要根据品牌主体及行业特点具体问题具体分析。

品牌核心价值提炼的原则如下。

1. 高度的差异化

开阔思路、发挥创造性思维，提炼个性化品牌核心价值。如果一个品牌的核心价值与竞争品牌没有鲜明的差异，就很难引起公众的关注，会石沉大海，更别谈认同与接受。缺乏个性的品牌核心价值是没有销售力量的，不能给品牌带来增值，或者说不能创造销售奇迹。高度差异化的核心价值一亮相市场，就能成为万绿丛中一点红，低成本获得眼球，引发消费者的内心共鸣。差异化的品牌核心价值还是避开正面竞争、低成本营销的有效策略。

2. 富有感染力

深深触动消费者的内心世界———一个品牌具有了触动消费者的内心世界的核心价值，就能引发消费者共鸣，那么花较少的广告传播费用也能使消费者认同和喜欢上品牌。核心价值不仅要通过传播来体现，更要通过产品、服务不断地把价值长期一致地交付给消费者，才能使消费者真正地认同核心价值。否则，核心价值就成了空洞的概念，不能成为打动消费者的主要力量。

3. 核心价值与企业资源能力相匹配

尽管传播能让消费者知晓品牌的核心价值并且为核心价值加分，但品牌核心价值就其本质而言不是一个传播概念，而是价值概念。而企业的产品和服务需要相应的资源与能力的支持，才能确保产品和服务达到核心价值的要求。因此，核心价值在提炼的过程中，必须把企业资源能力能否支持核心价值作为重要的衡量标准。

4. 具备广阔的包容力

无形资产的利用不仅是免费的而且还能进一步提高无形资产，不少企业期望通过品牌延伸提高品牌无形资产的利用率来获得更大的利润。因此，要在提炼规划品牌核心价值时充分考虑前瞻性和包容力，预埋好品牌延伸的管线。否则，企业想延伸时发现核心价值缺乏应有的包容力，就要伤筋动骨地改造核心价值。

5. 有利于获得较高溢价

品牌的溢价能力是指同样的或类似的产品能比竞争品牌卖出更高的价格。品牌核心价值对品牌的溢价能力有直接而重大的影响。

> **知识链接**
>
> （1）城市品牌：大连为"足球之城"，曲阜为"文化圣地"，杭州以前为"上有天堂下有苏杭"，现在为"休闲之都"，石家庄为"中国药都、健康之都"，北京为"国家首都、国际文化大都市、政治中心、文化中心"等。
>
> （2）个人品牌：美国丹尼 W. 辛克莱（Dani W. Sinclain）《财富智商》一书中把财富成功者个性品质——品牌核心定位为：①为人真诚；②友好待人；③胸怀宽广；④勇于改错；⑤勤奋努力；⑥胆量过人；⑦创新。
>
> 胡润对其定位提炼为：执着、冒险、领导才能、把握机遇、创新、诚信、务实、勤奋、终身学习。
>
> （3）活动品牌：奥运会为"更广、更快、更强"。
>
> （4）企业品牌：为企业的核心理念、宗旨。
>
> （5）产品或服务品牌：如舒肤佳"有效除菌"，潘婷"健康亮泽"，如家"宾至如归"等。

8.3　品牌价值的评估

品牌是企业重要的无形资产，完整的品牌评估可以对企业品牌的市场价值有量化认知和各类指标的核定，可以使企业对自身品牌有一个全面科学的认识。而品牌评估热潮之所以兴起，主要还是因为市场激烈的竞争和企业面临各方面的压力发生了变化。随着经济全球化的发展，企业生存的环境和市场发生了变化，企业面临新的威胁，随时会受到来自全世界其他市场或其他产品中的品牌和企业的冲击。

然而，科技的发展又使得规模化经济和营销效率的需求大增，开始促使很多企业向全球竞争态势迈进，于是，全球性的品牌兼并、收购和合资热潮兴起，这也使得许多企业意识到对现有品牌资产的价值进行更好的掌握是必需的，对兼并、收购的企业品牌价值的掌握也同样重要。同时，随着社会经济的发展，产品差别化缺乏可靠性，这就意味着即使是那些提供传统包装产品以外的企业也必须开始寻求产品差别化的其他有效途径。凡此种种，使得人们不得不越来越重视对品牌的评估。

若能切实实施品牌评估，则会使得企业资产负债表结构更加健全，通过将品牌资产化，使得企业负债降低，贷款的比例大幅降低，显示企业资产的担保较好，获得银行大笔贷款的可能性大大提高，从而也就更能形成金融市场对公司价值有较正确的看法，以此激励投资者信心。对公司各个品牌价值做出评估后，有利于公司的营销和管理人员对品牌投资做出明智的决策，合理分配资源，减少投资的浪费。品牌价值不但向公司外的人传达公司品牌的健康状态和发展，而且向公司内所有员工传达公司的信念，激励员工的信心。品牌评估的最大作用则是可以提高公司的声誉。品牌经过评估，可以告诉人们自己的品牌值多少钱，以此可以显示自己这个品牌在市场上的显赫地位。

8.3.1 品牌价值评估的内容

对于一个品牌价值，对其进行评估应主要包括下列内容。

1. 品牌寿命

品牌存在时间的长短是衡量品牌是否优质的重要指标，如果是同类产品中处于第一位的品牌这个评估就更有意义。许多排名前100位的品牌在一定市场领域内已存在25至50年甚至更长，品牌资产如同经济上的资产一样，是随时间而建构起来的。

2. 品牌名称

品牌名称是赋予商品的文字符号，它以简洁的文字概括了商品的特性。评价一个品牌是不是好的名称，应主要考虑：该品牌是否能引起消费者的注意和兴趣；是否能使消费者感到有魅力、有特征、有新鲜感；是否能刺激消费者的好奇心；是否能使消费者容易理解，即易读、易懂、易分辨；是否能使消费者对之产生好感；等等。

3. 产品或服务的商标

商标是用来帮助人们识别商品的几何图形及文字组合，它以简洁的线条组合，反映公司和商品的特性，起到明示和突显商品特点的作用。判断一个商标是否价值较高应考虑其是否能引起消费者注目、适合社会的消费潮流、反映商品的特性；是否有欣赏价值，使人看了能产生一种愉快、轻松的感觉；其设计的具体性和整体性是否能明显体现出来；该商标是否能使人产生好感，是否能满足商品持有者的各种心理需要；等等。

4. 品牌个性和意象

从知识产权角度上说，一个品牌不仅仅局限于识别产品的作用。许多强有力的品牌几乎成为产品类别的代名词，甚至人们可以仅仅通过品牌名称来识别它们的产品或服务，它们也是企业对产品拥有的一系列权利的综合代表。

5. 品牌产品或服务的类别

一些产品或服务类别更容易引起消费者关注，它们趋向于为产品服务创造更高的知名度和推崇程度。因此，一个品牌的产品或服务类别在很大程度上对品牌形象力的等级起到帮助或妨碍作用。娱乐、食品、旅游、教育、饮料和汽车等类别都有使品牌形象力排名靠前的趋势。

6. 品牌产品或服务的功能

使用该品牌的消费者对其产品的功能了解多少，知道而未使用该品牌的消费者对其产品功能了解多少，如果对产品品质功能有了解，在其产生需要时，可能会产生指名购买，以及品牌下产品的使用功能、特点、外观如何都是影响品牌创立的重要因素。

7. 品牌产品或服务的质量

虽然这个因素似乎很明显，但质量和可靠性是每个品牌建立大众信誉的基础。无论公司或产品代表什么，它首先必须"如它所期望的那样"。这就要考虑品牌的质量信赖度如何、产品的耐用度如何等因素。

8. 消费者态度

消费者通过有关媒体对该产品的介绍，通过亲属和朋友的推荐，以及自己使用该产品，会对该产品形成一种态度。这种态度对产品的市场表现影响很大。对之的评价主要注重：消费者对该品牌产品在技术水平、质量和价格比、功能和价格比等方面的产品认识；对该品牌所代表产品的情绪体验，包括在以往使用该产品过程中的情绪体验，该产品带给消费者心理上的满足，对群体心理的适应，其售后服务对客户要求的满足程度，等等。

9. 品牌认知

因为按照一般人的购买习惯，在购买商品时，总是先在叫得出名字、外观包装也舒服的品牌中选购自己所需要的产品，所以，好名字、设计美观的商标就是一项无形资产。对于这项指标还有一些具体的衡量标准，例如：品牌认知度在其知名度不同的消费者中现在处于何种状态，相竞争品牌的品牌认知度如何，造成目前品牌认知度的办法及其主要原因是什么，竞争品牌提高认知度的办法主要是什么，该品牌在建立其认知度中应主要倡导什么、表达什么。消费者一般从什么渠道获取关于品牌认知度的信息等。

10. 品牌连续性

即便一个品牌已经有长达100年的历史，继承或者说连续性对一个品牌保持时间发展上的相关性仍是必要的，关键是信息的连续性，而非执行的相同性。

11. 消费者购买倾向

经过各种影响过程，如果形成了消费者对该品牌产品的依赖性，那么，一旦感到需要，就会去购买该品牌产品，这就是说，消费者对该品牌形成了比较稳定的购买倾向。

12. 品牌媒体支持

媒体的支持保证了品牌在市场上的可见性。像麦当劳，由于它在一些人流大的地理位置设立分店，这也增加了它的可见性。有一些品牌虽然广告花费很少，但排名很靠前。不过一般来说，品牌要保持它在市场上的巨大影响，必须始终得到媒体投入的支持。

13. 品牌产品的市场表现

这主要是考虑该品牌产品近年的盈亏情况，该品牌产品的市场特点及发展动向，与同行业最先进企业的差距，该品牌产品竞争能力，等等。品牌产品的市场表现如品牌产品的服务、品牌服务度如何，品牌对消费者在品质上有何承诺，品牌产品在品质上有何发展创新。

14. 品牌更新程度

如同投掷一枚硬币，相反的一面也是真实存在的。这就是说，品牌除了保持连续性外，还必须时常更新，使自己能符合新一代消费者的要求。

15. 品牌忠诚度

消费者能够持续地购买使用同一品牌，即为品牌忠诚。它主要包括：谁是品牌的忠诚消费者；品牌为忠诚消费者提供的差异性附加值是什么；品牌对忠诚消费者的承诺兑现如何；品牌如何与消费者沟通、建立感情；忠诚消费者的需求是什么，有何变化；是否满足了他们的这种要求；忠诚消费者对品牌推出的新产品是否偏好；品牌忠诚消费者更喜欢哪种公关、促销活动，为什么；效果评估如何；发现哪些问题；品牌的转换成本如何；怎样制造转换成本；是否因产品延伸而动摇了忠诚消费者；如何挽回这种损失；品牌是否有转换惰性；现状如何；与品牌相竞争的品牌的忠诚度如何；品牌忠诚消费者对其（品牌）产品有何期望；品牌忠诚消费者的分布区域如何；与区域文化有何关联；品牌的现状、忠诚度的建设有多长时间等。这些问题都是解决之关键。

16. 品牌联想度

透过品牌联想到品牌形象，这一形象如果正是消费者所需的，便会通过购买来满足需求。这个指标的因素包括：品牌首先会使消费者产生何种联想；品牌的消费者利益是什么；品牌会使消费者联想到产品什么样的价格层面；品牌会使消费者联想到何种使用方式；品牌消费者的生活方式如何；品牌属于何种产品品类；品牌与同类品牌的差异点在哪儿；品牌为消费者提供了何种购物理由；品牌的产品有何附加值；品牌附着了何种内涵；品牌内涵发掘度如何。对品牌的联想，往往是由其一两点生发开去，促使消费者展开想象的翅膀，联想到更多的方面。不同深广度联想的这些人在哪里，他们对此类品牌产品有什么期望？对他们生活的影响程度如何？

17. 专利权价值

对于许多大企业，专利权是非常重要的一个价值构成，对之的评估应包括如下内容：

（1）产权归属：说明专利的专利证书权人、专利权所有人和本资产评估的委托方所属性质，是否有专利的使用权。

(2) 名称、保护年限、已使用年份。

(3) 该专利作为解决某类问题的方法或可以生产的产品的社会作用。

(4) 该专利评估的目的，如用于拍卖或转让、作价入股等。

(5) 该专利适用的条件。

(6) 该专利的特点或替代原有专利的特点。

(7) 该专利评估假定的条件。

品牌价值评估不但可以量化具体品牌所具有的价值，还可以通过各个品牌价值的比较，从直观上了解名牌企业的状况，从某些侧面揭示出各个品牌所处的市场地位及其变动，以及揭示出品牌价值的内涵和规律，并且为企业实现以品牌为资本的企业重组扩张创造良好的舆论基础和社会基础。消费者更是通过品牌价值的影响，坚定自己对某些品牌的忠诚。投资者则是通过品牌价值的参考，决定自己的投资方向。

品牌评估的内容如图 8-5 所示。

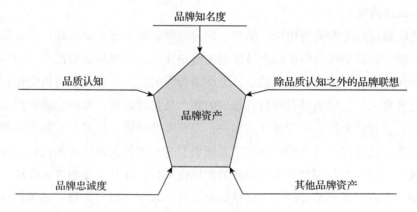

图 8-5　品牌评估的内容

8.3.2　品牌价值评估的分类

品牌评估概述通过在各类新闻媒体上发布品牌评估及评价资料，为展示企业品牌形象，向上级主管部门、投资者、广大终端消费者传递企业实力和企业发展能力，为促进企业全面发展提供价值参考，并通过细分公允价值评估方案达到资产——股权——资本的运作目的。

(1) 从用途上而言，品牌价值评估分为两大类。第一类是企业自身产权变动或使用权拓展需要所进行的价值量化。这种评估必须根据评估目的，依据国家颁布的评估标准、方法，以个案的形式进行。第二类是用于价值比较所进行的价值量化，这种评估必须是选择同一标准、方法、基准日，进行统一的群体评估。

第一类评出的品牌价值可称为"内在价值"；第二类评出的品牌价值可称为"交易价值"，实际上是品牌市场竞争力的客观表现。内在价值不用于交易，它表明品牌资产所带来的超值创利能力，相当于政治经济学中的价值。交易价值则相当于价格。交易价值与内在价值存在密切的关系，交易价值的基础是内在价值，内在价值为品牌的影子价格，继而影响到交易价格的波动。

（2）根据对品牌的评估取向也可将品牌价值分为两大类。第一类是从消费者角度评估品牌强度，即品牌在消费者心目中处于何种地位。比如，消费者对品牌的熟悉程度、忠诚程度、品质感知程度、消费者对品牌的联想等。从这一角度评估品牌，主要目的是识别品牌在哪些方面处于强势，哪些方面处于弱势，然后据此实施有效的营销策略以提高品牌的市场影响力或市场地位。目前西方市场营销学术界主要侧重从这一角度评估品牌。

第二类侧重从公司或财务角度，赋予品牌以某种价值。在公司购并、商标使用许可与特许、合资谈判、税收缴纳、商标侵权诉讼索赔等许多场合都涉及或要求对品牌作价。出于这种需要，许多资产评估公司纷纷涉足品牌评估，并发展出各种评估方法。

品牌是企业的无形资产，是企业经过多年的发展积累沉淀下来的宝贵资源，也是企业实现可持续发展的重要保证。其中的道理很简单：品牌既然是资产，那么它就和房屋、机器设备等资产一样，需要经常的投入和维护，而品牌评估实际上就是对企业品牌的投入和维护过程。这一点是大多数企业所忽略的问题。

8.3.3 品牌评估思路

现在，品牌评估在实践中广泛运用是依据品牌评估的先驱——英国伦敦的 Inter-Brand 公司所倡导的"Interbrand"方法，它在进行品牌评估前存在一个基本假定，即品牌的价值，并不完全是因为创造品牌所付出的成本，也不完全是有品牌产品比无品牌产品可以获得更高的溢价，而是在于品牌可以使其所有者在未来获得较稳定的收益。就短期而言，一个企业使用品牌与否对其总体收益的影响可能并不很大。然而，就长期看，在需求的安全性方面，有品牌产品与无品牌产品，品牌影响力大的产品与品牌影响力小的产品会存在明显的差异。比如在饮料市场，可口可乐、百事可乐等知名品牌会较一些小品牌具有更为稳定的市场需求。原因是这次购买这些知名品牌的消费者很可能下次还会继续选用这些品牌，而购买那些影响力较小的品牌的消费者则更有可能转换品牌。需求稳定性越大，意味着知名品牌的未来收益也就越高，由此不难看出知名品牌与非知名品牌在价值上的区别。

在品牌评估中，品牌开创成本与其未来收益的不对称性以及大量的品牌投资并不必然带来品牌影响力同步增大的事实，使成本法在品牌评估方面具有不可克服的内在局限。溢价法在品牌评估实践中虽然也有人倡导，而且溢价大小确实是品牌强弱的指标之一，但这种方法的基本假定似乎是企业创立品牌主要是为了获得溢价，而实际情况并非如此。很多企业创立品牌是为了使未来的需求更加稳定和具有保障，并提高资产的运用效率。溢价法的另一局限是需要找到一种不使用品牌的参照产品，以确定使用某一品牌后，消费者愿意为品牌支付多少溢价，这在实际操作中是很难做到的。

因此，应该以未来收益为基础结合收益来评估品牌资产。确定品牌的未来收益的办法，主要是进行相关的财务分析和市场分析。由于品牌未来收益是基于对品牌的近期和过去业绩以及市场未来的可能变动而做出的估计，品牌的强度越大，其估计的未来收益成为现实收益的可能性就越大，因此，在对未来收益贴现时，对强度大的品牌应采用较低的贴现率，反之则应采用较高的贴现率。结合品牌所创造的未来收益和依据品牌强度所确定的贴现率，就可计算出品牌的现时价值。

（1）重视市场分析，以此确定品牌对所评定产品或产品所在行业的作用，以此决定产品沉淀收益中，一部分应归功于品牌，另一部分应归功于非品牌因素。对于某些行业的产品，如香烟、饮料、化妆品等，品牌对消费者的选择行为产生的影响较大，其沉淀收益的大部分甚至全部应归功于品牌的影响。对于另外一些产品，如时装、高技术产品和许多工业用品，品牌的作用相对较小，此时，产品沉淀收益中相当一部分可能应归因于像专利、技术、客户数据库、分销协议等非品牌无形资产。对非品牌无形资产所创造的未来收益，无疑应从沉淀收益中扣除。InterBrand 公司是采用一种叫"品牌作用指数"的方法来决定非品牌无形资产所创造的收益在沉淀收益中的比重。其基本想法是从多个层面审视哪些因素影响产品的沉淀收益，以及品牌在多大程度上促进了沉淀收益的形成。"品牌作用指数"虽然带有一定成分的主观和经验的因素，但 InterBrand 公司认为，它仍不失为一种较系统的品牌作用评价方法，对综合品牌在业务中的作用和业务所产生的沉淀收益加以分析，对品牌的评估就很容易得到一定程度的量化。

（2）注重财务分析，它是为了估计某个产品或某项业务的沉淀收入，即产品或业务的未来收益扣除有形资产创造的收益后的余额。很明显，沉淀收益反映的是无形资产，其中包括品牌所创造的全部收益。估计沉淀收益，需特别注意考虑如下因素：

1）限定使用品牌所创收益的范围，为此，应将非品牌产品或不在该品牌名下销售的产品所创造的收益排除在外。实际上，在企业所销售的产品中，可能大部分使用该品牌，也有一部分不使用该品牌或使用副品牌，因此，若不这样做，就很容易夸大品牌所创造的未来收益，从而使得品牌评估的指数过高。

2）限定有形资产所创造的收益。对与产品或业务相联系的有形资产（如存货、分销系统、工厂与设备投资等）应合理界定，对这些资产所创造的收益做出估计，并从总收益中扣除。

3）应用税后收益作为沉淀收益。这样做一方面可使品牌收益计算具有一致的基础，另一方面也符合品牌作为企业资产的本性。

（3）品牌风险分析，就是确定被评估品牌与同行业其他品牌比较出来的地位。其目的是衡量品牌在将其未来收益变为现实收益过程中的风险，用 InterBrand 公司所用的术语就是据此确定适用于将未来收益贴现时的贴现率。如果两个品牌创造的未来收益相同，但其中一个是老字号，在其所属行业居于领导地位，而另一个是近些年发展起来但受到广泛青睐的品牌，那么前一个品牌的价值通常比后一个品牌的价值高。

8.3.4 品牌价值评估的步骤

品牌价值评估是一个新的评估体系,它虽然源于财务评价指标,但是在建立自己独特的评估体系后,应当努力去克服使用财务指标的不足。因为品牌属于长期性投资,但销售量、成本分析、边际报酬、利润以及资产回报率等指标多半是短期性数据,而且都是"自给自足"的。以短期性指标评价品牌绩效,往往会给品牌投资决策造成某种伤害。在认识上,首先,要明白品牌的评估着重的是价值,而不是成本,品牌的真正价值来源于未来的市场竞争力。其次,要注意的是为了克服收益现值法未来各年现金流量的不确定性因素,要以品牌现在的超额利润作为评估品牌价值的基数。同时,为了克服评估过程中漏缺价值构成要素的情况,建立品牌市场力量的指标体系,应当采取以现有超额利润与市场力量指标相结合的办法将现有的获利能力调整为未来的市场竞争力。最后,为了确保评估结果的可靠性和有效性,应进行必要的信度和效度的分析与检查。

为此,必须建立一套科学的评估体系,设定合理的评估步骤,选择适当的评估方法。

1. 评估品牌的现时获利状况

首先,由一些专门的独立的评估师、经济师、工程师和其他专家确定品牌所标识的产品年销售收入、成本、税金,确定税后净利。具体方法是利用公式:

税后净利 = 该品牌产品销售收入 - 对应成本 - 对应的产品销售税金 - 对应所得税

其次,从产品的净利中扣除行业平均净利,得出品牌的现有获利能力,用 P 表示。

对于这种方法:该法计算的指标是净利,而不是利税总额,因为我们用净利计算的品牌价值剔除了不同品牌所驱动的不同产品的不同税率的影响,这样才具有可比性;其次,该法计算的是产品净利,而不是企业净利,原因是品牌是用来区别产品的,而不是用来区别企业的。

2. 建立品牌综合能力的指标评价体系,计算品牌的综合力量系数(L)

这些指标包括市场占有率、品牌的保护情况、品牌的支持情况、品牌的市场特性、品牌本身所表示的趋势感、品牌的国际化力量和品牌的寿命。

在这一步采用的方法主要是专家打分法,即首先设各指标的现有基数值为 1,然后通过专家团来评判各指标在未来寿命年内的变动率,如果某年以前评定六项指标变动率分别为 A_i、B_i、C_i、D_i、E_i、F_i,则该年的市场力量系数为:

$$L_i = (1 + A_i) \times (1 + B_i) \times (1 + C_i) \times (1 + D_i) \times (1 + E_i) \times (1 + F_i)$$

各年市场力因子系数之和 S,即为未来寿命期内总的市场力量系数。所以,用市场力量因素来调整未来的市场竞争力,是基于市场力量指标和超额利润指标从不同的方面反映市场竞争力。但由于现实因素的复杂性,二者并不一致,为提高评估结果的客观性和准确度,所以从两个角度来评定一个问题。

此种方法关键在于挑选的专家对品牌未来市场力量的各项指标要有一个清楚的把握,这样评判的品牌未来市场力量指标才具有可行性。但是由于我国市场经济起步较晚,我们对市场条件下的某些经济方法还没有充分的认识。实际上在市场经济的运行中，大多数模型和信息都是由评估师、营销人员和数学家通过判断的方式得到的。对于所设定的权重应由有相当市场经验的评估事务所来确定，因为它们对问题规律的把握要准确得多，因此，再结合经验丰富、知识渊博的专家团对预测出未来品牌市场力量指标的变化的估计，完全可以使这个评估体系很好地执行下去。

3. 测定品牌的价值（V）

这是最关键也是最见效益但也是最简单的一步，只需用公式 $V = P \times L$ 计算出最终结果。

4. 检验测试

任何一项评估结果都可能有偏差，因此为了做到真实有效、公正客观地反映被评资产的价值，在所有评估工作基本完成之后，要进行可信度和效度检验的反馈测试。多次计算如果结果相近或相同，说明评估信度较高，评估结果才可靠。按照统计资料和调整的因素进行效度验证是保证评估结果有效性、客观性的常用方法，鉴于目前我国品牌评估的历史资料很少，我们可以借鉴外国的经验，如国外品牌的价值与销售额之比是 1∶1，我们可以以此作为验证评估工作效度的参考。该方法既注重了品牌的获利能力，又平衡了各种因素。把品牌的现有获利能力作为基数，使品牌的价值建立在客观的基础上，有了真实的现在，才会有客观的未来；通过对品牌市场力量因素系数的计算和分析，把品牌利润指标以外的价值内容（市场力量指标）反映在内，并且延伸到未来，将未来期的获利能力涵盖其中，把一个问题从两个角度互相补充地考察，保证了品牌价值的完整性，并使品牌价值体现未来的市场竞争力。全面、客观、现实，并与未来相结合，是本方法的特点。

8.3.5　品牌评估方法

对于具体的评估方法，大致可以从企业的成本、盈利、市值等方面去考虑，总体而言，对于我国现在的企业品牌评估则可以着重参照如下几种方法。

1. 成本计量法

对于一个企业品牌而言，其资产的原始成本占着不可替代的重要地位，因此我们对一个企业品牌的评估应从品牌资产的购置或开发的全部原始价值，以及考虑品牌再开发成本与各项损耗价值之差两个方面考虑，为此，前一种方法又称为历史成本法，后一种方法又称为重置成本法。

评估品牌最直接的方法莫过于计算其历史成本，而历史成本法考虑的就是直接依据企业品牌资产的购置或开发的全部原始价值进行估价。最直接的做法是计算对该品牌的投资，包括设计、创意、广告、促销、研究、开发、分销、商标注册，甚至专属于创建该品牌的专利申请费等一系列开支等。对于一个品牌，其成功主要归因于公司各方面的配合，我们很难计算出真正的成本。因为我们已经把这些费用计入了产品成本或期间费用，怎样把这些费用再区分出来是一个颇费周折的事情，而且没有考察投资的质量和成果，即使可以，历史成本法也存在一个最大的问题，它无法反映现在的价值，因为它未曾将过去投资的质量和成效考虑进去。使用这种方法，会高估失败或较不成功的品牌价值。因此应用这种方法的主要问题是如何确定哪些成本需要考虑进去，例如管理时间费用的计算、具体计算方法等都是难题。另外，这种方法也没有涵盖品牌未来的获利能力。

重置成本法主要考虑因素：品牌重置成本和成新率，此二者的乘积即是品牌价值。重置成本是第三者愿意出的钱，相当于重新建立一个全新品牌所需的成本。按来源渠道，品牌可能是自创或外购的。其重置成本的构成是不同的。企业自创品牌由于财会制度的制约，一般没有账面价值，则只能按照现时费用的标准估算其重置的价格总额。外购品牌的重置成本一般以可靠品牌的账面价值为论据，用物价指数高速计算，而成新率是反映品牌的现行价值与全新状态重置价值的比率。一般采用专家鉴定法和剩余经济寿命预测法。

重置成本法的基本计算公式为：

$$品牌评估价值 = 品牌重置成本 \times 品牌成新率$$

式中，品牌重置成本 = 品牌账面原值 × （评估时物价指数 ÷ 品牌购置时物价指数）；品牌成新率 = 剩余使用年限 ÷ （已使用年限 + 剩余使用年限） × 100%。

使用这种方法的一个最大弊端是：重新模拟创建一个与被评估品牌相同或相似品牌的可能性很小，可行性不大。其中的理由很简单，这样做太浪费时间，因为品牌的创建受多种因素的影响。

此外，对于评估品牌，更注重的应是其价值，而不是成本。而且重置成本法没有把市场竞争力作为评定品牌价值的对象，因此，目前已经很少使用成本法评估品牌了。

2. 市价计量法

这种方法是资产评估中最方便的方法，如今也有人将其适用于品牌评估之中，它是通过市场调查，选择一个或几个与评估品牌相类似的品牌作为比较对象，分析比较对象的成交价格和交易条件，进行对比调整，估算出品牌价值。参考的数据有市场占有率、知名度、形象或偏好度等。应用市价计量法必须具备两个前提条件：一是要有一个活跃、公开、公平的市场；二是必须有一个近期、可比的交易对照物。

这种方法最大的困难在于执行，因为对市场的定义不同，所产生的市场占有率也就不同，且品牌的获利情况和市场占有率、普及率、重复购买率等因素并没有必然的相关性。这些市场资料虽然有价值，但对品牌的财务价值的计算上却用处不大。同时，目前我国还没有一个品牌交易的市场，品牌交易成功只是买卖双方协商的结果搜集，而且某个品牌的实施许可、使用权转让受其他品牌交易影响不大，被评估的资产的参照物及可比较的指标、技术参数资料也相当困难，还没有人专门从事这类工作，这些都使得用市价计量法评估品牌的价值在目前几乎很难行得通。

3. 收益计量法

收益法又称收益现值法，是通过估算未来的预期收益（一般是"税后利润"指标），并采用适宜的贴现率折算成现值，然后累加求和，借以确定品牌价值的一种方法。

其主要影响因素如下：

$$G = \sum_{t=1}^{n} B_t (1+i)^{-t}$$

式中　G——品牌的超额利润；

　　　B——年金；

　　　i——折现系数或本金化率；

　　　t——收益期限。

收益计量法是目前应用最广泛的方法，因为对于品牌的拥有者来说，未来的获利能力才是真正的价值，他们试图计算品牌的未来收益或现金流量。因此这种方法通常是根据品牌的收益趋势，以未来每年的预算利润加以折现，具体则是先制定业务量（生产量或销售量）计划，然后根据单价计算出收入，再扣除成本费用计算利润，最后折现相加。

在对品牌未来收益的评估中，有两个相互独立的过程，第一是分离出品牌的净收益，第二是预测品牌的未来收益。

收益计量法计算的品牌价值由两部分组成：一是品牌过去的终值（过去某时间段上发生收益价值的总和）；二是品牌未来的现值（将来某时间段上产生收益价值的总和）。其计算公式为这相应两部分的相加。

然而，对于收益计量法，存在的问题是：其一是它在预计现金流量时，虽然重视了品牌竞争力的因素，但没有考虑外部因素影响收益的变化，从而无法将竞争对手新开发的优秀产品考虑在内，而且我们无法将被评估品牌的未来现金流量从该企业其他品牌的现金流量中分离出来，原因有三个：其一是它们共享一个生产、分销资源；其二是贴现率选取和时间段选取的主观性较大；其三是在目前情况下，不存在评估品牌的市场力量因素。

4. 十要素综合评估法

此方法是由戴维·阿克提出的，他通过对涉及品牌的诸多要素而将其分为5组10类，并做了新的综合，从而提出了品牌资产评估十要素的指标系统。该评估系统兼顾了两套评估标准，基于长期发展的品牌强度指标，以及短期性的财务指标。这5个组别，前4组代表消费者对品牌的认知，该认知系根据品牌资产的4个面相：忠诚度、品质认知、联想度、知名度。第5组则是两种市场状况，代表来自市场而非消费者的信息。

5. 市场结构模型法

这种方法是美国《金融世界》主要使用的方法。其思路是在已知某相同或类似行业品牌价值的前提下，通过比较得出自己品牌的价值。它认为，任何品牌的价值都必须通过市场竞争得以体现，不同品牌的价值与该品牌的市场占有能力、市场创利能力和市场发展能力呈正相关关系，同时还要考虑市场上不确定因素对品牌价值的影响，以准确地评估品牌的价值。

6. InterBrand 价值评估模型

InterBrand 模型是由 InterBrand 公司设计的一种品牌价值评估模型。其假设品牌创造的价值在未来一段时间内是稳定的，通过计算品牌收益与品牌的强度系数来确定品牌的价值。其计算方法为：

$$V = I \times G$$

式中，V 是品牌价值；I 是品牌给企业带来的年平均利润；G 是品牌强度系数。

在使用时，一般要考虑以下三个问题：

（1）剔除非评估品牌创造的利润和同一品牌中其他因素创造的利润。

（2）平均利润的确定。

（3）强度系数的确定。InterBrand 公司通过调查给出了一个品牌强度影响因素的量表，通过专家打分的方式来确定品牌强度系数。

7. 品牌累积价值（V_1）

品牌累积价值（V_1）称为品牌媒介注意力价值，是以货币形式量化表达品牌所获得的各种媒介的注意力总和。媒介注意力总和并不是媒介广告投放量和软文投放量，而是可测量的在一定时间范围内累积的媒介资源上的品牌痕迹，是公众对品牌的印象在媒介上的投影值。

8. 品牌转化价值

品牌转化价值是指由于品牌存在而为企业带来的预期总收益的增值。这种预期总收益包括一定年限内品牌获得的行业销售额增值（S_1）和品牌个体销售额增值（S_2）两部分。

$$\text{品牌获得的行业销售额增值}(S_1) = \text{行业销售额增值}(S) \times \text{行业成熟度}(M_1) \times \frac{\text{该品牌的品牌指数得分}(D_1)}{\text{行业品牌指数总分}(D_0)}$$

$$\text{品牌个体销售额增值}(S_2) = \text{行业年度销售额}(S_0) \times \frac{\text{该品牌的品牌指数得分}(D_1) - \text{行业品牌指数平均分}(D_2)}{\text{行业品牌指数总分}(D_0)}$$

预期总收益年限（Y）根据实际情况取 6~20 年不等。

最后，我们获得品牌转化价值的计算公式：

品牌转化价值（T）=［品牌获得的行业销售额增值（S_1）+ 品牌个体销售额增值（S_2）］× 预期总收益年限（Y）

艺恩品牌测评资产体系如图 8-6 所示。

8.3.6 品牌价值评估程序

品牌价值评估是一个系统化过程，必须严格按照既定的程序进行。

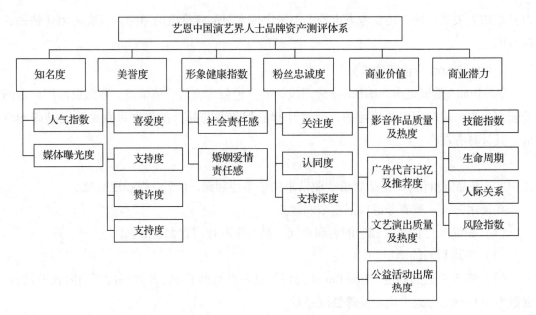

图 8-6 艺恩品牌测评资产体系

1. 明确评估业务基本事项

评估机构和注册资产评估师与委托方、产权持有者就评估目的、评估对象和评估范围、价值类型、评估基准日、评估报告使用限制、评估报告提交时间及方式、评估服务费总额、支付时间、方式等业务基本事项,以及委托方和产权持有者工作配合和协助等事项进行了解和沟通,并对自身的专业胜任能力、独立性和业务风险进行综合分析与评价,决定承接评估业务。

2. 签订业务约定书

评估机构在决定承接评估业务后,与委托方签订业务约定书。

3. 编制评估计划

根据评估业务的具体内容,制订评估计划,评估计划报评估机构相关负责人审核、批准。

4. 现场调查

根据评估业务具体情况对评估对象进行现场调查。

5. 收集评估资料

根据评估业务具体情况,向委托方和被评估企业提供搜集资料清单,搜集资产评估所需资料,了解评估对象现状并关注评估对象法律权属。

根据评估业务具体情况,查询有关媒体,获取宏观经济、行业资讯、行业竞争状况等价值评估所需资料和数据,并对取得的资料和数据进行分析、整理。

6. 评定估算

对搜集到的资料和数据进行分析、归纳和整理,形成评定估算的依据。

根据评估对象、价值类型、评估资料收集情况等相关条件,恰当选择评估方法。

根据所采用的评估方法,选取相应的公式和参数进行分析、计算和判断,形成初步评估结论。

对形成的初步评估结论进行综合分析,形成最终评估结论。

7. 编制和提交评估报告

在执行评定估算程序后,根据法律、法规和资产评估准则的要求编制评估报告。

根据相关法律、法规、资产评估准则和评估机构内部质量控制制度,对评估报告及评估程序执行情况进行必要的内部审核。

在完成上述评估程序后,出具评估报告,向委托方提交评估报告。

8. 工作底稿归档

在提交评估报告后,按照法律、法规和资产评估准则的要求对工作底稿进行整理,与评估报告一起及时形成评估档案。

8.3.7 品牌价值评估应注意的几个问题

品牌价值评估所面临的内外环境具有多变性,问题也具有不确定性,应该在尊重现实情况的基础上,实事求是地加以解决。

(1) 建立一支结合营销和财务资深经理人、分析师的团队。总指挥可交给较中立的第三方担任,或委请公司以外的专业人士负责。

(2) 重新检视财务与营销部门评估品牌价值的方法,最好是找出过去的相关文献,同时参考国际上的评估标准。

(3) 必须采取财务和消费者调查为导向的评估方法,取得共识后,才能使评估工作顺利进行、达成任务。

(4) 进行财务面评估,同时也进行必要的市场研究调查,两者所得出来的必须是合理的、相容性的结果。

(5) 确认评估品牌的可行方法,并找出每个方法的不同之处,如此才能去试算出最合理、最没有争议的品牌价值。

(6) 根据既定同意的资产价值去设定营销活动目标,让你的营销策略成为可以测算出来的策略。

同时要先确定相似品牌的可比许可使用费交易案例;评价被评估品牌相对于其他类似或竞争性商标或品牌的坚挺程度;将可比交易中发现的有关信息资料与被评估品牌的坚挺程度进行比较,其结果是筛选出品牌的具体许可使用费率或可归属商标的收入;确定该品牌的扩展和发展潜力,将许可使用费率应用到这种发展潜力中;估计代品牌资产的剩余生命期;确定一个适当的能给品牌带来的收入;确定一个能反映购买或拥有该资产带来的风险贴现率。

本章小结

1. 从管理学的角度来说，品牌资产是一种超越生产、商品等所有有形资产以外的价值，是企业从事生产经营活动而垫付在品牌的本钱及其可能带来的产出。品牌资产是一种无形资产，它是品牌知名度、品质认知度、品牌联想度以及品牌忠诚度等各种要素的集合体。另外，从财务管理的角度来说，品牌资产是将商品或服务冠上品牌后所产生的额外收益。同样的产品因品牌的不同而带来额外的现金流入，这种额外的现金流入就是品牌资产。
2. 品牌价值是企业和消费者相互联系作用形成的一个系统概念。它体现在企业通过对品牌的专有和垄断获得的物质文化等综合价值，以及消费者通过对品牌的购买和使用获得的功能与情感价值。
3. 品牌资产评估的内容包含品牌评估的内容：品牌寿命、品牌名称、产品或服务的商标、品牌个性和意象、品牌产品或服务的类别、品牌产品或服务的功能、品牌产品或服务的质量、消费者态度、品牌认知、品牌连续性、消费者购买倾向、品牌媒体支持、品牌产品的市场表现、品牌更新程度、品牌忠诚度、品牌联想度、专利权价值。
4. 品牌资产评估的步骤是：第一步，评估品牌的现时获利状况；第二步，建立品牌综合能力的指标评价体系，计算品牌的综合力量系数（L）；第三步，测定品牌的价值（V）；第四步，测试结果。
5. 品牌资产评估的方法：主要有成本计量法、市价计量法、收益计量法、十要素综合评估法。

自测题

1. 品牌资产管理的含义是什么？它包括哪些最基本的品牌资产理论？
2. 什么是品牌资产价值？它具有哪些特征？
3. 品牌资产评估的目的和要求是什么？
4. 品牌资产评估的主要步骤是什么？
5. 品牌资产评估的基本程序是什么？举例说明评估过程中需要注意的问题。

案例分析

上市企业品牌建设"短板"引热议　中国上市公司品牌价值榜成"导向"

作为中国经济最具活力的代表群体，上市公司能否实现有质量的高速成长，并塑造具有影响力的品牌，成为中国经济发展中具有战略意义的重要课题。

随着对品牌认知的深入，资本品牌概念也逐步进入大众视野。"一直以来，公司都主要是在做资本这一块，对于公司自身品牌价值的塑造方面确实没有十分在意。"有上市公司董秘向《每日经济新闻》记者坦言。

在此背景下，由清华大学经济管理学院中国企业研究中心研究，《每日经济新闻》发布的"2018 中国上市公司品牌价值榜"于 2018 年 5 月 19 日在成都揭晓。经济研究、企业经营、品牌管理等领域的大咖畅谈"新经济 新品牌 新动能",并对资本品牌的概念及评估标准给出建设性意见。

关于资本品牌,已引起众多上市公司高管的热议。永辉超市董秘张经仪向《每日经济新闻》记者表示,上市公司应该树立品牌战略意识,对品牌价值进行长期规划,慢慢建立起自己的品牌价值。

1. 上市公司愈发重视品牌建设

从不重视品牌到逐渐意识到品牌的重要性,从没有品牌到自主品牌兴起,中国企业的品牌价值发现之路走得并不顺利。

品牌作为企业最有价值的资产之一,不仅在于它能为企业赢得良好的声誉与尊重,而且在企业的发展中也起到举足轻重的作用,对于上市公司的资本运作来讲同样如此。

清华大学经济管理学院中国企业研究中心主任赵平认为,非上市公司做品牌,在产品经营或者服务经营方面起的作用较大,而上市公司由于其曝光度更高,品牌的作用相较之下只会更大。

永辉超市董秘张经仪表示,在上市公司和投资者关注的估值和市值外,企业品牌价值也逐渐成为评价上市公司的重要指标。就永辉超市而言,品牌的价值在于对外提升公司的影响力,对内提升全体员工的凝聚力。品牌价值的建设不可能一蹴而就,上市公司应该树立品牌战略意识,将品牌价值进行长期规划,慢慢建立起自己的品牌价值。

针对上市公司的品牌建设,清华大学经济管理学院中国企业研究中心与每日经济新闻的合力推动,于2016年成功启动了针对中国在海内外上市的4 000多家公众公司品牌价值研究。2017年,"2017中国上市公司品牌价值榜"出炉,榜单首次针对中国上市企业以及其在海外的表现、中国民营企业的品牌价值,以及长期被忽视低估的制造业进行了评估。

清华大学经济管理学院中国企业研究中心在多年品牌理论研究的基础上,已提出2018中国上市公司品牌价值榜。2018年5月19日,在"智囊团"阵容华丽升级的情况下继续推出该重磅权威榜单,并首度增加了"科技创新榜"。

2. 资本品牌助力企业发展引热议

品牌建设和资本品牌正越来越被企业所重视。正因为科学的分析手段、权威的发布端口,"中国上市公司品牌价值榜"一经诞生后便迅速获得外界的高度认可。

曾有某知名航企代表认为,榜单带给企业品牌建设利好显著,"用中国人的资本市场的眼光为优秀企业做这样一个评价,榜单研究者做了一个导向性的工作,告诉大家应怎么在资本市场中塑造品牌。多维度的评价,企业也能获知自身缺乏哪些方面的建设"。

张经仪也评价说,"中国上市公司品牌价值榜"以科学的研究方法、严谨的数据、量身定制的评估方法,评选出货真价实的企业品牌。以前,也出现过一些品牌价值的研究榜单,但是大多为国外背景的相关公司,而"中国上市公司品牌价值榜"的研究发起者均为中国研究机构和媒体,具有了解中国经济形势的先天优势。

资料来源:http://www.p5w.net/stock/news/zonghe/201805/t20180514_2124149.htm。

问题： 1. 为什么说品牌价值是评价上市公司的重要指标？

2. "中国上市公司品牌价值榜"所产生的社会经济效应是什么？

3. 为什么上市公司愈发重视品牌建设？

四川省建立品牌价值评价体系　助力川字号品牌快速发展

2018 年 5 月 28 日，以"弘扬企业家和天府工匠精神打造中国自主品牌"为主题的经验交流会在成都召开。新希望、通威、五粮液、泸州老窖等 21 家参加上海中国自主品牌博览会的四川知名品牌代表赴会，与其他企业和专家交流品牌建设经验。

据统计，此次参展企业包括 18 家知名自主品牌企业和 3 家创新型中小企业，涵盖了一二三产业，涉及现代农业、食品饮料、军民融合、信息技术、生物医药、装备制造、文化旅游等领域。

"可以看出，四川品牌建设仍以产品驱动为主，品牌建设水平与国内知名品牌的自身品牌价值仍有不小差距。"西华大学品牌战略研究院院长刘晓彬表示，此次博览会上的川字号品牌，多数还是以产品生产为发展重心，品牌价值最高的也刚过千亿元。

1. 品牌价值认知不清，品牌评价系统亟待明确

"四川自主品牌建设进程慢，部分是由于企业发展品牌意愿不强，更多的是因为对品牌价值认识不清。"刘晓彬解释说，只有在准确认识品牌价值的基础上，企业才能根据各维度的表现，调整发展方向，进而提升品牌价值。

"品牌的构成包括多个参数，是科学的、系统的。因此，只有客观、科学的品牌价值评价体系，才能保证企业正确认识品牌价值。"省品牌建设与防伪协会会长韩云斌说。

2013 年，中国、美国、德国等国相关机构提出，品牌价值是由质量、服务、技术创新、有形资产、无形资产五要素组成的，获得世界各国的广泛认同。在此基础上，便制定了国际品牌评价标准。

据了解，为提升中国制造在全球价值链中的地位，我国一直积极参与国际品牌标准的制定。2014 年 1 月，国际标准化组织（ISO）正式批准成立"国际标准化组织品牌评价技术委员会（ISO/TC289）"，中国担任秘书国。同年 6 月，我国明确提出建立"中国特色的品牌价值评价机制"。

自 2013 年以来，中国品牌建设促进会已连续开展了 5 次公益性品牌价值评价发布工作。"目前，已有 22 个品牌评价相关的国家标准颁布实施，建立了中国品牌分类评价发布体系，得到各方充分肯定。"韩云斌说，具有中国特色的科学、公正、公开、公认的中国品牌价值评价机制初步形成。

"但目前，品牌价值评价存在两个主要问题。"四川大学历史文化学院教授周毅表示，首先是缺乏权威的品牌评价机构；其次是国内品牌评价还存在评价标准不统一、评价结果差异大、评价组织乱等问题，这样就难以体现品牌评价对品牌建设的导向作用。

周毅举例说明，2018 年，蒙顶山茶品牌价值 30.72 亿元，而"蒲江猕猴桃"在 2017 年品牌价值就高达 102.35 亿元，"我认为，茶的品牌价值并没有充分体现出来"。

2. 产学研联动，构建四川品牌价值评价体系

会议当天，省品牌建设与防伪协会跟西南交通大学创新创业研究中心、西华大学战略研究院签订战略合作协议。双方将联合相关职能部门、学术机构和企业，共同打造四川品牌价值评价体系，助力四川品牌的快速发展。

"我们建立品牌价值评价体系，就是为了使四川企业更好地认识品牌、重视品牌，最终更好地建设品牌。"韩云斌表示。

"我们参考国际、国内品牌价值评价标准，力图客观、科学地反映四川品牌建设发展情况。"省汽车质量专委会会长石本志介绍，该评价体系涵盖有形资产、无形资产、质量、服务、技术创新等品牌价值五大要素，包括市场需求、行业竞争、企业管理、财务状况等四大维度，以及品牌财务收益指数、品牌权重指数、品牌强度指数等三大指数，同时在具体参数设置上，也采纳了四川特色。2018年6月，该评价体系将首次被用于评价四川汽车服务质量。

"这是我省首次开展四川汽车服务质量品牌价值评估。"石本志介绍，2015年将应用该评价体系，对全省汽车服务领域的近千家4S店，以及在川汽车生产企业开展品牌价值评估活动，进一步提升汽车服务质量行动。"如果本次品牌价值评价开展顺利，未来将进一步拓展到川菜、川茶、川酒等领域。"石本志说。

资料来源：记者郑茂瑜。http://news.sina.com.cn/c/2018-05-31/doc-ihcffhsw0945563.shtml.

问题：四川省建立品牌价值评价体系存在的主要问题是什么？品牌价值评价的标准是如何设立的？四川将如何实施服务质量品牌价值评估？

第 9 章 CHAPTER 9

品牌整合管理

教学目标

品牌资源的最大限度运用体现出企业品牌管理的水平，在品牌管理过程中的核心问题就是整合资源，实现品牌最大价值。企业在竞争中应学会运用科学方法，可以通过互联网对品牌的价值要素有机匹配，以实现其价值提高的目的。通过本章的学习，学生能够掌握品牌整合的基本概念和理论，能够帮助企业进行有效的要素组合。

学习任务

通过本章的学习，学生主要掌握和理解：
1. 品牌整合和品牌整合管理的含义
2. 品牌整合中的构成因素及特征
3. 品牌整合管理的目的及意义
4. 品牌整合的主要要求及内容
5. 品牌整合的一般过程

案例导入

从"提篮小卖"到"品牌整合"：
多部门打组合拳力推"山西小米"成全国著名区域公共品牌

眼下的山西小米，正在由"好米"变"名米"，"名米"卖"好价"。这一切，得益于系列"组合拳"的精准施力：山西小米产业联盟成立、"优质杂粮工程"启动、区域公用品牌建设……

2017 年以来，从国家有关部门到地方，从政府到企业，从市场到农户，都在为了同一个目标努力，那就是推动山西省粮食产业转型升级，做大做强"山西小米"，把"山西小米"品牌建设成全国著名区域公共品牌，擦亮"山西优质杂粮"这张名片。

品牌旗舰+大户效应，形成合力推动产业发展

2017年，来自山西省内的知名小米生产加工企业和科研机构齐聚龙城，共商小米发展大业。最终，20家单位脱颖而出，成为山西小米产业联盟首批成员，集结了行业在种植生产、精深加工和品牌塑造等方面的高精尖力量。这意味着，全产业链将被统一整合。

"所以，不是所有山西的小米都叫'山西小米'。"对于本土小米的品牌力量，石耀武充满荣耀感，他认为，只有龙头企业的带动，实现品牌整合，才能实现价值。石耀武是山西沁州黄小米的"掌舵人"，他还有一个新的身份——山西小米产业联盟常务理事兼第一届轮值主席。

石耀武介绍，"山西小米"品牌以山西区域地理特色为标志，以高于国家标准的地方标准为引领，整合现有品牌，通过标准化生产、产业化经营、精深化加工，打造绿色、营养、保健、好吃的优质小米，满足中高端市场对优质山西小米的需求，到2020年，把"山西小米"品牌建设成全国著名区域公共品牌。

在2017年的"中国粮企山西行"活动中，来自国内大型粮油集团、电商、加工等领域的60余名企业代表，兵分南北两路，考察山西粮食。

一路走来，山西小米的高营养、绿色有机让人印象深刻。天下谷的三色米、襄谷农斋的富硒米、鲁村富含叶酸的双胞胎小米、贡品沁州黄……收获的季节，一片片沉甸甸的谷穗迎风点头，分外喜人。随之而来的是一份份合作意向和购销合同。

然而，在提篮小卖时期，山西小米也曾遭遇"尴尬"，企业难发展，农民愁收入。

如何破题？山西的企业家陷入沉思。

"与其被动等待，不如求新求变，瞄准高附加值产品，对接企业、基地、农户和市场。"山西省粮食行业协会会长徐剑杰认为，作为小主体，企业与农户在小米产业链上扮演了重要角色，应精准定位市场需求，倒逼优质小米生产、研发，延伸产业链。

在确定目标后，山西各企业相继转型，经过数年的努力，市场上先后出现了婴幼儿、中老年、早餐系列小米粉，以及小米醋、小米饼干等精深加工产品。米糠油产品、特殊医学用途食品和小米方便粥等产品开发也在进行中。

与此同时，一种"公司+合作社+种植大户"的新形式在山西农村兴起。政府、企业、农民多方合力打造绿色谷子种植生产基地，带动农民脱贫增收。

这些只是近年来山西小米产业发展的一个缩影，谷子的种植、生产早已成为贫困户脱贫致富的主导产业。从默默无闻到名扬天下，山西小米实现了逆袭。

资料来源：http://www.sohu.com/a/214420946_395108。

9.1 资源整合概述

9.1.1 资源整合

资源整合是企业战略调整的手段，也是企业经营管理的日常工作。整合就是要优化资源配置，就是要有进有退、有取有舍，就是要获得整体的最优。在资源整合规程中，企业可以对不同来源、不同层次、不同结构、不同内容的资源进行识别与选择、汲取与配置、激活和有机融合，使其具有较强的柔性、条理性、系统性和价值性，并创造出新的资源，这本身是一个复杂的动态过程。在实际操作中，资源整合可以使用企业资源整合过程模型，对企业资源整合能力进行分析，旨在为企业提供如何提升资源整合能力，进而增强企业竞争优势的建设性建议。

1. 资源整合的概念

资源整合概念可以从两个方面理解，即战略层面和战术层面。

（1）在战略思维的层面上，资源整合是系统论的思维方式，就是要通过组织和协调，把企业内部彼此相关但彼此分离的职能，把企业外部既参与共同的使命又拥有独立经济利益的合作伙伴整合成一个为客户服务的系统，取得"1+1＞2"的效果。

（2）在战术选择的层面上，资源整合是优化配置的决策，就是根据企业的发展战略和市场需求对有关的资源进行重新配置，以凸显企业的核心竞争力，并寻求资源配置与客户需求的最佳结合点。其目的是要通过组织制度安排和管理运作协调来增强企业的竞争优势，提高客户服务水平。

2. 资源整合的方法

资源整合的方法包括组织资源整合、能力资源整合、客户资源整合、信息资源整合。

9.1.2　品牌整合

优质品牌是企业的无形资源，在企业资源体系中的地位越来越重要。其整合的思路和方法与一般资源整合既有共性又有其独特之处。

1. 品牌整合概念

美国市场营销协会认为，所谓品牌整合，是指为了维持和提高企业的长期竞争优势，把品牌管理的重点放在建立公司"旗帜品牌"上；明确企业品牌或"旗帜品牌"与其他品牌的关系，使品牌家族成员能够相互支持；充分利用企业现有品牌的价值和影响力进行品牌扩张。营销大师菲利普·科特勒认为："品牌整合是一种品牌组合运用，其目的是为了提升核心竞争力。"品牌整合注重企业在视觉、情感、理念和文化等方面的综合形象的提升，主要是通过品牌实力的积累，塑造良好的品牌形象，通过对市场资源的合理分配提升品牌对市场的适应能力，从而建立顾客忠诚度，形成品牌优势；再通过品牌优势的维持与强化，最终实现"名利"双收。

我们认为品牌整合概念应该从广义和狭义两个方面理解，只有这样才能在一定领域内科学、有效地实施品牌整合管理。广义的品牌资源整合是指企业品牌本身以及围绕品牌的创建、传播、培育、维护、创新等方面而涉及的一切可利用资源，包括品牌本身、企业内部可利用资源和企业外部可利用资源。品牌是目标消费者及公众对于某一特定事物心理的、生理的、综合性的肯定性感受和评价的结晶物。所以，人和风景、艺术家、企业组织、地区、产品、商标甚至某项公益活动等都可以发展成为品牌对应物。我们在市场营销中说的品牌，指的是狭义的商业性品牌，即是公众对于某一特定商业对应物，包括产品、商标、文化、组织四大类型品牌要素的综合感受和评价结晶物。我们从品牌资源的角度理解，这是希望能够为企业竞争提供一种新的观察视角。所以，狭义的品牌整合主要包括三层含义：第一，企业要从培育核心竞争力的高度对全部品牌产品进行战略定位；第二，根据企业内外环境的变化，适度压缩品牌数量，优先建设旗帜品牌；第三，明确旗帜品牌与其他品牌、品牌与品牌之间的内在关系，使它们能够相互配合和支持，形成一个有机的品牌体系。我们对品牌整合研究，既以狭义品牌整合概念为基础，又注重广义品牌的拓展性，适当延伸品牌整合的资源范围。

2. 品牌资源的整合要求

品牌资源的整合就是对品牌整合过程中的有形和无形的要素进行优化配置，以实现整合后的最大效益。品牌资源整合所面临的一个首要问题便是企业竞争中的先期选择，即要不要实施品牌化运作，这些都必须根据企业和市场现实做出判断，而做出选择的依据就要看品牌是否具有资源优势。如果相对于整个价值链中的其他价值要素，采用品牌资源更加具有竞争优势，同时品牌本身也具有相应的统合能力，通过挖掘品牌资源能够给企业及其产品带来更多的利益，那么就适合品牌化经营，可以考虑实施有效的品牌资源整合。

3. 品牌整合的基本思想

品牌整合在决定实施品牌化经营之后展开，就必须明确品牌与不同价值要素之间的各种关联，以及与品牌效应提高相关的各类要素的价值定位，在此基础上确定品牌的基本价值系统。品牌整合包括两个方向：从不同层面明确品牌的基本精神和意义所在，建立品牌基本内涵并据此形成初步的品牌认同；与此同时根据品牌内在要求，寻求品牌的感觉外化形式，即设计相应的品牌符号体系。应该说品牌传播从这一刻起就已经开始，在这个过程中已经明晰了品牌形象、确定了品牌定位，并且选择了品牌化的发展方向。其中最重要的一点就是，通过品牌找到了与各种价值关系之间的具体连接点，所以进一步的策略发展就集中在两个方面：积极传播和协同管理。

品牌资源整合管理的角度已经超越了单纯营销传播的范畴，而品牌不仅涉及传播和沟通，还涉及整个企业的管理和运营。因此品牌经营也就不是一般意义上的营销传播所能够完成的任务了，它还涉及整个企业管理体制的适应与变革。事实上，品牌概念由于内涵丰富的包容性，以及几乎可以无限伸展的外延性，不同专家对它的理解并不完全一致。比如，戴维·阿克所理解的品牌就是基于品牌认同所建立的品牌框架，而在汤姆·邓肯的理念中品牌则代表了企业一切价值追求的总和，邓肯的整合营销传播宏观构架就是建立在这个认识之上的。当品牌经营超越了一般营销传播意义，而上升为一种企业的竞争优势战略之时，也许不同企业都具有自己多样化的竞争选择，正是从这个意义上，我们说进行品牌经营并不是每个企业都适合的，也许对于很多企业而言这个选择所要付出的成本更大。因此，与其说品牌是一种刻意的追求，不如我们将其看作企业在完成竞争优势创造过程中所自然衍生的一种现象。

9.2 品牌整合策略

品牌整合是进入20世纪以来出现的一种新的品牌管理方法，是指为了维持和提高企业的长期竞争优势而开展以下工作：把品牌管理的重点放在建立企业"旗帜品牌"上；明确企业品牌或"旗帜品牌"与其他品牌的关系，使品牌家族成员能够相互支持；充分利用企业现有品牌的价值和影响力进行品牌扩张。

9.2.1 品牌整合的具体内容

具体来说，品牌整合包括以下四个方面的内容：①企业高层管理者应该从战略高度对品牌进行管理；②应建立企业"旗帜品牌"与"产品品牌"之间的合理关系，并将现有成功品牌扩展到新的产品或新的市场，力争拓展品牌的作用范围；③将更多的资源投向"旗帜品牌"的建设，同时要保证整个品牌家族有统一的形象；④建立"旗帜品牌"的关键是使企业品牌形象能够代表品牌的实质，并且这种品牌实质能够在产品品牌中得到体现并传达给企业的利益相关者。

品牌资源整合图示如图9-1所示。

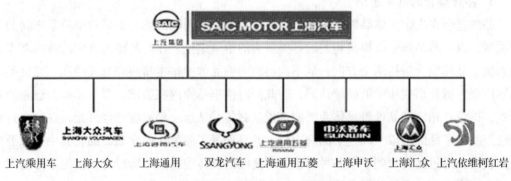

图9-1　品牌资源整合图示

进入21世纪，为了应对日益加剧的竞争，国际上著名的大公司纷纷采取品牌整合措施。汇源果汁在果汁饮料领域收缩品牌战线，树立"汇源"品牌作为旗舰；阿里巴巴公司为了谋求品牌集中所带来的长远发展空间，不惜将腾讯这样的在消费互联网领域中的著名品牌整合到自己的业务中去；宝洁公司近年来也开始缩减品牌数量，将资源集中到自己的优势品牌上，以取得更大的发展；吉列无论是在手动、电动还是在传感剃具，甚至在女性刮毛刀方面都采取了严整的"吉列"品牌，成功的品牌战略使吉列在美国、欧洲和拉美市场分别达到了68%、73%和91%的惊人占有率。㊀

㊀ 选自博锐邓正红专栏。

品牌资源要素整合网络如图 9-2 所示。

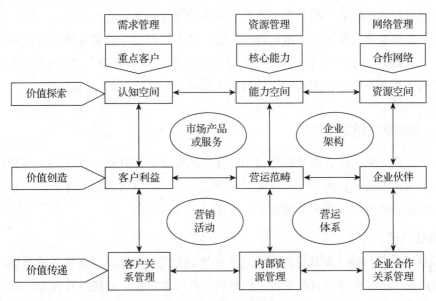

图 9-2　品牌资源要素整合网络

资料来源：有效营销，www.em-cn.com。

9.2.2　品牌整合的原因

品牌整合是世界上很多拥有知名品牌的企业乐于采用的营销策略，和一般企业相比，已经拥有品牌优势的企业选择"品牌整合"策略的成效尤为显著。世界著名的咨询公司麦肯锡曾以 130 家公司为样本、股东总报酬率为衡量指标研究品牌力量与公司整体业绩的关系。研究发现，拥有强势品牌的公司的股东总报酬率比社会平均值高 1.9%。进一步研究发现，在单一产品市场上运用单一品牌或虽采用多品牌策略但企业旗帜品牌不具有涵盖性的公司的股东总报酬率仅比平均值高 0.9%，而采用多品牌策略并且企业旗帜品牌具有一定涵盖性的公司的股东总报酬率比平均值高 5%。

成功的品牌整合能够提升品牌的知名度和美誉度，保持顾客忠诚度，扩大市场份额；反之，则不仅会造成顾客流失，还会损害原有品牌的影响力。

所以，品牌整合对企业来说是十分必要的，品牌整合的出现有其必然性，这是因为：

第一，市场竞争的压力加大。随着技术尤其是信息技术的发展，企业所面临的外部环境发生了重大的变化。一方面，市场上竞争品牌的数量急剧增多；另一方面，渠道顾客通常只选择那些强势品牌的产品销售。这样，建立一个强有力的品牌体系变得刻不容缓。

第二，创建和维持品牌的费用昂贵。创建和维持品牌的费用越来越高，迫使企业集中于企业"旗帜品牌"，重点培育少数品牌。培育企业"旗帜品牌"是企业在现代市场经济条件下取得竞争优势的有力手段。

第三，顾客不仅关注产品本身，而且关心提供产品的企业。从顾客角度看，"旗帜品牌"是顾客购买信心的重要来源；从企业角度看，"旗帜品牌"最能体现企业文化的精髓，是企业培养忠诚顾客、与顾客建立长期关系的纽带。

第四，品牌家族需要协同作战与有序发展。品牌是使整个营销传播过程联系在一起的黏合剂，只有创建企业"旗帜品牌"，并适当建立起"旗帜品牌"与产品品牌之间的联系，才有利于企业品牌家族形成共同的目标和战略。

9.2.3 品牌整合的思路

品牌整合是一种品牌资源的组合运用，其目的是为了提升核心竞争力。品牌整合是一种新的品牌管理方法，目前尚未形成成熟的理论体系。但总结现有的各种成功和失败的案例，可以把握品牌整合成功的关键要素，发现一些基本规律。

1. 抓住关键

（1）确定品牌目标。企业品牌通常有主品牌和分类品牌，从而形成品牌系统，这就需要对品牌系统中的品牌进行有效管理，明确每个品牌的角色，形成品牌合力。

（2）创建企业主品牌。企业主品牌是品牌系统的核心，是企业价值观的体现，因此主品牌应由企业最高决策层从全局和战略的高度进行管理，并投入企业的大部分资源加以培育。企业主品牌的确立应根据品牌的市场前景和消费者认知度以及品牌的涵盖性对所有品牌进行科学评价后确定。

（3）建立主品牌与子品牌之间的关联。主品牌和子品牌保持密切的关联有助于发挥品牌的协同效应，降低企业的推广费用，并提高推广的成功率。主品牌与产品品牌共享的识别要素包括价值观、文化、创新能力、资金与技术、成功和社会责任、对顾客的关注等。

2. 走出误区

品牌整合要避免以下三个误区。

（1）只注重传播手段，忽视整体策略。品牌整合是企业资源的重新配置和优化，加大主品牌宣传力度是十分必要的，也是非常有效的。但应该注意的是，除了广告等传播手段以外，还应选择正确的品牌建设策略。

（2）只注重外部宣传，忽视内部培育。品牌建设是每个员工都应该关心的大事，企业内部缺乏品牌意识，就很难有优质完美的产品，更不会有好的口碑。

（3）品牌管理形式化。很多企业虽然在形式上建立了品牌管理，但了解品牌的状况仅局限于具体负责的几个人。事实上，品牌应得到营销过程的每个环节的重视，这才是企业品牌建设的根本。

3. 品牌整合的长期策略

品牌管理是企业管理的最新形式，是企业管理水平的提升，是一项复杂的系统工程，需要企业制定长期的品牌战略。企业应树立全员品牌意识。品牌建设是企业管理的大事，体现在企业营销的各个环节，不仅仅是品牌管理部门或几个管理人员的任务。因此，企业从上到下应高度重视、反复动员、统一思想，务必使每个员工都树立其正确的品牌意识。建立品牌管理的组织保证，传统的企业组织结构往往不适应品牌战略管理的需要，因此企业内部建立强有力的品牌管理部门就十分必要。

（1）建立品牌管理的业绩考核机制。企业应建立品牌业绩管理体系，将公司总体的、长远的目标与战略层层分解落实到人，将各部门和个人利益与公司的品牌建设目标结合起来，以形成强大的品牌战略执行力。

（2）建立专业的品牌管理队伍。品牌管理是一项比较复杂、专业性较强的工作，对管理队伍是一个新的挑战，因此，加强队伍建设是推进品牌整合的重要环节。

4. 品牌的未来在于品牌的国际化

但凡品牌强势企业无一例外地都拥有知名的国际化品牌，品牌的国际化是其品牌增值的重要原因。因此，已进行品牌整合的大型企业在进入国际市场时，应适时采取品牌国际化战略。国际化品牌战略的关键环节包括品牌核心价值的打造和传递。品牌核心价值的形成，是企业通过长期品牌建设不断积累取得的，并得到消费者的广泛认可。企业在进行跨国经营时，有三种可能的品牌战略：

（1）针对每一市场建立不同的品牌，品牌具有浓郁的地方特色；

（2）不同的市场使用相同的品牌名称，但包装、销售渠道、品牌策略等完全不同；

（3）全球使用统一的品牌形象。

企业要注重品牌的差异化。品牌核心价值的重要内容就是向消费者提供差异化的产品和服务，国际化品牌更应如此。企业还要解决"国家品牌问题"。"国家品牌问题"是指在市场中，国家品牌的价值远远高于企业品牌，而在国际市场中，虽然我国的出口规模已跃居世界前列，但国家品牌却依然默默无闻。专家认为，"国家品牌问题"的症结在于我国品牌在目标市场上遭遇了文化瓶颈。所以，我国品牌进入国际市场中实行本土化是克服文化障碍的有效办法。

5. 品牌整合的意义

目前很多企业存在着品牌形象混乱或者不佳的现象，比如，企业标志不能代表企业真实面貌；与竞争者相比，自己的视觉形象处于下风；小到一张名片，大到大型广告，各有五花八门的表现，难以让人看出它们出自一家。以上这些问题，需要通过专业的品牌形象梳理及执行才能得以解决。

当产品发展到一定阶段后，为迎合市场、提升竞争力，企业决策层应下决心对现有品牌形象进行重新规划、整合优化，使品牌形象得以更大的提升及视觉统一化。所以，对产品进行科学系统的视觉诊断、分析、评估、整合优化，建立起一套完整的形象系统，是一个必然的发展趋势。

整合后的品牌成为企业人格的象征和企业生存的符号，企业未来的生存依赖品牌，而品牌的生命力在于品牌价值和品牌形象的持续提升；企业未来的竞争性是由资源和文化决定的，品牌是市场资源和企业文化的结合体，整合品牌就是为了企业未来的生存与发展，使企业在未来的竞争中处于不败之地。

9.2.4 品牌整合与品牌国际化的关系

品牌整合和品牌国际化不是孤立的两个概念，而是可以相互影响、彼此推动的。两者的密切联系体现在：

一方面，品牌整合是品牌国际化的基础与必经途径。品牌整合的目的是建立统一的品牌形象以做大做强品牌，没有合理的品牌整合途径，企业是不可能有效实施品牌国际化战略的。因为国际品牌适应全球顾客需求日益趋同的要求，为了能够尽快占领全球市场，企业首先要在全球建立一种统一的品牌形象。品牌整合管理最重要的是打造本企业的旗舰品牌，这是建立统一的品牌形象的必经途径。只有打造了本企业的旗舰品牌，同时做大了自己的品牌，企业才具备与国际品牌进行竞争的实力。

另一方面，品牌国际化反过来又会促进品牌整合的有效实施。因为品牌国际化要求各品牌具有同样的、鲜明的品牌特征和价值观，使用同样的战略原则和市场定位，提供的产品或服务基本上相同，并尽可能使用相似的营销组合。这就要求品牌经营者在国际化过程中具有整合的思想，为自己的产品建立统一的品牌形象。因此，在国际化进程中，拥有品牌的企业会逐步发现自身品牌的缺陷，从而不断完善和清晰品牌层次，特别是强化企业的旗舰品牌，实现统一的品牌形象，以扩大在全球市场的影响范围，使本品牌在国际传播中更加容易和迅速。

9.3 品牌整合形式

品牌整合作为品牌战略管理的方法，必须通过特定的科学方式具体实施，这些方式往往都是企业通过自身品牌管理的实际经验总结并加以系统化的结果。

9.3.1 组织资源整合

1. 品牌管理的组织形式

（1）职能性组织形式。这是一种适合单一品牌的组织形式，其核心是将同一个品牌扩展到不同的市场，着眼点在于发挥各种营销职能的专业优势。这种形式很普遍，通常包括市场部和销售部两种职能，分别承担起对品牌的推广、传播以及维护工作。其优点在于专业化，但是对市场的适应性不够。

（2）以市场为标准的组织形式。这是一种多品牌的组织形式，其重点在于为不同的市场提供相应的产品和品牌，使品牌能充分满足不同市场的需求。这种组织形式是一种矩阵式的结构，品牌管理和市场管理相互交叉且比较复杂。其优点在于能够兼顾产品和市场，但是组织的效率不高，需要进行充分的沟通。

（3）以产品为标准的组织形式。通常表现在营销部门下的品牌经理管理体制，是由世界著名的消费品企业宝洁公司创立的。其侧重点在于有效利用企业资源为特定的产品或品牌服务，保证多种品牌都能得到足够的重视；同时又能充分引发各品牌之间的内部竞争，利于促进品牌的整体发展。此种形式的优点在于充分考虑了产品或品牌的需要，但缺点在于需要与企业各部门进行太多的沟通和协调，效率较低，而且容易发生各个品牌为抢夺资源而产生矛盾的现象。采取这种组织形式的国内企业有上海家化集团，包括美加净、六神等品牌。

（4）以类别为标准的组织形式。这是品牌经营管理形式的变形，通常被称为品类管理。其特点为依据不同类别或性质的产品分别设置管理部门，目的在于减轻由于品牌过多产生的内部矛盾，提高资源的有效利用及管理的效率，同时也是为了适应经销渠道及零售渠道对同类别产品采购的要求。采取该形式的国内企业曾有广东乐百氏集团，其对下属乳酸奶、纯净水、牛奶、果冻、茶五大类产品都分别设置了品类管理部门。

（5）品牌管理组织形式的发展。随着市场的不断发展，品牌管理的组织形式将在以上几种形式的基础上，逐渐相互融合，走上一条综合发展的道路。有不少公司已经在品牌管理的基础上设置渠道管理部门，对不同的渠道进行专业管理；另外还设置了顾客管理部门，为不同顾客提供产品和专业的服务，以表达对以顾客为中心的重视。但不论采取何种形式，原则都是对品牌进行良好的管理，要以此对各种组合形式进行有效的整合。

2. 组织职能资源整合作用

（1）品牌打造职能：布局高端，谋定深远，既具战略高度又具市场深度，既做品牌又做销量，为企业打造 CBS 品牌系统，全面提升品牌的销售力、形象力和竞争力，打造持久品牌。

（2）营销外包职能：以战略的高度规划全局，以终端的提升决战市场，以全面的管理保驾护航，为企业强势打造样板市场，实战性的操作经验，爆炸式的突破技巧，实现销售突破。

（3）专业制作代理：企业可以围绕品牌系统的设计、制作、发布与传播，网罗全国设计精英，专业的制作团队，拒绝平庸的设计理念，才华横溢的创意迸发，让企业与品牌形象异彩绽放。

（4）咨询培训职能：目前，国内外知名企业都注重对实战操盘，数十年一线市场历练，本地市场多年研究掌控，大量成功项目经验，针对企业实际，打造针对性的实效咨询顾问与企业培训服务。

如"长城"是中国石化最早面世的润滑油品牌，又是中国石化业的第一个驰名商标，有"中国润滑油行业排头兵"的美誉，多年始终位居国内高档润滑油市场首位。为整合资源形成优势，筑牢中国石化润滑油在中国乃至世界润滑油产业链上的核心地位，中国石化做到了以下几点。

其一，统一质量标准和工艺标准。这是品牌整合的前置关口。技术质量工作将整合后的生产基地严格按照统一的质量标准进行生产，并在营销、物流、技术支持和售后服务等方面实现系统对接。

其二，统一采购是统一质量的有效保证。在品牌整合之前，生产采购工作组就完成了基础油、添加剂等原材料的统一采购和调拨。

其三，销售渠道的统一和稳定直接关系到品牌整合的成败。在整合过程中，润滑油公司在保持销售体系、经营环境、产品价格、包装风格基本不变的前提下，让所有的经销商享受同样的销售政策、广告支持、技术服务，并推进网格化渠道伙伴计划，吸引新老经销商。

其四，科技资源是品牌整合的重要支撑。中国石化筹划组建润滑油应用技术研究中心，统一科研开发，加大新产品开发力度，不断推出代表世界先进水平、满足客户需求的润滑油产品。

9.3.2 服务能力资源整合

对服务能力资源的整合是我们最熟悉的，但也可能是我们最容易失误的地方。所谓服务能力资源既包括服务所需的有形的实体资源，如必要的服务设施和服务设备等，又包括服务所需的无形的技能资源，如商品组织方式和供应控制能力等，还包括服务的知识资源，如拥有丰富的品牌管理知识和对具体产品的运作有透彻的了解等，更包括一个有效的品牌管理团队等。

目前企业品牌能力资源整合方面所出现的偏差主要有以下几点。

（1）过于看重有形的实体能力资源的建设（不是重新配置），却忽视无形的组织管理能力资源的整合。我们的企业必须在品牌服务理念、客户需求分析、组织管理模式、横向协作联盟等方面下功夫。

（2）服务创新是能力资源整合的有效方式。

1）品牌打造：如 CBS 品牌系统、品牌诊断与研究、品牌战略规划、年度品牌整合传播、品牌形象设计系统、品牌推广策划。

2）营销策划：如市场调查与研究、新产品上市策划、老产品市场挖掘、促销与推广活动策划、招商规划、渠道建设、区域营销辅导、样板市场打造。

3）制作代理：如平面设计、影视制作、品牌视觉识别、产品包装设计、三维动画设计、各类广告代理发布。

4）咨询培训：如品牌咨询、营销咨询、战略、企业文化或人力资源咨询、企业内训、拓展训练营和大型公开课。

9.3.3 客户资源整合

企业品牌最后的评判者是客户，客户对品牌最具有发言权，所以在品牌整合中必须考虑到客户的诉求和利益。

1. **服务是企业的产品**

毫无疑问,商业企业的产品就是服务。确切地说,是管理服务。众所周知,服务产品的生产和消费是在供需双方的互动过程中完成的。所以,企业的资源整合不能没有客户的直接参与。

2. **客户是企业的重要资产**

一般认为,客户资源整合主要是指根据客户价值为其提供差别化的产品和服务,并努力与客户建立长期合作的战略伙伴关系。因此,首先是客户价值的识别和判断。

其次是客户价值评价标准的问题。如果把客户价值的评价标准定位在能够为企业带来利润的多少,进而把客户分成所谓"高端客户"和"低端客户",这样的理念未免过于"功利主义"了。这与客户关系管理——谋求跟客户建立长期合作的战略联盟关系、培养客户的忠诚度、双赢(Win-Win)——的理念也是不相符的。

品牌营销资源要素整合网络如图9-3所示。

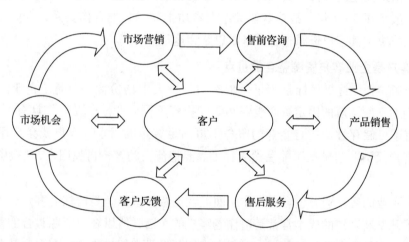

图9-3 品牌营销资源要素整合网络

实际上,企业以什么样的标准来评价客户价值,取决于它对客户的基本看法。一般来说,企业对于客户的基本看法有两种:一是看作企业的竞争对手;二是看作企业的重要资产。

(1)作为竞争对手,企业与其客户之间是纯粹的"一单一结"和"价格博弈"关系。比如在现实中,除了公路运输乱收费的环境原因,运输企业普遍采用严重的超载运输方式作业,这与货主企业为了降低自身的运营成本而一味地压低运价有很大的关系。这必然造成服务水平的降低和环境安全的损害。

在"价格博弈"作为客户和企业之间唯一互动界面的情况下,企业不需要也无法考虑为客户规划设计整体的或延伸的管理解决方案,也就不会考虑与同行建立战略伙伴关系。因为客户仅仅把运作外包作为降低运输或仓储等环节成本的措施,而不是作为增强其竞争优势的战略手段,所以,企业也就无法参与客户物流成本节约的全过程。这在很大程度上制约了传统储运企业向现代企业的转型，也制约了我国服务市场的发展。当然，对于那些由于现行体制的原因而拥有一定服务资源垄断"优势"的企业来说，要求它们主动为客户设计并提供解决方案也是不现实的。

（2）作为重要资产，企业必须善待客户，必须创建并维护良好的客户关系，延长客户的"使用寿命"，必须通过自己所提供的服务增强客户的市场竞争力，提高客户的经营绩效。所以，企业的客户价值是指客户所要求的服务对它自身的价值。这种价值往往可以用服务对客户市场竞争战略的重要度来衡量。

从长远的观点来看，企业的使命就是不仅要使客户的当前价值最大化，而且要使客户的生命周期价值最大化。所以，企业实施客户关系管理，培养客户忠诚度是一个长期的投资行为，必须要有企业长期发展战略的指导。

当然，投资是要有回报的。但这种回报是建立在双方对长期合作绩效预期基础之上的。正如企业是在帮助客户降低物流总成本的过程中获得自己的那份收益一样，企业也是在使客户价值最大化的过程中实现自身的价值和收取回报的。所以，就发达国家服务合同期来看，一般都在 5~7 年。战略联盟关系在本质上就是长期合作关系，企业对客户关系的基本定位将决定其客户资源整合的基本思路和途径。

3. 老客户是企业客户资源整合的重点

客户资源整合，终极目标是为了争取客户，扩大市场份额。但是，企业的"客户投资"与我们通常所了解的固定资产投资和研发投资不同。"客户资产"具有不可积累性，或者说具有不可储存性。一旦企业的服务不再满足客户的需求，客户就会"用脚投票"，以往的"客户投资"也就很可能荡然无存了。要把流失的客户再找回来，"投资"又必须重新开始。

因此，企业的客户资源整合在操作层面上就是两件事：一是留住老客户；二是发展新客户。由于开发新客户的成本常常是留住老客户的 5 倍，所以客户资源整合的重点应放在老客户方面，而且老客户的示范效应对新客户的开发具有促进作用。有专家认为：如果企业的年客户流失率达到 20%，就要好好找一找自身的原因了。

必须指出，虽然帕累托的 20/80 法则也同样适用于普通企业，但并不是说重点关注高价值客户就要把优势资源全部集中用于那些能够产生企业 80% 利润的 20% 客户，或者说只为那 20% 的客户服务。事实上，不管是"高端客户"还是"低端客户"，在市场细分的情况下，企业仍将面对其客户结构的帕累托法则。因为 20/80 是企业经营的结果，是"有趣的现象"，而不是经营的准则和市场定位的依据，否则就本末倒置了。

所以，正确的做法应当是根据管理运作自身的技术经济特点，结合企业的服务能力，对服务市场进行细分，然后在特定的服务领域中将市场再细分为高价值产品和低价值产品物流，或确定普通服务和特殊服务的分类。应当根据客户需求，在统一配置资源的基础上，对不同的客户提供不同的服务解决方案。当然，企业的专业化经营是不言而喻的。

4. 全方位的服务是客户资源整合的最佳途径

虽然建立客户资料、分析客户的购买行为、经常走访客户、对客户实施分类管理、实施专家营销、帮助客户重整业务流程等都是整合客户资源的有效方法，但全方位的服务将是留住老客户和发展新客户的最佳途径，也是一个拓展空间极大的服务创新的理念。

中国邮政通过与华为实现资源整合，既实现了为客户的全方位服务，又保证了最大限度地实现社会资源的合理利用。华为 IPCC 解决方案具有完善的系统安全策略及良好的兼容性、高可靠性、可扩展性、组网灵活等特点，满足了中国邮政 11185 系统对安全、稳定、复杂组网等方面的高要求。基于华为 IPCC 解决方案，邮政 11185 开办的业务种类已逐步向票务、注册、呼出、外包等业务方向发展，已经从单纯的"服务型"向"服务+经营型"转变。

9.3.4 信息资源整合

信息资源整合对企业资源整合的重要性无论怎样强调也不过分。实际上，IT 系统本身就是整合客户资源和能力资源的有效技术手段。具体来说，信息资源整合包括以下几个主要内容。

1. 建立信息共享机制

众所周知，由信息共享而实现物流服务全过程的可控性，由可控性而实现物流系统的适应性、由适应性而实现物流系统输出的一致性和产品的可得性，以至于客户满意，这就是信息资源整合的基本逻辑。

可以说，随着 IT 的发展及其在服务领域的广泛应用，许多传统物流企业对配置 IT 系统的认识程度是很高的，但往往忽视了信息资源整合的另一个重要内容，即信息共享机制的建立。

如果在企业与客户之间，或供应链成员企业之间不能够建立起相互信任、相互依赖，长期合作和共同发展的战略联盟伙伴关系，则再先进的 IT 系统都不可能保证跨边界管理的无缝性。所以说，信息资源整合的要害就是建立跨企业边界的信息分享机制。说到底，企业的信息资源整合不是一个技术问题，而是一个管理问题。

2. 决策机制的变革

信息共享意味着管理决策权的分散。这与 IT 系统整合管理信息的路径正好相反。从运作的总体来看，物流管理决策必须由参与各方共同来做；从企业和客户的个体来看，管理的决策则必须分级授权。这是由客户服务需求的多样化和个性化特点所决定的。因此，以满足客户需求为价值导向的管理就要求决策权限的分散和前移，要求企业组织结构的扁平化。实际上，所谓企业管理组织结构的扁平化并不是简单地取消中间管理层，而是要让企业的决策层更贴近市场、更贴近客户，要让企业在市场一线的营销人员拥有充分的决策授权。

在信息整合的同时要求分散决策权限是有效管理的辩证法使然，IT 系统则为总体的协调提供了技术手段。

3. 做好知识管理

知识就是力量，运作没有相应的管理知识支持是难以满足客户服务需求的。发达国家的企业主之所以能够将其基本的管理模式在全球复制，就是因为拥有雄厚的管理知识。没有知识管理，就不能将企业在服务过程中获得的有价值的信息和经验转化为能够支持企业持久发展的资源。

知识管理在人们的不知不觉中已悄然产生并渐成气候。从调查分析来看，这并不是一个孤立的现象，它与我们的市场形势、相关政策、社会风气等都有千丝万缕的关系。说它是环境逼迫下的无奈选择也好，是企业在停产、裁员等被动应对之外的一种主动出击也好，我们或许无须急于对它做出这样那样的结论，但应该对它在总体上有一个确切的了解，对其发展走势有稍为正确一点的把握，好从中找到适合自己发展的方向。

源于信息集成的信息整合及其重要性已被越来越多的人所认识，信息技术的不断飞跃以及应用领域的不断拓展，品牌信息整合在应用时其范围、视角、目标、层级以及涉及的要素等方面早已超出信息集成的范畴。品牌信息整合是依据信息化发展趋势，借助先进的互联网技术，在一定组织的领导下，实现对品牌信息资源序列化、共享化，进而实现信息资源配置最优化、拓宽信息资源应用领域和最大化挖掘信息价值的管理过程。从品牌信息系统所涵盖的要素来看，品牌信息整合源于众多原因，可以从不同视角来审视。品牌信息整合的意义如下。

（1）信息整合已经从组织行为上升到国家信息化发展战略。信息渗透被应用到社会的各个层面，信息化水平高低已经成为衡量一个国家现代化水平和综合国力的重要标志。电子政府成为公共管理通往信息社会的标界，品牌信息整合是全面推进各领域信息整合的最佳机遇；在英国政府的互操作框架（EIF）中指出：联合的政府需要联合的信息系统，为实现政府部门的互操作，政府的政策和标准涵盖了四个方面：①互联性；②数据集成；③信息访问；④内容管理。此外，英国政府还制定了元数据标准、元数据框架。在英美等信息化水平较为发达的政府的影响下，一些国家包括新西兰等国也开始加强制定本国电子政府的互操作框架和相关的标准建设。信息发达的国家政府已经将信息整合作为一种战略来抓，从宏观上来规范、引导正在进行的又一轮信息化建设，并将此作为一种自觉的行为。

（2）通过门户建设进行品牌信息服务平台的整合。门户已经成为互联网中最流行的术语，诸如企业门户（EIP）、城市门户（UIP）、政府门户（GIP）、知识门户（KP），通过集中式门户网站将分散于各组织机构的信息服务的入口整合成一个统一的，为公民、部分机构和政府提供多访问渠道的，直达各政府机构提供的服务。门户建设已经成为各类组织整合品牌信息和信息服务的重要策略。

（3）元数据技术成为信息整合的重要机制。如果存在对 WEB 资源发现解决方案，那么它一定是基于分布式元数据著录模型。元数据是关于数据的数据，经过几十年的发展，元数据超越了最初对信息对象的描述和抽象，能够支持对数字信息对象的长期保存,借助于元数据技术已经能够实现对信息和资源的评鉴,支持数字权益管理、支持信息使用的政策控制和隐私保护,支持不同系统之间的语义转换进而实现不同系统之间的互操作等。在异质数据库和信息系统集成或各种数据源的互操作中需要各数据源的结构和含义,元数据提供的语义和属性被用来建立系统之间映射的翻译规则。此外,元数据在整合过程中被用作内容管理工具,构建在信息系统之上的元信息系统,管理的内容是信息系统的元数据及元数据构成的信息模型,主要供系统分析、设计、开发、布置及系统维护与管理人员使用。加强元信息系统注册管理,可以加速重大或复杂信息整合项目的建设进程。

9.3.5 我国企业品牌资源整合

自改革开放以来,国外跨国公司在中国各地开疆拓土、兴办实业,占据了相当比例的市场份额,迫使我国市场逐步全面进入国际化,外企竞争利器靠的就是名牌。21世纪国与国以及企业与企业之间的竞争实质上是名牌之间的竞争。

品牌资源供应链整合网络如图9-4所示。

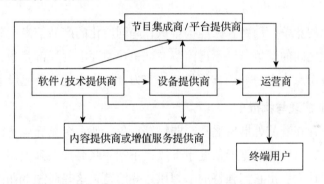

图9-4 某节目品牌资源供应链整合网络

1. 品牌整合的重要性

目前,世界500强已有400多家进入中国市场,许多外国品牌已成为我国家喻户晓的名词。然而,中国众多企业却缺少名牌,尤其是世界名牌,以致在这场全球化市场竞争中处于不利地位。面对这种情况,中国企业有必要参与国际竞争,创建国际品牌。然而,中国许多企业目前还不具备国际化的实力,和外国企业比较起来,大部分规模及影响力都很小。即使如此,许多企业内部仍衍生出众多的品牌,将本就不丰裕的资源浪费在相互的竞争和内耗中。只有将更多的资源有效整合,才能有足够强大的力量进行品牌的国际化建设。建立本土优势,是中国品牌国际化的必经之路,而建立本土优势必须实施品牌整合管理。在与拥有技术与品牌强势的国际企业的竞争中,品牌整合是中国品牌与众多外国品牌抗衡的有效武器。

在外国品牌大举进入中国的形势下,把中国本土守住其实就是国际化。对于拥有多个品牌而实力相对较弱的中国企业来说,当务之急是实施品牌整合,在国内把品牌做大做强做优，为创建国际品牌打下坚实的基础。进行品牌的整合与集中，建立一个强而有力的品牌体系，对于一个具有长远抱负的中国本土型企业而言是一项刻不容缓的工程。

2. 品牌整合的可行性

只有集中资源，讲求品牌营销的投资效率，树立统一的品牌形象，才能打造出中国自己优质的旗舰品牌，才能建立起深度的竞争优势。品牌整合是为做大做强品牌打基础的，从这一点上讲，品牌整合对企业打造国际品牌是极为有利的。例如中国石油在品牌整合上提出了"主品牌+商品系列名称"模式，"昆仑"品牌从原众多品牌中脱颖而出，品牌的国际影响力大大提高，并获得了奔驰、宝马、沃尔沃等世界著名汽车厂家的质量认证。另外，品牌整合能给企业带来成本节约的巨大空间，这就为其实施品牌国际化战略提供了充足的资金保障。

9.4 品牌整合管理实务

9.4.1 品牌的形象整合

由于日益激烈的竞争，消费者已经很难从日趋同质化的产品信息中感受到产品的独特魅力。因此，企业之间的竞争，已不再停留在某单一层面上的局部竞争，而是升华到了企业内部与外部的各个层次上——全方位的整体实力竞争，也就是企业形象力的竞争。

1. 品牌形象的梳理与执行

目前很多企业存在着品牌形象混乱、弱势等现象，如：企业标志不能代表企业真实面貌；与竞争者相比，自己的视觉形象处于下风；小到一张名片大到大型广告，各有不同形式的表现，却难以让人看出它们独特的品牌风格等问题。这些通过专业的品牌形象梳理及执行，将获得解决。

当企业或产品发展到一定阶段后，为适应市场、面对竞争等内外因素，企业决策层下决心对现有的品牌形象进行重新规划、整合优化，使品牌形象得以更大的提升及视觉统一化。而这么重要的事情如把其项目分拆并交给不同的设计单位去完成，不但没法建立起一套完整统一的强势形象系统，而且将导致无效投入和人力成本的增加。将所有的规划设计都委托给一家值得信赖的品牌设计公司，对企业/产品进行科学系统的视觉诊断、分析、评估、整合优化，建立起一套完整的形象系统，这是一个必然的结果。

品牌形象梳理涉及以下项目：

（1）品牌命名；

（2）品牌理念；

（3）品牌形象 VIS 建立或改造设计；

（4）品牌画册等物料形象设计；

（5）品牌网络识别；

（6）商品包装系统；

（7）品牌商业空间。

2. 整合服务的两种方式

品牌设计公司具有丰富的项目战略规划、设计及服务的成功经验，能围绕一个战略性整合设计项目，从品牌形象和产品营销等多个角度进行品牌形象塑造、全方位的广告主题策划、创意设计和推广执行，协助品牌在商业战场上取得最大的胜利，整合服务有以下两种方式供选择。

（1）年费项目：签订全年合同、全面品牌广告规划与战略设计服务。此模式适合企业或品牌的全年形象推广计划比较大的客户，省去双方不断谈合同、费用等琐碎事务，省精力。

（2）全案整合：所有单个项目整合为一个项目操作。比如，新产品上市，当企业的品牌标志创作完成后，还需要设计多种包装、画册、展示等项目，这个时候就应该采用整合服务模式，成为一个项目，签署一份合同。此模式适合需要多个项目设计的客户，我们的整合服务模式，将为企业带来诸多实质优势：减少因分成多个单独项目操作中所浪费的时间，缩短工作周期，提高效率；品牌形象因统一操作更具识别统一性，品牌完整性；整合操作减少了流通环节的成本，费用更加优惠。

9.4.2 客户资源整合

企业如何留住老客户呢？最根本的是要掌握客户服务理念。通常企业会设定以下问卷。

——客户是否对现有的服务有不满意的地方？

——是否有客户提出的服务要求企业现在做不到的？

——现有服务能力与客户要求的差距在哪里，原因是什么？

——客户是否已经调整了自己的发展战略？

——客户是否要进行营销渠道的结构调整？

——客户的产品品种是增加了还是减少了？

——客户是不是又开辟了新的市场？

——是否了解客户的生产组织和营销管理方式？

——是否对客户的服务需求有透彻的理解？

——是否对客户产品的市场运作特性有充分的了解？

——是否对客户所属行业的竞争态势有充分的了解？

——是否了解客户的客户和其供应商的供应商？

——是否对服务的法律环境有充分的了解？

——自己与竞争对手的差距在哪里？

——去年的客户今年还有多少仍然在册？

——本企业是否有一个服务创新的计划？

……

这些问卷既要规范化也要个性化，即随时跟踪主要客户和特定市场的发展。

本章小结

1. 资源整合是指企业对不同来源、不同层次、不同结构、不同内容的资源进行识别与选择、汲取与配置、激活和有机融合，使其具有较强的柔性、条理性、系统性和价值性，并创造出新的资源的一个复杂的动态过程。在介绍资源整合内涵的基础上，本章提出了企业资源整合过程模型，分析了企业资源整合能力，旨在为企业提供如何提升资源整合能力。
2. 广义的品牌资源整合是指企业品牌本身以及围绕品牌的创建、传播、培育、维护、创新等方面而涉及的一切可利用资源，包括品牌本身、企业内部可利用资源和企业外部可利用资源。
3. 品牌整合的原因：第一，市场竞争的压力加大；第二，创建和维持品牌的费用昂贵；第三，顾客不仅关注产品本身，而且关心提供产品的企业；第四，品牌家族需要协同作战与有序发展。
4. 品牌整合方式：组织资源整合、服务能力资源整合、客户资源整合、信息资源整合。

自测题

1. 资源整合的含义是什么？它包括哪些最基本的特征？
2. 什么是品牌整合？它具有哪些形式？
3. 品牌整合的原因是什么？如何有效地实施品牌整合？
4. 客户关系整合的具体内容是什么？
5. 资源整合与品牌整合的关系是什么？列举出品牌整合所需要的主要资源。

案例分析

大米区域品牌整合跑出龙江"加速度"

据黑龙江日报记者程瑶报道，"只用了短短12天时间，我们村就与龙蛙农业签订了6 000亩土地流转合同。以前村里是286户散户种植20多个品种的水稻，这次和龙蛙合作后，将变成21个种植大户种龙蛙要求的2个品种，并由龙蛙统一提供种子、化肥和育秧大棚。借助龙蛙这一国家级农业产业化龙头企业的实力及其中国驰名商标的品牌影响力，实现企业、合作社与农户多赢，为消费者生产出绿色、安全的优质大米。"在首届龙蛙农业整合优势区域品牌战略研讨会上，率先与黑龙江省龙蛙农业发展股份有限公司签订合作协议的方正县富民粮食产销专业合作社理事长徐迪信心满怀地对在场的人说。

质优米香的龙江大米早已是全国人民心中"好吃大米"的代名词，但大多数消费者还只知"五常大米""方正大米"等地域品牌，没有能享誉全国的知名大米商品品牌。多年来，龙江大米一直因杂牌泛滥、质量良莠不齐、市场辨识度差难以形成价格优势，整体效益低。为了破解这一难题，省农委和农业龙头企业龙蛙农业迈出了优势区域品牌整合的第一步。在本次研讨会上记者了解到，经过5年的市场调研及前期准备后，2018年4月，黑龙江省龙蛙农业发展股份有限公司在15天内就与五常、方正、延寿、庆安、海伦等优质大米产区签订了5万亩龙蛙水稻种植基地建设协议，加上原有望奎县5万亩基地，共整合10万亩优势区域土地，打造龙江优质大米品牌。

龙蛙农业董事长翟清斌说："作为省内第一家挂牌新三板的农业企业，龙蛙公司将用成立16年来积累的生产标准、市场信誉、品牌优势、营销渠道对我省的水稻种植优势区域进行战略整合，在优质水稻产区建设龙蛙种植基地和农业体验中心，并用致力于标准化种植的'龙蛙模式'规范各基地稻农及专业合作社的产销行为。未来无论消费者想吃五常米还是方正米，都可以在龙蛙找到正宗、优质的产品。龙蛙的最终目的，就是要打造中国大米第一品牌，保障百姓舌尖上的安全。"

黑龙江省农委副主任李连瑞认为，不卖水稻卖大米是实现龙江农业发展、农民增收的必然选择，但龙江大米多年来始终面临品牌杂、标准不统一、供应链短三大短板。因此打造优势大米品牌，小船借大船出海势在必行。在品牌建设过程中，首先要建立从种植、田间管理到储藏、运输一系列流程的操作标准，把好产品质量关；其次要创新土地流转机制和利益联结机制，做好产业链衔接与融合；最后要做出准确的市场定位，拓宽销售渠道，保障企业、农户双赢。

望奎县委书记单伟红表示，望奎县委县政府将积极支持龙蛙农业在延伸产业链的同时不断提升价值链，通过做强基地、做深加工、做好营销、做优服务从而做大品牌，持续放大影响力，使"龙蛙"品牌走出望奎，叫响全省，走向全国。

谈到与龙蛙的合作，来自五常市友好村福庆种养殖农民专业合作社理事长韩占春颇有感触："作为五常人，我们农民也想种出好粮食。这次能和龙蛙合作，通过龙蛙的统一管理提高种植标准，种出高端好米，实现增收，村里的老百姓都很开心。今年我们流转土地面积7 800亩，2019年要整村推进。"

资料来源：http：//news.ifeng.com/a/20180430/57994273_0.shtml？_zbs_007qu_news.

问题： 1. 望奎县农业整合优势区域品牌战略思路是什么？
2. 望奎县龙蛙公司品牌整合优势何在？
3. 望奎县品牌整合实际举措如何？

京东瞄上家电售后　电商塑造服务品牌考验整合能力

从当初的价格为王，到如今的体验制胜，将服务进行商品化销售已成为零售企业发展的趋势之一。5月7日，京东正式推出"京东服务+"项目，整合原厂服务的品牌厂商、品牌授权服务商、京东自营维修等服务商资源，向消费者提供包括安装、维修、清洗等的售后服务。此前,传统的售后服务形式一直因价格不透明、服务不规范等问题遭受消费者诟病,电商所具备的信息公开、可追溯特点,可以撬动很大的传统线下市场。但不只是京东,诸如苏宁推出的"苏宁帮客"、国美上线的"国美管家",也均在争抢这块肥沃的土壤。业内人士提出,电商在售后市场上的争夺已成必然,但考验的核心竞争力还在于平台对资源的整合能力。

京东开始销售服务

"京东定位于未来的零售基础设施服务,将向全社会提供零售即服务的解决方案。"2017年"6·18"期间,京东集团领导曾在向集团员工发送的内部信中如此说过。此次"京东服务+"项目的上线,或也正是京东"零售即服务"理念的一个注解。

目前,"京东服务+"已经上线。京东方面称,"京东服务+"在京东商城首页增设了一级频道入口,消费者可以在频道中选择如安装、维修、清洗保养等服务,范围覆盖家电、手机、家居、数码、办公产品等。此外,如钟表、鞋靴保养、骑行服务、体育赛事及场馆预订等特色服务也涵盖其中。

《北京商报》记者登录京东官网注意到,在当前京东首页的商品类目中已经新增了"安装/维修/清洗保养"类目。其中,安装项目也包括如空调、热水器等一般在电商平台购买商品即提供免费安装服务的商品。对此,京东方面解释称,不管消费者是否在京东购买商品,都可以通过购买此类服务体验有京东保障的售后服务。

"商品本身具有商业价值,但消费者需要的是实现商品的使用价值,'京东服务+'要做的就是实现这种价值转换。""京东服务+"负责人张宝宇表示,京东在处理日常售后工作时,收集到大量来自消费者的需求反馈,希望能像选购商品一样购买到保质保量的配套服务。"京东服务+"的上线,目的是解决当前服务行业所存在的缺少标准化、收费不透明等痛点。

拓展服务圈引客群

将服务进行产品化处理,从单纯的商品销售,到销售"商品+服务","京东服务+"的上线也意味着京东平台业务的拓展。在资深产业经济观察家、IT行业分析师梁振鹏看来,将服务产品化已被视为家电乃至零售行业的一种趋势,而在模式成熟之后,这也将成为企业的一个盈利增长点。

售后服务市场的空间十分广阔,这是业内共识。仅就家电行业而言,根据中国家用电器服务维修协会此前发布的数据显示,2017年家电安装、维修、上门、零部件四项服务收入达2 600多亿元;清洗、维护、保养、延保、集成整套解决方案等新型服务收入达2 800多亿元;预计到2020年,家电服务业全产业链及跨界集群发展的业务收入将超万亿元。

尽管市场空间巨大,但在张宝宇看来,短期内"京东服务+"项目并不以盈利为目的,主要是为了满足消费者全链条的购物体验。在他看来,"京东服务+"当前的主要价值在于提供优质的服务让更多的消费者选择京东平台,同时解决以往中小商家服务能力不足的难题。

实际上,服务类产品的盈利能力固然存在,但对于电商来说,通过提供优质的服务增强既有用户的忠诚度,甚至引导其他平台的用户迁移,这才是服务类产品在当前市场环境下亟待发挥出的作用。苏宁控股集团董事长张近东早年也曾在有关苏宁帮客业务的高管会议上表示,

"用户体验优于利润,要不惜代价,确保用户体验在行业中的领先地位"。就此来看,与产品本身配套的售后服务已经成为电商维系用户关系的重要纽带,甚至是平台发展的护城河。

考验资源整合能力

拓展售后服务业务的重要性不言而喻,但电商售后服务的能力究竟如何还有待考量。就像当前的消费者网购会在不同的平台"货比三家"一样,对于产品服务的选择,不只是此次京东推出的"京东服务+",同是家电零售巨头的苏宁、国美也在此前就推出了"苏宁帮客""国美管家"等服务品牌。

有分析人士表示,家电售后服务市场此前长期存在如价格不透明、服务标准不统一等乱象,这也是传统售后服务市场一直饱受消费者诟病的原因所在。而有电商平台做背书的售后服务品牌,不仅更能获取消费者信任,对于提升行业整体的服务水平也有积极作用。

资料来源:http://news.sina.com.cn/c/2018-05-08/doc-ihacuuvu7276004.shtml.

问题:1. 为什么电商塑造服务品牌可以考验其资源整合能力?
2. 京东开始销售服务是如何展开的?
3. 如何提高服务类品牌产品的盈利能力?

第 10 章 CHAPTER10

品牌关系管理

教学目标

品牌关系是企业品牌建设中涉及范围很大的一项管理内容，其中包括企业与消费者、与上下游企业的关系等，消费者、供应商在品牌关系管理中成为核心要素。企业为使品牌具有更广泛的发展空间，会通过各种活动或努力，建立、维持以及增强品牌与其顾客、品牌与零售商和供应商之间的关系，并且通过互动方式进行有效增加品牌价值的活动。通过本章的学习，学生能够掌握品牌关系管理的基本概念和理论，为有效实施品牌关系管理奠定基础。

学习任务

通过本章的学习，学生主要掌握和理解：
1. 品牌关系及其对企业品牌管理的意义
2. 品牌关系的构成因素及特征
3. 品牌关系管理的内容
4. 关系营销的含义及其内容

案例导入

二更张文广：重塑消费者与品牌关系

2017 年 7 月 28 日，在 2017 思路企业电子商务服务大会上，二更联合创始人兼 CMO 张文广发表了公开演讲。他表示，我给大家带来的是一些我个人以及我和二更整个团队在品牌或者在营销方面的经验及思考，我的主题就是"重塑消费者与品牌的关系"。由思路网主办，亿邦动力网协办的 2017 思路企业电子商务服务大会于 2017 年 7 月 27 日和 28 日在上海举办。会议邀请到众多企业大佬、优秀服务商代表及业内专业人士同台论道，共话电商。

本届大会以电商服务为主线，主题为"渡"，破迷开悟，由此到彼，方得渡。今天所处的阶段，是大批企业需要进行数字化武装和改造的阶段，可理解为渡河，传统经济形态就是所处的此岸，数字经济形态就是需要前往的彼岸。在这一渡河过程中，有一个角色不可或缺且非常重要，它就是服务商。服务商可以被理解为企业的摆渡人，因为基因决定，绝大部分企业只有依靠一批批优秀的服务商，才能被渡到彼岸。

说起移动社会发展到今天有什么最能够代表新的发展趋势，也是在移动终端体验最直接也是最快速的话，短视频一定是其中之一，说起短视频我们一定熟悉一个短视频的名字叫作"二更"。在会上，张文广分享"重塑消费者与品牌关系"，内容如下。

目前来说，从我个人的判断和新新媒体行业的经验，已经到了内容创业非常好的机会，其实这也预示着我们很多品牌在做内容营销的时候非常大的机会已经到来。

在座的都是属于互联网圈的人，2016年我们统计出来的网友规模7.31亿人，在移动互联网上已经占据了全部网民95%的比例，但是这个比例也预示着我们很多投放广告或者传播自己品牌的时候，更多地要和客户沟通——我们要把这个渠道放在哪里？可以非常直观地感受到的是，95%的用户已经在移动端。

我们因为生活的碎片化，导致我们更多地在获取信息的时候也是处在碎片化的时间。

正式进入我和大家分享的内容，就是"原生视频，内容营销"。我之所以叫作"渠道是迷信，内容是王道"。渠道的重要性显而易见，所以才有了渠道为王，对于我们已经拥有的人来说渠道已经没有那么重要了，在很多渠道里传播什么样的内容反而显示出它非常大的重要性。不管你传达任何内容，如果你的内容质量非常棒，可能会带来更多的转发和阅读量；如果内容很一般，再好再多的渠道都不会有很好的传播作用。

这是我的一个观点，就是"社会化媒体营销的原动力，是消费者已经从被动的受众成为整个品牌构建的参与者"。很多时候，比如说报纸、传统媒体的广告，更多的是向用户传达我是最好的，但是现在消费升级以后很多人不在意这种广告，更多的是从广告内容中看到对他有价值的东西。品牌主一直以来就是通过广告内容和营销策略与消费者建立沟通的。

资料来源：http://www.ebrun.com/20170728/240147.shtml。

10.1　品牌关系管理概述

随着经济全球化、一体化的浪潮高涨，尤其是在我国加入WTO以来，以及近年来，外贸摩擦加层，世界经济的多极化，我国企业的经营环境日趋激烈。如何使我国企业在激烈的竞争中立于不败之地，是业内外研究的重点课题。解决这一重大问题包含的内容很广，包括企业的人才、科技、质量、管理、环境等各方面。从品牌关系管理来探讨如何增强我国企业竞争力是一个新的视角。品牌关系管理是指一种活动或努力，通过这种活动或努力，建立、维持以及增强品牌与其顾客之间、品牌与零售商之间的关系，并且通过互动的、个性化的、长期的、以增加价值为目的的接触、交流与沟通，以及对承诺的履行，来持续地增强这种关系。

10.1.1 对传统品牌管理的分析

传统品牌管理的出发点或指导思想在于提供产品、吸引和争取顾客，通过每次交易的价值最大化来提升品牌资产。此时，顾客的含义仅仅是商品终端使用者。可见，这种品牌与顾客之间的关系实质上是一种短期的交易关系，是一种对象局限的单向价值转移关系。随着企业的经营环境迅速、急剧地发生变化，传统的品牌管理方式已经越来越显得力不从心。经营环境的变化及传统品牌管理思想落伍的原因主要表现在以下几个方面。

（1）顾客的价值寻求行为。人们在购买商品时，越来越多地依赖于"当前的交易价格"，而不是专注于选择一个著名的品牌。越来越对价格敏感的消费者要求他们所购买的商品在价格既定的情况下能够提供最大的价值，即价值与价格的比值要大。即使是著名的万宝路牌香烟，为了抵御廉价的、无品牌的竞争对手对市场的侵蚀，也不得不降低价格。在这种形势下，企业唯一的选择就是提供更多的服务和更高的产品质量，也就是说，在同样的价格下，要为顾客提供更多的价值。法国的一则市场调研显示，消费者几乎感觉不到市场上品牌之间的差别，更令人震惊的是，一半以上的消费者宁愿选择零售商品牌，而不是制造商品牌（假如两者价格有所差别的话）。这种情况不仅仅存在于法国，其他许多国家也是如此。

（2）顾客期望持续地提升。在产品消费向情感体验转变的过程中，顾客期望一直持续地升高，顾客变得越来越成熟、老练、精明，对创新的、定制化的产品和服务越来越感兴趣，同时，顾客的偏好和需求变得越来越不可预知。顾客持续地期望品牌能够带来更多的价值，如果顾客感觉不到某品牌所带来的额外价值，他们则不愿意为该品牌付出溢价。不言而喻，只有给顾客带来更多价值的品牌才能占得市场先机，赢得竞争优势。而现实情况是，传统的品牌管理已使得企业在面对持续升高的顾客期望时感到力不从心。

（3）品牌的衍生。品牌衍生的结果是品牌化的信用正在被腐蚀。在市场上，每一种类的产品都有许多品牌，而这些品牌之间的区别仅仅在于名称的不同。无本质差别的品牌为了争夺顾客，不惜重金投资于广告，于是消费者整天被无数营销信息所轰炸，这就给消费者增添了混乱，因而品牌的一个重要功能——区别功能就会降低或消失。可见，作为一种营销工具，品牌的作用正在逐步退化。

（4）零售商权力的增长。在新的"零供关系"上，市场权力正从制造商向零售商转移，制造商品牌的权力削弱了。过去，制造商品牌经理用市场调研信息来估计消费者的需要，与零售商相比，拥有信息优势。现在，越来越多的零售商尤其是电商用尖端的计算机系统跟踪购买者行为，零售商在消费者信息方面不再处于劣势。同时，制造商通常不直接与最终消费者接触，顾客关系与品牌资产逐渐被腐蚀；相反，零售商与最终消费者直接接触，而且零售商强调并专注于建立它们自己的品牌，顾客关系与品牌资产日益在增强和提高。零售商越来越多地使用自有品牌，并且因能够保证产品和服务的质量，为消费者提供更多的价值，使得消费者不再像以前一样专注于制造商的强大品牌。在某些产品类别，零售商品牌已经占据了统治地位。有些营销专家甚至宣称，照此下去，消费者将最终为零售商所拥有。

（5）对媒体的颠覆和逆反。由于诉求对象对媒体的颠覆和逆反，品牌将其信息传递给目标顾客变得越来越困难和昂贵，因为要将有关信息传递给目标顾客，需要更多的媒体展露。例如，作为品牌促销的主要媒体电视的效果降低了，其中一个重要原因就是电视观众人数的下降，以及电视频道的增加分流了每个频道的观众。尽管媒体成本不断上升，影响却越来越小。

（6）电子商务的出现。电子商务的出现使得消费者能够通过互联网进行购物。许多网上商店本身就成了品牌，它们用自身的品牌销售来自各地的产品。例如，亚马逊书店用自己的品牌卖书、音乐、玩具、体育用品、软件等。

（7）大规模定制营销的兴起。随着大规模定制营销的出现，企业的品牌扩张已经失去了相关性。随着媒体的高度碎裂，以及广告本身相互作用模式的改变，品牌也已经失去了今天内容上的相关性。将来，除了企业品牌之外，将不再有任何其他品牌。例如，当一家企业能够通过售卖机器出售定制的液体肥皂，来满足每个顾客的需要时，它为什么还需要产品品牌？大规模定制营销不仅能够有效地满足顾客需要，而且还可以为企业带来巨大节余（减少了市场调研费用、促销费用和交易成本）。

（8）产品种类管理的兴起。从传统的"品牌管理"到"种类管理"，包括品牌管理的创始者宝洁公司在内的许多著名公司已经认识到单个品牌不是必不可少的，但企业作为一个整体，必须使得一个产品种类的销售最大化。例如，负责香皂的产品种类经理将负责企业所有香皂的销售（过去的情况是，不同品牌的香皂分别由各自的品牌经理负责）。

所以，品牌关系管理的核心是在产品市场上能够划分不同的顾客亚群体，并且在处理与零售商关系的问题上应该介入准顾客关系。这种划分的结果是使企业与消费者（零售商）产生相互关联，即在消费者（零售商）的特殊群体与某种品牌间建立起一种个性化的关系链，促使这些消费者（零售商）能用一个更加强有力的个性方式来体验品牌。

10.1.2 品牌关系管理的特征

品牌与顾客之间的关系实质上是一种短期的交易关系。传统的品牌管理以产品和交易为中心，强调品牌资产；品牌关系管理以顾客为中心，强调顾客资产。品牌资产强调产品销售、吸引顾客和与顾客进行交易；顾客资产强调顾客超过产品，强调关系超过交易，强调保持顾客超过吸引顾客。与传统品牌管理相比，现代品牌关系管理的特征主要表现在以下几个方面。

（1）传统品牌管理的核心是交易，企业通过与顾客发生交易活动从中获利，是以交易为导向的；现代品牌关系管理的核心是关系，企业从顾客与其品牌的良好关系中获利，是以关系为导向的。

（2）传统品牌管理围绕着如何争夺新顾客和获得更多的顾客；现代品牌关系管理则更

为强调以更少的成本留住顾客或保持顾客。

（3）传统品牌管理强调大传播、大交流、促销和分销渠道；现代品牌关系管理强调顾客价值和顾客资产。

（4）传统品牌管理强调高市场份额，认为高市场份额代表高品牌忠诚度。现代品牌关系管理则着重强调顾客占有率和范围经济。顾客占有率是指企业赢得一个顾客终身购买物品的百分比，测度的是同一顾客是否持续购买；范围经济是指同一顾客向同一企业购买相关零配件、其他产品和新产品所给企业创造的利润。

（5）传统品牌管理的指导思想是大规模营销；现代品牌关系管理的指导思想是一对一营销和大规模定制营销。

（6）传统品牌管理考虑的是使每笔交易的收益最大化；现代品牌关系管理则考虑与顾客保持长期关系所带来的收益和贡献，即通过使顾客满意并同顾客建立关系，开发顾客的终身价值。

（7）传统品牌管理是有限的顾客参与和适度的顾客联系；现代品牌关系管理则强调高度的顾客参与和紧密的顾客联系。现代品牌关系管理不仅是一种思想或一种活动与努力，更是一种全新的品牌管理方法，它交叉了产品生命周期与顾客生命周期，将传统的纯粹收益管理转变为以顾客为中心的收益管理，强调品牌与顾客之间的交流与关系。现代品牌关系管理的价值就在于帮助企业或品牌与顾客建立起一对一的、亲密的、稳定的、长期的关系，并强化企业在营销、销售及服务顾客等方面的能力。

（8）传统品牌关系管理目光只局限在终端顾客，对中间商（零售商）的忽视，使得"零供"关系紧张甚至导致流通供应链上的恶性竞争，使品牌价值难以有效实现。现代品牌关系管理更加注重与供应商的合作，消除渠道障碍，加快品牌价值的实现速度。所以，顾客的含义已经推延到整个品牌价值链上的所有成员。

10.1.3　品牌关系管理的核心内容

品牌关系管理以顾客为中心，强调顾客资产。所谓顾客资产，是指最有价值顾客在其生命周期内给企业带来的价值增值能力。顾客资产由三个要素组成，即价值资产、品牌资产和关系资产。品牌关系管理的落脚点是品牌关系营销，品牌关系营销可以分为内部营销和外部营销两个部分，内部营销的对象是员工，是企业的内部顾客，重点是如何构建公司与员工间围绕品牌所形成的共同愿景。品牌开发的原则是向内部员工营销品牌，即进行内部品牌开发，相关研究表明，在确定顾客品牌偏好方面，对所提供服务的质量最具有影响力的因素是服务员工的行为。因此，企业需要帮助员工理解他们在品牌开发中的作用，而且让员工感受到公司对他们的尊重。在管理中，特别是那些认为一线人员无足轻重的人，是无法感受员工在品牌方面的重要角色意义的。只有让员工感受到他们在达到顾客满意的过程中的作用，才能促使他们创造一流的服务质量。

外部营销侧重于大众定制化和市场顾客亚群体划分两个方面，几乎所有的品牌概念或者思想都是基于大众需求而产生和发展的，因为大众化需求可以形成群体共同体验的内在需求，从而促进消费者形成一个相对稳定的团体。显然，开发品牌中消费者熟知、了解和积极接受的东西，使品牌在一定群体中增加吸引力，这是形成关系营销效果的关键。

因此，在品牌的关系营销中，注重大众化品牌的营销实际上是承认品牌关系管理的本质在于大众的认可和群体消费，品牌的吸引力源于在品牌中融入能够给更多消费者带来人性化或个性化的体验。

10.1.4　品牌关系管理的基本策略

由于信息技术的突飞猛进和人们传播沟通意识的加强，如今各种新的传播媒体不断涌现。一方面每一受众被越来越多的媒体所包围，另一方面单一媒体所拥有的受众却越来越少，由于媒体的分众解构，单一媒体的沟通效果急剧下降。同时，品牌关系也从单向沟通转为双向沟通，从大众市场转向分众市场。为了有效地实施品牌关系管理，企业一般采取以下基本策略。

1. 选择最有价值顾客

企业实施品牌关系管理的对象并不是所有可能的顾客，而是最有价值顾客，因为来自企业的经验证明，企业利润的绝大多数来自其20%的顾客。企业在与顾客建立关系之前，应进行顾客潜在的成本与利益的衡量对比分析，并在潜在关系对象中确定真正的有利可图者。建立、维持和发展顾客关系，势必牵涉到大量投资，若企业从这种关系中的获益不能弥补投资并获取合理利润，则建立关系是不明智的。因此，企业不应与所有对象都建立长期关系，即使在建立关系的对象中，也应有不同的层次差别。对顾客进行选择和区别的标准是顾客终身价值（顾客在其生命周期内为企业提供的价值总额的折现值），比照这个标准，企业就可以有效地确定关系对象和关系层次。只与最有价值顾客建立关系，企业稀缺的营销资源才会得到最有效的配置和利用，当营销资源只配置在一部分顾客身上时，就能够明显地提高收益和利润。

2. 建立和管理顾客数据库

通过建立和管理比较完全的顾客数据库，企业可以更深刻地理解顾客的期望、态度和行为，从而可以更好地为顾客提供服务，增加顾客的价值。顾客数据库包含的信息有：顾客的年龄、职业、婚姻状况、收入，顾客的期望、偏好和行为方式，顾客的投诉、服务咨询；顾客所处的地理位置；顾客所在的细分市场；顾客购买产品的频率、种类和数量；顾客最后一次购买的时间和地点，顾客如何购买产品；零售商在供应链上的地位及实力；等等。获取顾客资料的途径有：营销部门；顾客服务部门；电话、互联网、邮件、传真、营销人员等营销媒介和渠道；零售商及其他商业伙伴；等等。建立和管理顾客数据库本身只是一种手段，而不是目的，企业的目的是将顾客资料转变为有效的营销决策支持信息，特别是获得有助于识别高价值顾客群的信息和顾客知识，进而转化为竞争优势。数据库信息要不断地更新，这样企业才会随时掌握随时间变化而变化的顾客期望、态度和行为，同时还可以开展顾客流失原因的调查。

品牌与消费者深度关系图如图 10-1 所示。

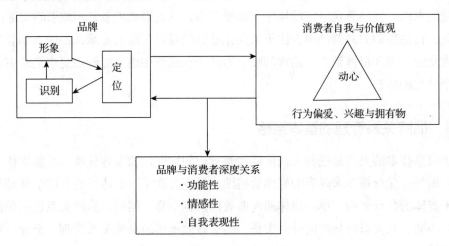

图 10-1　品牌与消费者深度关系图

3. 建立学习关系

企业必须与它们的最有价值顾客建立学习关系，唯有这样，才能保持并增强品牌力量，才能获得、保持和发展最有价值顾客。学习关系表现为：顾客说出他们的需要，企业根据顾客的需要定制产品、服务或相关信息。顾客信息数据库和企业与顾客间的相互作用是学习关系的关键。通过向顾客学习，并对顾客知识做出恰当的反应，企业就为顾客设置了品牌转移的障碍。这是因为，顾客在说明其需要时已经投入了时间和精力，假如再从其他企业获得同样的产品或者服务，就必须重新建立关系，这就使得顾客在获得的产品或服务价值不变的情况下，增加了品牌转换成本。企业的呼叫中心或服务中心是企业向顾客学习的重要场所，所以，企业应该允许顾客在任何时候、以各种途径（如电话、电子邮件、传真等）进入其呼叫中心或服务中心。

4. 认真对待最有价值顾客

因为现代品牌关系管理是以顾客为中心的品牌管理方法，其实质是由过去的交易范式向关系范式的转变，所以，企业要实行品牌关系管理，就必须认真对待最有价值顾客。认真对待最有价值顾客的方法有很多，我们这里只举例说明两种。第一种是保留一些非盈利的产品和服务，以满足最有价值顾客的需要，这会使得顾客产生无缝隙的品牌体验，从而有利于保持最有价值顾客。例如，有家食品店继续生产一些不盈利食品，目的就是挽留住可能因停止生产那些不盈利食品而离去的某些最有价值顾客（如食品品尝家）。这些最有价值顾客在购买不盈利食品的同时，还会购买盈利性高的食品，因而企业的总体盈利水平还是比较高的。更进一步说，由于无缝隙的品牌体验所导致的品牌忠诚，会使那些被挽留住的最有价值顾客持续地购买下去，并且可能降低他们对高盈利性食品价格的敏感性。第二种是给予最有价值顾客特别的对待，诸如折扣，在货源紧张时优先供应，这种方式比较适合对待零售商。特别的对待会使得顾客产生亲密、被重视以及与众不同的感觉，进而提高其品牌忠诚度。

顾客让渡价值如图 10-2 所示。

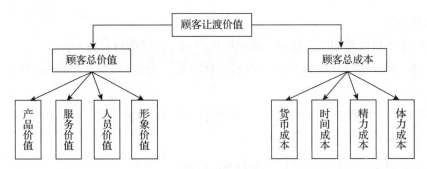

图 10-2　顾客让渡价值

5. 重构企业的组织结构

传统组织结构的设计以职能为基础，在实施品牌关系管理时，组织结构的设计则要以顾客为基础，建立以顾客和顾客关系为导向的企业文化；建立包含顾客保持率、顾客终身价值等指标内容的员工奖励制度；加强企业间的合作，如实行供应链管理，目的是向顾客提供最大的价值；等等。

一个成功的客户关系，就等于一个成功的品牌。良好的品牌关系是品牌成长壮大的乳汁，日益流离的品牌关系，则是品牌资产的终极杀手。以顾客为中心，"由外而内"的品牌关系管理势在必行。

10.1.5　品牌关系管理的过程

品牌关系管理是一套以品牌资产增值为目的，以品牌战略定位与传播为基础，以系统管理为手段的品牌管理思想体系，它是德根公司在长期的品牌实践中研发的知识产权成果。依据品牌关系管理思想，德根公司可以为企业量身定做一套品牌策略、品牌管理及品牌识别的整体规划解决方案，在整合品牌资源的基础上，将企业原有的市场营销、技术、组织与人力资源等管理要素和品牌要素结合起来，形成一种有机的管理关系，建立起企业对外统一的品牌视觉识别。该公司的品牌关系管理模式具有一定的普遍指导意义。它们提供的专业服务，是以品牌关系管理理念为核心，在此基础上形成一套为企业量身定做的品牌战略、品牌管理、视觉识别的系统管理解决方案。品牌关系管理的工作流程包括以下几个方面。

1. 前期准备

（1）拜访客户，了解客户需求；

（2）企业负责人介绍企业情况，就存在的管理问题提出咨询要求；

（3）双方确定课题和项目框架，达成共识；

(4)根据客户需要提出项目建议书;

(5)在客户反馈的基础上对项目建议书进行完善;

(6)双方认可项目建议书,签订项目合同。

2. 项目启动

(1)确定项目管理的组织机构,建立项目小组,确定项目负责人;

(2)制订详细的项目实施计划(项目总体目标、分阶段目标、时间进度、人员要求和项目支援事宜);

(3)与客户建立联合项目工作小组,明确小组成员的职责分工,拟订相应的工作计划。

3. 调研分析

(1)深入交流,了解在业务运作中存在的问题;

(2)根据需要进行问卷调查;

(3)重点访谈,索取关键的信息资料;

(4)深入现场听取现场人员的意见要求和设想;

(5)分析整理上述调查资料,进行问题初步诊断;

(6)提交诊断报告。

4. 方案设计

(1)在同客户就主要问题达成共识的基础上进行方案设计;

(2)分别就各主题模块与相应的业务职能部门进行沟通;

(3)举办专题研讨会提交最终的方案报告,举行报告发布会,并对报告内容进行答疑解释;

(4)拟订方案的实施计划。

5. 实施支持

(1)向客户提供方案的实施培训;

(2)根据方案实施状况对实施计划做局部调整和细化;

(3)帮助客户解决实施中的难点问题;

(4)实施过程监控和支持,确保实施效果工作方法;

(5)服务效果:通过德根公司提供的专业咨询服务,我们的客户品牌竞争力和品牌资产可以得到提升和增值。

10.2 关系品牌

关系品牌开发是一个实现使消费者感到与品牌有一种关系或个人联系目的的战略方法。通过对比,客户关系管理在很大程度上是关系品牌开发的一个操作性方法。企业可以通过划分顾客亚群体的过程把客户关系管理和关系品牌开发两者有机地结合起来。

10.2.1 关系品牌

关系品牌开发一般可以从大众定制化和市场顾客群体两个方面来进行定义。关系品牌是专为某个小群体的消费者定制的一种服务。经市场验证，该说法具有一定正确性，并且关系品牌开发的需求越来越多。在许多方面，对大众定制化和目标顾客小群体（或者甚至一个顾客小群体中的一部分）的描述，即使使用任何描述语言，这种描述有时也显得过于简单、苍白。为了发挥关系品牌开发的真正潜力，我们对关系品牌开发的方法进行深入思考是非常必要的。

（1）把关系品牌开发这一简单概念作为对大众定制化的描述所产生的问题是，几乎所有的品牌概念或者思想至少在某种程度上都是基于大众需求的，它们依靠的全部都是大众群体共享体验的内在需求。这种情况的一个例子是品牌化的食品，例如，流行于我国的真功夫餐饮。人们需要这种食品的部分原因是专家说"蒸的食品最有营养"。最近在养生大军中，这些养生的人就像是加入一个俱乐部一样，变成了社会团体的一部分。共同的消费需求是怎样把消费者组成一个团体的，这是我们"下一步需要考虑的事情"。品牌真正的内在思想是它对大众的吸引力。品牌一旦失去这种对大众的吸引力，它就不再是这种"食品"而变成另外一种"食品"了。但是，大多数品牌对大众的吸引力并非像这个食品例子那样显而易见。我们可以考虑一个品牌的例子如加多宝。加多宝这一品牌具有吸引力的部分原因是它已经完全被大多数消费者所熟知、了解和接受，消费者由于对加多宝的积极体验而分享了加多宝品牌共同的东西。

因此，在某种程度上，即使不是全部的品牌，绝大多数品牌从本质上来说都是大众化品牌，它们对消费者的吸引力部分是由于它们对消费者的共同吸引力。这就意味着，围绕着品牌定制化的一些活动是有意义的，但是，在进行品牌定制化时必须要小心，以免削弱品牌外在或者内在的大众吸引力。迈阿密饮食可以为不同的顾客提供不同的膳食，但该品牌的真正吸引力并不在于它的定制化，而在于消费者拥有的这一品牌的知识，因为这些消费者恰好就是众多吃过这种减肥食品的人群中的一部分。

（2）关系品牌开发如果不仅仅是对顾客群体的定制化问题，其包含更深的含义，主要观点如下：一个关系品牌应该具有一个共享的大众吸引力，消费者可以用一个更加人性化的或特殊的方法体验出该关系品牌的这种大众吸引力。在真功夫食品的例子中，该品牌对一部分吃过这种食品或者对这种食品感兴趣的顾客有着一个非常明确的养生思想或概念。但是，如果进一步考虑和分析这些消费者，我们就会发现这些消费者可以分成两个亚群体：一个亚群体大部分由女性所组成，她们一直都在吃这种食品并希望把这种食品作为她们的全部膳食；另一个亚群体大部分由白领工薪阶层所组成，他们希望在工作周期间的早餐和午餐都吃这种食品。如果市场人员能够找到一种方法使这些亚群体中的每个人都可以用自己的方式来体验这一品牌，那么，这一品牌就变成了一个关系品牌。市场人员要找到这种方法并不难，可能这种方法就像提供给第一个亚群体一个套餐一样简单，因为她们在工作日计划对所有的膳食和其他套餐服务只花费少量的费用。这两个消费者亚群体分享了该品牌的共同思想，而这种共同思想恰好是该品牌吸引力的一部分。这两个亚群体的人都购买这种食品，但他们也会用自己的方式尝试其他品牌的食品。

为了详细说明关系品牌开发这一概念，我们可以把品牌当作一个人来看待。假如我们两个人都认识玛丽，现在，玛丽就是玛丽，但是我们每个人都与玛丽有着不同的关系，因为我们都与玛丽有着自己的交往经历。这里，与玛丽有关系就把我们两个人联系在了一起。我们可以用同样的方式来思考关系品牌开发。如果我们按照同样的方式来看待关系品牌开发，那么关系品牌开发的关键在于我们是否允许消费者中的亚群体可以用更加个性化的方式来体验这一品牌。这样，可能会直接导致如何对每个消费者亚群体使用不同的接触点来创造他们的不同品牌体验问题，因而关系品牌开发与客户关系管理密切相关。到目前为止，关系品牌开发作为一个过程是一个非常好的思想。在顾客亚群体层次上，在使用客户关系管理的操作性结构来设计品牌关联的过程中，应该确定使用品牌的目标顾客亚群体。需要记住的是，顾客亚群体与顾客群体两者之间存在着很大的不同。品牌应该始终以顾客群体为目标，而划分顾客亚群体则是为了关系品牌开发这一目的，即把一个顾客群体划分成更小群体的过程。

10.2.2 关系品牌的开发过程

基于顾客亚群体层次，在使用客户关系管理的操作性结构设计品牌关联的过程中，确定和使用顾客亚群体的一般过程是：设计和绘制顾客亚群体剖面图、为每个顾客亚群体设定测量目标、设计和执行所建立的品牌关联、评价结果。

1. 设计和绘制顾客亚群体剖面图

划分顾客亚群体过程，首先是把公司的消费者或者顾客分成若干亚群体，然后再对这些亚群体进行剖析。划分顾客亚群体的方法主要有两种：第一种方法是使用新颖性、次数和货币价值等变量来划分顾客亚群体。

（1）新颖性。新颖性指的是消费者从最近购物开始到现在为止的时间长度。新颖性通常是一个重要的变量，因为它表明一个顾客是否已经流失。例如，在一个定期航线上有关飞行频率记录的数据库中，两年内没有在这条航线上飞行过的顾客一般被认为是无效顾客，但这些无效顾客比那些频繁飞行的人需要更多不同的关联。对于这条定期航线来说，人们也许会问，为什么这些顾客会变成无效顾客呢？为什么无论使用什么样的特殊关联都不能使这些无效顾客变成有效顾客呢？一个原因可能是与最近的飞行者没有什么关联。

（2）次数。次数表示的是顾客过去购买品牌产品的次数。次数是一个对顾客行为忠诚度的自然测量。通常来说，至少按照顾客的购买行为，一个顾客从一家公司购买的商品越多，这个顾客对这家公司就越忠诚（另一方面，态度忠诚指的是顾客对公司是如何感受的，通常它与以购买次数为基础的行为忠诚有着显著的区别）。一个第一次购买某家公司商品的顾客通常比一个经常购买该公司商品的顾客要求更多不同的关联。一些宾馆的顾客忠诚度项目的做法是，送给新顾客一个欢迎光顾的组合关联，而这种关联明显与经常光顾该宾馆的顾客没有什么关联。

（3）货币价值。货币价值即一个顾客过去在该公司所消费的货币总数。货币价值也是一个非常重要的变量，因为货币价值通常是最好（最有效）地预测顾客未来消费的指标。新颖性和次数是预测顾客未来对公司是否有价值的非常好的衡量指标，而货币价值则可以预测如果顾客对公司是有价值的，他们未来会在公司消费多少。航空公司和宾馆通常都会给予高端顾客（即那些在最近时期花费金钱数额较大或者花费次数较多的顾客）比普通顾客更高贵的安排。超级市场连锁店已经开始尝试对一些顾客给予"销售点数"。

第二种方法是根据社会人口统计学变量，如年龄、婚姻状况、是否有孩子、受教育水平、收入等来定义顾客亚群体，以及心理学和地理等变量，另外还包括顾客反应所涉及的相关变量。这种方法通常相对容易。根据社会人口统计学信息或者公司人口学信息划分顾客亚群体很容易实施，因为这种方法对数据分析的要求最少（与要求分析消费者过去购买类型的巨大工作量相比较），而且把顾客划分成不同的顾客亚群体的商业规则也容易进行定义。例如，如果一个顾客有一个或者更多年幼的孩子生活在一个家庭里，而且其年龄在20~35岁之间，那么该顾客就是"年轻家庭"这个亚群体中的一员；如果顾客的年龄超过65岁，也没有年幼的孩子，那么该顾客就是"年长家庭"这个亚群体中的一员；那些单身且年龄在20~30岁之间的顾客构成了"年轻单身"的顾客亚群体。公司可以利用顾客反应的分支变量划分出多种可以涵盖整个公司数据库的顾客亚群体。

2. 为每个顾客亚群体设定测量目标

根据一个顾客过去所购买商品的类型也可以定义顾客亚群体。在划分顾客亚群体时，使用传统的市场研究方法也可以确定。通常使用的方法是设计评价消费者对某个特殊商品的兴趣量表，即超级市场所使用过的一种方法。例如量表评价的是一个顾客是否经常购买新型食品，如超纯度橄榄油或者含咖喱的食品，总而言之，对顾客亚群体的有效划分创造了许多独特的吸引特定顾客亚群体的关联。因此，清楚地界定顾客亚群体和制定针对这些顾客的公司目标是非常重要的。

3. 设计和执行所建立的品牌关联

在目标建立以后，下一步就是发展实现这些目标的关联。一个关联是消费者与品牌之间进行的所有交互作用，包括传统的市场营销传播等方式。除此之外，关联还包括许多其他的活动。与一个品牌相联系并能够表达顾客品牌体验的任何事情都是一个潜在的关联。下面我们以一个旅游度假宾馆为例进行举例说明。假如在某城市的机场聚集了许多游客，某个宾馆的班车把这些游客带回了宾馆。这样，宾馆班车就与游客产生了一个关联。在办理入住手续时，在服务台里的服务员会与游客产生另一个关联。这个服务人员的行为与服装打扮传达出该宾馆的某些信息。此外，宾馆房间的装饰格调、宾馆的餐厅和其他设施甚至看门人员都是关联。所有这些关联的积累最终在消费者的头脑中形成了对该宾馆的体验。所有这些关联可以针对不同的顾客亚群体而进行不同的设计。

4. 评价结果

一个以客户关系管理为基础的关联其优点之一是它可以对结果进行测量和评价。假设我们想确定给一个测试者亚群体发送一封带有特殊封面信的有效性如何。我们首先把测试者分为两个亚群体，一个亚群体收到这封特殊的信，而另一个亚群体却只收到一封普通的信（控制组），这样，我们就可以测量与所划分的测试者亚群体关联的结果。这两种亚群体在反应率、反馈的数量等方面的差异反映了这种关联的有效性如何。然后，我们可以根据制作这种特殊信件的花费来评价成本的有效性。

一旦评价完毕，这一个完整的四步骤关联过程应该被看作一个不断循环往复的过程。在评价完一个关联的结果后，公司可以回到前面的任何一个步骤上。例如，一些关联对一些顾客亚群体比对另外一些顾客亚群体可能更有效，因而重新设计那些对某一顾客亚群体较差的关联是非常必要的（第三步）。一旦公司发现一些关联非常有效，就应该探索是否可以通过进一步改善延伸到另外的亚群体的可能性（第一步）。也许这些关联会使另外的顾客亚群体产生额外的费用，但是，它们可以使这些顾客产生更个性化的相关体验，因而它们对于公司来说是非常有价值的。

品牌策划评价网络如图 10-3 所示。

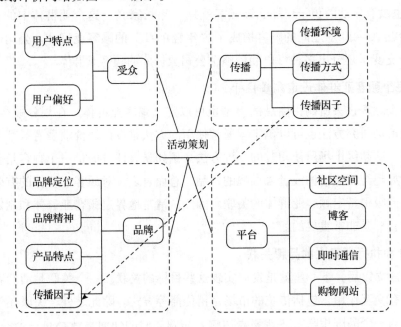

图 10-3 品牌策划评价网络

10.2.3 品牌关系

在产品广告中经常会用到品牌关系这个词汇，而在广告中，品牌关系主要关注的是"问题"，在这里，通过解决问题，广告成为品牌与消费者沟通的方式之一。因此在营销传播所有领域，品牌关系都有一个广阔的应用范围。

第一个也是最明显的延伸就是直销或关系营销，它对消费者的营销目标就是"一次一个人"。与消费者的理想关系的清晰表达能为品牌提供指导，指导它在与消费者的各种各样的交易中都采取"恰当的"行为。同样，通过包装、促销和公共关系来表达的品牌态度和行为，都应该与它们的关系一致。

就更深层次而言，当公司品牌开始成为品牌树上越来越重要的一个特征时，品牌态度和行为的传播方式将回归消费者本身。一个公司品牌的员工代表的既是传播品牌态度的一种传播方式，也是完整品牌的一部分。因此，轮子转的将是一整圈；开始时作为人与人之间关系的一种类比也将回到它的源头。

如果我们让医生代表品牌，那么患者对医生的态度就代表患者对医生"品牌个性"的认知。他有高超的技术，有同情心，并且风趣——听起来像是我们所有人都希望有的一个医生，同时我们也预期患者将喜欢这个医生。然而，当我们揭露出患者认为医生是如何看待他——一个令人厌烦的忧郁症患者，至关重要的这一点信息时，我们对关系本质的理解就完全改变了。在关系里，医生对患者态度的感知至少和患者对医生态度的感知一样重要。

这就是一维品牌形象与品牌关系之间的区别。同时，我们必须找到的是消费者脑海里的两个独立的集合：品牌作为态度的对象和主观的有一组"自己"态度的品牌。这意味着，在设计和策划我们的品牌时，我们必须超越传统的品牌偏见，这种偏见就是只注重"客观的"品牌形象传达。

品牌的态度是什么样决定了品牌的性质，下面是某一品牌的忠诚烟民对品牌态度的感知具有代表性的描述：

"你必须不断地努力提高自己，如果你想成为最好的你就只能买最好的。"

"你需要我的帮助来让你看起来成功。"

"我知道你认为我是一个性情古怪的人，但你仍旧非常妒忌我。"

对这些用户来讲，这个品牌依然是毫无芥蒂地吸引着他们。他们使用这个品牌并不是作为一个时尚的标签，而作为他们个人成功和取得成就的符号。在那些非使用者中，反应是完全不同的，这个品牌对他们说：

"我完全不属于你们的阶级。"

"你是谁？我认识你吗？"

"你不适合我。"

因此，尽管同使用者一样认知到同样高端的品牌个性，但是非使用者感知到的个性与他们发生的关系却大不相同。即便他们仰慕品牌中那些高质量的东西，但很清楚的是，他们发现品牌对他们来说是完全不可接近的。他们拒绝这个品牌是因为他们感觉被品牌拒绝了。因此，类似地，理解品牌与消费者间的关系需要对两个东西进行观察和分析。首先，我们需要考虑消费者对品牌的态度和行为等的传统内容。其次，我们也必须考虑品牌对消费者的态度和行为。

10.3 品牌渠道营销

品牌渠道营销因企业品牌推广过程中涉及与中间商的关系而受到重视。品牌渠道营销是指企业通过利用消费者的品牌需求，创造品牌价值，最终形成品牌效益的营销策略和过程。它是通过市场营销运用各种营销策略使目标客户形成对企业品牌和产品、服务的认知过程。品牌营销从高层次上就是把企业的形象、知名度、良好的信誉等展示给消费者或者顾客，从而在顾客和消费者的心目中形成对企业的产品或者服务品牌形象，这就是品牌营销。品牌营销说得简单些就是把企业的品牌深刻地映入消费者的心中。

品牌渠道营销的前提是产品要有质量上的保证，这样才能得到消费者、零售商的认可。品牌形象是建立在有形产品和无形服务基础上的，有形是指产品的新颖包装、独特设计以及富有象征吸引力的名称等，而服务是在销售过程中或售后服务中给顾客、零售商满意的感觉，让他体验到做真正"上帝"的幸福感。让顾客始终觉得选择买这种产品的决策是对的，买得开心，用得放心，让零售商觉得经销你的商品可以获得稳定的利润回报。纵观行情，以现在的技术手段推广来看，目前市场上的产品质量其实差不多；从消费者的立场看，他们看重的往往是商家所能提供的服务多寡和效果如何；从长期竞争来看，建立品牌关系营销是企业长期发展的必要途径。对企业而言，既要满足自己的利益，也要顾及顾客的满意度。

10.3.1 品牌渠道营销的四个策略

与传统营销渠道一样，以互联网作为支撑的网络营销渠道不仅具备传统营销渠道的功能，同时也按照互联网营销的规律，实施有效的品牌渠道营销，涉及信息沟通、资金转移和事物转移。品牌渠道营销的策略包括四个：品牌个性、品牌传播、品牌销售、品牌管理。

（1）品牌个性：包括品牌命名、包装设计、产品价格、品牌概念、品牌代言人、形象风格、品牌适用对象等。

（2）品牌传播：包括广告风格、传播对象、媒体策略、广告活动、公关活动、口碑形象、终端展示等。在传播上，品牌管理与整合营销传播所不同的是，品牌管理的媒体可以是单一媒体，也可以是几种媒体组合，完全根据市场需要决定。

（3）品牌销售：包括通路策略、人员推销、店员促销、网上促销、广告促销、事件行销、优惠酬宾等。

（4）品牌管理：包括队伍建设、网上社区管理、营销制度、品牌维护、终端建设、士气激励、渠道管理、经销商管理等。

品牌渠道问题诊断图如图 10-4 所示。

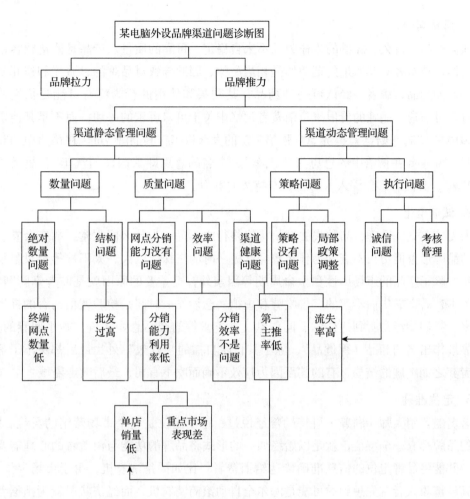

图 10-4　品牌渠道问题诊断图

10.3.2　品牌渠道营销的五个要素

如果说概念营销对于产品价值的提升总是徘徊在若有若无之中的话，那么品牌营销便是实实在在的表现了。在 InterBrand 推出的 2016 年"全球最具价值品牌榜单"中，苹果连续第四年处于榜首位置，而可口可乐也正是在 2013 年失去这一地位的。这充分说明了实施品牌营销能带来怎样的直接经济效益。现在的问题是人们的生活进入了一个信息化空间，对于大多数企业来说，产品的同质化和广告宣传的诸多限制，使得数不胜数、大同小异的所谓"品牌"信息频繁轰炸消费者。怎样才能让消费者在这泥沙俱下、纷繁杂乱的信息海洋中发现并看好自己的品牌，确实是摆在每个企业面前的重要课题。

从一般意义上讲，产品竞争要经历产量竞争、质量竞争、价格竞争、服务竞争到品牌竞争，前四个方面的竞争其实就是品牌营销的前期过程，当然也是品牌竞争的基础。从这一角度出发，要做好品牌营销，以下五方面不可等闲视之。

1. 质量第一

任何产品，持久、旺盛的生命力无不来自稳定、可靠的质量。产品是能给顾客带来价值的实体，消费者对其质量的期望值是相当高的，因此导致对品牌的忠诚度和遗弃率也相当高。比如药品，患者一经认可一种药品，其购买和使用的行为将有可能是长期的，比如，可口可乐这一品牌的价值来自消费者记忆中关于可口可乐的一切，而不是其他别的东西。2016 年位居《财富》世界 500 强第 7 位的大众汽车，其品牌 Volks 在德语中的意思为"国民"，Wagen 在德语中的意思为"汽车"，全名的意思即"国民的汽车"，故又常简称为"VW"，其品牌形象深入人心，具有持久的魅力。

2. 诚信至上

人无信不立，同理，品牌失去诚信，终将行之不远。为什么同仁堂、胡庆余堂、九芝堂等的品牌形象能历久不衰？为什么曾经红极一时的三株、巨人、太阳神等都只各领风骚三五年？除了产品的市场属性和生命周期等因素外，更重要的原因就是前者靠脚踏实地、诚信为本，后者靠华而不实的广告吹嘘和虚拟概念炒作。时间是检验诚信与否的标尺。长期以来，我们能经常听到达仁堂、同仁堂、九芝堂等的产品悬壶济世、妙手回春的美谈，而对靠炒作出名的药品（保健品），除了其自吹自擂的"疗效"外，最后都免不了落个被消费者弃之如敝屣的结局，有的甚至因为疗效不确而吃下官司，最后败走麦城。

3. 定位准确

著名的营销大师菲利普·科特勒曾经说过：市场定位是整个市场营销的灵魂。的确，成功的品牌都有一个特征，就是以始终如一的形式将品牌的功能与消费者的心理需要联结起来，并能将品牌定位的信息准确传达给消费者。比如同是洗衣机，由于市场定位不同，有较高经济收入者首先想到的可能是海尔全自动滚筒洗衣机，而经济状况较为拮据者则首先可能会想到金帅波轮洗衣机；同样，一个真正关爱妻子，并力求一点浪漫氛围的富有中年男士，在首饰服装之外一般是不会忘记买上几盒太太口服液的。这就是这些品牌一以贯之的定位和准确、贴切、适当的诉求表达的效应。

市场定位并不是对产品本身采取什么行动，而是针对现有产品的创造性思维活动，是对潜在消费者的心理采取行动。因此，提炼对目标人群最有吸引力的优势竞争点，并通过一定的手段传达给消费者，然后转化为消费者的心理认识，是品牌营销的一个关键环节。

4. 个性鲜明

一个真正的品牌产品，绝不会高低通吃、人人皆宜、价值绝对。就像吉普车适于越野、轿车适于坦途、赛车适于运动比赛一样，对于品牌的功效诉求和目标靶向，一定要在充分体现独特个性的基础上力求单一和准确。单一可以赢得目标群体较为稳定的忠诚度和专一偏爱；准确能提升诚信指数，成为品牌营销的着力支点。

我们经常看到的"更稳定""多功能""高品质""价格平"等广告诉求语言，根本谈不上是有个性的语言，自然就不可能准确地描述电脑品牌的个性。而像"不到长城非好汉？不去长城准遗憾""它能帮你处理最棘手的难题""轻、薄、强劲，纤毫之间，隐藏澎湃威力"等个性十足、鲜明独特的诉求，就较容易得到消费者的认同，品牌形象也伴随着这些朗朗上口的广告语而迅速建立。

消费者选择汽车经销商原因的重要性比较如图10-5所示。

5. 巧妙传播

有整合营销传播先驱之称的舒尔茨说：在同质化的市场竞争中，唯有传播能够创造出差异化的品牌竞争优势。医药产品与其他产品相比，同质化现象尤为突出。在20世纪80年代，简单的广告传播便足以树起一个品牌；到90年代，铺天盖地的广告投入也可以撑起一个品牌；时至21世纪，品牌的创立就远没有那么简单了，除了需前述四个方面作为坚实基础外，独特的产品设计、优秀的广告创意、合理的表现形式、恰当的

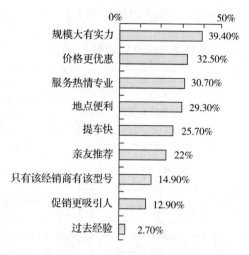

图10-5　消费者选择汽车经销商原因的重要性比较

传播媒体、最佳的投入时机、完美的促销组合等诸多方面都是密不可分的。同时，医药产品的市场传播还必须考虑其持续性和全面性。

为什么像巨人、秦池那样的企业尽管极尽传播之能事但最终却竹篮打水一场空？主要原因就是产品或者创意是虚弱的，无法支持其传播的持续性。为什么不少中小企业的一些产品确实不错却难以打动更多的消费者？主要原因就是营销策划缺乏周密的整合思路，自然也就无法全面收到市场传播的效果。品牌有不同的层次，在品牌到达消费者的过程中，任何一个环节出问题都将影响品牌价值的实现，渠道中的经销商就是很重要的一环。如果不能取得经销商的认同，品牌价值是不可能实现的，而如果取得他们的认同，即便品牌缺乏消费者的认同，品牌价值也能在一定程度上实现。这种认同可以理解为"客户品牌"。

经销商客户对某个品牌的认可，将决定着该品牌在通路中的影响力，在国内的批发市场中，不乏众多经销商认可的品牌，市场覆盖率也较高，可惜的是没有将这份认同感转化为品牌的价值。没有建立客户忠诚度的品牌，即便是拥有消费者忠诚度，也处于一种危险的状态。例如某品牌食品尽管消费者忠诚度很高，但是没有处理好与经销商的关系，渠道中充满了抱怨，从而受到了中低档品牌的攻击，丢失了客户；又如某洗发水生产商实施零售商基金计划后，引起了中间商的反感，纷纷将货架空间转给竞争品牌，削弱了该企业的竞争力。

品牌不仅是企业、产品、服务的标识，更是一种反映企业综合实力和经营水平的无形资产，在商战中具有举足轻重的地位和作用。对于一个企业而言，唯有运用品牌、操作品牌，才能赢得市场。加入WTO后，国外跨国公司与知名品牌大举进入我国市场，我国企业和产品与世界知名品牌的企业和产品在同一市场角逐，产品的竞争实际已过渡到品牌的

竞争。因此，积极开展品牌营销，对于我国企业是当务之急。

10.3.3 渠道规划的原则

渠道规划的原则如图 10-6 所示。

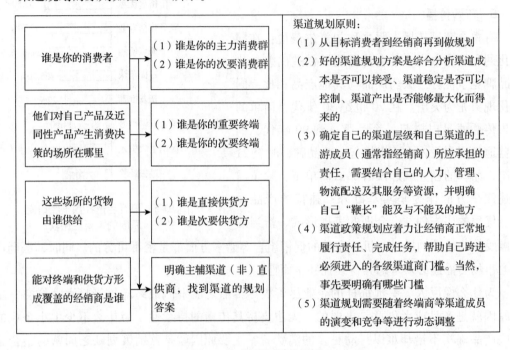

图 10-6 渠道规划的原则

10.3.4 品牌渠道管理的误区

品牌渠道管理的九大误区是：

（1）认为降低销售重心就是一定要自建销售网络。其不良表现是：专业化程度不高，效率低下；摊子太大反应缓慢；管理成本较高；人员开支、行政费用、广告费用、推广费用、仓储配送费用巨大。

（2）中间商数量越多越好。其结果是：市场狭小，易发生冲突；渠道政策难以统一；服务标准难以规范。

（3）渠道越长越好。其表现是：管理难度加大；延长了到达消费者的时间；环节过多，增加了产品的损耗；企业难以有效掌握终端市场供求关系；企业利润被分流。

（4）网络覆盖面越广越好。企业有无足够的资源和能力去关注每个区域的运作？是自建网络还是借助中间商网络？渠道管理水平能否跟上？如何应对竞争对手对薄弱环节的重点进攻？

（5）经销商实力越强越好。实力大的经销商同时也会经营竞争品牌，并以此作为讨价还价的筹码。实力大的经销商不会花很大精力去销售一个小品牌。企业可能会失去对产品销售的控制权。

（6）选好经销商就万事大吉。中间商的选择，只是渠道建设的第一步。品牌畅销不仅与中间商的经销力有关，还需要其他因素的配合。"无利不起早"是个别经销商的行事准则，厂家要监控渠道运作。对于缺乏积极性的经销商要经常引导。对经销商开展技术指导和售后服务是绝对必要的。

（7）根除渠道冲突。渠道冲突有恶性与良性之分，应予以区分。良性冲突可以成为改善渠道运作效率的催化剂。冲突永远根除不了，只能采取积极的态度去转化或化解。

（8）给中间商让利越多越好。品牌力不强，让利再多也无济于事。让利太多会助长经销商的依赖心理，而且让利不是经销商经营品牌的唯一因素。

（9）渠道建好后可以使用的时间。影响品牌发展的因素众多，如技术、产品、竞争结构、行业发展、经销商能力、消费者行为等，渠道建成后，仍要根据市场的发展状况不断加以调整。

10.3.5　品牌的渠道分销体系设计

最新的4C理念主张用"便利"来取代"渠道"，核心思想是让消费者可以在最方便的地点购买品牌商品，因此品牌的渠道选择应是这样一个流程：消费者──→零售商──→批发商──→经销商，最关键的是要根据品牌的目标消费群体的需求来选择渠道通路，否则在策略上就是错误的。

（1）分销体系的长度。根据纵向渠道中间商的数量，将分销体系设计为长渠道和短渠道。①长渠道。优点：市场覆盖面广，企业可以将中间商的优势转化为自己的优势，减轻企业费用的压力，一般比较适合快速流通消费品采用。缺点：企业对渠道的控制程度较低，增加了服务水平的差异性，加大了对中间商进行协调的工作量。②短渠道。优点：企业对渠道的控制程度较高，专用品、时尚品及顾客密度大的市场区域较为适宜采用。缺点：企业要承担大部分或全部渠道的功能，必须具备足够的资源，市场覆盖面较窄。

（2）分销体系的宽度。根据渠道同一层级中的中间商数量、竞争程度及市场覆盖密度，将分销体系设计为宽渠道与窄渠道。①宽渠道：同层级中的中间商数量多，竞争程度较剧烈，市场覆盖密度高。②窄渠道：同层级中的中间商数量少，竞争程度较弱，市场覆盖密度低。

（3）分销体系的形式。根据渠道宽度，将分销体系的形式设计为三种：独家性分销、密集性分销和选择性分销。①独家性分销：在既定市场区域内每一渠道层次只有一个中间商经营品牌。优点：市场竞争程度低，企业与经销商关系较密切，适宜于专用品牌分销。缺点：经销商缺乏竞争激励，不一定能达到市场覆盖的要求，同时经销商对企业的反控制力较强。②密集性分销：在同级市场中符合企业最低要求的中间商都可以经营品牌。优点：市场覆盖率高，适宜于日用消费品采用。缺点：中间商之间容易发生冲突而导致市场混乱，企业的渠道管理成本较高。③选择性分销：同级市场中企业只选择少数几家中间商经营品牌。优点：主动权掌握在企业手中，可根据市场变化和经销商的表现做出选择。缺点：部分经销商之间仍然会发生冲突。

10.4 品牌渠道管理策略

企业以品牌作为战略结盟的纽带。如何通过品牌资源共享，建立长期的战略合作关系，是企业关注的重点。

10.4.1 品牌一体化策略

品牌一体化策略包括以下策略。

（1）共生型品牌一体化。两家或两家以上的公司通过某种形式的协作，共同开发新的市场机会而形成的渠道关系，目的是通过联合发挥资源的协同作用来规避风险并获得品牌利益。

（2）管理型品牌一体化。企业与经销商之间不是单纯的买卖交易关系，而是要承担起共同发展的责任和义务，其中的关键是企业要利用品牌来整合双方的利益，例如评选优秀经销商、设立品牌联销体、为经销商提供培训等附加价值。

（3）公司型品牌一体化。企业与中间商合作设立销售分公司、建立分支机构或兼并商业机构，采用工商一体化的战略而形成销售网络，掌控销售的各个环节，使市场交易内部化，减少流通费用。

（4）契约型品牌一体化。以批发商为核心的自愿连锁销售网络，批发商将独立的零售商组织起来，统一为他们提供各种货物和销售支持，如统一采购、库存管理、配送货等。

（5）特许型品牌一体化。特许经营销售网络是指由生产商组织的零售商特许专营网络，由生产商组织的批发商特许专营网络，由服务型企业倡办的特许专营网络。

渠道规划设计的九项目标如图10-7所示。

10.4.2 品牌渠道管理面临的挑战

传统的分销渠道通常是以下的模式：厂家——分销商——下级分销商——用户。但是近年来由于许多新的营销模式的出现，其中戴尔公司的直销模式所取得的辉煌成就令人耳目一新，而网络营销做得网络品牌推广方式几乎颠覆一切传统品牌渠道管理方式，对传统渠道构成了严峻的挑战，渠道扁平化，尽可能地拉近与用户的距离，受到越来越多企业的瞩目。在中国，一段时间里经济基础薄弱，市场服务手段单一，人们的思想意识还比较保守，因此采用直销的方式对国内企业来说尚不现实。但是，分销渠道扁平化，缩短供应链，降低成本，获取本已不丰厚的利润应是今后企业的共同追求。目前市场上的诸多因素使得传统的渠道面临严峻的挑战。

1.顺畅	2.增大流量	3.便利	4.开拓市场	5.提高市场占有率	6.扩大品牌知名度	7.经济性	8.市场覆盖面积及密度	9.控制渠道
最基本的功能，直销或短渠道较为适宜	追求铺货率，广泛布局，多路并进	应最大限度地贴近消费者，广泛布点，灵活经营	一般较多地倚重经销商、代理商，待站稳脚跟之后，再组建自己的网络	渠道保养至关重要	实际上就是争取和维系客户对品牌的信任度与忠诚度	要考虑渠道的建设成本、维系成本、替代成本及收益	多家分销和密集分销	厂家应扎扎实实地培植自身能力，以管理、资金、经验、品牌或所有权来掌握渠道主动权

图 10-7　渠道规划设计的九项目标

1. 产品多样化

为抵御分销单一产品所面临的巨大市场风险，分销商一般都经营多种产品，以求保证收益的稳定性。但是多样化的产品势必会分散分销商的精力，而终端市场的开拓在很大程度上还必须依赖分销商人力、财力、物力的投入；分销产品的种类多，单一产品投入就少；投入少，销量就会萎缩，厂家的市场地位就会动摇。

2. "搬箱子"与客户需求满足之间的差异

所谓"搬箱子"是对当前分销商业务的形象写照，即分销商从企业搬回"箱子"——产品，然后通过销售把"箱子"转移给用户，这是简单的销售。随着人们消费心理的日益成熟，人们对产品本身以外的非产品部分的要求会越来越高，对产品的售后服务、产品的个性化和时尚化的需求越来越强烈，而分销商还停留在以往"搬箱子"的水平上，他们所能提供的服务与顾客所想得到的服务之间就存在巨大的缺口。

3. 产品微利和企业回报的降低

高利润行业会吸引行业外厂家进入并最终使行业利润率下降，达到社会平均利润水平，因而成熟的市场是微利的市场，过多的销售环节会摊薄利润，使企业的收益降低。

10.4.3　品牌渠道对分销商的冲击

分销代理制在 20 世纪 90 年代前中期风行全国，国外产品进入中国市场也采用该模式，寻找国内的销售渠道代理产品销售。跨国公司并非不想在中国建立一套自己的销售网络体系，按照自己的理念为客户提供优质服务，而是地域广阔的中国使外企无法在短时间内建立一个完善的营销服务体系。但是，随着市场成熟度的提高、销售利润的降低，仅仅通过增加分销商数量、提高销售额已不能使得厂商共荣,过高的销售成本已冲减了增加的利润。冗长的销售渠道使信息传递速度放慢,市场反馈迟钝,低级分销商无法跟上企业的步伐,无法及时、准确地了解产品的各种信息,不能配合企业全国范围的促销活动,而企业也无法快速地对市场变化做出反应。实行渠道扁平化对分销商的最大冲击就是,那些管理水平低、市场开拓能力差、人员职业素质低、信息收集和反应速度慢的分销商势必会被逐出市场。这样一方面脱颖而出的分销商和企业可以从削减渠道结构、减少销售环节、降低销售费用中得到更多的利润分享;另一方面企业也可从及时反馈的市场信息中确定下一步营销策略。

卖方市场向买方市场的转变使顾客拥有了自主权,顾客的目标成为企业交易的价值所在,因而现代营销的核心也已经由对产品功能的诉求转变为对顾客价值的诉求。渠道扁平化作为一种销售模式,简化了销售过程,缩减了销售成本,使企业有较大的利润空间。但扁平化并不是简单地减少哪一个销售环节,而是要对原有的供应链进行优化,剔除供应链中没有增值的环节,使供应链向价值链转变。

供应链管理最优化将是未来厂商、分销商、电子商务营运商经营成功的关键之一。那么,如何优化供应链呢?这就要做到营销网、物流网、信息网、客户服务网、互联网五网合一,借助互联网,把产品销售、物流控制、信息沟通、客户管理及意见反馈有机结合起来,使传统分销模式向电子分销模式转化,利用电子商务来解决传统渠道在操作中由于主观或客观的原因所造成的低效率运作,以求以最短的供应链、最快的反应链、最低的成本来进行运作。具体来说,企业应从以下几个方面着手。

(1) 供应链上的每个节点(环节)均存在服务需求,通过对该环节的服务,实现产品的增值。同时,剔除没有服务需求、不能实现增值的环节。

(2) 公司业务部门是公司对外经营的供应链节点,要按供应链来组织,应不断完善并提升自己在供应链中的位置;职能部门是业务部门作为供应链节点所承担服务的实施者,要按服务链来组织,必须具备服务意识。同时,职能部门内部也应按服务链来组织;业务与职能部门要相互协调、统一。

(3) 厂家要引导分销商,使之主动地开拓市场。如 IBM(中国)公司增值渠道总经理吴伟明所言,要把增值清楚地引导到市场上。要使分销商切实发挥自身优势,依据其对所在区域市场及客户的了解,挖掘利润增长点。

(4) 实施电子商务化,提高信息收集和沟通手段的先进程度。建立信息中心,形成一套较为完善的信息收集、反馈、整理和处理运作体系,及时为公司决策层的决策和业务部门制定营销策略提供依据。渠道重心下移,缩减渠道环节,如在二三类城市直接设立分销商,使分销渠道由厂家──→一级分销商──→二级分销商──→用户转变为厂家──→分销商──→用户。有步骤、分阶段地推进电子化进程,在企业内实行传统分销系统和电子分销系统并行的运作方法,并不断强化电子分销,在时机成熟时全面替代传统分销。未来区块链的去中心、去中介的云推广模式,可能会对当下的品牌渠道又来一次革命。

本章小结

1. 品牌关系管理是指企业的一种活动或努力，通过这种活动或努力，建立、维持以及增强品牌与其顾客之间、品牌与零售商之间的关系，并且通过互动的、个性化的、长期的、以增加价值为目的的接触、交流与沟通，以及对承诺的履行，来持续地增强这种关系。
2. 品牌关系管理的过程是指企业确定其使命，根据组织外部环境和内部条件设定企业的战略目标，为保证目标的正确落实和实现进度谋划，并依靠企业内部能力将这种谋划和决策付诸实施，以及在实施过程中进行控制的一个动态管理过程。
3. 品牌关系管理的基本策略：选择最有价值顾客、建立和管理顾客数据库、建立学习关系、认真对待最有价值顾客、重构企业的组织结构。
4. 关系品牌的开发过程：第一步，设计和绘制顾客亚群体剖面图；第二步，为每个顾客亚群体设定测量目标；第三步，设计和执行所建立的品牌关联；第四步，评价结果。
5. 品牌一体化策略：共生型品牌一体化、管理型品牌一体化、公司型品牌一体化、契约型品牌一体化、特许型品牌一体化。

自测题

1. 品牌关系管理的主要理论是什么？对品牌管理观念更新有何意义？
2. 什么是新的"顾客"关系？新的"顾客"应该延伸到哪些基本方面？
3. 品牌关系管理的基本策略是什么？其构成要素及相互之间的关系是怎样的？
4. 关系品牌开发的过程是什么？
5. 目前我国品牌渠道管理面临的挑战是什么？如何科学地处理好"零供"关系？

案例分析

品牌熟悉新的社会关系，利用社群进行营销

品牌对社群的需求

一是提升品牌影响力。对于品牌营销来说，在进行口碑传播、收集用户需求、提高用户忠诚度等方面，社群有其他渠道无法比拟的天然优势。运营出色的社群甚至通过社群销售产品，抑或让用户直接参与产品研发。二是建立用户对品牌的认同感，从而打造品牌"代言人"。三是将用户关注转变成实际购买，从而销售产品，最终达到服务用户及挖掘潜在用户的目的。通过社交媒体及朋友圈中的不断传播，打造优质内容。四是以品牌社群为样本，发掘产品的潜在竞争力，获取用户反馈。

用户对社群的需求

交友需求：结识高质量人群，拓展人脉。获取服务需求：获得与产品相关的后续服务，如售后等。学习需求：渴望学习和分享。心理需求：归属感、满足感。宣传的需求：打造个人品牌。

找准需求打造社群差异化定位

目前，社群朝着去中心化发展的同时一些内在细节也发生了变化，比如，用户从依赖热点话题，转向长尾分别式的细分和兴趣。兴趣是用户聚在一起的原因，也是成员间相互联结的基础。交流甚少的松散组织叫社区，用户之间实现一对一、一对多、多对多的交流才能称为社群。构成兴趣的要素同样有很多，大致可以分为以下几点：一是对某款产品或公司的冲动，比如米粉、果粉。二是拥有共同的行为习惯，如逛街、母婴、车友会、公益组织等。三是拥有相同的标签和社会属性，如产品经理、文案等。四是拥有相同的空间属性，如班级交流群、公司内部沟通群、部门交流群等。五是拥有相同的情感诉求，如喜怒哀乐都可以把一群人聚在一起，相互交流。上面提到的几大用户兴趣点，正是品牌社群在差异化定位角度的重要参考因素。

除此之外，数据也能提供更多参考信息，通过大数据对用户信息进行采样，精准匹配用户的偏好需求。小米社区是一个典型的产品兴趣社群，吸引具有相同兴趣爱好的用户参与到产品讨论与创造中来，营造有亲手制造产品的参与感。一句"为发烧而生"勾起用户的情怀，并且小米社区让每个米粉有了家的归属感。加上创始人雷军在微博上经常同粉丝进行互动，制造话题，提升用户活跃度和其对品牌的忠诚度，也能够不断吸引新用户加入其中。

资料来源：http://finance.ifeng.com/a/20180418/16128667_0.shtml?_zbs_007qu_news.

问题： 1. 小米的社群品牌关系营销的根本目的是什么？
2. 用户对社群的需求主要包括哪些内容？
3. 社群对品牌关系管理的作用如何？社群关系去中心化是如何表现的？
4. 大数据对社群品牌关系管理有何重要作用？

品牌影响力就是这么来的，联想与法拉利达成赞助合作关系

近期，关于联想手机的消息满天飞，2018年3月联想发布了旗下首款全面屏手机Lenovo S5，诸多黑科技瞬间就使它成为一款热销机型，并且这也是联想的第一款"区块链"手机，聚焦了多种用户场景，每次开售都很快就被抢购一空。日前，联想赞助法拉利车队的消息又铺天盖地地传开，不少网友纷纷猜测，法拉利车队将伴随着充满联想元素的新装备亮相2018赛季。我们都知道，在手机行业当中，跨界营销已经屡见不鲜，而且正在被更多的手机厂商所重视。

此次联想一来就是大动作，有消息称，联想与法拉利车队已经宣布达成赞助合作关系，并在不久之后将有大动作。相信对于很多喜欢联想和法拉利的消费者来说自然是非常值得期待的事。虽然目前还不知道联想拉上法拉利具体要做什么，总之是件大事，要不然常程也不会亲自发微博进行宣传预热。不过从此次联想与国际大品牌的跨界合作来看，最大受益的还是联想现有的产品，尤其是最近火热的K5手机。青春时尚的外观，配上主流的配置，让这款产品的性价比爆棚。2.5D的玻璃机身设计，5.7英寸18:9的全面屏，首先在视觉上就十分震撼，899元就能够享受流畅的全面屏体验。联想K5于2018年4月17日正式开售，它凭借目前联想品牌的热度，一经开售又是一波热销。品牌影响力就是这么来的！

中国品牌与奢侈品品牌站在同一个高度，不仅说明中国制作正在与国际化接轨，同时联想

与法拉利累积了几十年的品牌势能、产业链优势立刻就能开始发挥作用，爆发出惊人的战斗力，这也是联想手机向高端品牌发力的信号，或许会对现有手机市场品牌格局带来不小的影响，这股势能将会是非常强大的。

如今随着 F1 2018 赛季的开幕，F1 这一全球平台与法拉利品牌的结合，为进一步在世界舞台上发展联想品牌提供了绝佳的机会，同时此次赛季也将呈现给广大用户精彩的感官体验，让我们共同期待吧。

资料来源：http://www.cctime.com/html/2018-4-12/1373679.htm.

问题： 1. 联想与法拉利跨界品牌资源融合基于何种理念？
2. 中国品牌与奢侈品牌站在同一个高度对品牌资源整合有何意义？
3. 与国际大品牌的跨界合作最大的收益是什么？

第 11 章 CHAPTER 11

当代品牌管理实战

教学目标

企业的可持续发展是建立在不断创新的基础上的，品牌管理从初级到高级的发展过程就是不断输入新的元素、促进品牌管理思维不断更新的过程，通过本章的学习，学生能够灵活掌握品牌特许经营管理、品牌生态管理以及品牌战略管理等全新的管理理念思想及管理方式，同时借助最新研究成果——品牌管理模型，对企业品牌进行科学的行业流程细分和量化管理，为品牌的增值奠定基础。

学习任务

通过本章的学习，学生主要掌握和理解：
1. 当代品牌管理的主要理论成果及科学含义
2. 品牌特许经营的创新点以及主要内容
3. 品牌生态管理的应用价值及实施要点
4. 品牌战略管理的层次及其内容
5. 品牌盈利模型的基本内涵及其主要分类

案例导入

国颐堂一举成特许经营品牌典范

2017 年 12 月 14 日，由广东连锁经济协会主办、商务部流通业发展司、广东省商务厅、中国国际电子商务中心指导创办的第七届广东特许经营发展大会在广东佛山希尔顿酒店隆重举行。

本次大会以"连锁进化，链接未来"为主题，围绕连锁企业发展的"初创""优化""破局""嬗变"四个阶段所遇到的热点话题进行深入探讨交流，共同聚焦消费升级大背景下的特许经营发展。

国颐堂作为养发行业的特许经营标杆品牌，受邀出席了此次大会，由此揭开了国颐堂走上品牌发展快车道的序幕，开启更加美好的未来新篇章。

1. 国颐堂脱颖而出，一举成为特许经营品牌典范

广东是中国改革开放的发源地，也是一片商业沃土，特许经营在商业领域引进并繁荣发展诞生了一批又一批领先企业的典范与标杆力量，引领中国商业特许经营的发展潮流。

大会隆重揭晓通过企业推荐、专家评选、网络投票等多种方式严格竞选出的2017年度表现卓越的商业特许经营品牌，并授予荣誉牌匾，以激励具有卓越行业影响力的连锁品牌标杆，推动行业规范发展，树立起广东未来产业经济发展的一面鲜明旗帜。

国颐堂凭借多年来在养发连锁行业的卓越表现及显著成绩，从数千家公司评选中脱颖而出，成功荣膺"2017年度广东特许经营模式创新品牌"，再次印证了国颐堂的品牌影响力及行业领军力，为养发行业树立了品牌化、标准化、专业化、连锁化的特许经营品牌典范。

国颐堂作为唯一获此殊荣的养发品牌，不仅意味着政府、协会、业内对国颐堂工作成绩的高度肯定，同时也是对国颐堂的一种鞭策与鼓舞，给予了国颐堂更强大的前进动力。

2. 紧抓新零售转型创新，国颐堂探寻特许经营成功之道

作为特许经营品牌典范，国颐堂之所以能够在万千连锁经营品牌中脱颖而出，其核心有以下两点。

借势特许经营模式，引领大众创业新方向

2017年，国颐堂紧抓新零售时代机遇，运用丰富的连锁经营加盟指导经验，从强大的产品力、创新门店盈利模式及全线新媒体大数据营销等方面着手，不断刷新养发行业标准，创造了"外行开店三月回本"的特许经营创富奇迹，在业内极具品牌影响力。

国颐堂自2014年在广州启动，扎根之后迅速复制，在特许经营模式下，短短3年，连锁门店达800余家，分布于20余个省、市、自治区，帮助无数普通加盟商实现创富梦。

大力革新经营思维，构建特许经营品牌核心竞争力

在新零售市场的大背景下，国颐堂积极响应国家"大众创业，万众创新"的号召，对业态细分提出了新思路，创造性地提出了"跨界整合，一店赢六店"的全新盈利模式，颠覆性地完成了从单一化到多元化、从销售型企业到服务型集团、从传统服务到全方位覆盖的新零售服务的跨越式发展，成功地建立品牌核心竞争力，一度成为业界人士和众多加盟商争宠的对象。

当然，行业顶级国医大师的权威加盟、适应市场需求的新推广理念、满足消费新需求的VI形象、独创的顾客服务标准以及庞大、专业的售后团队建设，对优质经营、发展势头正好的国颐堂来讲无疑是如虎添翼，被授予"2017年度广东特许经营模式创新品牌"完全是实至名归。

作为"致力打造国人养发第一品牌"的特许经营实践者，如今的国颐堂不仅是养发行

业的一张耀眼名片，更代表了一种远见、一种趋势、一种品质生活方式。

3. 探索连锁业智慧发展之道，再创特许经营新辉煌

在新零售的风口下，连锁经营模式具有广阔的发展前景。今后，国颐堂将乘势而行，以高速发展的状态面向全国市场快速稳定扩张，开放更多的优质特许加盟，扶持更多的创业加盟者加入行业实现梦想，让国颐堂品牌随着连锁经营模式走入更广阔的天地！

2018年，新的腾飞起点！国颐堂将继续秉持创新、匠心的精神，期待与更多优秀的连锁品牌企业并肩而行，不断探索连锁业智慧发展之道，开创中国连锁品牌发展的新局面，再创新辉煌！

资料来源：http://industry.caijing.com.cn/20171220/4381204.shtml.

11.1 品牌特许经营概述

品牌特许经营是指企业把品牌作为知识产权转让的对象，在签订合同的基础上，通过加盟方式，向受许人收取一定的品牌使用费和权益金，以此来扩大品牌影响，提升品牌价值，获得市场份额。当前，特许经营扮演的不仅是一种"新"角色、"新"潮流，而且是创建强势品牌和积累品牌资产的有力工具。在世界500强企业和中国的优秀企业中，特许经营方式被广泛采用，麦当劳、肯德基、沃尔玛、家乐福等商业巨头，美宜佳、好利来、特百惠、小肥羊等强劲企业，都凭借独到的特许经营模式，使其一流的品牌深入人心、影响深远。

目前，品牌特许经营已经成为药业、快餐、门窗、动漫、零售业、服装业等多个行业进行品牌扩张的制胜法宝。世界一流品牌企业借助品牌特许经营在全球扩张、称霸，中国的许多企业也在积极运作它发展自己。如国外的7-11、赛百味和国内的李宁、北大青鸟都说明特许经营对于成就品牌的重要作用。

11.1.1 品牌授权与特许经营

特许经营是指特许经营授权商将其产品和运作模式传授给特许经营体加盟商获权经营一种产品或服务。

1. 品牌授权与特许经营的概念

品牌授权又称品牌许可，是指授权者将自己所拥有或者代理的商标或者品牌等以合同的形式授予被授权者使用，被授权者按合同规定从事经营活动（通常是指生产、销售某种产品或者提供某种服务），并向授权者支付相应的费用——权益金；同时授权者给予人员培训、组织设计、经营管理等方面的指导和协助。特许经营是特许授权方拓展业务、销售商品和服务的一种营业模式，同时也是特许经营方利用知名品牌运作公司的一个机会，还是最为人们熟悉的授权经营方式。

品牌授权和特许经营的核心都在于首先建立"特"，要有独特的产品、服务、经营模式或者独特的可被消费者识别的品牌形象，然后进行"许"，即通过授权的方式拓展，实现低成本的快速扩张。"特"是前提，"许"是目的。

由于品牌授权给予被授权方自由度较大、适应的行业较广，更容易达成品牌授权方和被授权方之间的优势互补，而且由于被授权方提供的产品或服务条件不同，由此产生冲突的可能性和协调的难度较小。在国内经营相当成功的著名卡通品牌巴布豆，拥有像万事达集团（运动鞋）、堂皇集团（床上用品系列）、上海力国针织（袜子）等十几家不同类型的加盟厂商。著名卡通品牌史努比的品牌授权，在国内不仅拥有日用品、服装、连环画系列等多种产品，而且还在不断开发新产品。

2. 品牌授权与特许经营的关系

品牌授权与特许经营在组织形式上非常相似，但从品牌授权方和被授权方、特许经营许可方与被许可方的本质关系上看，二者又有着较大的区别。品牌授权和特许经营两者的组织形式和经营理念非常相似，但从本质上看还是有很大区别的，品牌授权的操作更灵活，更容易达成授权双方的合作。

（1）"特"的不同。

1）授权的内容。特许经营的授权内容一般有两种：商品销售特许经营和经营模式特许经营。授权给经营人的是产品或服务甚至包括整套经营模式。例如可口可乐、固特异轮胎属于商品销售特许经营，WENDY、MAACO、UNIGLOBE 和 GNC 公司采用经营模式特许经营。

品牌授权是授权方将自己的品牌授权给经营商，由经营商按约定的条件开发、生产、销售授权品牌的产品。诸如日本城百货有限公司获得迪士尼公司的授权生产销售米奇、小熊维尼品牌形象的文具用品。

品牌授权强调授权方和被授权方的纽带是品牌，而特许经营许可方和被许可方的纽带则是一种产品或服务以及一套经营系统。

2）品牌的开发。品牌是特许经营系统中最重要的资产，在顾客眼中，品牌就是公司的声誉——他们所期望得到的感受和体验。品牌认知是特许经营人购买特许经营权时希望拥有的一个部分。品牌的成名并非与生俱来，几乎所有的特许经营授权人，都是首先确立在当地的品牌认知（可能只是临近的各街区），然后逐步确立地区或全国范围的地位。特许经营需要一个原始模型的企业，或者说是母公司，再进行复制开发。全世界有 5 600 多家加盟店的文迪餐馆源于 1969 年美国俄亥俄州哥伦比亚市区的一家文迪汉堡包餐馆，从 1973 年开始授权文迪字号，一直发展到现在的规模。

品牌同样是品牌授权业最重要的资产，但品牌的创立则完全不同。品牌授权人一般会根据广为流传的传统故事结合现代流行元素开发品牌形象，如英国女作家罗琳创作的《哈利·波特》，首先是系列书在全球热卖，改拍成电影的第一集与第二集也在全球市场告捷，哈利·波特的人气也急剧增加，为作者、书商、电影商及相关授权商品生产者带来了连绵不断的市场商机。品牌授权业推广的重点在于不断培育品牌形象，提醒消费者这些品牌的存在，维持品牌的知名度，像米老鼠、加菲猫等形象已经成为人们生活的一部分。品牌授权商则不需要有品牌商品的生产制造实体。

（2）"许"的区别。

1）运营的基础不同。特许经营的基础是商品或服务的标准化，它的营业系统提供的是从创建公司之日起的几乎所有的经营细节计划，诸如特许经营人如何管理建筑物的建设、订购适当的设备，甚至包括如何竖立标牌。所有健全的特许经营系统都努力创造最高程度的和谐统一，在世界上任何一个地方的所有特许经营店都要看上去一样、感觉一样。特许经营强调严格规范化的管理原则，要求加盟店的经营管理模式与特许人相同，而且产品和服务的质量标准也必须统一。每一份 Biggie 公司的油煎食品都是一致的，每一间 Marriott Court Yards 的旅馆房间都有一个午餐柜、一张长沙发和几部统一的电话。

品牌授权的基础是开发品牌形象并维持该品牌形象的知名度和地位，凭借消费者对该品牌形象的喜爱而产生对其代表产品的购买欲望去授权制造商使用该品牌开发系列商品。品牌授权人对被授权方的管理主要是授权商品的品质控制，不能让低劣的商品影响品牌的形象。另外对被授权人可以生产销售的授权的商品种类、授权商品的销售区域也会在合同中确定清楚。像姗拉娜对 SNOOPY（史努比）的使用就被品牌授权商美国统一专栏联合供稿公司严格限定在沐浴粉、护肤霜/膏、乳液、润肤油、爽身粉、沐浴露、泡沫浴、洗面奶、啫喱水、护手霜、洗手液、驱蚊水、润唇膏、洗发露、香皂、湿纸巾、面霜等 17 大类，并将每两年对姗拉娜的使用情况及经营情况进行审核。

相对于特许经营，品牌授权给予被授权方更大的自由度，适应的行业较广，更容易达成品牌授权方和被授权方相互之间的优势互补。授权商专注于品牌经营，无须投资于生产线、人员等要素就可以获得丰富的商品种类；被授权商专注于生产和分销，无须投资大量的广告用于品牌建设就可以获得知名品牌带来的优势。

特许经营的成功在于一致性，即授权人和经营人都在用同样的模式从事同样产品或服务的经营活动。

品牌授权的特色则是统一品牌下授权人经营的产品或服务的不一致性，不同的授权人拥有不同授权商品类别。迪士尼公司在全球拥有 4 000 多家品牌授权企业，其产品包含从最普通的圆珠笔到价值 2 万美元一块的手表。正因为这种不一致性，被授权方之间产生冲突的可能性和协调的难度较小，而且相互补充。通过同一品牌繁多种类授权商品在市场上密集渗透，易于造成消费者族群效应。

2）拓展方式的区别。特许经营授权人通常为经营人划出一定的区域，在这一区域不允许公司总部或其他特许经营人开办其他相关的经营店。一项好的特许经营系统通过不断地在适当的区域建立适量的经营店，确保品牌的认知，进行品牌渗透，实现业务拓展。

品牌授权业务拓展的第一步是品牌拓展，不断地拓展品牌的知名度和品牌影响的区域，比如哆啦A梦首先在日本流行，再风行我国港台地区，又进入我国内地。第二步是不断地通过授权进行商品种类的开发。授权商品的开发是品牌授权业的核心环节，一般是根据品牌的特点和适合目标消费群体开发相关系列产品，通过品牌形象的带动和丰富的商品种类造成的消费者族群效应，创造良好的业绩。授权商品种类丰富，如多莱宝公司的卡通授权商品项目就包括玩具、文具、衣服、鞋、书包、袋类、钟表、陶瓷杯、水晶杯、家用精品等，主要是以5~20岁的青少年及家长为消费对象。

总之，特许经营与品牌经营有着密切的内在联系。首先，从内容实质来看，特许经营是将注册商标、企业标志、专有技术等经营资源进行许可使用的一种商业模式，这些经营资源都属于无形资产的范畴，其实质就是品牌。其次，从表现形式来看，被特许人（加盟者）须按照特许经营合同规定在统一的经营模式下开展经营，包括经营理念的统一、店面形象的统一、操作流程的统一和产品服务的统一，这种统一化规则与品牌的"一个声音、一个形象、一个标准"的运营规则完全一致。诚信是特许经营品牌营销的根本。

3. 品牌特许经营特许权的主要内容
（1）品牌名称；
（2）品牌标识（颜色、图形、代表物等）；
（3）品牌标语；
（4）品牌形象代表；
（5）品牌定位；
（6）品牌代表的品质；
（7）品牌代表的实力；
（8）品牌代表的发展趋势。

11.1.2 品牌特许经营的运行

品牌特许经营是通过品牌关系的利益相关者的互动实现的，通过品牌知识产权专属关系，用契约搭建利益共同体。

1. 品牌特许经营运行的主要参与者

商标特许经营的主要参与者包括特许方、受许方和顾客，根据会计系统、市场反馈系统、监控系统将三方联合起来就形成了商标特许经营框架。

（1）特许方。特许方只在产品的营销（品牌建立）上进行投资，对商业扩张负责，让品牌形象深入顾客心中，特许方授予受许方商标使用权，同时提供必要的培训支持收取受许方的特许权，特许方根据受许方的反馈报告和顾客提供的反馈信息，对受许方的品牌运营在质量上进行一定的监督和控制，在受许方的营销行为上给予一定的限制，这也是建立完善的危机预警机制的重要环节。

（2）受许方。商标特许经营的受许方在产品的研发、生产、销售以及售后服务上进行投资并辅以相应的销售宣传，产品或服务从受许方转移到顾客，受许方获得服务支付的费用，同时也获得顾客反馈的信息。受许方的行为使特许方的品牌形象得到进一步加强。

在整个商标特许经营框架中，必须保证反馈系统和监控系统的正常运转，这对商标特许经营模式的双方（尤其是对特许方）意义重大。

2. 品牌特许经营的运行特点

（1）对品牌受许方（品牌租赁者）来说，商标特许经营模式同样存在着一定的利益诱因。

（2）降低品牌经营成本，品牌的建设是一个漫长的过程，需要投入大量的人力和财力，而通过商标特许经营来租赁品牌，则成本要小得多，风险也要小得多。

（3）借助品牌优势能够迅速将产品或服务推向市场，品牌从建立、维护直至成熟需要花费较长的时间，并且存在较大的风险，而借助已有品牌的市场优势，受许方的产品或服务较容易得到市场的认可。

（4）能够迅速获得短期利益，如果企业通过传统自创品牌的经营模式，那么它的产品或服务是很难迅速占领市场的，因为成熟品牌的建设是需要花费时间和成本的且有一定的风险，而商标特许经营却能使受许方从市场上迅速获得产品收益，短期利益明显。

3. 品牌特许经营模式的要点

品牌特许经营模式的成功运用固然能够给特许方和受许方双方带来预期的收益，但是如何才能成功地运用品牌特许经营模式，以下几点是值得注意的。

（1）特许方提升品牌管理能力。特许方特许商标给予受许方使用，实质上是品牌规模的扩大，品牌的市场反馈信息的搜集、品牌产品的质量监控、品牌使用者营销行为的限制，这些都要求特许方有很强的品牌管理能力。

（2）特许方（品牌所有者），必须巩固品牌的核心产品。一个品牌固然需要与其相称的产品群来支撑，但品牌的核心产品是品牌得以发展和成熟的关键。在品牌的主导产品不突出时，盲目地进行品牌扩张，极易造成品牌形象的弱化，对品牌的长期建设极为不利。

（3）要对受许方所在产业或行业进行市场考察。在国外，许多国家的特许经营已遍布几乎所有的零售业和服务业，但并不是所有的行业或领域都适合品牌特许经营，竞争异常激烈而（行业）利润并不高的市场就应该避免品牌租赁或授权。

（4）考察受许方企业。受许方企业必须有足够的条件和能力运作一个知名品牌，具体到经营能力上要求生产的产品或服务的质量、企业的财务状况、企业诚信状况等都要达到特许方的要求，特别是在商标特许之后，更要加强对受许方品牌运营的监督与控制。

（5）租赁品牌考虑业务专长。如果受许方不是新办企业而是原来就有产品生产线，那么欲租赁品牌生产的产品最好与原业务相关，这样不仅可以降低经营成本，还可以降低经营风险，对特许方来说也同样降低了风险。

（6）了解内在缺陷。在这种模式中，商标特许方和受许方双方在对待品牌利益期限上存在明显的不匹配，特许方不仅考虑短期利益，同时也会注重长期利益，而受许方更关注的是短期利益的最大化，利益分歧导致了这种制度安排的内在矛盾，同时由于特许方以契约方式对受许方实施间接监控存在一定的难度，因而进一步增大了商标特许经营模式的内在缺陷。

（7）商标特许经营是一种品牌快速扩张的商业模式，避其弊端用其长处对满足条件的企业双方来说都不失为一种明智的选择。随着市场经济体制改革的深入与发展，商标特许经营模式在我国也必将迎来更广阔的市场空间。

11.2 战略性品牌管理

"战略性品牌管理"是营销学者凯文·莱恩·凯勒首先提出的观点。凯勒教授的代表作《战略品牌管理》被誉为"品牌圣经"。在他看来，随着竞争的加剧，不同企业之间相互模仿和借鉴对方成功的做法，市场的同质化趋势日益明显，品牌成为企业引导顾客识别自己并使自己的产品与竞争对手区别开来的重要标志。

11.2.1 战略性品牌管理的内涵

凯勒教授认为战略性品牌管理首先要形成一个开放的品牌管理视角与理念，它是品牌管理战略的基础。品牌是一种错综复杂的象征，是商品属性、名称、包装、价格、历史、声誉、广告形式的整合。在当代社会中品牌及其意义可能更加具有象征性、感性、体验性，是无形的，即与品牌代表的观念、精神有关，它表达的是企业的产品或服务与消费者之间的关系。战略性品牌管理是对建立、维护和巩固品牌这一全过程的管理，其核心思想就是有效监控品牌与消费者关系的发展，只有通过品牌管理才能实现品牌的愿景。

凯勒教授拓展了以往品牌资产概念的内涵。他认为所谓"品牌资产"就是基于顾客的品牌资产（customer-based brand equity），而不是由企业财务会计所决定和由企业营销业绩所决定的量化观点。基于顾客的品牌资产是由企业通过长期的品牌战略管理在顾客心智上产生的品牌知识所致。品牌的力量存在于消费者心中，是消费者随着时间的推移对该品牌的感受和认知。当顾客表现出更喜欢一个产品，或更喜欢该产品的营销方式时，品牌就具有积极的基于顾客的品牌资产。

在21世纪，消费者可以通过不同的品牌来评价相同的产品。消费者通过过去用这种产品的经验和它的销售计划了解该品牌。他们分析品牌，找出满意和不满意的。特别是当消费者的生活变得更加错综复杂、紧急和时间紧迫时，一个品牌简化购买决策和降低风险的能力可能是无价的。凯勒教授这一全新的基于顾客的品牌资产理论视野，为其品牌管理思想的确定奠定了坚实的心理学基础。凯勒教授的战略品牌管理理论告诉我们，未来的品牌管理战略就是要管理好"顾客的大脑"，因为企业的品牌是经过消费者认可才建立起来的。

11.2.2 战略性品牌管理设计

战略性品牌管理与品牌战略管理的落脚点有所不同，品牌战略是企业对其品牌未来发展的基本判断与规划，而战略性品牌管理则是一项品牌营销活动，具体包括选择品牌要素、设计营销方案、整合营销沟通、利用次级品牌杠杆以及评估品牌资产的来源等。其重点在于品牌要素选择与甄别。

1. 品牌要素选择与甄别

品牌要素选择是战略管理中的重要一环。所谓品牌要素是指那些能标记和区分品牌的要素，主要有品牌名称、URL、标志、图标、形象代表、广告语、广告曲以及包装等。可以通过选择品牌要素来提高消费者的品牌认知，进而形成强有力的、偏好的、独特的品牌联想。在品牌要素选择与设计时要遵循以下标准。

（1）品牌要素的组合要有内在的可记忆性，能使消费者回忆或容易识别。

（2）品牌要素的组合要有内在的含义，能告诉消费者该产品门类的性质或该品牌的特别之处及优越之处。品牌要素所传递的信息，不一定仅仅与该产品相关，还可以体现该品牌的个性，反映使用者的形象或展现一种情感。

（3）品牌要素表达的信息并不一定与产品本身有联系，也许仅仅是一种内在的吸引力或可爱性。

（4）品牌要素的组合要在产品大类内和产品大类间具有可转换性，也能跨越地域和文化界限以及不同的细分市场。

（5）品牌要素的组合要能灵活地适应一个时段的变化。

（6）品牌要素的组合要能获得法律的保护，且能在竞争中最大限度地进行自我保护。

2. 战略性品牌管理任务的确定

品牌管理的任务主要集中在设计（或加强）品牌视觉形象方面，以及品牌联想和建立深度的消费者与品牌关系方面。然而众多企业在品牌视觉设计上的力量又经常被低估，像英特尔、可口可乐和万事达卡等品牌单凭它们的外观形象就已经占据了市场的主导地位。这些品牌无处不在，其外观形象不但在每次购买活动时激发人们想到它们，还影响了人们的品牌认知。像英特尔这样的品牌，在很大程度上因为视觉形象，就已经让人们给予它们领导者、成功者、高品质甚至激情和动力的评价。所以，对一个主导品牌，品牌心理认知结构中的首选位置是至关重要的，在战略性品牌构建中的地位不容小觑。

3. 战略性品牌管理的过程及阶段

战略性品牌管理需要经过系统过程来实现其品牌战略目标，这个过程设计必须采取科学态度和理性化思维（见图 11-1）。

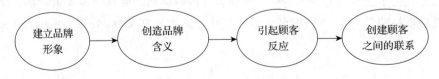

图 11-1　战略性品牌管理的过程

战略性品牌管理的过程反映出核心品牌构建的基本流程和重要环节，在这个过程中，通过相互之间有效的输入与输出，完成相互衔接、彼此依存的活动。这个过程不仅是战略性品牌内在运作的表象,而且也反映出战略性品牌自身完善的基本规律。图 11-1 中的品牌流程只是一种简单描述,每个环节其实还包括更为复杂的分支活动。

同时,战略性品牌还可以通过品牌出现、品牌性能、品牌形象、品牌判断、品牌感受和品牌共鸣六个阶段实现强势品牌的建立。

11.2.3 战略性品牌定位

战略性品牌定位主要涉及以下四方面的内容:研究使用品牌的目标消费者;确立参照系,即对品牌消费终点目标的描述;找准差异点即要回答自己的品牌优秀的理由;相信理由,即对参照系和差异点提供支持性证据。

根据上述内容,品牌定位的具体步骤如下。

1. 确定目标市场和竞争的性质

其中确定合适的竞争参照结构取决于对消费者行为和消费者观念集合的理解,这里的观念是指消费者在进行市场品牌选择时所进行的考虑。目标市场是战略性品牌定位的基础和前提,竞争的性质则是企业实施品牌定位的逻辑起点。

2. 理想的差异点和共同点联想

差异点是指那些品牌所独有的,同时也是强有力的、受消费者偏好影响的品牌联想。差异点联想的确定基于吸引力和可传达性标准,这些综合起来决定了品牌营销的水平和期望的品牌定位所需要的成本。

共同点则是指那些不一定是品牌所独有的或事实上与其他品牌所共有的品牌联想。产品大类共同点联想是指消费者认为作为某特定产品大类中正规的、可信任的产品所必须具有的品牌联想。竞争性共同点联想是指专为抵消竞争对手差异点而设计的品牌联想。品牌定位正是基于这四个因素来确定的,并据此决定理想的品牌知识结构。要实现战略品牌管理,最重要的目标是如何在消费者头脑中进行品牌定位。

综上所述,战略品牌管理理论为品牌管理决策提供了更全面、更长远的视角。其理论的创新点在从艺术与科学统一的战略高度,提出了建设和管理品牌的理论架构,同时这一理论架构又有坚实的现代心理学基础,使我们能够深入地解析消费者品牌知识的结构及其激活规律,这正是品牌资产增值的关键,这也为我国的品牌建设研究提供了努力的方向。这正是我们对品牌理论研究所缺少的,也是我们与西方管理理论的差距之所在。

11.2.4 品牌建设的再分析

基于战略性品牌管理的品牌建设具有更强的针对性和定向性。在品牌建设分析之初同样必须对品牌所处的内外环境进行理性分析,而"3EIB model"是有效帮助提高战略品牌分析的模型。在这个模型中,E 指的是 external(外部环境)、I 指的是 internal(内部环境)、B 指的是 brand(品牌),而数字 3 则指的是 external、internal 和 brand 中的每一项都包括 3 个子分析模块。外部环境因素包括行业特征、顾客需求、竞争性质；内部环境因素包括经营战略、组织领导、企业文化；品牌价值因素包括品牌强度、品牌匹配、品牌组合。

品牌建设分析的目的是评价对品牌战略的投资是否创造了足够的价值，它包括品牌资产分析、品牌组合分析和品牌管理分析这 3 个子模块。

1. 品牌资产分析

对核心品牌就其知名度的高低，品质认知的水准，识别联想的强度、吸引力和独特性，忠诚度的基础以及相关的品牌资产，应进行定性乃至定量的全面评估，除此之外，品牌资产向顾客提供的价值和向公司提供的价值也应该得到全面的审查。

2. 品牌组合分析

对与核心品牌相连的品牌组合就其结构是否合理，品牌范围是否恰当，品牌的内外部角色是否正确，品牌之间的关系是否清晰，也应进行全面细致的评估，另外也要审查品牌和品牌组合的相互支撑情况。品牌组合分析的目的是评价对战略性品牌的投资是否创造了足够的价值。

（1）品牌价值组合分析：战略性品牌的价值构成以及顾客资产价值的内涵发生质的变化。从构成要素上看，专利等无形资产比例上升，资产负债表中的资产价值项目需重新界定或更新；从价值认定及形成看，其顾客认定的权重增加，形成过程中的波动性和跳跃性增强。分析的方法和手段需要不断提升和创新。

（2）品牌对比分析：公司品牌应该能够起到改善和优化品牌组合的作用，所以应就加入公司品牌之后与未加之前进行对比分析，对品牌组合的结构是否更加合理、品牌的范围是否更加恰当、品牌的内外部角色是否更加科学，以及品牌之间的关系是否更加清晰等问题，进行全面而细致的评估，只有当能够提高品牌组合的健康度，如协同性得到增加、杠杆力获致加强、清晰度得以提高时，公司品牌模式才有选择的理由。

3. 品牌管理分析

品牌管理的组织平台是否功能集中而强大、工作流程是否标准规范且制度化、绩评系统是否能科学衡量成果同时落实责任，这些内容决定了品牌管理能力的高低，另外在集团品牌管理的情况下，还应分析品牌管控模式的内容。

11.3 品牌生态管理

世界是由生命体与非生命体构建的生态系统，该系统是一个相互依赖、共存共荣的有机体，生态系统分析法在品牌管理中同样适用。品牌生态管理就是要以系统的观念，从影响品牌的宏观、微观生态要素出发，建立一种系统、深层次、全方位、互动的品牌管理理论体系，为企业品牌管理提供一个系统工作的结果体系。品牌生态管理系统，可以大致如图 11-2 所示。

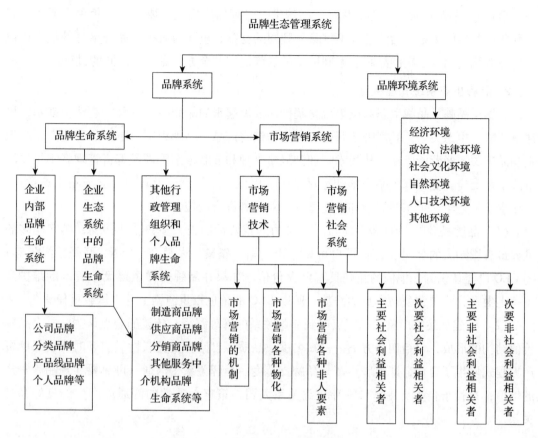

图 11-2　品牌生态管理系统

从图 11-2 中可以看出，品牌生态管理就是对整个品牌生态系统的管理。品牌生态管理除了构造企业内部品牌系统的战略外，还要通过精心地组建相互关联、相互促进的品牌群来创造可持续的竞争优势。其目的不是去向孤立的企业品牌系统进行投资，而是去发展结构合理的品牌生态系统及其品牌关系，以便能够通过良好的合作与沟通产生生态协同效应去创造出远高于资本成本的收益，并带来持久的品牌价值和品牌力。

11.3.1　品牌生态管理的内涵

品牌作为企业核心竞争力的集中体现，本身也是一种系统，即品牌系统，它是由一个企业的各类产品的不同品牌和同类产品的多品牌所组成的整体策略、经营、管理体系。它是整个社会经济系统中的子系统。

1. 品牌生态管理本质要素

从产品角度上说，品牌生态体系是一个包括产品的整体概念，消费者、股东、员工、供应商、分销商、竞争对手和公众的心理和经济要素（如对企业及其产品和服务的认知、感受、态度、体验等），社会、政府的经济和政治要素等在内的多维综合体。

品牌生态体系一般由以下几个要素组成：组织和流程、品牌结构、品牌识别、品牌经济（资产）、品牌信息、品牌文化等。品牌生态管理的实质就是要与利益相关者群体建立一种和谐共生的关系。当然这并不排除品牌间的竞赛、争夺与对抗，品牌培育的过程也包括生态系统内同一层次的品牌、不同层次的品牌之间的全方位竞争与协同的过程。

2. 品牌生态系统管理特点

以深层品牌、品牌生态系统等概念基础而发展起来的品牌生态管理，它注重战术，更注重战略、生态关系，其视野更开阔，不但为销售产品、品牌识别，更为品牌生态系统识别和品牌关系经营所驱动。从战术管理到战略管理和战略生态管理品牌，管理者不仅要注重战术和反应，更要有策略头脑和远见卓识。因此，品牌管理者必须树立战略生态意识，利用生态工艺学、生态规划学和生态管理学对品牌进行调控。

(1) 品牌经理的 CEO 角色定位。品牌力的重要性已被大多数企业接受，越来越多的世界最有影响力的公司（包括可口可乐、吉尼斯、雀巢、大都会、BSN、联想、海尔等）的 CEO 已经认识到，他们的品牌具有巨大价值，如果在品牌这样重要无形资产的维护和支持上失败，将导致公司本身的浩劫。所以 CEO 的角色权重急剧上升，承载重任。

(2) 构建从品牌形象、品牌资产到品牌关系的管理路径。传统的观点认为，一个品牌价值结构的形成，包括四个方面——知名度、品质、忠诚度及关联性。但现时代，品牌资产方程式发生了变化，即品牌资产＝品牌支持度＋品牌关系＋沟通。可见要实现品牌资产的增值，有赖于企业及品牌与所有利益关系人团体策略一致性的沟通而产生的良好品牌关系。

3. 品牌生态关系评估

品牌资产取决于所有利益关系人的总支持度，换言之，公司在发展与经营品牌关系时，必须把每个利益关系人看作一个目标市场，针对此目标市场设定特定的目标和沟通策略。因此，品牌生态管理战略方针实施过程的第一步就是品牌评估、品牌关系评估以及品牌（包括名牌）生态系统评价与诊断。

11.3.2　品牌生态管理的主要内容

随着经济全球化以及知识经济浪潮的到来，传统的品牌管理思维和方法已经逐渐落伍，一个公司必须不断推陈出新，而不能仅仅依赖生产产品、制定价格、批发销售及宣传促销的手法维持生存，目前由内到外的直线思考方式已不合时宜。品牌生态管理就是要从影响品牌的宏观、中观、微观生态要素出发，建立一种系统、深层次、全方位、互动的品牌关系管理模式，品牌生态管理为公司经营其品牌提供了一个系统工作框架。

1. 品牌生态管理的宏观内容

从宏观管理层次上看，企业品牌生态管理系统是由以强势品牌（即名牌）或强势品牌群为核心的品牌群落及其生态环境、资源组成的。一个品牌既有企业品牌系统的大环境，同时又是这个品牌大系统的一员，是整个企业品牌系统的一个子系统。更进一步说，品牌是在市场上、在社会生态系统、全球环境（或生物圈）下生存的，品牌的外部直接环境是商业生态系统，它为品牌的生存、企业的存在提供了必要的生存空间或生存环境，一旦环境被破坏，品牌也就无法生存，企业亦不复存在。同时，商业生态系统又是整个社会生态系统的一个子系统，或者说它是以社会生态系统为生存环境的，一旦社会不稳定或崩溃，商业生态系统也就失去了自己的活力，自己也就不存在了。因此，品牌生态系统的宏观管理就是使品牌与整个商业生态系统、社会生态系统和企业品牌系统处于协同性和适应性。

2. 品牌生态管理的中观内容

它也可以称之为抽象品牌生态管理系统结构。把宏观层次结构稍加展开，从总体上讨论品牌生态系统的结构，即可以按系统论观点将品牌生态管理系统看作一个有机整体，从比较抽象的角度去分析品牌生态管理系统结构，则品牌生态管理系统是品牌存在子系统和品牌意识子系统组成的，而品牌存在又可以分为商业生产方式和物质资料生产方式，品牌意识可分为占主导地位的品牌形式和其他品牌意识，物质资料生产方式与相应的品牌形式是相互作用转化的。

物质资料生产方式又是以产品和服务为核心的品牌生产力和品牌生产关系（目前以供应链管理模式进行探讨）两个子系统组成的，相应的品牌形式又是建立在企业文化、组织结构、管理体制、管理资源和经营哲学之上的。商业生产方式则是从品牌生存的角度考虑其生存环境的自身生产方式，包括商业生态系统和社会生态系统主要要素，如政治、经济、法律、科技、文化、自然、社会、人力资源、金融资源、物质资源、信息资源、关系资源、政策资源、供应商市场、竞争者市场、分销商市场、顾客市场、影响者市场、品牌内部市场等，也可称之为品牌生存环境的再生产系统或商业生产系统。这为品牌生态管理提供了中观层次的内容。

3. 品牌生态管理的具体子内容

把以上抽象系统与现实系统加以对应，品牌生态管理系统可以分为五大品牌子系统，即品牌自身生产系统、物质资料生产系统、精神生产系统、政治生产系统和商业生产系统。品牌自身生产系统，是品牌发展的根本动力系统。物质资料生产系统是为品牌生存、品牌发展提供产品和服务（即物质）基础的生产系统，它的存在形式、科技生产和服务水平、品质、成本、时间是衡量品牌进步的基础性标志。精神生产系统是品牌识别和改造商业的精神成果。政治生产系统则是品牌拥有者和管理者为了维护自身利益，协调品牌和顾客及利益关系人之间的各种关系，维护品牌持续稳定发展的实现手段。商业生产系统是由企业生存环境各种因素在组织（如政府及职能部门、新闻界等）与人干扰和自然发生条件下的商业再生手段。因此，品牌生态管理必须同时抓好这五个方面的具体生产系统，缺一不可。

4. 品牌生态管理的微观内容

为了维持品牌自身的再生产，为产品和服务系统提供品牌支撑，发展品牌资产，必须要有正常的发展延伸系统，还要有预警系统、危机处理系统、诊断评价系统以及"医疗保健"系统以抵御疾病，维持生命。因此，为了保持品牌健康，需要不断投资。另外，为了发扬品牌群体抵御风险的能力，还要有经营管理政策方面的保障体系。与此同时，为了不断推动品牌前进，还必须不断创造、丰富品牌产品和服务。

随着科技的不断发展，社会分工越来越细，总体上可分为物流开发、产品生产、服务开发、研究开发，以及延伸出的资金流、商流、信息流开发。其中，物流、产品、服务、研发等又可以分为许多具体的部门，每个部门就是一个微观管理子系统。精神生产系统又可以分为经营信念和行为、价值观体系、品牌文化、教育和培训、伦理道德等，每个系统下面又有许多微子系统。

11.3.3 品牌生态管理体系

品牌生态管理是一项系统工程，其管理涉及的要素、层次、流程本身就是一个科学完整的体系。

传统管理理论认为，企业的管理效益是使股东利润最大化。在生态时代，利润最大化是企业的第二位目标，企业的第一位目标是保证自身的生存。企业自身赖以生存的自然生态环境是保证企业生存的第一要义。管理效益不仅是指生产的直接成果，同时也指这些成果对整个社会利益、对社会发展的长远影响。忽视生态效益，对个别企业而言虽然会产生极丰硕的成果，甚至获得超额利润，但对整个社会、自然界就会产生更大的"负效益"。具体来讲，品牌生态管理的对象层次包括以下方面。

1. 产品生态化设计

生态设计不只考虑产品如何进入消费领域，还延伸到产品使用寿命终期。生态化设计首先应考虑如何以低耗、低污染的材料去满足客户的"绿色需要"，其次还应考虑残余产品的分解、拆卸和重新使用，使产品废弃后对生态的影响和破坏降至最低。2018年开始，新零售潮流所带来的变革，使得家居业迎来一个全新的竞争时代，设计师生态日益成为品牌商家推广更为高效的新型渠道。2018年，天猫线上冠军品牌生生硅藻泥携手酷家乐"到店购"，共创家居设计导购生态，建设设计师导购渠道，提供家装设计一站式导购方案。

产品生产生态化的基本内容至少应有生产环境的绿色化，最有效地利用资源，生产中尽量使用无毒无害、低毒低害的原材料，采用无污染、少污染的高新技术设备，采取一系列对废弃物合理的处置。

2. 产品生态化销售

随着环保意识的加强，人们对生活质量要求的提高，对绿色产品的需求不断增长。英国威尔斯大学的毕泰教授在其所著《绿色市场营销——化危机为商机的经营趋势》一书中指出，"绿色营销是一种能辨识、预期及符合消费者与社会需求，并且可能带来利润及永续经营的管理过程"。营销的生态化就是要求企业在产品包装时降低产品包装物或产品使用剩余物的污染，积极引导消费者在产品消费、使用、废弃物处置等方面尽量减少环境污染。例如时代华纳杂志 EPN 用纸、邦迪创可贴包装盒都已经采用利于环保的纸张，使废弃物能转化为再生纸。

3. 方法层次上运用生态方法

品牌生态管理的方法层次就是生态方法在企业品牌管理中的应用，主要是指生态模拟研究，即把特定的品牌对象模拟为生态系统称为品牌生态系统，同时把品牌管理环境模拟成生态环境称为品牌生态环境，然后用生态学的理论和方法来分析品牌生态系统的层次结构、功能结构、协同进化及其与企业环境之间的动态交换等。

11.3.4 品牌生态管理与传统品牌管理的区别

以整合营销传播（IMC）、资料库营销、直销（DM）、关系营销（RM）、整合营销（IM）、供应链管理（SCM）和商业生态系统（business ecosystem）等理论为基础而发展起来的品牌生态管理模式（brand ecology management mode，BEMM）与传统品牌管理模式不同。如表 11-1 所归纳的，品牌生态管理注重战术，更注重战略和生态关系的改善，其视野更开阔，不但为销售、品牌识别，更为品牌生态系统识别和品牌关系经营所驱动。

表 11-1 传统品牌管理模式与品牌生态管理模式的区别

传统单一品牌管理模式	传统多品牌管理模式	品牌生态管理模式
从战术管理到战略生态管理		
战术型、及时反应；品牌经理资历浅、经验少；概念模式——品牌形象；着眼于短期效益	战略型、具有远见；品牌经理资历深、处于企业高层；概念模式——品牌资产；发展品牌资产评估	战略型、生态型、具有远见；品牌经理就是 CEO；概念模式——品牌关系；发展品牌关系生态评估
着眼于单一产品和市场；单一的品牌结构；着眼于单一品牌；多国化——每个国家配备一个品牌；管理小组；品牌经理协调传播团队；品牌处在一个职能化的组织中；外向型视野	跨产品和跨市场管理；复杂的品牌架构；多元品牌——目录管理；全球概念；传播团队有专门领导；品牌由个人或跨职能部门进行管理；依附于企业的文化和价值观	多样化的品牌生态系统结构、功能、动态和关系管理；开放复杂的品牌生态系统架构；多元品牌生态系统——整合营销和集成管理；全球观念；跨职能品牌资产部门；整合营销传播团队由高层管理（团队）领导；基于品牌的企业文化、组织结构、管理体制、资源管理和经营哲学
战略的推动者由销售转为品牌识别、品牌生态系统识别和品牌关系经营		
由销售和市场份额推动	由品牌识别推动	由品牌识别、品牌生态系统识别和品牌关系经营共同推动

11.4 品牌整体塑造

在品牌管理活动中，品牌整体塑造是最为艰难和持久的工作，也是品牌要素价值实现的前提与基础。所以说品牌塑造是一个长期的系统性工程，而品牌知名度、美誉度和忠诚度是品牌塑造的核心内容与终极结果，企业可以凭借自身的财力、物力通过炒作、广告轰炸、大规模的公益和赞助等循序渐进地进行品牌塑造，通过建立品牌优势来刺激和吸引消费者的购买冲动。

11.4.1 现代品牌塑造的含义

品牌塑造是指给品牌以某种定位并为此付诸行动的过程或活动。为品牌塑造的文化是否合适，有两个主要衡量标准。一是这种文化要适合产品特征。产品都有自己的特性，如在什么样的场景下使用，产品能给消费者带来什么利益等。二是这种文化要符合目标市场消费群体的特征。品牌文化要从目标市场消费群体中去寻找，要通过充分考察消费者的思想心态和行为方式而获得。只有如此，这种品牌文化才容易被目标市场消费者认同，才能增强品牌竞争力。

品牌塑造也可以借助外包形式完成，目前网络上有众多品牌推广宣传公司，国内著名网络营销机构可以为企业及个人提供整合营销、品牌推广、新闻营销、新产品推广等服务；顶级营销策划人员、专业技术背景及庞大媒体资源使得易推传媒成为网络营销行业领军者。针对中小企业及个人特推出新闻稿发布、新闻排名优化、百科营销、关键词排名优化、微博营销、论坛推广、SNS 营销等单项服务，让客户真实而清晰地看到了品牌塑造的效果。

11.4.2 品牌内涵的塑造过程

塑造品牌内涵的过程包括品牌内涵的建立、品牌内涵的传播和品牌内涵的维护与创新几个方面。

1. 品牌内涵的确立

这是塑造品牌内涵的第一步，在这个方面，企业首先要做的事情就是收集市场信息，包括竞争对手品牌的内涵及被接受程度，市场上品牌分布状况，产品特点、档次等。再根据自己公司或产品特点确定合适的品牌内涵。

在这一过程中，企业应遵循的最重要原则是防止"跟风"原则，这是因为改变消费者的心智非常困难。如 2016 年上市的全新捷豹 XFL，陆续到达全国捷豹路虎经销商，优秀的产品力及性价比高的零售价吸引了众多消费者的关注。这款定位于"新格调运动商务座驾"的中大型豪华商务品牌轿车为思维开放、乐于接受新事物的年轻精英带来了充满现代感的全新选择。同时，凭借区别于传统豪华轿车的新格调和领先的造车科技，全新捷豹 XFL 创领中大型豪华商务轿车细分市场，树立豪华商务轿车品牌的新标准。

2. 品牌内涵的传播

一旦内涵被确定，企业就需要制定合适的方案去传播，包括传播的时间、地点、途径，以及是否请明星代言、如何通过产品及包装、广告的制定等，不同的传播途径会覆盖不同的消费群体，企业需要根据自身品牌和产品特点及公司实际情况做出合理安排，切不可过分依赖广告。

在品牌传播过程中，有很多企业通常会遗漏的也是需要遵守的一个原则是"避免品牌内涵与产品、服务或公司形象等不符合、不统一"。在现实中，很多品牌投入了很多资金在大做广告，却在产品的设计或研发上显得落后，这都极大地影响了品牌在公众心目中的形象。我们看到有很多企业为了追求"一夜成名"，花巨资去买来所谓的"标王"，但是，产品却创新滞后、研发不足，渠道建设不到位。

3. 品牌内涵的维护与创新

随着社会发展，消费者需求也是会随着时代的变化而变化，特别是竞争者会利用对方的弱点占领市场。只有不断关注并满足消费者需求，才能使企业持续发展。品牌内涵的维护与创新，同样来自消费者的需求，如新产品开发、消费者组织、创新营销、企业公益形象等。需要指出的是，如果要抛弃原有形象而塑造全新的内涵，则需要企业做各方面战略上的重新部署，同时还可能会冒一定的风险。

11.4.3 品牌塑造的核心点

如图 11-3 所示，品牌塑造过程中涉及的要素众多，品牌塑造是从这些品牌的众多元素及现实消费情况入手，并结合品牌标准化体系构建过程，使品牌塑造逐渐完成由低级到高级的演变过程。

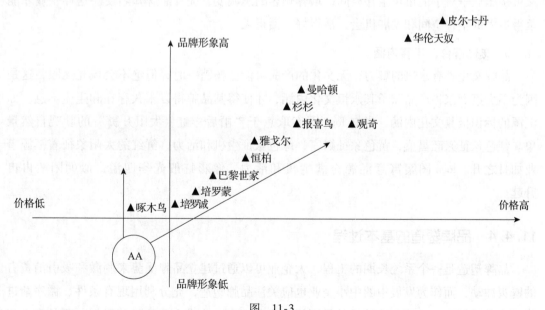

图 11-3

1. 注重产品与服务的高品质

产品质量直接关系到企业的生存与发展。产品的高质量是竞争者手中的王牌，具有核心技术和知识产权的产品也是竞争对手较难模仿的竞争利器，因为它是借助企业整体系统管理能力来保障的，它比任何形式的促销手段更能让顾客信服。从另一个角度来说，由于高品质，它不但为消费者带来品牌价值，而且能带来较大的使用附加值和体验价值。品牌塑造之初就要对融合在产品品牌中的品质要素给予高度关注。

2. 注入品牌更多的个性

个性化是每个知名品牌都是高品质的代名词，但也有各自的独特性。正是这种不同造就了各种各样的知名品牌。它们各自的社会资源及独特的成长经历都能转化为自身企业的秘密武器或企业的核心竞争力。如同全世界70多亿人口，要找到两个面孔一模一样的人极难，找到两个面孔加成长经历一模一样的人是不可能的事情。

3. 不断开拓，勇于争先

永远保持某个领域的领先地位，是许多知名品牌成名的法宝。这方面可以分为两类形态，一是靠先行者之利的"百年老店"，代表企业如中国中信集团有其深厚的文化底蕴，品牌价值高居全国榜首，其是生命周期长、辐射范围广的品牌。同时，搭建品牌构建网络作为高端的品牌互动平台，为优质品牌输入正能量，也需要勇气和信心。

4. 系统思考，关注整体

企业除了整体的综合竞争力之外，绝大多数时间比拼的是整体营销能力，也是一种最原始、最直接的竞争方式，并且是一个此消彼长的过程。而且永远是个"一箭双雕"的过程，营销做得好，既可增加企业市场份额，提升利润，增强企业的竞争力及抗风险能力，又可挤压竞争对手的市场生存空间，培养顾客的忠诚度，提升品牌知名度。这样企业才能争得更大的生存空间和发展机会，活得好、活得长。

5. 文化搭台，丰富内涵

品牌文化具有永恒的魅力，无文化的产品可能会畅销一时，但绝不会风光无限，这是因为不少策划家将产品赋予其永恒文化内涵，才使得其品牌得以永久存在和生生不息。如汇源的标识极具文化内涵，彩虹logo图案取意于"雨后彩虹、太阳升腾"的壮观自然景象。红色象征兴旺昌盛，黄色象征财富，绿色象征生机和活力，鲜红的太阳象征着汇源事业如日之升。logo图案寓意汇源充满生机和活力，像彩虹般光华四溢，似朝阳般冉冉升起。

11.4.4 品牌塑造的基本过程

品牌塑造是一个系统长期的工程，大企业可以通过建立品牌优势来刺激和吸引消费者的购买冲动，而作为发展中的中小企业也应关注品牌塑造，充分利用现有条件、循序渐进地实施品牌塑造，品牌塑造的目的是更好地实现销售，达成企业的经营目标，不是为了塑造而塑造。

许多企业在品牌塑造问题上还存在很多矛盾和疑虑：一方面是企业品牌知名度不高是销售不畅的主要原因，企业也想进行品牌塑造；另一方面是企业的资金和实力有限，担心投广告万一打了水漂那企业就更是进退两难,这种情况在中小企业中表现得尤为明显。其实,对企业来说,市场推广销售的过程本身就是品牌塑造的过程,只不过许多企业缺乏有效的认知和规划。在企业品牌塑造实践中总结出的"三部曲"是引导企业科学实施品牌塑造的航标。

1. 注重终端的表现力

企业之所以强化最后"一公里"的终端,是因为只有终端最接近消费者,最容易在消费者心目中形成品牌形象。企业对品牌的认知,大多开始于终端,所以,企业为了提升品牌知名度和展现良好的品牌形象,必须在终端表现力上多下功夫(见图11-4)。终端表现力包括终端能见度、终端陈列规范、终端人员的素质等,终端表现力的好坏,对品牌塑造将会产生直接的影响。许多新兴品牌,虽然在报纸、电视等上没见到广告,却依然在市场上畅销,比如天能电池终端门店不只是终端市场服务的提供者,更是电池的检验者。对电动车用户来说,终端门店能够接收众多用户的使用反馈,通过门店认可的产品更值得信赖,终端门店是最具权威、最放心的推荐者。通过终端表现来进行品牌塑造,主要有以下几点。

(1)保持良好的产品品牌终端能见度,让消费者在不同的终端售点都能够看到自己的品牌。比如:不同的卖场、超市、社区便利店、批发市场等,在不同的消费环境下接触到的该品牌次数多了,消费者就会潜移默化地记住这个品牌,同时逐渐对品牌产生了好奇和兴趣,进而直至产生购买行动。仔细回忆一下,日常生活中的客户是不是也有这样的消费行为呢?良好的品牌终端能见度是中小企业提高品牌知名度最有效的一种方式,为了实现最大化的品牌终端能见度,就需要企业在一定的市场范围内尽可能多地实现产品铺货。当然,铺货不是盲目的,必须有计划、有步骤地进行,铺货的区域和终端数量以及在什么样的终端铺货,需要根据企业的营销策略来制定,同时也要考虑到窜货和价格竞争的因素。

(2)终端店铺设计是产品品牌塑造的延伸,不同的装修会给人产生不同的印象。品牌的终端陈列犹如品牌是想以"衣着得体",还是以"蓬头垢面"的方式与消费者近距离接触,这会直接影响到消费者对品牌的评价。良好的终端陈列不仅有助于销售,而且更容易获得消费者对品牌的好感,这也是提高品牌美誉度的方式之一。企业即使在获得终端陈列面有限的情况下,也要尽可能地保持终端陈列的美观度,并且在不同的终端售点,品牌始终要保持统一的"西装革履的绅士风度",以强化消费者对品牌形象的好感和认知,不能一会儿西装革履,一会儿蓬头垢面,那就让消费者对品牌形象摸不着头脑了。

(3)终端促销人员的素质和形象是消费者对品牌形象认知的一部分,促销人员本身代表的是企业的形象,良好的言谈举止更容易赢得消费者对品牌的好感,所以,企业在选择促销人员时,必须要考虑到促销人员的形象对产品品牌形象的影响,消费者会把对促销人员的形象评价转移到对品牌形象的评价上去。"浓妆艳抹、花枝招展"的促销人员会让消费者感到这个品牌比较轻浮;"翩翩风度、彬彬有礼"的促销人员会让消费者感到这个品牌沉稳务实，买了这个品牌的产品心里也踏实。

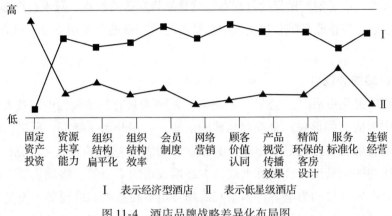

图11-4　酒店品牌战略差异化布局图

2. 利用广告的提升力

终端铺好货了，陈列也相对规范了，这时就进入品牌广告阶段了，广告可以进一步提升品牌的知名度和美誉度，但广告也是企业最纠结的事情，企业也知道在如今激烈竞争的市场上投放广告的重要性，但资金有限，哪有大企业那种向电视台"一掷千金"的魄力呢？到达彼岸的路有千万条，消费者接触的广告宣传媒体也有千百种，中小企业也不需要"一根筋"地去考虑电视广告等大媒体，低成本并有效的宣传媒体其实很多，比如终端POP广告、网络广告、公交车体广告、横幅广告、墙体广告、经销商门头广告、直邮广告、报纸挂牌广告、短信广告等，甚至可以借助电视广告效应，在一些地方电视媒体发布节目挂角广告和游动字幕广告等。这些低成本的广告媒体只要整合运用好了，一样发挥"炸弹"的威力。无论是叫卖式的产品销售广告，还是品牌形象广告都能提高产品品牌知名度，具体的广告策略要根据企业现状、竞争状况和消费需求动态来制定。

3. 浓郁的公关亲和力

品牌就像人一样，有其独特的个性和内涵，人们之间的相互交流本身就具有一定的广告性质，在构建顾客、企业、员工的三角关系中，浓郁的公关亲和力就是从企业内部关系向外部逐渐渗透扩散的。品牌塑造过程中的正能量，是促使品牌价值导向变化的关键。消费者在接受企业品牌形象的过程中，无形中会对企业的价值观、世界观做评价。品牌留给消费者的形象认知，更多地来自企业的行动。对中小企业的品牌来说，在有了一定的品牌知名度后，就要考虑如何提升品牌美誉度和忠诚度的问题，需要进一步让消费者增加对品牌的好感和认知，那么如何去行动呢？为包括社区在内的社会群体进行慈善活动是一种有效的公关方式，公关活动可以更好地提高品牌的亲和力，赢得消费者的好感和尊敬。企业做好事（公关），可以吸引大众的注意力，常用的公关方式有赞助、参加公益活动等，尤其是中小企业更要善于发现公关机会，充分利用好当地市场的热点新闻和大众关注的事件，为自己的品牌加分，让自己的品牌更深地植入消费者的消费意识中。

11.4.5 品牌塑造的关键点

在经济全球化的浪潮下，企业对品牌意义的认识更加深刻，未来竞争强者属于优质品牌，尤其属于全球性品牌。品牌塑造的过程就是企业增强自身竞争实力的过程，世界上最富有国家的经济是建立在优质品牌之上的，而非建立在商品之上（见图 11-5）。

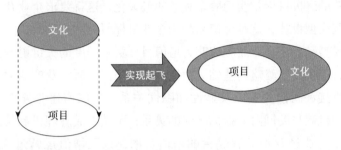

图 11-5

1. 把握品牌塑造的切入点

品牌塑造的切入点在于品牌形象的构建，而品牌形象联想是品牌塑造的先导，比如说真功夫，看到李小龙造型，就会联想到真功夫品牌的形象；品牌的性能即品牌的内在使用价值；品牌在消费者心中的潜意识。潜意识的难以言传性决定，其形成的过程有其心理密码和构建机理：品牌的价值描述与量化，品牌在目标客户心里的定位考量，品牌与消费者的共同路径与模式，品牌形象对消费者情感启动能量等。

2. 掌握科学的方法

塑造品牌是一个艰难的长期过程，不可能一蹴而就。许多企业的品牌建设方法差强人意，显然缺乏品牌的哲理性思维观念是主要问题，但更为重要的是缺乏品牌塑造的科学方法，哲理性思维就是世界观与方法论有机结合。作为一个现代品牌塑造参入者，必须要有一定的哲学头脑和科学思维模式，在瞬息万变的经济环境中，探索品牌塑造规律，总结出适合自身品牌塑造的科学方法。

3. 适度投入，保持收支平衡

品牌塑造需要巨大的资金投入，无论企业处于何种情况，都需要进行详细的成本核算，财务管理不到位就会陷入"品牌塑造成本偏高、销量大但利润很低、高度同质化竞争、品牌短命、缺乏可持续竞争优势"的困境。

企业的品牌塑造是一个系统化工程，必须采取项目化运作方式来完成，整合品牌塑造的各种相关要素。如在 2017 年世界品牌实验室颁布的中国品牌 500 强中，江中的品牌价值是 164，位居行业第六。江中既不是百年老字号，也没有祖传秘方，之所以能够造就行业企业深受消费者喜爱的品牌，品牌塑造经验可以用"三个小、三个大"来概括，即小品类成就大品牌，小健康成就大市场，小细节成就大信仰。江中制药相信品牌塑造是一个系统化工程，品质成就品牌，品牌不是营销，品牌也不是广告，品牌是根植于消费者心中的品质。秉承匠心精神，以消费者为本，打造极致产品，是江中最核心的品牌价值。

11.5 品牌盈利流模型

现代企业经营的终极目标是实现股东利益的最大化，这就要求企业在品牌管理方面更加关注品牌的盈利模型设计，这是促使品牌为企业目标服务的关键所在。

品牌盈利流模型是界定企业品牌战略为增值目标贡献程度的关键财务指标，也是形成企业业务策略和管理机制与战略的基础。而厘清利润增值链所涉及的四大业务模块与关键增值指标之间的直接和间接关系以及显性和隐性关系，形成构建业务之间共通的基础结构；厘清构建管理机制与关键财务指标之间的关系，更是形成管理机制与战略和业务共同的基础结构。基于企业经营和品牌经营的增值目的，以及增值运营过程所涉及的要素，SRPD利润流模型对经营过程中增值影响最显著的关键要素进行了深入的基础研究和应用体系的开发，并在实践中对基础原理和简单方便的应用不断验证与优化。

11.5.1 SRPD模式的基本框架

SRPD模式是动态模式是量化品牌盈利模型的体系框架，根据具体企业的个性化目标，提炼达成阶段性最优ROI的业务模型，并形成让企业可以清楚理解，可直接应用的业务管控模型。SRPD是提炼和总结了大量经营规律、应用方法和技巧，方便各业务环节使用、浓缩成长过程的工具箱。

1. SRPD的内在含义

S（support）是英文"支持"的简写，代表支持企业运营的外部和内部综合环境。

外部环境包括市场需求环境、竞争环境、政策环境、技术环境、资源环境、人文环境、地理环境等，是判断企业利润和相关目标的认知支持体系。

内部环境包括企业文化、团队管理、信息管理、流程管理、财务管理、协作关系管理等一系列业务管理和公司治理机制，是支持利润及相关目标实现的企业内部环境。

R是result——目标，P是plan——计划，D是do——执行。

R、P、D是英文result、plan、do的简写，分别代表目标、计划、执行，是企业内部的循环作业链管理，其模型的原型是美国著名质量管理学家戴明的PDCA环。概括来讲包括两个重点，一是内部的分级和分环节目标设置，二是以目标为导向的组织管理和实施，二者组成企业内部作业链循环圈，持续达成新的目标。SRPD模式是由认知和方法两部分组成的应用体系。

2. SRPD品牌盈利流模型的形成基础

SRPD利润流模型吸收了营销不断持续更新的理论和应用成果，SRPD商业设计增值管理的基础研究成果，行为心理学对于认知模式和动机的实验科学成果以及东西方认知比较的差异而形成的企业应用体系，并以成果实现和持续更新为目标，以著名管理学家戴明的 PDCA 环为强化执行落实的基础，通过其创始人杜夏近 50 个不同运营模式和行业的企业咨询实践，同时不断优化和更新的企业应用模型（见图 11-6）。

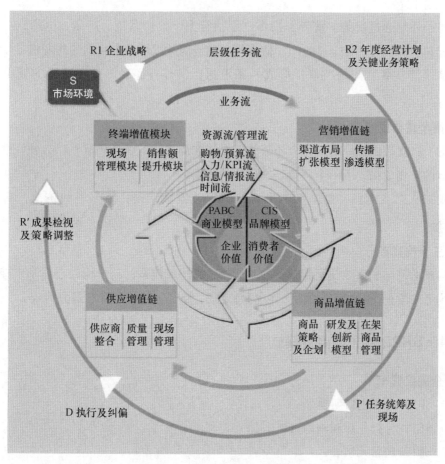

图 11-6　SRPD 利润流模型构成

资料来源：百度百科。

SRPD 应用工具箱不仅包含大量企业在不同环境下的各类个性化方法和技巧，也包括创始人杜夏女士独有的基础研究成果，并会持续不断地更新。

11.5.2　SRPD 利润流模型的基础方法

在认识 SRPD 利润流模型基础方法的同时必须把握三个界定。

（1）定性区分和界定行业性、区域性、企业生命周期，形成认知和判断的基础三维坐标。

（2）以定性或定量方式区分、界定长中短期三个阶段目标。

（3）以定性或定量方式区分与界定结构性、重复性、随机性三类问题。

11.5.3 路径、原则与要素构成

1. 一条路径

利润循环是通过决策、统筹、操作三层执行力,聚焦营销、产品、生产三项关键业务,分配和统筹人力、资金、时间、信息等基础资源并以增值为目的的作业链,实现增值的关键是厘清三者之间的关联,形成一条可执行的作业路径,作业路径的输出归于总目标。

2. 两个重要原则

原则一:终端倒推原则。每个环节的工作标准都是让下一个环节可以方便快速地使用上一环节的工作成果,下一个环节是本环节的终端。

原则二:二八定律。忽略细节失误,不犯关键性错误;放弃小的诱惑,抓好重点机遇。

3. 三个构成部分

以构成心理学和商业要素为基础的 SRPD 品牌构成体系;基于构成心理学、神经语言学和行为心理学的 SRPD 沟通模型,由沟通元素、路径、检视整合三部分构成。

11.5.4 SRPD 的主要商业模式

1. 企业经营模型

(1) SRPD 行业生命期模型;

(2) SRPD 分行业盈利驱动力模型;

(3) SRPD 经营元素表;

(4) SRPD 经营倾向界定模型;

(5) 综合商业模型与经营元素表等的运营应用模型——SRPD 业务联动静态控制模型;

(6) SRPD 动态运营链模型,由包括产品、营销、品牌、资金、人力、情报、沟通、时间在内的 8 条运营链构成。

目前正在完善基于互联网的技术链的相关研究和应用模型开发。

2. 企业销售模式

(1) SRPD 渠道开发应用模型;

(2) 2009 年开发的 SRPD 终端盈利静态模型;

(3) SRPD 终端群盈利流模型;

(4) 推广+渠道+终端的完整 SRPD 营销业务链模型;

(5) 规划+管理+执行的完整 SRPD 营销运营链模型。

3. 设计与设计管理模型

（1）SRPD 设计风格元素表；

（2）SRPD 设计层次模型。

4. 基于完形心理学基础上的 SRPD 设计完形模型

（1）基于构成心理学基础的 SRPD 视觉设计判断和沟通模型；

（2）SRPD 区域视觉驱动力模型；

（3）SRPD 视觉元素利润空间分析模型；

（4）基于行为心理学和 PDCA 的个人设计模型。

5. 基于设计组织管理的 SRPD 设计管理模型

（1）设计执行流程；

（2）设计检视流程。

6. 商品管理模型

（1）商品盈利评估模型；

（2）商品运营评估模型；

（3）视觉评估标准指标；

（4）商业设计评估模型；

（5）商品规划模型；

（6）在线商品管理模型；

（7）生产接口管理模型。

7. 执行力管理模型

（1）SRPD 决策执行力模型；

（2）SRPD 管理执行力模型；

（3）SRPD 操作执行力模型。

8. 企业资源管理模型

（1）SRPD 企业资源流转模型；

（2）人力资源增值模型；

（3）时间管理模型；

（4）情报与数据应用模型；

（5）资金与以业务联动管理模型。

另外，基于 SRPD 品牌价值构成模型、评估应用体系，可以嵌入孙子兵法的 SRPD 传播与公关策略模型。综合受众、环境、内涵、表现形式、执行主体、传播策略、目标管理的 SRPD 传播执行模型。

综合品牌 BI 与组织管理的内部整合应用模型，是包括企业文化提炼、执行文化提炼、关联业务接口、KPI 落实、内部培训、BI 优化等构成的 BI 应用链。

11.5.5 SRPD 利润流模型的最新应用

未来全球范围内互联网技术的广泛应用，必将会在三方面对变革和创新整体利润模型带来革命性影响。

（1）互联网具有集媒体、实物交易、技术应用需求于一身的特征，形成互联网终端基于用户数量资源，可以融合多种属性盈利模式为一体的复杂盈利模型，随着互联网企业的成熟，将可能出现不可思议的巨大的复合式盈利体。

（2）是互联网通过营销策略和技术在网上实现并引发客户行为和交易，意味着互联网交易是一种自动运行的流程式互相输入与输出，这一属性使得电子商务呈现出与传统地面店不同的三个差异。

1）线下营销可控性更强；
2）整合全程动态营销策略的依赖性更高；
3）对预判的要求更高，互联网的营销更纯粹。

（3）从策略到实现交易的过程更短，电子商务与地面营销相比周期大大缩减，电子商务呈现出与地面模式频率完全不同的有效盈利周期和更新周期。

本章小结

1. 品牌特许经营是指企业把品牌作为知识产权转让的对象，通过加盟方式，向受许人收取一定的品牌使用费和权益金，以此来扩大品牌影响，提升品牌价值，获得市场份额。当前，特许经营扮演的不仅是一种"新"角色、"新"潮流，而且是创建强势品牌和积累品牌资产的有力工具。
2. 战略性品牌管理是一项品牌营销活动，包括选择品牌要素、设计营销方案、整合营销沟通、利用次级品牌杠杆以及评估品牌资产的来源等。
3. 品牌生态体系的组成：组织和流程、品牌结构、品牌识别、品牌经济（资产）、品牌信息、品牌文化等。品牌生态管理的实质就是要与利益相关者群体建立一种和谐共生的关系，包括宏观管理、中观管理、微观管理。
4. 品牌塑造是一个系统长期的工程，品牌知名度、美誉度和忠诚度是品牌塑造的核心内容，从实战角度看包括塑造的要点、塑造三部曲、塑造过程等。
5. SRPD 模式包括基本框架、品牌盈利流模型以及商业模式等。

自测题

1. 什么是品牌特许经营？它具有哪些特征？
2. 举例说明品牌特许经营模式的经营特点是什么。
3. 简述品牌生态管理的主要内容。
4. 品牌塑造"三部曲"是什么？

5. 品牌盈利流模型的基本构成是什么？

案例分析

专注特许经营领域，"商机盒子"用经纪人模式对接餐饮品牌和加盟者

目前中国餐饮市场规模在4万亿元左右。餐饮行业目前有3 300万从业人口，职业人口300万~500万，门店数超过600万家。

从人口和餐饮上市公司数量对比数来看，美国3.2亿人口，有54家连锁上市餐饮企业；日本1.3亿人口，有97家连锁上市餐饮企业；中国香港有700万人口，有24家餐饮上市企业，而中国内地有超过13亿人口，只有15家餐饮上市企业。随着中国社会时期的发展，餐饮行业的上市公司和人口比例如果和美国类似，那么中国应该有250家餐饮上市企业；如果和日本对比，那么中国应该能出现1 100家餐饮上市企业。

从餐饮连锁比例来看，欧洲连锁餐饮占总餐饮企业的30%，美国连锁餐饮占总餐饮企业的52.3%，日本连锁餐饮占总餐饮企业的48.7%，中国香港连锁餐饮占总餐饮企业的38.2%，但中国内地连锁餐饮只占总餐饮企业的3.2%。餐饮行业总体还停留在小散乱的格局。

创立于2015年的商机盒子看到这个市场，通过主营的特许经营业务，对接上游餐饮品牌和下游创业者，其中为餐饮品牌提供品牌咨询、加盟经纪、营销推广等业务，同时为餐饮创业者提供优质餐饮商机，以及特许经营需要的知识培训、合同培训等服务。

商机盒子的具体业务流程如下。

品牌入驻：商机盒子内部有10项餐饮品牌入驻标准，餐饮品牌如果在股权结构、食品种类、经营情况等方面符合特许经营的条件，商机盒子会为其配置经纪人团队，为加盟做准备。流程梳理：品牌入驻后，商机盒子会为其梳理法务、合同等信息，并根据其经营具体情况规范加盟模式、传播商机信息等，形成系统范式。运营推广：商机盒子团队会通过探店、直播、资讯、课程等方式对服务品牌进行全网推广。创业者适配：团队还会将自己资料库中创业者的数据和标签与品牌方进行智能匹配，加盟成功后，平台会监督加盟费的拨付流程以及履约后的跟踪服务。增值服务：平台还围绕特许经营领域提供学院、课程等服务，主要输出特许经营和餐饮创始人的经验。

商机盒子联合创始人兼CEO梁闯说，开分店所需要解决的法务、合同、品牌、对接、招商等流程对于餐饮企业来说并非主业，由于缺乏知识、经验和落地资源，许多中小餐饮并不具备全国开放加盟的能力。而商机盒子由于有大量的创业者数据和上游餐饮资源，会吸引全国各地有加盟意愿的创业者来咨询，创业者接触到商机盒子后，业务人员会先将其对接到顾问中心，平台会安排有开店经验的人对创业者进行投资规划、预算、选址、开店品类等方面的梳理，并汇总到资料库。之后在给创业者适配项目时，除了通过系统适配外，还会有平台经纪人带创业者进行实地考察，最后再进行项目落地。

在盈利方面，商机盒子目前主要通过向餐饮品牌方收取服务费进行盈利。

资料来源：http://tech.ifeng.com/a/20180424/44967261_0.shtml?_zbs_007qu_news.

问题：1. 商机盒子为特许餐饮品牌提供何种服务？
2. 商机盒子的具体业务流程如何？
3. 商机盒子实现餐饮品牌培育的客观条件是什么？如何盈利？

物联网时代海尔又下了一步先手棋：生态品牌

物联网时代，海尔首次提出了"生态品牌"模式，在全球范围内第一次明确地提出了物联网时代的"创牌"方式。

在商业世界的棋盘中，"博弈"从未间断。随着时代的不断变化，企业要保持常胜的战绩是极为艰难的，一个聪明的棋手，则通常具备审时度势的前瞻眼光：下好"先手棋"，抢占新时代的先机。海尔是为数不多的能够在每个时代都下好先手棋的企业。

1. 物联网时代是生态品牌的时代

物联网时代，传感器、RFID技术、人工智能、通信技术等的飞速发展，共享和处理实时数据已变得更容易，行业间的物理边界正在消失，单纯地销售硬件产品在物联网时代已不足以吸引用户。因此，企业即将从产品品牌竞争、平台品牌竞争转移到生态品牌竞争。

传统时代，当其他企业选择"贴牌代工"出口创汇之时，海尔坚持自主创牌，如今连续九年蝉联全球大型家电第一品牌，实现传统家电领域的"套圈引领"；物联网时代，海尔的品牌战略升级为生态品牌战略，建成U+、COSMOPlat、大顺逛等全球平台，推出全场景定制化智慧成套方案，创物联网时代的第一生态品牌，率先实现智慧家庭领域的"换道超车"。

最近几年，物联网逐渐被认为将开启第四次工业革命，成为商业市场最大的风口。据IDC发布报告称，2017年全球物联网总体支出将同比增长16.7%，略高于8 000亿美元，报告显示，预计到2025年物联网将每年为全球带来高达3.9万亿~11.1万亿美元的经济影响。

印度战略学家曼尼什·格鲁弗认为，物联网时代，我们应该考虑整个顾客互动生态系统。这意味着产品组合只是推动用户与我们品牌互动的一种驱动性工具，企业应该考虑的是围绕用户构建一个满足用户全方位体验的生态系统，可以实现人对价值的最大化以及利益相关者价值最大化的共创共赢的新业态。

当传统企业仍然困惑在物联网的概念之时，海尔早已下了先手棋，实现了生态品牌的创建和落地。2018年4月26日，在青岛海尔（600690.SH）公布的2017年业绩及2018年1季度业绩报表中，青岛海尔首次披露生态收入，生态收入达到6.2亿元，青岛海尔也因此成为全球家电业第一个披露"生态资产"的企业，意味着海尔"生态品牌"的先手棋带领海尔在物联网时代拔得头筹。

2. 构建共创共赢的生态系统

过去，移动社交的两端是手机和手机，但物联网时代一切皆节点，一切触点皆可成为社交入口，关联着品牌企业、用户、利益相关者等，无数个触点连接的一张融合线上、线下、用户社群的物联网。这意味着，物联网时代必然是社群经济和共享经济，企业与用户的关系必须从"交易"升级为"交互"，企业与利益相关者的关系必须从商业博弈转变为共创共赢。

区别于传统品牌囿于企业和产品自身发展能力的评价标准，"生态品牌"更看重的是孕育企业未来发展潜力的指标，生态圈的社群用户、生态资源、生态收益成为衡量"生态品牌"竞争力的三大要素。

生态品牌符合物联网社群经济的属性，海尔通过网器触点和有温度的交互触点形成价值交互，从而获取生态圈社群用户。

一方面，传统家电升级为网器触点，链接数千万终身用户。2017年U+智慧家庭云平台上加入的智能设备超过2 000万台，实现了200+的智慧家庭场景定制。

另一方面，在构建有温度的触点方面，大顺逛平台的微店主、日日顺乐家驿站的快递柜都是触点，可以即时感知和获得用户多样化的生活需求。数据显示，大顺逛平台目前有113万个触点网络的布局，链接了数亿的用户资源。

生态资源是生态品牌为满足用户需求图谱的必要因素，也是发展生态品牌的核心环节。海尔已经逐步围绕用户需求搭建起了庞大的生态资源网络，例如海尔智慧保鲜的数百万"食联网"生态、智慧洗护的"衣联网"数千家资源等。以衣联网为例，海尔洗衣机以衣物为媒介，吸纳服装企业、试衣镜厂家、服装衣联技术提供商等相关资源加入，通过RFID技术为用户实现了专属衣物洗护程序定制以及从衣服购买到穿搭的全流程服务。

社群用户的储备和生态资源的汇聚，最终的结果就是除了传统领域的硬件收益外，还可以获得生态收益。例如海尔在智能制造层面搭建起全球首个用户全流程参与的工业互联网平台，与用户、多方企业形成利益共同体，目前已实现交易额3 133亿元；仅2018年1季度，COSMOPlat平台实现生态收入已达5.66亿元。当然，这些生态收益只是刚刚开始，海尔要引领全球企业切换到物联网经济的道路上，通过构建生态品牌，围绕用户需求不断扩展生态圈容量，共创共赢无限的生态收益，未来发展的趋势不可限量。

资料来源：http://www.xhyb.net.cn/2018/0518/jiaodian051641402.html.

问题：1. 海尔生态品牌体系的运作思路是什么？
2. 生态品牌构建的具体举措是什么？
3. 海尔生态品牌的三大要素是什么？
4. 海尔生态品牌运作过程的价值表现如何？
5. 基于互联网的生态环境对企业的生态品牌推广意义如何？

第 12 章 CHAPTER12

网络品牌管理

教学目标

通过本章的学习,学生能够系统掌握网络品牌的基本概念、网络品牌管理的基础与层次、网络品牌管理策略、网络品牌价值提升的方法、网络品牌发展趋势等互联网经济条件下的品牌管理全新理念,帮助学生适应互联网经济条件下的品牌管理新思维、新方法,借助互联网为企业品牌增值。

学习任务

通过本章的学习,学生主要掌握和理解:
1. 网络品牌的科学含义
2. 网络品牌的特点及层次
3. 网络品牌价值提升的方法
4. 网络品牌管理实施的策略
5. 网络品牌管理发展的趋势

⚲ 案例导入

旅游业实施新媒体营销,推动旅游品牌推广

随着游客消费理念的改变,寻找和社会热点同步的营销方式,成为山东游景区的"法宝",这其中就特别包括带火很多网红的创意短视频。

在此次案例展示中,沂蒙山龟蒙景区、云蒙景区入选的"沂蒙山横屏短视频+竖屏15s抖音短视频全网效果营销",开创性地应用旅游达人同时拍摄横屏视频+竖屏15s短视频,用"讲故事的方式"讲述沂蒙山旅游的玩法细节,展示了景区短视频营销新玩法。

山东沂蒙山旅游发展有限公司网络部负责人张宁介绍,短视频以旅游网红达人为主

角，围绕着龟蒙景区玻璃桥、龟蒙顶、蒙山寿仙，云蒙景区蒙山会馆、天然氧吧等核心景点和元素，挖掘长寿蒙山、生态蒙山、美食蒙山的独特IP文化内涵，并从用户观赏习惯和情感入手，创意推出的此次系列短视频，经网络多平台推送，总播放量达770余万次。现在，景区的视频拍摄点均已成为游客争相游览的打卡之地。

在选择旅游目的地和出行方式上，游客更注重体现个人的自主意识，人们可以通过网络便捷地获得来自旅游目的地的精彩推荐。而通过的网络营销宣传，旅游目的地可能一夜之间成为人们争相前来的"网红城市"。济南，就是这样的城市。为提升"泉城济南"的知名度、美誉度以及品牌互动力，推动济南实现由景点旅游向全域旅游的全面转变升级，济南市旅发委也在积极探索旅游网络营销模式。记者了解到，济南市旅发委对包括旅游达人体验、自由行创意分享会等在内的"玩转济南 泉是惊喜"系列宣传活动进行全网全平台宣传，宣传覆盖人次过亿；对新上线全域旅游品牌馆进行全平台发布，实现总流量达6 500万＋，订单过百万。

此外，为更好地利用新媒体平台宣传济南旅游，济南市旅发委还对景区、建筑、文化、美食、游玩信息等进行创意短视频宣传，并指导景区进行联动宣传，将泉城济南打造为网红旅游地，让原本低调的泉城济南高调、新潮地走进大众视野。

资料来源：http://mshandong.com/news/2018/08/02/02086925.html.

12.1 网络品牌概述

网络品牌又称网络商标，是指公司名称、产品或者线下品牌在互联网上的延伸和保护，就是企业线下商标、品牌词注册后，为了能够在商标法保护下健康发展，防止因品牌运营在超过一定空间范畴失去行为约束和利益保护，而使品牌价值受到损失。在网络经济背景下，企业或者公司如在互联网上发展和营销品牌，就需要在互联网中心登记注册网络品牌，以保证线下品牌在互联网上的安全使用。

为了适应现代品牌管理的全网保护模式，企业应该加强网络知识产权的全面保护，避免网络品牌价值流失，使品牌在线下和线上都得到保护。由于网络品牌具有唯一性、稀缺性、权威性等特点，所以保护网络品牌，就可以避免品牌被复制，提高网络品牌自身的独有价值。

目前，网络品牌已经成为药业、快餐、门窗、动漫、零售业、服装业等多个行业进行品牌扩张的主要渠道。而世界一流品牌企业都开始借助网络在全球扩张、称霸，中国许多企业也在积极运作互联网发展自己的网络品牌。如李宁、北大青鸟、支付宝等网络品牌纷纷加入网络品牌推广与保护行列，取得了巨大的经济效益和社会效益，这说明网络对于成就品牌的意义非凡。

12.1.1 网络品牌的内涵

网络经济的主要标志就是市场商业竞争从线下转向线上，传统品牌与网络品牌的竞争成为另一种全新模式。同时，依据互联网而建立的网络品牌从品牌创建到品牌延伸管理，以及不同品牌的创新模式表现，与线下在表现形式上有相同性，又具有差异性。目前，网络品牌管理逐步从初级进入高级的发展阶段，另外也在不断输入新的互联网元素，实现网络品牌管理模式的不断更新。

1. 网络品牌的概念

品牌是联结企业与消费者的纽带，对于企业和消费者都具有重大的作用与意义。而网络品牌是传统品牌在网上的衍生，它不仅具有传统品牌的功能，还具有十分鲜明的网络特色。网络品牌更加强调消费者个性化、互动性和体验性，与品牌理论在现阶段的发展成果不谋而合。而且根据网络的特点，网络将更加有助于品牌发挥其功能及作用。

狭义的网络品牌主要指企业注册的产品或服务的商标在互联网上的一一对应注册，是企业的无形资产，它是指企业注册在通用网址的域名与企业名称及商标一起构成企业的铭牌。

广义的网络品牌是指"一个企业、个人或者组织在网络上建立的一切美好产品或者服务在人们心目中树立的形象"。

由此可见，网络品牌有两个方面的含义：一是通过互联网手段建立起来的品牌，二是互联网对网下既有品牌的影响。两者对品牌建设和推广的方式与侧重点有所不同，但目标是一致的，都是通过网络创建和提升企业整体形象。

2. 网络品牌产生的背景

从20世纪90年代开始，我国市场营销迎来了网络品牌时代。媒体分化终结了独占市场促销渠道的电视广告，与这一时期相对应的就是网络品牌的诞生，即基于互联网技术而推出的网络门户。虽然我国网络门户刚刚起步，尚不如传统品牌那样历史长、知名度高，但是目前已经具有广泛的忠实客户，这对推进我国品牌市场营销的进程具有里程碑的意义。

网络品牌成为投资未来的新方向，一开始建立网络品牌就是资产投入，具有资产运作的痕迹。作为全新的商业模式，网络品牌是基于网络而建立的品牌，不单纯依靠实际业绩取得回报，而是通过投资市场，依靠市场的扩张与人气的聚集来实现价值的。这一财富积累的方式完全打破了以往工业时代必须凭借实业或股市长期积累的模式，品牌成为迅速积累资本的手段，它借助互联网经济重新进行了定义，它不再仅对企业和消费者有意义，现实的承诺变为长远投资者的期待。

在某种程度上，网络品牌的盈利模式发生变化，在网络上提供的服务几乎是免费的，用户使用和获得品牌的服务不再付费，这一点就从根本上区别于传统意义上品牌存在的价值。总之，网络品牌完全打破了传统品牌特别是产品品牌建立的模式。

3. 网络品牌的组成

网络品牌依托全新的营销推广理念实现产品或服务品牌效应的急剧扩张，其主要构成要素如下。

（1）网络名片，包括名称、logo、网站域名、移动网站域名、第三方平台形象、网络关键品牌词等。

（2）企业具体的网站，包括 PC 端、移动端、App 等，具体如网站名称、网站 logo、风格、主色调、更新等。

（3）网站的 PR 值：PR 值是谷歌创立的评价一个网站优劣的工具，提升网站的 PR 值，可以帮助我们从导航站获取大流量，可以帮助我们与较为知名的网站交换链接，从而提升网站品牌。

（4）企业搜索引擎表现，如付费广告、搜索结果排名等。

（5）网络上关于公司的软文、舆情和评价等。

4. 网络品牌的层次

品牌是极有效率的推广手段，品牌形象具有极大的经济价值。网络品牌包含以下三个层次：

（1）网络品牌要有一定的表现形态。网络品牌通过外部可感知、可视化形象吸引消费者注意，以完成从消费感知到实际购买的过程。

（2）网络品牌需要一定的信息传递手段。品牌形象依靠信息作为载体，大数据技术的应用是对市场反映实施精准分析的关键。

（3）网络品牌价值的转化。品牌营销的终极目标是完成产品与服务的价值转移，为企业带来可观的利润。网络品牌价值的转化使网络品牌管理进入良性循环。

总之，品牌是无形价值的保证形式，在网上购物品牌更重要，网络销售成功的秘诀就在于创造一个市场知名的网络品牌。所以，企业必须时刻关注企业需求，进行企业形象现状评估；对企业形象做出整体规划与设计；及时处理品牌不良信息；重视维护品牌口碑。

12.1.2 网络品牌的特点

依据互联网而建立的网络品牌虽然处于萌芽阶段，体系尚不成熟，但它产生的意义在于不仅彻底改变了传统的市场营销模式，而且为品牌经营和品牌资产管理提出了一系列新的课题。未来，网络品牌将借助互联网技术和计算技术的推广与成熟，其自身愈发显出独有的特点。从目前看，网络品牌的特点可以归纳为以下几点。

1. 市场效果的综合性

网络营销的各个环节都与网络品牌有直接或间接的关系，因此，可以认为网络品牌的建设和维护存在于网络营销的各个环节，从网站策划、网站建设，到网站推广、顾客关系和在线销售，无不与网络品牌相关，即网络品牌是网络营销综合效果的体现，是网络营销理念在网络环境下的创新呈现，如网络广告策略、搜索引擎营销、供求信息发布以及各种网络营销方法等均对网络品牌产生综合性影响。

2. 网络排名的重要性

在网络上排名意义特殊，使用的技术指标是网页 PR 值，PR 值是网页的级别技术。取自 Google 的创始人拉里·佩奇（Larry Page），全称为 PageRank，是 Google 搜索排名算法中的一个组成部分，级别从 1 到 10 级，10 级为满分。PR 值越高说明该网页在搜索排名中的地位越重要。对应的网络品牌也就更有影响力和普及率，PR 值越高说明该网页越受欢迎越重要。

提高 PR 值的主要方法如下。

（1）增加网站内容质量，不仅要保持原创性，而且要保证质量。良好的内容不仅有利于用户体验，而且有助于提升搜索引擎对网站的友好度、内容的收录和网站权重。

（2）登录搜索引擎和分类目录，以及友情链接，如果能获得来自 PR 值不低于 4 并与你的主题相关或互补的网站的友情链接，且很少导出链接，那样效果更好。

（3）撰写高质量的软文，发布到大型网站，如果得到买家的认可，企业的网址就会被无数网站转载，这种方法对于提高 PR 值效果最好。

（4）搜索引擎收录一个网站的页面数量，如果收录的比例越高，对提高 PR 值越有利。

（5）提供有价值的网站内容，并进行搜索引擎优化（SEO），对提高 PR 值也非常重要。

（6）最好使网站被三大知名网络目录 DMOZ、Yahoo 和 Looksmart 收录，如果能被收录，对 PR 值的提高将非常迅速。

（7）与高 PR 值网站链接，最好找同行业网站进行友情链接，并要防止链接欺骗以及 PR 值劫持的网站。

3. 网络价值与客户关系的对接性

网络品牌管理与 CRM 的有效对接，实现了互联网＋营销的新革命。正如科特勒在《营销管理》一书中所言"每一个强有力的品牌实际上代表了一组忠诚的顾客"，网络品牌的价值就体现在企业与互联网用户之间建立起来的和谐关系上。

网络品牌是建立用户忠诚的一种手段，因此对于顾客关系有效的网络营销方法对网络品牌营造同样是有效的，如集中了相同品牌爱好者的网络社区，在一些大型企业（如化妆品、保健品、汽车行业、航空公司等）中比较常见，网站的电子刊物、会员通信等也是创建网络品牌的有效方法。所以网络品牌价值只有通过网络用户才能体现出来，而持续的价值呈现正在于互联网与 CRM 的无缝衔接上。

4. 信息和服务的长效性

网络品牌的客户价值在于为用户提供的信息和服务，有价值的信息和服务才是网络品牌的核心内容。如 Google 是成功的网络品牌之一，当我们想到 Google 这个品牌时，头脑中的印象不仅是那个非常简单的网站界面，更主要的是它在搜索方面的优异表现，Google 可以给我们带来满意的搜索效果。与网站推广、信息发布、在线调研等网络营销活动不同，网络品牌建设不是通过一次活动就可以完成的，不能期望获得立竿见影的效果，从这个角度也可以说明，网络品牌营销是一项长期的营销策略，对网络营销效果的评价用一些短期目标并不能全面衡量。

5. 网络品牌定位的个性化

网络品牌生存的唯一性在服务范畴表现出的特性就是信息服务的个性化，或者说是网络门户的个性化。网络品牌定位要求企业必须将全部资源集中在某专业领域，同时，为了保持这种唯一性的市场定位，还必须具备源源不断的资金和各种资源保障，否则个性化的服务定位就无法实现。因为网络门户是投资未来，网络品牌要成为行业里的翘楚，不仅取决于其独特的定位，还依赖资金的投入。网络经济的自然法则就是资源的集中与社会分工的高度专业化，只有顺应了这一法则的网络门户才能得以生存。传统品牌延伸的策略在这里受到了极大的挑战，如果认识不到网络品牌的这一特殊变化，建立网络门户就有可能重走传统品牌的老路。

由于网络的特点是开放性、实时性、互动性、海量性，所以由此得出网络品牌与传统品牌的主要区别是：唯一性——一旦某个网站形成一种强势品牌之后，不可能有另外一个品牌与之竞争；交互性——通过网站的设计内容来体现；全球性——网络品牌面向全球；时间性——网站的更新会导致用户对品牌感知的改变。

12.2 网络品牌价值的提升方法

网络品牌目标与传统品牌管理目标一样重在价值实现与提升，科学的方法是提升网络品牌价值的关键。在互联网时代，信息技术的飞速发展，使企业的营销环境发生了很大的改变。由于网络的开放性、共享性等特点，消费者与企业之间的信息不对称逐渐减弱。智推网着重论述了互联网时代，如何利用互联网建立网络品牌以提升整体品牌价值。结合网络的特点提出了网络品牌推广的策略，比如企业网站、E-mail、网络广告、虚拟社区、联盟合作等。

12.2.1 企业网站建设

企业网站建设是网络营销的基础，也是网络品牌建设和推广的前提，在企业网站中有许多可以展示和传播品牌的机会，如网站上的企业标识、网页上的内部网络广告、网站上的公司介绍和企业新闻等有关内容。企业网站建设是网络品牌价值实现的物质基础和技术支撑，优秀的企业网站为网络品牌的宣传与推广提高平台和媒介。企业网站的构成要素如下。

1. 域名

域名与网络品牌之间存在密切的关系。英文域名（或汉语拼音）与中文品牌之间并非一一对应的关系，使得域名并不一定能完全反映网络品牌，这是中文网络品牌的特点。一个中文品牌可能并非只对应一个域名,如联想集团中文商标为"联想",其英文商标却为"Lenovo"。联想的汉语拼音所对应的域名也对联想的网络品牌有一定影响,但汉语拼音"Lianxiang"所对应的中文并不是唯一的,除了联想之外,还有"恋乡"等也有一定意义的词汇,这为网络品牌推广带来一定的麻烦,同时也出现了域名保护问题。尽管从用户网站访问的角度来看,一个域名就够了,但实际上,由于域名有不同的后缀如.com、.net、.cn等,以及品牌谐音的问题,为了不至于造成混乱,对于一些相关的域名采取保护性注册是必要的,尤其是知名企业。但过多的保护性注册,也增加了企业的费用支出,加重企业的经营成本,这些网络品牌资产虽然也有其存在的价值,但却无法转化为收益。

(1)企业必须选择一个好的域名,由于英文(或汉语拼音)域名与中文品牌之间并非一一对应关系,使得域名并不一定能完全反映出网络品牌。所以我们取域名时,最好选择一个短小、念得响亮、不拗口的,同时我们也必须做好域名保护工作。

(2)做好网络实名申请工作。网络实名以人工智能技术为基础,独创了智能推测功能,保证客户可以用多种输入方式自由查找,可以直接输入拼音、拼音缩写查找企业,即使有错字、多字、少字、字序颠倒的情况,也可能找到企业网站。这样既方便了客户,又大大增加了企业网站被找到的机会。企业可以将与自身品牌关联性强的企业、产品、商标名及其简称,中文、英文、数字、符号等多种形式,以及与这些词组关联性强的词语申请网络实名,方便客户查找。

2. 搜索引擎

搜索引擎常被作为网站推广和产品促销的主要手段,但搜索引擎的作用并非仅限于此,搜索引擎还有更多的网络营销价值。根据 SEMPO 的调查,在北美地区的搜索引擎营销应用中,61%的企业认为采用搜索引擎营销的首要目标是品牌认知,尤其是大型企业,更加注重搜索引擎对品牌推广的价值。根据 SEMPO 最新数据,2013 年,全球近 50%的数字营销预算用于搜索引擎,63%的企业在 2014 年增加了付费搜索预算,47%的企业计划增加搜索引擎优化上的预算。此外,大约 80%的营销人员认为移动非常重要。这些调查都显示了搜索引擎在企业营销中占据极其重要的地位。

搜索引擎具有网络品牌价值已经成为不争的事实,但是对其价值实现的机制研究则成为企业需要关注的问题。提出搜索引擎的网络营销价值不仅体现在网站推广和产品促销等基本层面,还表现在企业的网络品牌价值等方面。合理利用搜索引擎可以达到提升企业品牌的目的,如果对此不够重视或者方法不当,则有可能让企业品牌形象受到损害,因此有必要对利用搜索引擎提升网络品牌的基本方法有较系统的认识。搜索引擎提升网络品牌价值的基本方法有:

(1)尽可能增加网页被搜索引擎收录的数量。

(2)通过网站优化设计提高网页在搜索引擎检索结果中的效果(包括重要关键词检索的排名位置和标题、摘要信息对用户的吸引力等),获得比竞争者更有利的地位。

（3）利用关键词竞价广告提高网站搜索引擎可见度。

（4）利用搜索引擎固定位置排名方式进行品牌宣传。

（5）多品牌、多产品系列的分散化网络品牌策略等。

这些方法实质上都是为了增加网站在搜索引擎上的可见度，因此如何提高网站搜索引擎可见度成为搜索引擎提升网络品牌的必由之路。

提高网站搜索引擎可见度也就是让用户在多个主要搜索引擎，利用相关关键词进行检索时可以方便地获得企业的信息。其主要措施包括基于提高搜索引擎自然检索结果的搜索引擎优化，以及在搜索引擎检索结果页面出现的不同形式的关键词广告等。

（1）优化的方法。搜索引擎优化是通过对网站栏目结构、网站内容等基本要素的合理设计，使得网站内容更容易被搜索引擎检索，并且呈现给用户相关度最高的信息。利用搜索引擎自然检索方式增加网站搜索引擎可见度的基础，是让网站尽可能多的网页被主要搜索引擎收录，这也就是搜索引擎营销目标层次中的第一个层次。

这里有必要提出的是，在实施搜索引擎优化方案时，如果采用不合理的方式，如被搜索引擎视为作弊的手段，则有可能造成网站被搜索引擎惩罚。此行为不仅被视为低质量网页而在用户检索时发挥不了任何优势，更为严重的是网站被搜索引擎彻底清除。如果网站出现了这种结果，那么将严重影响企业的品牌形象，对整个网络营销策略也将是沉重的打击。

（2）注意的问题。搜索引擎优化是一个比较容易引起误解的概念，往往与搜索引擎排名混为一谈，尤其是采用不正当手段的垃圾 SEO。行业专家对在网络媒体上发布的观点应该给予重视和借鉴。如网上营销新观察在"搜索引擎优化应该重视什么"等文章中对此进行过说明，并且在"搜索引擎优化是非问题辨析"专题中用多篇文章分析了一些错误认识和不科学的手段。

除了对网站进行必要的优化设计之外，通过付费广告的方式让企业信息出现在搜索结果页面的显著位置，这也是扩大品牌知名度的一种常用方式，并且具有更多的优点，作为自然检索的补充，可以方便地在更大范围内、以更灵活的方式展示企业的品牌形象和产品信息。

做好搜索引擎的申请工作。搜索引擎是提高网站访问率，增强网站自我搜索功能的重要手段。搜索引擎有助于开发潜在消费群体，扩大企业网站的影响力。搜索引擎得到广泛的应用有两方面原因：一方面原因是其强大的搜索指向功能，能帮助访问者很容易访问到企业的网站；另一方面原因是访问者不愿意花更多的时间来记忆企业的域名，以及希望用最简单的方式获得所需要的信息资源。所有企业建立网站后一定不要为节省开支，不去做搜索引擎的申请工作。

搜索引擎和网络品牌联系十分紧密，网站建设应该被提升到很重要的位置上。但是，许多企业并没有真正认识到网站建设和网络品牌建设之间联系的重要性。它们从网站策划、设计到网站建设完毕，始终没有和网络营销很好地联系起来。打开许多公司的网页，是一个很精美的图片或者是莫名其妙的 Flash 动画，许多网络设计者强调这可以体现企业精神或企业文化。但实际上，这种做法却使得搜索引擎检索不到企业的信息而使其网络营销价值大打折扣。因此，网站的搜索引擎可见度要对网络品牌产生直接影响，尤其对于大型企业和知名企业而言，有必要对网站在搜索引擎中的表现给予充分关注。

总之，建立企业网站是有志于建立网络品牌的企业必须使用的工具，企业网站是企业在网上的门面，消费者往往通过访问企业网站而得到对企业网络品牌的初步认识。企业网站也是开展其他网络营销工作的基础，这里可以有许多展示和传播品牌的机会，如网站上的企业标识、网页上的内部网络广告，以及网站上的公司介绍和企业新闻等有关内容。

12.2.2 网络品牌的 E-mail 营销

作为市场推广的需要，企业每天都可能发送大量的电子邮件，其中有一对一的顾客服务邮件，也有一对多的产品推广或顾客关系信息，通过电子邮件向用户传递信息，也就成为传递网络品牌的一种重要手段。

1. E-mail 营销正面效应

调查公司 Quris 的一项调查表明，56% 的被调查者认为高质量的许可 E-mail 营销活动对于企业品牌有正面影响；67% 的被调查者反映，他们对于自己信任的公司开展的 E-mail 营销活动有良好印象，58% 的用户表示，经常打开这些公司发来的 E-mail，54% 的用户对于这些公司的信任要高于其竞争者。该研究表明，利用 E-mail 沟通顾客关系并让顾客保持满意，对增加销售有直接的促进作用。许可 E-mail 信息的长期接收者经常会点击邮件中的信息，并且实现在线购买，这说明邮件列表对于企业的品牌认知产生积极的效果。除了产品/服务促销邮件之外，顾客服务邮件、确认信息，以及顾客定制邮件都很重要，在一定程度上对企业品牌产生影响。

2. E-mail 营销的负面效应

在 E-mail 营销获得认可的同时，企业也应考虑可能的负面效果。Quris 的调查表明，如果一个公司的 E-mail 营销或者 CRM 活动开展得不专业，可能会对品牌产生负面影响，尤其对于知名企业而言，更应该用专业的手段开展 E-mail 营销，因为 2/3 以上的被调查者对知名企业比一般企业有更高的期望。

12.2.3 网络品牌推广

在网络品牌推广的过程中，人们发现网络广告对网络品牌推广具有特殊意义。网络广告的作用主要表现在两个方面：品牌推广和产品促销。相对于其他网络品牌推广方法，网络广告在网络品牌推广方面具有针对性和灵活性，可以根据营销策略需要设计和投放相应的网络广告，如根据不同节日设计相关的形象广告，并采用多种表现形式投放于不同的网络媒体。

1. "病毒"性营销

传统的"病毒"性营销对于网络品牌推广同样有效。例如，Flash 幽默小品是很多上网的用户喜欢的内容之一，一则优秀的作品往往会在很多同事和网友中互相传播，在这种传播过程中，浏览者在欣赏画面内容的同时也会注意到该作品所在网站的信息和创作者的个人信息，这样就达到了品牌传播的目的。康佳白电年轻化品牌战略的转变，还体现在品牌宣传和营销"手段"上，多次借助互联网进行创新性营销，扩大品牌影响力。2017 年的 6·18 父亲节康佳白电策划了"Kmini 洗衣机煮奶粉"事件，以病毒视频为核心多渠道矩阵式发散传播，引发目标消费者和潜在消费者的关注；三代康佳 Kmini 洗衣机新品发布会，携手《最强大脑》人气选手水哥，打造创新营销模式，多次登上社交网络的头条和热搜，合计取得搜索量近千万。康佳白电打破传统，利用名人效应在年轻人常用的社交媒体做传播，在品牌、产品与年轻消费者之间架起一座有效沟通平台，拉近了年轻人与康佳白电品牌的距离，赢得更多消费群体的欢心。

2. 建立网络虚拟社区

网络虚拟社区是指在互联网上展开公开讲座并相互交流信息的、具有共同兴趣和需求的群体集合。网络虚拟社区的核心是吸引消费者的互动沟通，并借此让消费者真正成为品牌的主人，从而促使消费者接受品牌所传递的信息，并产生消费的引力，塑造品牌形象，建立品牌忠诚。

伴随网络社交模式的创新，网络社区营销已经逐渐成为网站推广方法，但网络虚拟社区的网络营销价值并没有消失，尤其是建立企业自己的网络社区，如论坛、聊天室等。企业网站建立网络社区，对网络营销的直接效果是有一定争议的，因为大多数企业网站访问量本来就很小，参与社区并且重复访问者更少，因此网络社区的价值便体现不出来。但对于大型企业，尤其是有较高品牌知名度并且用户具有相似爱好特征的企业来说就不一样了，如大型化妆品公司、房地产公司、汽车公司和音像公司等，由于有大量的用户需要在企业网站获取产品知识，并且与同一品牌的消费者相互交流经验，这时网络社区对网络品牌的价值就表现出来了。

需要指出的是，网络虚拟社区建设技术问题已经得到逐步解决，下一步重点就是经营理念与指导思想的创新与变革。建立网络社区的指导思想应清晰明确，企业的网络社区就是为了建立网络品牌、提供顾客服务，以及增进顾客关系，同时更重要的是，对于网络社区要有合理的经营管理方式，一个吸引用户关注和参与的网络社区才具有网络营销价值。

12.2.4 创造双赢的联盟合作

未来类似菜鸟驿站、蜂巢等联盟模式将逐步得到市场认可，也会成为网络品牌扩张的又一个利器。

（1）策略联盟。策略联盟是通过丰富企业自有网站的资讯内容和强化共同服务，来提升品牌竞争力的。在提高网站内容品质方面，打破网络消费者第一道防线是给他们奖赏，接下来他们所想要的就是内容丰富的资讯，而成功的网站是要能够提供"深度的信息"，也就是说能够给消费者尽可能深入的内容，这样同时提升品牌认同度。

（2）代理商形式。代理商形式的运用有两种不同形态：第一种是联盟网站，主要目的是增加网络品牌的能见度，通过与其他网站合作，使自己的网站曝光率提高，能够快速打响品牌知名度；第二种是联盟伙伴，这种是更直接的商业关系合作、结盟经营，主要目的是创造更高的销售量。

（3）专案合作。专案合作是营销人员与其他网站或实体企业双方推出的营销活动，通常都会设定一段活动期间，随着活动期间结束，双方的专案合作就终止。在网络上，专案合作通常都会在首页以广告方式告知消费者，点选之后，则会有专门设计的专案合作营销网页。专案活动开始时，广告会出现在首页明显且重要的位置上，活动经过一段时间后，专案活动的广告就会移到较不重要的位置。有时专案活动会出现在双方的网站上，但有时只出现在主要举办的一方网站上，要视双方营销人员洽谈的情况而定。

除了上述几种建立和传播网络品牌的方法之外，还有多种对网络品牌传播有效的方法，如发布企业新闻、以企业为背景的成功案例、博客等。丰巢作为开放平台链接物流企业、物业、快递员、消费者，串联上下游，构建信息服务平台。通过与物流企业数据互通，保证所有在丰巢的收件、寄件业务全程数据共享、可监控，且已为多物业场景提供定制化的线上解决方案，实现了末端物流服务的全时段覆盖。与网下的企业品牌建设一样，网络品牌建设是一项长期工作，重要的是充分认识网络品牌的价值，并在各种有效的网络营销活动中全力做好网络品牌的推广。

12.3　网络品牌实施策略

网络品牌管理是借助网络技术与信息技术手段在更高层面上实施的品牌管理，网络品牌策略的实施同样要依托网络信息技术，尽快完成传统品牌管理到现代网络品牌管理的飞跃。

12.3.1　做好企业网络品牌定位

成功的网络品牌是针对网络虚拟市场采取了成功的经营策略的结果，尤其作为我国的中小企业，网络品牌的定位非常重要，我们可以从以下两个方面做好网络品牌的定位。

（1）定位网络品牌的目标客群。对中小企业来说，企业的产品体量可能不会太大，所以可以通过分析企业产品或服务的目标客群与网络用户的关联，得出企业的网络业务主要面向的网络用户，即网络品牌营销的目标客群范围。任何一个企业都不可能向所有人提供所需的全部服务，因此，选出企业正在努力做的和能够做得最好的那部分，以最有效的方式提供给企业所选定的目标客群，这是最重要的，企业需要对自己所面对的网络客群进行筛选和定位。最终确定对于企业业务来说最主要的网络客群，进而企业应该考虑采取怎样的品牌策略与这部分客群建立和发展良好的关系。

（2）定位网络品牌的利益或价值。在确定了网络品牌的目标客群之后，企业需要进一步分析，通过网络企业能够向这些目标用户提供哪些有价值的信息或服务，这实际上是定位网络品牌利益的内容。企业的网络品牌应该明确消费者诉求或利益主张，并能够在第一时间向用户传递这种主张。一个有明确定位的网络品牌，能够让接触网络品牌的网络用户很快明白网络品牌能够带给他们的利益，这不仅能够节省用户的时间，也有助于用户深入了解品牌以及品牌所提供服务的价值。

12.3.2 加大网络品牌的维护

企业在加大网络品牌基础性工作实施的同时，需要将建设与维护并举，不能只抓建设，忽视维护。网络建设与维护不仅要同步进行，而且在资源保障上要平衡。网络建设需要时间和过程，维护则更需要时间和过程。在网络维护中可以更深层次地了解网络品牌的真正内涵。网络品牌的维护需要考虑网络品牌的各个部分，比如域名什么时候到期，空间什么时候到期，网站上最新的会员反馈，网络上关于公司的最新关注和报道，以及网络里网民对公司产品和公司宣传等各个方面的反馈信息的收集与整理。只有把各个环节都做好，才能让客户满意。随着网络的普及，许多人通过网络了解新产品和企业，假如企业不能充分利用这个窗口，而一味只认同传统媒体，恐怕会失去巨大的发展商机。

网络品牌维护中的一项重要工作是优秀品牌文化的弘扬与守护问题，品牌文化是网络品牌的底蕴和根基，网络品牌的更高级阶段，就是网络品牌的文化含量以及品牌文化的价值观。网络品牌不仅代表着企业物质文化中的精品，也代表着凝聚于精品内的优秀文化。没有文化优势的网络品牌是不可能拥有永恒的市场地位的，也是没有持久度的。所以，企业要从品牌网站信息结构的安排、企业文化元素设计等方面做足文章。文化价值的提供涉及消费者的每一个网上经历和体验，无不渗透出品牌所倡导的理念和文化，拥有优秀文化的品牌才有生命力，才能通过互联网走向世界，创造世界消费者所接受的世界级品牌。

12.3.3 做好网络品牌策划

网络品牌策划是网络策略中的一部分，主要指为企业产品、公司、店铺、网站等在网络上树立品牌形象和品牌定位进行的一系列策划，是在网络时代高速发展后的今天所产生的新生代产物，在网络市场日益发展的今天，有着不可预知的发展潜力。

行业人士的共识是，在网络上进行营销行为，产品的特点越多越好，诉求点越宽越好，因为网络最大的特点就是可以像报纸一样把产品说清楚，甚至比报纸还有优势，可以通过整合，不会受到发行区域和量的限制。然而，在做了几个网络产品品牌后发现，在网络上进行产品品牌提升，特别是概念的提升，并非越多越好，也不是越宽越好，更不是拉的战线越长越有利。要想让产品在很短的时间内成为目标群所知道的产品品牌概念，应当是概念越集中越好，说得越少越好，产品特点总结得越窄越好，其网络运行的整合越短越有利，只有这样，产品的品牌概念才能在最短的时间内让目标人接受。

产品质量优质、功能独特、品牌被消费者追捧是品牌策划的先决条件，但是品牌的扩张效应可以通过企业推广策划而创造出来，所以策划推广是争创品牌的重要一环。那么企业应如何推广策划企业品牌呢？网络品牌策划的核心点主要有以下几个方面。

1. 寻找最佳切入点

网络品牌不是单纯依靠先天禀赋，最初进入市场的企业品牌大多都是默默无闻的，在市场上没有席位，在竞争中也没有优势。企业若想要在竞争激烈的市场中立于不败之地，就必须要创造品牌，寻找最佳切入点。企业可以通过以下两种做法寻找最佳切入点。

（1）钻空子。所谓钻空子就是开创一个崭新的市场。美国硅谷的营销专家里吉斯·麦克纳说：在变化迅速的行业中，营销者需要有一种新的方法，他们应该考虑的不是分享市场，而是开创市场；不是获得一块馅饼的较大份额，而是必须努力制造更大的馅饼。更好的办法是制出一块新品种的馅饼。

（2）楔钉子。所谓楔钉子就是后起企业面对先入市的企业一部分或全部地占领了市场。在这一情况下企业寻求市场缝隙，像楔钉子一样挤进市场。当然挤进市场不是硬碰硬，而是以己之长攻彼之短，同时，取得成效后，企业不可盲目转移目标，而是要集中兵力，进一步完善自身的特色。

2. 选择科学分销

新产品在切入市场时，品牌推广必须认真选择分销渠道。分销渠道不畅，不可能成长为知名品牌产品。可供企业选择的分销渠道有直线型和曲线型两种：所谓直线型分销渠道就是不通过任何中间商而是自我销售创品牌。自我销售有各种方法，如邮购销售、电话销售、电视销售、上门推销和租柜台等。所谓曲线型分销渠道就是借助中间商来营造声势，提高知名度，打开市场。其具体做法有选厂商作为中间商、借用代理商、选用网络百货商店、挤进网络专业商店等。

3. 借机提高知名度

新产品切入市场，离不开借机造势。造势的直接效应是使消费者理解品牌、偏爱品牌，逐渐取得品牌地位。借机造势的方式主要有：

（1）广告先导。新产品入市，绝大多数离不开广告的配合。广告是提高知名度、塑造品牌个性的有力工具。网络广告与电视广告相似，它能够以全面性的外观以及内容的感觉来传达产品的品牌；网络广告类似于平面媒体广告，能够以低廉的方式在一件产品的利益背后传达一个非常详细的基本理论。另外，网络广告就像直接邮件一样，网络数据库的使用，可让企业锁定特定的消费者，并且解决他们所察觉到的需求。然而，网络广告与所有这些媒介全然不同，互联网可以让广告刊登者建立即时的对话。消费者在采取购买行动之前就可以询问问题，更重要的是，他们可由广告刊登者来为他们解惑，这可以建立起紧密的立即资讯流动，并且无论消费者处于销售周期的哪个阶段，都可以把他们直接带进营销过程中。

（2）公关助威。尽管广告在新产品入市时的作用甚大，但局限性也越来越明显。主要原因是各种广告已使人目不暇接，几百万元的广告投入常常石沉大海。一些品牌的入市成功，主要是因为借用公关手段引起新闻效应，迅速提高知名度。可供企业选用的公关手段包括制造新闻，如就公众关注的热点，有意识地把名人与企业组织或品牌联系起来并以此制造新闻，巧借传统节日开展网络公关活动制造新闻等。

（3）网络配合。网络品牌推广自然离不开网络媒体宣传，网络宣传有别于广告与公关助威，网络宣传具有消费低、成效大的效果，现今的消费方式逐渐向网络发展，要进行品牌推广离不开网络的宣传。网络宣传可利用新闻宣传、构建网站、制造话题等方式推广。

网络品牌的成熟从来都不是偶然实现的，而是需要精心策划推广的。现今人们获取信息更多地趋向于网络渠道，消费的方向从实体店消费往网络消费发展，网络品牌推广要适应消费模式的变化。

12.4　网络品牌的发展趋势

实践证明，网络是品牌极有效率的推广手段，对品牌形象的树立具有极大的经济价值。尤其在互联网经济时代，网络品牌的影响力更不容忽视。根据美国网络对话以及国际商标协会的调查，在网络使用中，有1/3的使用者会因为网络上的品牌形象而改变其对原有品牌形象的印象，有50%的网上购物者会受网络品牌的影响，进而在离线后也购买该品牌的产品，网络品牌差的企业，年销售量的损失平均为22%。微世界工作室创始人林杰介绍"品牌是无形价值的保证形式，在网上购物品牌更为重要"。网络品牌的价值也就意味着企业与互联网用户之间建立起来的和谐关系。

12.4.1　网络口碑营销

越来越多的企业开始注重品牌网络口碑的建立，在网络新媒体时代，任何一个人都有可能是传播的发起者，任何一个人都有可能是新闻源。因此，在每天大量接触海量信息的情况下，网络传播已经为传播者提供了广泛的、可供选择的渠道，很多网友有意无意间成为营销的推动者，很多消费者有意无意间帮助企业和品牌做了营销传播，这就是网络口碑。由于网络营销的广泛开展，网络口碑发挥的作用越来越明显：一方面，网络媒体的丰富性使信息的传播呈现出爆发式的增长；另一方面，互联网已经从过去的虚拟世界转化为实实在在的世界。正面的网络口碑可以影响一个人的决策，正是在这样的情况下，网络口碑越来越受到重视，它已经成为影响消费者市场的重要因素。

口碑营销无疑是当今世界上最廉价的信息传播工具，基本上只需要企业的智力支持，不需要其他更多的投入，节省了大量的广告宣传费用。所以企业与其不惜巨资投入广告、促销活动、公关活动等方式来吸引潜在消费者的目光，以产生"眼球经济"效应，还不如通过口碑这样廉价且简单奏效的方式来达到这一目的。

12.4.2 网络整合营销

从20世纪90年代中期开始，国内跨入了网络时代，网络在人们生活中的地位越来越重要。在整个人类历史上，只出现了五种大众传媒：书籍、期刊、广播、电视和互联网。互联网的出现迅速占领了传统传媒所占据的阵地，根据调查，45%的上网者认为上网占用了他们以前用来看电视的时间，而电视在以前是品牌传播的最重要的媒介。随着经济的发展，企业营销策略的渠道和窗口将逐步向网络发展，网络品牌传播使得品牌的诉求更加明确、传递更迅速，网上的品牌塑造对企业来说将越来越重要。

智推网（www.027hubei.com）是一家专门解决网络营销问题的SEO公司，专注为企业提供系统全面的数字整合营销服务，包括搜索引擎优化（SEO）、搜索引擎广告（PPC）、搜索口碑营销（SMO）、互动网站建设等一系列以SEO为核心的内容整合营销服务。公司目前拥有20多人的项目运营和技术团队，已为200多家企业提供富有成效的网络营销解决方案。我们秉承"数据引领决策、技术驱动营销"的理念，帮助客户通过互联网提升业绩、抢占市场、成就品牌，帮助更多的企业成长发展。

12.4.3 网络体验营销

伴随着激烈的市场竞争，消费者的消费行为日益表现出个性化、情感化和直接参与等偏好。消费者从注重产品本身转移到注重接受和使用品牌时的感受，对彰显个性的产品或服务品牌的需求越来越高。同时，消费者在接受产品或服务时的"非从众"心理日益增强，相信自己判断和感觉的趋势日益明显。这就使得现代人在消费时不仅关注得到怎样的产品，而是更加关注在使用或消费产品时的体验感受。同时AR、VR等技术的不断成熟，也将会为消费体验提供可能。

在互联网时代，信息非但不是稀缺资源，相反是过剩的。相对于过剩的信息，只有人们的注意力才是稀缺资源。目前正在崛起中的以网络为基础的"新经济"，从本质上说就是"注意力经济"。在这种状态下，最重要的资源既不是传统意义上的货币资本，也不是信息本身，而是注意力。体验营销也会在注意力方面增强消费者的心理感受，尤其是更多消费群体对品牌的关注。

消费者的心理体验式感受也通过信息的传递而得到进一步强化。网络信息的对称性是相对于信息不对称而产生的。网络发展到今天，信息不对称的局面已经有了极大的改变。网络上信息的丰富性、网络传递信息的及时性、网络言论的透明性都使得原本隐藏在冰山背后的信息浮出水面，消费者有什么疑问，只要不是涉及个人隐私和国家机密，几乎都可以在网络上找到想要的答案。正如百度的广告语所说"百度一下，你就知道"，利用搜索引擎，可以找到想知道的任何问题的答案，这对消费者做出理性购买决策是个重要参考。

总之，互联网已经对传统的品牌理论形成了巨大的冲击，一些经典的经济学理论在互联网时代需要做较大的改变，网络品牌相关的理论研究正在加强，更多地要在网络品牌建设的基础上进行新的探索。针对网络技术与经济环境的特点以及对网络消费者的行为分析，我们相信未来网络品牌塑造会有更多的创新理念，更加重视消费者体验，更加重视网络整合营销，同时对各种网络品牌的传播推广工具，包括企业网站、E-mail、网络广告、虚拟社区、联盟合作等会综合利用、系统思考，实现整体效应。

本章小结

1. 狭义的网络品牌主要指企业注册的商标在互联网上的一一对应注册，是企业的无形资产。广义的网络品牌是指"一个企业、个人或者组织在网络上建立的一切美好产品或者服务在人们心目中树立的形象"。
2. 网络品牌的传播推广工具包括企业网站、E-mail、网络广告、虚拟社区、联盟合作等。
3. 网络品牌实施策略包括做好企业网络品牌的定位，加大网络品牌的维护与文化建设，做好网络品牌策划。
4. 网络品牌的发展趋势：品牌的口碑营销将会成为流行模式，网络品牌的整合营销是创新模式，网络品牌的体验营销将会是推广模式。

自测题

1. 网络品牌的定义是什么？网络品牌在现实表现上有何特点？
2. 什么是搜索引擎优化？搜索引擎优化提升品牌价值表现在哪些基本方面？
3. 网络品牌价值的提升方法是什么？各方法之间的关系是怎样的？
4. 网络品牌实施策略的要点是什么？

案例分析

用互联网提升企业单品网络品牌，网库集团在乌镇发布"繁星计划"

2017年12月3日，网库集团在第四届世界互联网大会期间发布了旨在利用产业互联网提升6 000家企业单品网络品牌的"繁星计划"。

"繁星计划"针对不同县域的经济发达程度因地制宜，实施区别化策略。对经济较为发达县域，"繁星计划"将重点结合当地优势产业，与龙头企业展开深度合作，共同打造"互联网+产业"的样板工程，不断提升企业竞争力；对贫困县域，"繁星计划"着力利用互联网帮助地方脱贫攻坚,为中小微企业提升互联网应用水平,为贫困群众提供更多致富渠道,让每一个贫困人口在脱贫攻坚的路上都不掉队。

中国互联网协会秘书长卢卫在致辞中表示,网库集团在中国县域产业互联网的推进上一步一个脚印,此次"繁星计划"的启动很有意义,中国互联网协会将给予支持,全力以赴,共同推动产业互联网的发展与网络强国的建设。

在发布会上,王海波表示,消费互联网是互联网发展的上半场,而下半场的主导者应该是实体产业。互联网不只是工具,更是所有组织的生态系统,在消费升级时代,产业互联网必将成为县域经济发展的核心动力,每个区县都应该有自己的平台和产业大数据。对于"繁星计划",王海波表示,计划的核心是挖掘6000家单品代表性企业和平台,帮助企业在每个单品领域中借助产业互联网提升核心竞争力,成为这个行业的领头者。

网库集团执行总裁、"繁星计划"工作组执行组长邱广志发布"繁星计划"。他说,"繁星计划"重在打造6000个企业单品品牌。基于这一目标,网库集团将在全国各县域挖掘6000家单品代表性企业进行全面扶持,通过搭建600个单品产业带、好单品商城、店立方等多渠道为中小微企业提供产业互联网应用服务。

资料来源:http://www.cnii.com.cn/internetnews/2017-12/05/content_2019418.htm。

问题: 1. 网库集团如何通过网络品牌的联盟合作实现品牌推广的系统成效?
2. 为什么说"互联网不只是工具,更是所有组织的生态系统"?请用学过的网络品牌理论进一步解释。

又被套路了?火爆网络的"最萌请假条"原系旅游品牌策划

2017年7月,一张8岁小朋友替父亲请假的"最萌请假条"红遍网络。但随着事件的火爆,社会上产生了许多关于"最萌请假条"是否系炒作的争议和质疑。26日晚,一家名为"悟空自驾游"的官方微博发布的声明终于揭开了谜底:"最萌请假条"事件确系策划,素材取自悟空自驾游员工的真实故事,并宣称初衷是为了唤起大众对孩子在暑期缺乏陪伴这一现象的关注。

整个事情起源于7月25日的一条微博。一位爸爸发布微博称:之前答应孩子暑假陪他去旅游,可是因为工作太忙迟迟没有兑现,没想到孩子居然写了一张请假条让转交给老板……

夹着拼音的文字、稚气十足的语言,加上那句"小明说夏天不去旅行的人是傻瓜",让这条微博迅速走红网络,引来网友和媒体的关注和热议,话题"最萌请假条"也一度占据微博热搜榜第二位。

但随着热度的持续发酵,事件开始出现反转迹象。26日下午,当事人"乐乐爸"更新微博,表示:老板已批假,并意外收到悟空自驾游的邀约,准备去自驾游了!这条看似大团圆结局的微博发出后,有部分网友提出了质疑:"最萌请假条"是否从一开始就是策划好的事件,还是说悟空自驾游是看到事件火爆之后才开始介入?

对于"最萌请假条"画风突变成了品牌营销,网友纷纷惊呼上当,千算万算还是躲不开品牌的讨论。不过也有网友认为，虽然"最萌请假条"事件是策划出来的，但其反映出的孩子缺乏亲情陪伴的问题是真实存在的。对于都市家庭来说，如果家长在繁忙工作之余也像"乐乐爸"那样没有足够的时间陪伴孩子，"最萌请假条"的故事也许真的会发生。但这真的是我们希望看到的吗？

资料来源：http://baijiahao.baidu.com/s? id=1574064141538977&wfr=spider&for=pc。

问题： 1. 案例的品牌策划属于品牌策略中的哪一种方式？这种方式与普通广告相比有哪些不同和优势？
2. 通过"最萌请假条"的品牌广告创意，可以推演出哪些更有新意的广告模式？这一模式可能对网络品牌推广产生何种趋势性的影响？

附录 A APPENDIXA

品牌自由联想技术模板

1. 应用范围。适用于了解品牌形象或者产品属性中最显著的部分，同时对于测试潜在品牌名称也有帮助。

2. 告诉被访问者一个词语或者其他品牌名称也有帮助。请他们说出或者写出自己马上想到的东西，包括词语、画面、事物等。

当我说_____的时候，你的脑子里马上会想到什么？

当我说_____的时候，请写下第一件出现在你脑海里的事情或者谚语。

然后询问被访问者得到这种联想的原因和意义。

3. 技术评价及注意事项：

（1）这种方法为研究人员提供了消费者心目中的各类产品和品牌的词语或经验，有助于发现品牌形象和产品品质中最受关注的方面，所以，这种方法也是目前十分适用的。

（2）由于这是一种自由联想，所以难以控制被访问者的思路。对于他们脑海里跳出来的信息有时候很难归纳，被访问者的第一反应和第二反应可能互不相干，定性研究人员应该时刻准备捕捉和提炼被访问者想到的信息。

（3）第一反应是最宝贵的研究素材，因为它往往反映出消费者心目中对品牌的直接看法，有时候直觉对消费行为的影响比理性分析更大。

（4）把这种方法用于热身是非常有用的，而且耗时非常短，在具体激发被访问者的反应的时候，另外还有一些小型的激发技术。

（5）被访问者一般能理解这种方法，研究者要格外强调的是第一反应，而不是深思熟虑的结果。

（6）了解被访问者自由联想背后的含义是这一技术的关键，该技术更倾向于直接评价。

实际操作

1. 品牌战略问题分析模板。

（1）出于怎样的特定目标来创建一个品牌？

（2）当前品牌的形象是什么？它如何和今后的长远目标达成一致？

（3）品牌在竞争中的优势和弱点是什么？

（4）目前品牌的市场定位是什么？品牌的市场定位是否与顾客密切相关，并且有别于竞争对手？

（5）如何以时间来评判品牌建设的成就？品牌建设的优势与劣势是什么？

2. 参观工厂公司办公室（投射技术）。

（1）应用范围。通过联想工厂办公室的场景，了解企业形象对品牌形象的促进或抑制作用。在促进公司办公室产生形象和个性的同时，了解消费者和品牌企业之间的关系。

（2）操作方法。请被访问者想象，自己去参观了制造某个品牌的工厂或总部。沿着整个参观的顺序，请被访问者描述这家工厂或公司。

——这家公司门口是怎样的？第一印象怎样？

——这家公司的整体环境是怎样的？

——厂区环境怎么样？

——技术和工艺怎么样？

——工作人员的外表、精神面貌如何？

——谁会来接待被访问者？这个接待人员的举止如何？

——厂房内部环境和工作条件怎么样？

（3）注意评价：

1）企业形象对于品牌的总体形象构成强有力的影响。

2）消费者对于工厂的描述往往与实际情况有差异。

附录 B APPENDIX B

角色扮演与品牌和人体器官的形象转换

1. 应用范围。这项技术主要是帮助研究人员了解品牌功能方面的信息，对产品的表现较直接，为品牌创新提供依据。

2. 操作方法。请被访问者扮演某个角色，这个角色可能是某个产品的受用形象（比如扮演碗碟来进行家庭清洁），也可能是品牌本身。在日用消费品研究中，我们可以请被访问者分别扮演自己身上的某一个器官（如头发或牙齿）来与某个品牌（如洗发水或牙膏）进行交谈，然后请被访问者想象这些对话。

3. 注意事项。

1）这项技术有一定适用范围，对年轻人或者儿童效果较好，对年龄大的被访问者不一定能操作，收效也不会太大。

2）该项技术有时与被访问者的文化水平关系不大，如在农村，青年农民扮演作物，或者被访问者扮演杀虫剂效果很好。

3）在实施中，研究者要注意引导，使被访问者能够很好地配合，并能理解。

4）相对品牌拟人和其他投射技术，这项技术显得费时和难以操作。

实际训练：墓志铭（投射技术）

1. 应用范围。了解品牌形象、品牌个性、品牌在同类产品中的地位，以及消费者和品牌之间的关系，或者对于品牌或产品延伸有一定帮助。

2. 操作方法。请被访问者想象某个品牌离开这个世界，我们为这个品牌举行葬礼，请被访问者想象，然后回答：

——这个品牌怎么死的？

——它的墓碑上应该写什么？

——谁为它念悼词？悼词里写什么？（生平事迹）

——人们会最怀念这个品牌的什么地方？为什么？

——谁会参加这个葬礼？谁不会参加？谁参加了会不感到悲伤？

——人们在它的葬礼上会说些什么？

——有什么秘密会和这个品牌一起埋入坟墓？

……

有时候我们不需要整套问题，只需要被访问者告诉我们墓志铭方面的内容就可以了。

3. 注意事项。

1）在被访问者诉说葬礼时，尤其是在诉说墓志铭、悼词、生平时不要打断，也不要做任何解释，等他说完之后再进行追问。

2）可以变动时间顺序，可以让被访问者设想这个品牌不复存在以后会对消费者的生活或者同类产品带来什么影响，什么产品或品牌会取代这个品牌，新的品牌想取代它应该注意什么，这个品牌因为缺少什么而被市场淘汰。

3）可能在实际操作中，被访问者在墓志铭或悼词中溢美之词颇多，掩盖了正面评价，所以应该适当补充一些信息。

4）这个话题对年龄大的人有忌讳，注意使用对象的年龄。

类比（投射技术）

1. 应用范围。用于了解多种产品的品牌价值，以及客户品牌和竞争品牌在不同层面上的比较。

2. 操作方法。请被访问者想象，假如把这些品牌产品服务公司比作：

动物、植物（花卉）

饮料、香烟、水果、蔬菜、其他食品

季节、风景

历史人物、小说中的人物

超市

足球队

汽车、家具

音乐、报纸、杂志

颜色

（或者任何消费者感兴趣的事物）

你觉得它们分别是什么样的动物、饮料、超市、足球队？然后，请被访问者说出原因。

3. 技术评价注意事项。

1）此项技术是通过类比的事物，使品牌某些特征更加形象化，把品牌之间的差异性和相关性放大，同时了解品牌价值的延伸。

2）选择熟悉的事物作为类比对象。

3）一定要对被访问者做解释。

4）本技术对年龄较大，或者学历较低的被访问者不太适用，所以注意选择实施对象。

5）可以在访问一些商业客户或者行政人员时使用。

6）建议与其他技术综合使用。

品牌晚会

1. 应用范围。用于获得关于品牌形象和个性方面的大量信息，同时，与品牌客户近距离沟通，有利于了解客户对品牌的感受。这种方法对竞争性产品多但是其功能性差异小的市场环境比较适用。

2. 操作方法。出示一个产品品类中的多个品牌（比如飘柔、潘婷、海飞丝、风影、诗芬等），请被访问者想象这些品牌活起来，一起组织一次晚会，这个晚会将是什么样子。

——谁是主办人和主持者？

——这个品牌组织的是什么晚会？

——聚会在哪里举行？

——谁选择音乐？什么类型？

——这种品牌分别穿什么衣服？

——谁和谁交谈？谈些什么内容？

——谁是众人瞩目的焦点？

——谁会感到厌烦，希望晚会尽快结束？

——每个品牌的举止怎样？

——聚会中会发生什么事情？

——谁是最后一个离开晚会的？

可以让被访问者选择另一个品牌做主人，比较不同聚会的特点和气氛等方面。

3. 技术评价注意事项。

1）这种技术通过拟人化的手法，把品牌集中到一个特定的社会场合中，十分助于了解各种品牌在同类产品中的相对个性和它们之间的关系，体现品牌的社会属性。

2）品牌聚会中产生的形象不能单纯从字面意思理解，还要通过追问或其他激发技术来核实。

3）在被访问者描述品牌聚会的过程中，不要经常打断。

4）可以用变换的版本：比如，让一个品牌组织聚会（不邀请别的品牌），请被访问者想象这个品牌把聚会办成什么样子。

品牌经理

1. 应用范围。通过品牌经理的形象的描述，了解品牌与企业以及品牌与消费者之间的关系，消费者对品牌的接受程度，品牌在信赖感、创新感、权威、信誉等方面的特点。

2. 操作方法。请被访问者想象某个品牌经理是个什么样的人：

——年龄、性别、身材

——衣着外貌

——性格

——生活方式，包括休闲娱乐

——办公室状况

——技术水平的高低

——与其他职员之间的关系

3. 技术评价注意事项。

1）需要告诉被访问者，不是简单描述经理的标准轮廓，而是描述他们心目中的经理的理想形象。

2）不要把品牌经理与品牌拟人和使用者形象互相混淆。

3）尽量避免品牌拟人与品牌经理和使用者形象同时出现。

4）在参观工厂或公司时灵活使用，效果会更好。

参 考 文 献

[1] 陈勇，陈小平．品牌通鉴［M］．上海：上海人民出版社，2003．
[2] 何建民．创造名牌产品的理论与方法［M］．上海：华东理工大学出版社，2002．
[3] 舒咏平，郑伶俐．品牌传播与管理［M］．北京：首都经济贸易大学出版社，2008．
[4] 郑荣成，汪德宏，姚承刚．品牌知行［M］．广州：中山大学出版社，2005．
[5] 余明阳，刘春章．品牌危机管理［M］．武汉：武汉大学出版社，2008．
[6] 周云．品牌理论与实务［M］．北京：清华大学出版社，2008．
[7] 马永生．品牌经营研究［M］．上海：上海财经大学，2011．
[8] 艾琳娜·惠勒，乔尔·卡茨．品牌地图［M］．刘月影，译．上海：上海人民美术出版社，2013．